Fernand Comte

LAROUSSE des Mythologies du Monde

ÉDITIONS FRANCE LOISIRS

Direction éditoriale
Michel Guillemot

Édition
Gilbert Labrune
Avec la collaboration de
Didier Pemerle

Iconographie
Nanon Gardin

Conception graphique et mise en page
Vincent Lecocq, soyousee. com

Fabrication
Nicolas Perrier

L'auteur tient à remercier particulièrement
Josette Bell et Gilbert Giannoni [†]
qui ont relu le manuscrit
et apporté de précieux conseils.

Édition du Club France Loisirs, Paris
Avec l'autorisation des Éditions LAROUSSE

Éditions France Loisirs,
123, boulevard de Grenelle, Paris
www.franceloisirs.com

ISBN : 2-7441-8611-2
N° éditeur : 43078
Dépôt légal : août 2005

Distributeur exclusif au Canada
Messagerie ADP, 1751 Richardson, Montréal

Sommaire

Mythologie grecque et romaine

Mythologie égyptienne

Mythologie du Moyen Orient

Mythologie de l'Inde

Mythologie chinoise

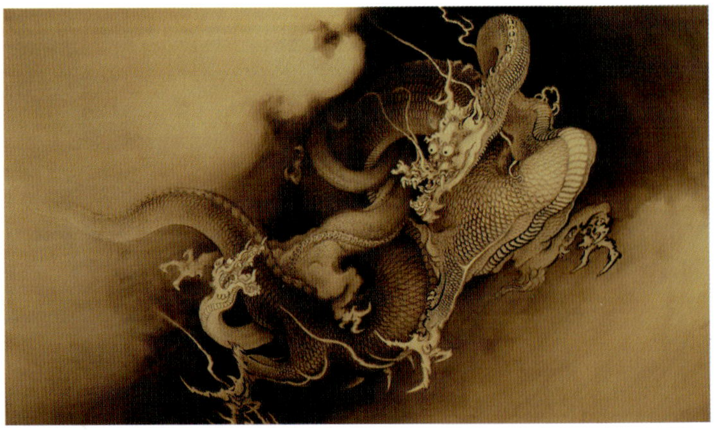

Mythologie japonaise

Mythologie océanienne

Mythologie précolombienne

Mythologie africaine et malgache

Mythologie celtique

Mythologie de l'Europe du Nord et du Centre

Introduction

Les dieux, les héros et les démons sont innombrables. Ils sont présents dans la littérature, la peinture, la sculpture, mais aussi dans les pratiques cultuelles et les habitudes quotidiennes. Ils ont subrepticement leur part d'initiative dans les décisions que prennent les hommes, dans les actions qu'ils conduisent : les guerres menées par les Hébreux n'étaient que la partie visible d'un combat autrement plus décisif qui opposait Yahweh aux dieux des autres peuples.

Histoire ancienne, certes, mais révélatrice d'une société. Il n'a rien compris aux peuples anciens, celui qui évacue toute mythologie. Les dieux ont représenté, cristallisé, manifesté ce qui était, pour ces peuples, le sacré, c'est-à-dire l'essentiel, l'intouchable. Ils étaient plus dans les cœurs que dans la réalité. Ils exprimaient, sans réserve aucune, les besoins, les désirs, les aspirations des hommes, tout autant que ce qui les constitue au-delà de la médiocrité de leurs conditions, des limites de leurs actions, des aléas de leurs entreprises. Ainsi, les récits mythologiques font fi des conditions matérielles et des limites de temps et d'espace. Ils sont en tous points « merveilleux » et, pour les bien comprendre, il nous faut quitter notre logique rationnelle. Sans doute s'adressent-ils à une autre partie de nous-mêmes qui n'est pas sans lien avec notre expérience quotidienne, mais qui la survole avec beaucoup de liberté. Pourtant, ils ne sont pas nés par hasard ni gratuitement.

Les mythes en mouvement

Il n'est pas sans signification que les anciens Grecs aient fait des dieux de l'Amour (Éros), de la Guerre (Arès), de la Mesure (Némésis), et qu'ils n'aient pas fait un dieu de la Parole, le logos, alors qu'une part importante du rayonnement de leur civilisation vient précisément du logos avec Socrate, Platon et leurs philosophes. En opposition, le christianisme a fait du Dieu unique le logos (Jean, I, *1*) et s'est efforcé d'effacer tous les autres. Sans doute existe-t-il des sortes d'entrecroisement entre certaines croyances et certaines mythologies. Les mythes ne meurent pas, ils se transforment. Au cours de leur développement, ils reçoivent les coups de boutoir des croyances mouvantes de l'humanité, ils résistent, adaptent leurs images aux circonstances, réinterprètent leurs personnages. Ils résistent et gardent leur autorité, même si les croyances qui les sous-tendent se sont diluées ; ils conservent leur prestige à travers les vestiges des civilisations qui les ont vu naître. Parfois même, les mythes se mélangent et s'accordent entre eux, comme si l'on ne pouvait jamais les combattre de front.

Les dieux romains

Les Romains ont une haute notion de la divinité. Ils ne consacrent un culte à un dieu que lorsque celui-ci s'est manifesté. Ainsi, la venue de l'étrusque Junon à Rome est exemplaire. Les armées romaines mènent depuis dix ans le siège de Véies. À la suite de certains prodiges, comme la montée des eaux, sans raison apparente, dans le lac d'Albe, ils nomment un dictateur. Le nouveau chef donne des directives militaires et s'adresse à la divinité tutélaire de Véies en ces termes : « Reine Junon, qui demeures aujourd'hui à Véies, je te prie de nous suivre, après notre victoire, à Rome, qui bientôt sera ta ville ; nous t'y construirons un temple digne de ta grandeur » (Tite-Live, V, 21, 3). Ainsi s'est fait le Panthéon romain. Mais, dans les dieux étrangers, les Romains trouvent assez vite des ressemblances avec leurs propres divinités : le consul Lucius Junius reconnaît tout de suite dans l'Aphrodite du mont Éryx la Vénus que les Romains honorent depuis longtemps ; et, par apports successifs, Zeus s'appelle chez eux Jupiter, Héra s'appelle Junon, Artémis s'appelle Diane, etc. Ainsi se réalise une sorte d'intercommunication des mythes entre les civilisations.

Brigit et sainte Brigitte

D'un côté, Brigit est une grande déesse irlandaise. Elle est déesse du Feu, de la Fertilité et de la Poésie, et fille de Dagda. César l'appelle Minerve dans *La Guerre des Gaules* (VI, 17, 2) et la considère comme la maîtresse des travaux et des arts. De l'autre côté, sainte Brigitte, une mère de huit enfants, est la fondatrice et l'abbesse du monastère de Vadsténa, un ancien ermitage établi sur un sanctuaire de druides tenu par des femmes qui y entretenaient un feu perpétuel. Les Irlandais en ont fait, à l'égal de saint Patrick, leur patronne nationale. Peu à peu, la déesse Brigit a disparu ; elle n'est même plus un souvenir, tant sainte Brigitte a pris sa place. Mais il reste, à travers cette nouvelle figure, un symbole, une présence, une protection qui avait jadis pour nom Brigit. Mieux encore, les deux personnages se sont confondus et l'on ne sait plus très bien ce qui, de la légende, se rapporte à l'une ou à l'autre.

La parabole d'Ulysse

Les mythes bougent, et parfois on les fait bouger. Dès le IIe siècle, quelques textes chrétiens ont fait usage des mythologies qui n'étaient pas nées dans le même milieu que leur foi : Ulysse séduit par les voix des sirènes devient le chrétien attiré par les plaisirs ; quand il bouche les oreilles de ses compagnons avec de la cire, il montre que les fidèles doivent rester sourds à la propagande trompeuse du paganisme ; lorsqu'il s'attache au mât de son bateau, il est l'image du Christ attaché à l'arbre de la Croix, attachement qui lui permet de retrouver sa vraie patrie.

Même si ces commentateurs savent dire et répéter que les mythes qu'ils prennent dans d'autres ères culturelles sont manifestement faux, même s'ils affirment que l'utilisation qu'ils en font n'est qu'à titre d'illustration, il reste que cette utilisation prouve qu'ils sont porteurs de vérités qu'ils rendent vivantes, d'attitudes qu'ils expliquent d'une certaine façon

Un voyage extraordinaire

Notre intention se limite à rapporter les principales histoires mythologiques et veut ainsi laisser toutes les portes ouvertes au cheminement d'une pensée. N'est-ce pas d'ailleurs l'une des caractéristiques essentielles du mythe que de se laisser solliciter et d'être le vêtement de croyances multiformes, de permettre le rêve et de provoquer la réflexion, d'être témoin de l'Histoire et de manifester les liens à travers les générations et les régions du monde ?

La mythologie est de tous les pays. Aucun peuple n'a pu s'empêcher d'adopter ces superstructures qui étayaient leurs origines, soudaient ses communautés et affirmaient son identité. Chacun utilise un merveilleux qui lui est particulier et qui revêt un caractère d'étrangeté pour les autres. C'est avec d'autant plus d'intérêt que nous entrons dans un monde qui n'est pas le nôtre et qui nous autorise une échappée hors de notre territoire mental.

Ce voyage à travers les mythes fait entrer dans l'intimité des grandes civilisations. Nous ne nous sommes donc pas limités aux dieux grecs, qui nous sont proches. Nous avons fait d'importantes incursions dans les autres mythologies : égyptienne, mésopotamienne, nordique, slave, indienne, chinoise, africaine...

Pourtant, ce livre ne parle pas, ou parle peu, des personnages des grandes religions universelles. Mythes pour certains, réalités pour d'autres, celles-ci ont imprimé leurs marques aux civilisations d'aujourd'hui et sont plus ou moins inscrites dans l'esprit de chacun. Il n'est pas question ici de croyances, mais seulement de merveilleux.

De même, nous n'avons pas souvent pris en compte les versions multiples des mythes ; leur importance est fonction de la situation qui les a vus naître et des circonstances qui les ont fait perdurer. Nous nous en sommes tenus à la narration la plus commune, celle qui s'est maintenue le plus longtemps et a parcouru le plus d'espace. Le caractère permanent des histoires mythologiques se remarque dans les traits des personnages : quand les circonstances changent et que les péripéties de l'aventure sont modifiées, les acteurs restent les mêmes. Les dieux, les démons, les héros possèdent, dès leur conception et à travers les aventures qu'on leur attribue, un visage spécifique, des traits de caractère bien marqués, une valeur morale particulière.

Ce livre rapporte les récits de leurs aventures telles qu'elles nous sont parvenues à travers la littérature, les arts plastiques et les rites que l'Histoire et l'archéologie nous permettent de connaître.

Mythologie grecque

et romaine

Mythologie grecque

Comment avoir une idée des premiers âges du monde ? Des montagnes inaccessibles, des irruptions volcaniques brutales, une mer déchaînée, des tremblements de terre, des inondations, des éboulements de toutes sortes, des cataclysmes, autant de phénomènes qui dépassent l'homme. Il y a violence et destruction. Il y voit donc un combat, une lutte sans merci entre des forces hostiles gigantesques. Et puis, parfois, en certains lieux, le sol s'affermit, les fleuves prennent leur cours, les volcans s'apaisent. C'est le signe d'une victoire.
Les anciens Grecs, comme beaucoup d'autres peuples, ont voulu mettre une certaine cohérence dans ce désordre apparent et ils ont imaginé une sorte d'enchaînement de faits. Les caprices imprévisibles de la nature sont alors devenus des actes prémédités et voulus d'êtres transcendants. Ainsi est venu à l'existence un peuple de dieux, avec parents et généalogie et caractères bien déterminés. Il s'agit d'une histoire vivante, d'une mythologie.

Les dieux primordiaux

Au commencement est le Chaos, espace immense et ténébreux. Puis apparaissent les dieux primordiaux, les premiers de tous : Gaia, la terre, Éros, « l'amour qui amollit les âmes », puissance fécondante à l'origine de tous les autres êtres.
Gaia enfante Ouranos, le ciel couronné d'étoiles, « qu'elle rend son égal en grandeur, afin qu'il la couvre tout entière ». Gaia s'unit à son fils Ouranos et donne naissance d'abord aux Titans. Ils étaient au nombre de douze, six mâles et six femelles : Océanos, Coeos, Crios, Hypérion, Japet, Cronos, Theia, Rhéa, Mnémosyne, Phébé, Téthys, Thémis. Ouranos et Gaia engendrent ensuite les Cyclopes : Brontès, Stéropès, Argès, « qui ressemblent aux autres dieux, mais n'ont qu'un œil au milieu du front » ; et, enfin, trois êtres monstrueux aux cent bras invincibles et aux cinquante têtes, Cottos, Briarée, Gyès.
Ouranos n'aime pas ses enfants et les enferme dès leur naissance dans les profondeurs de la terre. Gaia en est toute lourde et médite contre son époux une vengeance terrible. Elle fabrique une faucille acérée ou *harpè*, et demande l'aide de ses enfants. Parmi eux, seul, Cronos, le dernier-né, accepte de l'aider. Tandis qu'Ouranos s'abandonne au sommeil, Cronos s'arme de la faucille, l'émascule et jette le membre dans la mer. Il en jaillit une blanche écume qui devient la jeune déesse Aphrodite pendant que, du sang qui dégoutte de la blessure et s'infiltre dans la terre, naissent les redoutables Furies, les Géants et les nymphes Méliades.
Ouranos réduit à l'impuissance, Cronos libère les Titans ses frères, mais laisse les Cyclopes et des Hécatonchires au fond de la terre. Cronos épouse sa sœur Rhéa et lui donne trois filles : Hestia, Déméter, Héra, et trois fils : Hadès, Poséidon, Zeus. Alors le scénario de la génération précédente se reproduit. Soit qu'il redoute, comme un oracle le lui a, paraît-il, prédit, d'être supplanté par un de ses fils, soit qu'il ait décidé avec les Titans, ses frères aînés, de n'avoir pas de postérité, Cronos renouvelle le geste odieux de son père Ouranos, et mange tous ses enfants. Comme jadis Gaia, Rhéa se désole de voir ainsi disparaître toute sa progéniture. À la naissance de Zeus, elle présente à Cronos une énorme pierre enveloppée de langes, et celui-ci, sans méfiance, engloutit l'objet croyant manger son fils. Quand Zeus parvient à la force de l'âge, alors il détrône son père, le chasse du ciel et l'enchaîne aux derniers fondements de l'univers.

Les révoltes

C'est alors que les Titans, frères de Cronos, se révoltent. Zeus se fait des alliés des Cyclopes et des Hécatonchires. La lutte est terrible. De la main

Monnaie d'argent
Vers 470 av. J.-C.
Athènes

La tétradrachme, pièce de monnaie athénienne introduite en 130 av. J.-C. Elle est frappée de la chouette chevêche, symbole d'Athéna. La pièce grecque d'un euro a repris le même symbole sur sa face nationale.

CRONOS
FIN IIe-Ier SIÈCLE AV. J.-C.
Fresque de Pompeï

Fresque représentant Cronos portant à la main la faucille qui lui permettra d'émasculer son père.

VILLA DES MYSTÈRES
FIN IIe-Ier SIÈCLE AV. J.-C.
Fresque de Pompeï

La scène représente une jeune femme à sa toilette.

infatigable de Zeus s'échappent sans cesse les grondements et les éclairs. La terre brûle en frémissant ; les forêts éclatent ; autour des Titans infernaux se répand une vapeur étouffante, un air embrasé ; leurs audacieux regards sont aveuglés par les lueurs de la foudre.
À peine Zeus a-t-il dompté cette redoutable révolte qu'il doit entreprendre une nouvelle lutte, cette fois contre les Géants. Issus du sang d'Ouranos mutilé, ces fils monstrueux de la Terre surgissent des entrailles du sol. Pour atteindre les hauteurs de l'Olympe, ils entassent les unes sur les autres les montagnes environnantes. « De toutes parts retentit un horrible fracas. » Mais la défaite des Géants assurée, Zeus partage l'univers avec ses deux frères : Il se réserve le ciel ; Hadès règne sur le monde souterrain, Poséidon sur la mer. L'Olympe est la demeure de tous les dieux.

L'Olympe

L'Olympe, une montagne aux confins de la Thessalie et de la Macédoine, s'élance d'un seul jet jusqu'à 3 000 mètres ; sur ses flancs abrupts, couverts de bois sombres, descendent de nombreux torrents qui creusent des sillons analogues aux plis d'un vêtement. « Jamais il n'est ni battu par les vents ni touché par la neige ; un air plus pur l'environne, une blanche clarté l'enveloppe et les dieux y goûtent un bonheur qui dure autant que leurs jours éternels » (Homère).
Ainsi s'est constituée la généalogie des Olympiens. La montagne sacrée est d'abord la demeure des douze grands dieux olympiens, les premiers dans l'ordre hiérarchique, la primauté restant à Zeus et ses frères, Poséidon, Hadès, Déméter, Hestia et Héra, sœur et épouse du maître. Les dieux vivent comme des hommes et ont une descendance. La descendance de Zeus et d'Héra est particulièrement importante, surtout qu'à la descendance légitime s'ajoutent les enfants de l'adultère.
Les dieux sont impliqués dans l'ordre du monde avec Éros qui assure le renouvellement des générations, Némésis qui contrôle tous les excès, Asclépios qui guérit les maladies et les Moires qui font respecter le destin. Mais parfois certains dieux malins provoquent le désordre, c'est Pan avec sa peur panique et Priape avec son obscénité. Il y a une parenté originelle entre les dieux et les hommes : nombre de dieux et déesses ont aimé des mortels mais le plus souvent sans heurter l'immortalité qui est leur nature et sans qu'on y voie un mariage officiel. L'homme reste un être inférieur et ses prétentions à frayer avec la divinité sont toujours vouées à l'échec. Enfin dans l'ensemble des êtres, il y a les dieux de la terre, qui protègent précisément les terres, les monstres, le plus souvent issus d'accouplements anormaux, et les bénis des dieux.
L'origine de l'homme est sans doute la raison d'être même des récits mythologiques. Mais ceux-ci ne sont pas sans décrire orgueil et amour de soi qui en sont des caractéristiques. Pourtant l'histoire mythologique est faite de nombre d'exploits absolument exceptionnels avec des héros comme Thésée, Minos, Achille, Ulysse et bien d'autres, jusqu'à Énée qui fait le lien entre la mythologie grecque et la mythologie romaine et est à l'origine de Rome dont les dieux, les dieux de la cité sont le plus souvent d'origine plus ancienne.

Généalogie des Olympiens

La généalogie des dieux est le compte rendu d'un combat entre la confusion primordiale et l'ordre qui advint. « Avant tout fut Chaos », dit Hésiode. Chaos n'est pas seulement le désordre, il est aussi le mystère des origines. Il donne naissance à la terre Gaia qui, elle-même, donne naissance au ciel Ouranos d'où sortent surtout des monstres informes : Titans, Cyclopes et Hécatonchires. C'est encore un désordre innommable.
Avec Cronos, le temps, le nom commun, nom sans personnalité, nom qui désigne les éléments matériels interchangeables est encore le seul utilisé. Mais le mouvement est né avec un début, une fin et entre l'un et l'autre des événements désirés, voulus ou subis. Cronos symbolise déjà la faim dévorante de la vie, le désir insatiable, le sentiment d'une durée, de la durée qui s'écoule entre l'excitation et sa satisfaction. C'est encore plus un grouillement qu'une évolution. Mais de ce grouillement, de ce désir, de cette excitation, et concrètement des organes sexuels d'Ouranos jeté à la mer, naît Aphrodite, génératrice de la vie. Zeus est le premier nom propre signifiant un dieu et Zeus est précisément celui qui met de l'ordre dans l'Univers en luttant contre les dieux primordiaux informes et innommés, contre les monstres extravagants, contre les éléments révoltés. Avec la personnalité du maître du monde une direction est donnée.
Le chemin vers l'harmonisation est trouvée. La généalogie des dieux est l'histoire de la création organisée.

Ouranos ··· **Gaia**

- **Hécatonchires** : Cottos, Briarée et Gyès
- **Cyclopes** : Brontès, Stéropès et Argès
- **Téthys**
- **Océan**
- **Théia**
- **Hypérion**
- **Crios**
- **Phébé**
- **Coeos**
- **Les Titans**
- **Japet** : Atlas, Ménoetios, **Prométhée**, Épiméthée
- **Thémis**
- **Mnémosyne**
- **Rhéa** ··· **Cronos**

Les Olympiens

- Déméter
- Poséidon
- Hadès
- **Héra** ··· **Zeus** : Arès, Hébé, Illithye, Héphaïstos

Zeus ···
- Lêto ··· Apollon, Artémis
- Maïa ··· Hermès
- Dioné ··· Aphrodite
- Alcmène ··· Héraclès

Les grands dieux grecs

Zeus, le dieu du Ciel et du tonnerre, **Héra**, sœur et épouse de Zeus, **Poséidon**, dieu de la Mer, **Déméter**, déesse de la Terre cultivée, **Apollon**, dieu de la Raison et des arts, **Artémis**, déesse de la Chasse, **Arès**, dieu de la Guerre, **Aphrodite**, déesse de l'Amour, **Hermès**, dieu de l'Invention et du commerce, **Athéna**, déesse de la sagesse, **Héphaïstos**, dieu forgeron, **Hestia**, déesse du Foyer, **Dionysos**, dieu du Vin et de l'ivresse, **Hadès**, dieu des Enfers, **Hébé**, déesse de la Jeunesse

Les douze grands dieux olympiens

GAIA

SECONDE MOITIÉ DU IIIe SIÈCLE AV. J.-C.

Mosaïque greco-romaine, Shahba, Syrie

Gaia, la déesse de la Terre est entourée de toute une cour.

La genèse du culte des douze est contemporaine du déluge. Une race d'hommes violents et impétueux est née du sang des géants vaincus par Zeus. Celui-ci décide de l'anéantir par le déluge. Seuls Deucalion et sa femme Pyrrha en échappent et donnent naissance à une nouvelle humanité. Pour remercier les Olympiens, Deucalion, fils de Prométhée, institue le culte de Douze Dieux et leur consacre un autel.

L'installation de l'autel des Douze Dieux sur l'agora d'Athènes dans le premier quart du VIe siècle avant J.-C., fait de cet espace, consacré aux palabres des citoyens, un haut lieu cultuel, un lieu digne de l'Acropole. Il est d'ailleurs situé au bord de la voie panathénaïque, qui conduit de la porte du Dipylon à l'Acropole et traverse l'agora. Ainsi la fameuse procession des Panathénées passe nécessairement devant les Douze Dieux. L'autel constitue le point de départ officiel des routes qui partent d'Athènes et le lieu d'après lequel on mesure les distances (Hérodote, 2, 7). C'est un centre et Pindare le qualifie de « nombril » de la sainte Athènes, voire de « nombril odorant *(omphalon thuoenta)* [où] tant de pas convergent *(polubaton)* ».

Être parmi les douze dieux est une sorte de dignité suprême. Philippe II de Macédoine, non seulement aspire à la divinité mais veut se joindre à eux. Aussi organise-t-il, dans la ville d'Aigai en Macédoine une somptueuse procession des effigies des Douze Dieux accompagnées de sa propre image, « digne d'un dieu *(theoprepes eidôlon)* ». Ainsi prétend-t-il être le « treizième *(triskaidekaton)* » dieu (Diodore de Sicile, XVI, 92, 5 ; 95, 1). Héraclès n'aura pas cet aplomb qui, accueilli parmi les dieux, n'a pas voulu « être inscrit au nombre des Douze Dieux », comme le lui a proposé Zeus. « C'est impossible », répond-il à son père, car dans ce cas l'un des Douze devrait être expulsé du groupe et il ne veut pas accepter pour soi un honneur *(timên)* qui implique pour un autre l'*atimian*, le déshonneur, la privation de ses droits (Diodore, IV, 39, 4).

Zeus / Jupiter, roi de l'Olympe

La toute-puissance

Dieu parmi d'autres dieux et le dernier des fils de Cronos, Zeus enrôle ses frères dans le combat contre son père et les forces du désordre, conquiert le pouvoir absolu et règne sur l'univers.

Zeus est représenté comme un homme mûr, portant une grande barbe et tenant à la main le sceptre, insigne de son autorité, ou brandissant la foudre, son arme favorite. Il est souvent accompagné d'un aigle.
Il est fils de Cronos et de Rhéa. Un oracle ayant averti Cronos qu'un de ses enfants le détrônerait, il dévore chacun d'eux dès sa naissance. Rhéa décide alors de mettre au monde le sixième secrètement, au cours de la nuit et, au lieu du bébé, présente à Cronos une pierre enveloppée de langes. Celui-ci est trompé, et Zeus est sauvé.

La conquête du pouvoir

L'enfant est confié aux nymphes, aux Curètes et à la chèvre Amalthée. Lorsque Amalthée sera morte, Zeus se servira de sa peau comme d'une armure. Il entreprend de s'emparer du pouvoir. Métis lui confie une drogue qui, absorbée par Cronos, doit lui faire régurgiter ses enfants. Il libère les Cyclopes et les Hécatonchires, géants doués de cent bras et de cinquante têtes, enfermés par Cronos dans le Tartare ; ceux-ci lui donnent le tonnerre et la foudre. Il se trouve ainsi à la tête d'une véritable armée.
La guerre contre Cronos dure dix ans. Zeus remporte la victoire et les dieux se partagent le pouvoir par tirage au sort : à Zeus revient le ciel ; à Poséidon, la mer, et à Hadès, le monde souterrain, les Enfers.
Mais leur suprématie est tout de suite contestée par les Géants, êtres d'une force invincible qui ont le privilège de ne pouvoir être tués que par l'action conjuguée d'un dieu et d'un homme. Zeus s'adjoint l'aide d'Héraclès, qui n'est encore qu'un mortel, et vient à bout de ses ennemis.
Il lui faut maintenant faire face aux complots intérieurs. Héra, Athéna et Poséidon en ont vite assez de la domination du roi de l'Olympe. Ils décident d'enchaîner Zeus, mais Thétis, restée fidèle, prévient le géant Briarée, qui, en montrant sa force, met les conjurés en fuite.

Le maître

Zeus est devenu le plus grand des dieux de l'Olympe et le maître incontesté. Dieu de la Lumière, il est à la source de toutes les manifestations célestes : il provoque la pluie et la sécheresse, le beau et le mauvais temps ; il commande aux tempêtes et à l'orage.
Zeus est aussi le garant de l'ordre parmi les dieux et parmi les hommes. Il arbitre les conflits : entre Apollon et Héraclès pour la propriété du trépied de Delphes ; entre Apollon et Idas pour la possession de Marpessa ; entre Pallas et Athéna lors de leur combat ; entre Athéna et Poséidon pour la domination de l'Attique ; entre Aphrodite et Perséphone pour l'amour d'Adonis. Ses décisions sont justes et équilibrées, il ne fait pas de faveurs.

NAISSANCE DE ZEUS
PÉRIODE D'HADRIEN
Bas relief d'un piédestal, marbre

Rhéa donnant à Cronos une pierre enveloppée de langes. Cronos en l'avalant croira manger son fils dernier-né Zeus.

Hymne à Zeus. « Bellement tu grandis, ô Zeus Ouranien, et bellement tu pris force, bien vite adolescent, bientôt la joue duvetée. Mais encore enfant, ta pensée était toute efficiente. Aussi, tes frères bien tes aînés, ne te disputèrent ta juste part, la Maison Céleste. Histoires mensongères que celles des vieux aèdes : "C'est au sort, disent-ils, que les trois Cronides firent partage de leurs domaines. Mais qui donc irait tirer les sorts entre l'Olympe et l'Hadès ? Qui donc à moins d'être insensé ? Pour tirer au sort, il faut des lots égaux : ici, de l'un à l'autre quelle distance !" à mentir, que nos mensonges au moins soient crédibles. Non, ce ne sont pas les sorts qui t'ont fait roi des Dieux, mais les œuvres de tes bras, mais ta Vigueur et ta Force, et tu les assis près de ton trône. [...]
Salut, salut, fils de Cronos, Zeus très haut, qui, donnes tout bien, toute prospérité. Qui pourrait dire ta geste : nul ne l'a fait, nul ne le fera. Oui, qui jamais dira la geste de Zeus. Salut ô Père, salut en core : donne nous vertu et richesse. Fortune sans vertu ne saurait mettre l'homme en haut point, ni vertu sans richesse. Donne-nous la vertu et donne-nous la fortune. » (Callimaque, *Hymne à Zeus*)

TÊTE DE JUPITER
DÉBUT DE L'ÉPOQUE IMPÉRIALE, Ier SIÈCLE
Art romain, bronze

C'est le dieu suprême, parvenu à une pleine maturité et à une profonde sagesse, calme et manifestant une grande assurance.

ENLÈVEMENT D'EUROPE PAR ZEUS TRANSFORMÉ EN TAUREAU
2eme QUART DU IVe SIÈCLE AV. J.-C.
Vase céramique, Apulie

Jupiter est le grand dieu du Panthéon romain. Il est assimilé à Zeus, comme dieu suprême. On l'appelle Optimus Maximus, « Le Très Grand et le Très Bon ». Romulus serait à l'origine de son culte : au cours de la bataille qui oppose Romains et Sabins, Romulus, montrant ses armes au ciel, promet d'élever un temple à Jupiter à l'endroit même où il se trouve, si la progression de l'ennemi est arrêtée. Les Romains ont la victoire : le temple de Jupiter Stator (qui arrête) se dresse au pied du Capitole. Devenu le maître suprême de la cité, Jupiter reçoit les hommages du consul quand il prend ses fonctions et les empereurs lui vouent un culte particulier. Auguste prétendait le voir en songe.

Les amours de Zeus et sa descendance

Zeus a de nombreuses épouses. Métis est la première, mais, comme Gaia a prédit que la fille qui leur naîtra mettra au monde un fils appelé à prendre son pouvoir, Zeus dévore la mère avant qu'elle n'accouche. L'enfant, Athéna, sortira tout armée du crâne de son père (Hésiode, *Théogonie*, 924). Thémis est sa deuxième épouse. Par elle, il devient le père des Saisons, d'Eiréné (la Paix), d'Eumonia (la Discipline), de Diké (la Justice) et des Moires (le Destin).

De Dioné, Zeus a Aphrodite ; d'Eurynomé, les Grâces ; de Mnémosyne, les Muses ; de Lêto, Apollon et Artémis ; de Déméter, Perséphone. Puis Zeus épouse sa propre sœur, Héra. Avec elle, il partage le pouvoir, et les enfants qui leur naissent sont Hébé, Illithye et Arès.

Mais Zeus a aussi des aventures avec des mortelles. Alcmène, Danaé, Égine, Plouto, Io, Callisto, et bien d'autres, mettent au monde des enfants de lui. Pour les séduire, il se transforme en pluie d'or, en taureau, en cygne, ou met en œuvre quelque autre stratagème qui cache sa majesté proprement insoutenable pour une mortelle. De nombreux demi-dieux ou héros naissent de ces amours et il n'est guère de grandes familles grecques qui ne se glorifient d'une ascendance aussi élevée.

Libertinage ou volonté d'intervenir dans les affaires des hommes, ces amours passagères mettent en fureur l'épouse légitime, Héra, qui poursuit les maîtresses de son mari et les enfants qu'il a eus d'elles. Les chamailleries entre les conjoints sont courantes. Zeus se fâche souvent contre elle. Il ira jusqu'à suspendre la déesse à l'Olympe, une enclume attachée à chaque pied.

Le culte

Le culte de Zeus Polieus est célébré au cours des Dipolies. La cérémonie principale porte le nom de Bouphonies. Des bœufs sont laissés en liberté : dès que l'un d'eux s'approche de l'orge ou du blé placé près de l'autel, un prêtre se précipite pour l'abattre à l'aide d'une hache. Puis l'animal est écorché, mangé et empaillé ; le mannequin est attelé à une charrue. La hache est accusée du meurtre, condamnée et jetée à la mer.

Du roi de l'Olympe, les philosophes stoïciens ont fait le symbole du dieu unique. Ainsi Cléanthe (232 av. J.-C.) : « Tu es si bien le suprême seigneur de l'Univers que rien sur la terre ne se produit sans toi, rien dans le ciel éthéré, rien dans la mer » *(Hymne à Zeus)*.

Selon Hésiode, ce sont les cyclopes Argès, Broutes et Steropes qui ont forgé les foudres dont se sert Zeus.

ZEUS LANÇANT LA FOUDRE
Ve SIÈCLE AV. J.-C.
Art corinthien classique, bronze

Sisyphe est un rusé : on le dit parfois père d'Ulysse. Il dénonce au fleuve Asopos le rapt de sa fille Égine par Zeus. Celui-ci, furieux, lui envoie Thanatos (la mort). Mais Sisyphe le rusé parvient à enchaîner le dieu de la mort et il faut l'intervention d'Arès pour le délivrer. Sisyphe, avant de descendre aux Enfers demande à sa femme de ne pas lui rendre les honneurs funèbres puis demande à Hadès de retourner sur terre la punir de ce manque d'égard. Revenu à la lumière, il refuse de retourner aux Enfers. Il est alors condamné à rouler sur la pente d'une montagne un énorme rocher qui redescend dès qu'il approche du sommet.

Zeus et son aigle
VIe siècle av. J.-C
Coupe laconnienne à figures noires

Le personnage peut représenter Zeus avec l'aigle divin, ou Prométhée enchaîné attendant que le rapace lui dévore le foie. L'aigle est avec la foudre et le sceptre les emblèmes de Zeus. Sous l'apparence d'un aigle, Zeus enleva le beau Ganymède dont il était tombé amoureux. Il en fit l'échanson des dieux sur l'Olympe.

Poséidon / Neptune, dieu marin

La violence de la nature

Comme son frère Zeus possède le Ciel et commande à la foudre, Poséidon possède la Mer, les monstres qui l'habitent et commande tout ce qui s'y passe : tempêtes, raz de marée, tremblements de terre.

Poséidon est fils de Cronos et de Rhéa. On le représente tenant à la main un trident et porté sur un char tiré par des animaux monstrueux. Poséidon a été élevé par les Telchines, femmes à demi marines, à demi terrestres, qui ont le pouvoir de faire tomber la pluie et la grêle. Adulte, il fut amoureux de l'une d'elles, Halia, et lui fit de nombreux enfants.
Après la victoire de Zeus sur Cronos, les jeunes dieux (divinités chthoniennes qui favorisent la vie sur terre) décident de se distribuer les différents domaines. Ils les tirent au sort : à Zeus revient le Ciel, à Poséidon la Mer et à Hadès le monde des Enfers. Pour l'exercice de son pouvoir, Poséidon est entouré d'autres divinités comme Nérée. Sa femme, Amphitrite, partage avec lui l'empire sous-marin. Poséidon est un dieu chthonien, comme Zeus, Hadès, Déméter et bien d'autres. Les dieux chthoniens représentent les forces obscures de la germination et de la mort. Ils ont un lien puissant avec la Terre, Gaia, la mère des Titans. Dieux des profondeurs, ils règnent aux Enfers et font trembler le monde de l'intérieur. Poséidon provoque des séismes en s'unissant à son épouse.

Une certaine malchance

Lorsque les hommes s'organisent en cités, chacun des dieux choisit une ou plusieurs villes dans lesquelles il sera plus particulièrement honoré. Or il arrive que plusieurs dieux veulent s'attribuer le même lieu. Cela n'est pas possible et il faut un arbitrage. Poséidon n'est habituellement pas heureux dans ces litiges : ainsi, il perd Corinthe au profit d'Hélios, Égine au

POSÉIDON
Ve SIÈCLE AV. J.-C.
Bronze, h : 2,9 m (détail), cap Artémision

Poséidon a la sérénité et la majesté de Zeus, son frère.

profit de Zeus, Naxos au profit de Dionysos, Delphes au profit d'Apollon et Athènes au profit d'Athéna. On lui reconnaît cependant en propre une île mystérieuse, l'Atlantide.
Sa puissance est grande. De son trident, arme des pêcheurs de thon, il peut non seulement provoquer la tempête, mais aussi ébranler les rochers du rivage et faire jaillir des sources.
Il n'est pas toujours d'accord avec Zeus et participe, avec Héra et Athéna, à la conjuration destinée à enchaîner le roi de l'Olympe. Mais Briarée, le géant aux cent mains, appelé par Thétis, s'interpose et la crainte qu'inspire sa force prodigieuse met fin au complot.

La fierté de Poséidon

Poséidon participe à la construction du mur de Troie avec Apollon et Éaque, un mortel. Mais, n'ayant pas reçu son salaire, il suscite un monstre qui ravage la région et, pendant la guerre de Troie, le dieu choisit le camp des Achéens. Cependant, fier de l'édification du mur, il proteste contre la décision prise par ceux-ci de construire une muraille autour de leurs navires, et, furieux, il se promet de la détruire.
Poséidon défend ses protégés : il encourage Ajax, conseille Teucer, sauve Énée au cours de son combat contre Achille. Mais il est terrible pour ceux qu'il n'aime pas et provoque tempête sur tempête contre Ulysse.

Une descendance malveillante

Poséidon a de nombreuses amours. Mais ses enfants sont le plus souvent des êtres malfaisants et violents : de Thoosa, il a Polyphème le Cyclope ; de Méduse, le géant Chrysaor ; d'Amymoné, Nauplios ; d'Iphimédie, le brigand Sciron, Cercyon et les Aloades. Il doit même enterrer certains de ses enfants pour les soustraire au châtiment qu'ils méritent.
Dans le Péloponnèse, Poséidon apparaît sous les traits d'un cheval. N'a-t-il pas pris la forme d'un cheval pour s'unir à Déméter, elle-même transformée en jument ? De cette union sont nés le cheval Arion et une fille dont le nom n'est connu que des initiés.

POSEIDON
VERS 500 AV. J.-C.
Statère d'argent (revers), Métaponte

POSEIDON
VERS 360 AV. J.-C.
Art étrusque, céramique, cratère en calice à figures rouges

Poséidon au milieu de divinités. On reconnaît à droite Appolon avec sa lyre.

Neptune est le dieu romain assimilé à Poséidon. C'est un dieu de l'humidité et des eaux douces. Son épouse Salacia, évoque le jaillissement de l'eau. Une fête annuelle, les Neptunalia lui est consacrée le 23 juillet : Durant cette fête en plein été, les Romains construisent des cabanes de feuillages porteuses d'ombres. L'empereur Auguste attribua à Neptune la victoire d'Actium et Pompée se faisait appelé « Fils de Neptune »

Hadès / Pluton, dieu des Enfers

« Le pire d'entre les souverains de l'Univers » (Lucain)

Dieu impitoyable des Enfers, Hadès « en interdit la sortie et dévore ceux qu'il surprend sortant des portes » (Hésiode, 771). Il est redouté par les vivants qui évitent de prononcer son nom et par ses démons qui ne se permettent aucune révolte.

Hadès est fils de Cronos, et donc frère de Zeus et de Poséidon. Dans le partage du monde entre les trois frères, c'est à lui qu'échoient le monde souterrain et les Enfers, tandis que Zeus prend le Ciel et Poséidon la Mer.

Hadès a reçu des Cyclopes un casque qui rend invisible. Il est redoutable au combat et participe à la lutte contre les Titans. Hadès règne sur les morts, assisté de démons auxquels il impose son autorité. Il interdit à ses sujets de sortir de son domaine et s'indigne quand on lui ravit ses proies. Il est le dieu le plus haï des mortels et même les dieux en ont horreur (*Iliade*, XX, 61).

Il tombe amoureux de Perséphone, mais il lui est interdit par Zeus de l'épouser, le roi de l'Olympe répugnant à voir cette tendre jeune fille enfermée pour l'éternité dans les Enfers. Alors, il se décide à l'enlever et, lorsque Zeus lui intime l'ordre de la rendre à sa mère Déméter, il est trop tard : Hadès lui a fait manger une graine de grenade qui la lie définitivement aux Enfers. Perséphone devient aussi cruelle que son époux.

Hadès interdit l'entrée des Enfers à Héraclès, mais celui-ci le blesse d'une flèche et obtient la victoire. « Il eut à souffrir, formidable Hadès, lorsque Héraclès, fils de Zeus, l'atteignit dans Pylos d'une flèche rapide. [...] Hadès se rendit alors dans le palais de Zeus, [...] le cœur navré, transpercé de douleurs, car la flèche s'était enfoncée dans sa robuste épaule et tourmentait son âme. Pæon versa sur lui des médicaments sédatifs, et le guérit, car le blessé n'était pas né pour être mortel » (*Iliade*, V, 395 sq.).

L'ENLÈVEMENT DE PROSERPINE PAR PLUTON
FRANÇOIS GIRARDON (1628-1715), 1699
Marbre, h : 2,6 m (détail), château de Versailles

C'est le dernier ouvrage de ce grand sculpteur. Il est à Versailles au milieu du bosquet de la colonnade

Hadès, tout comme sa femme Perséphone, peut se montrer très bienfaisant à l'égard des hommes sur terre. Mais autant il est gentil là autant il est cruel dans les Enfers. D'une certaine façon les hommes le lui rendent bien : il n'a aucun temple, aucun autel. Les cérémonies qu'on lui consacre se tiennent la nuit, les animaux qu'on lui sacrifie, en général en nombre pair, sont noirs et leurs têtes sont constamment tournées vers le bas. Si on lui découvre un sanctuaire, ce sera un lieu qui ne sera ouvert qu'une fois l'an, où l'on entrera qu'une seule fois comme dans les Enfers. Pourtant il est invoqué par les travailleurs de la terre sous le nom de Pluton, un nom que les Romains reprendront par la suite pour le désigner. C'est « celui qui produit des richesses ». Il est devenu alors un dieu paisible tenant d'une main une corne d'abondance et de l'autre des outils agraires.

Harpyes, divinités maléfiques

Les ravisseuses

Les Harpyes sont aussi rapides que le vent, aussi effrayantes que la tempête. Elles sont chargées par les dieux de châtiment des coupables. Mais leurs brutalités sont souvent incompréhensibles.

Filles de Thaumas et d'Électre, les Harpyes sont au nombre de trois : Aello, appelée aussi Nicothoé, « aux pieds rapides » ; Ocypété, « au vol rapide » ; Célæno, la sombre. Ce sont des femmes pourvues d'ailes ou des oiseaux à tête féminine. Leurs serres sont aiguisées et cruelles.
« Chiennes de Zeus », elles s'emparent des enfants et des âmes. Ainsi, pendant une absence d'Aphrodite, qui les élevait, elles ravissent les filles de Pandaréos et les donnent comme esclaves aux Érinyes (*Odyssée*, XX, 77). On les représente sur les tombes accomplissant leurs forfaits. Les Harpyes savent fort bien torturer leurs victimes : ainsi, le roi Phinée souffre de leurs malédictions. Elles recouvrent de leurs excréments ou lui ravissent tout ce qui est posé devant lui, même et surtout la nourriture. Alors, n'y tenant plus, il demande aux Argonautes de le délivrer de ces furies, et les Boréades Zétès et Calaïs entreprennent de les poursuivre.
Il était dit que les Harpyes ne pouvaient être tuées que de leurs mains et que les Boréades mourraient s'ils ne les atteignaient pas. La première tomba dans une rivière. Mais Iris, l'arc-en-ciel, messagère de Zeus, s'interposa. En échange de la vie sauve des Harpyes, elle promit qu'elles n'importuneraient plus le roi Phinée (Apollonius de Rhodes, *Les Argonautiques*, II, 285 sq.).
Par leur union au dieu Zéphyr, les Harpyes auraient donné naissance aux deux chevaux d'Achille, Xanthos et Balios, et aux deux chevaux des Dioscures, Phlogéos et Harpagos.
Les Harpyes symbolisent le harcèlement des vices et l'obsession de la méchanceté. Seuls, les fils de Borée, le Vent (le souffle de l'esprit), parviennent à les chasser.

TOMBE DES HARPIES
VERS 780-470 AV. J.-C.
Détail, Xanthos en Lycie (Asie Mineure)

Érinyes, divinités infernales. Forces primitives, habitantes des Enfers, les Érinyes sont chargées d'infliger le châtiment pour tous les crimes de sang. Elles incarnent la vengeance et sont filles de Discorde.
Elles sont trois, Alecto, Tisiphoné et Mégère. Génies ailés aux longs cheveux entremêlés de serpents, elles portent à la main des fouets et des torches. Elles harcèlent leurs victimes, les torturent avec délectation et les rendent folles.
Elles sont nées des gouttes de sang tombées de l'organe sexuel d'Ouranos et ne reconnaissent pas l'autorité des dieux de l'Olympe. On les appelle aussi les Euménides (les « Bienveillantes »), afin d'écarter leur colère. Les Romains les ont assimilées à leurs Furies. Aveugles, elles exécutent leurs châtiments indéfiniment : ainsi, elles poussent Clytemnestre à tuer son époux, Agamemnon, qui a sacrifié Iphigénie, sa fille, puis font tuer Clytemnestre par son propre fils Oreste, qui venge ainsi son père, et enfin poursuivent le fils pour le meurtre de sa mère. Elles sont de la même façon à l'origine de la malédiction d'Œdipe et de ses descendants.
Implacables, elles exigent pour tout homicide un châtiment. Pour elles, le meurtre est une souillure et l'homme qui l'a commis est banni de sa cité, devient errant et est frappé de folie. Il doit être purifié. Déterminées, elles veillent à ce que chacun reste à sa place, interdisent aux devins de trop dévoiler l'avenir et aux hommes d'avoir trop de puissance. Elles condamnent l'*hubris* (l'exagération, l'orgueil). Dans le Tartare, elles torturent les morts.

CRATÈRE DIT « CRATÈRE DES EUMÉNIDES »
VERS 380 AV. J.-C.
Vase céramique, Tarente

Détail représentant les Érinyes. On voit sur la droite la silhouette d'Oreste qu'elles ont longtemps poursuivi après l'assassinat de Clytemnestre, sa mère.

Déméter / Cérès, déesse-mère

Maîtresse de la terre cultivée

Le domaine de Déméter est la terre fertile et la végétation. Elle y joue un jeu subtil qui noue vie et mort, printemps et hiver, recueille les fruits de la terre et distribue les nourritures.

Déméter est fille de Cronos et de Rhéa. C'est la déesse du blé, et son culte est particulièrement florissant dans les contrées où cette céréale se trouve en abondance, en Sicile, dans la région d'Éleusis, en Crète, en Thrace et dans le Péloponnèse.

Perséphone (Coré) est née des amours de Zeus et de Déméter. Fille unique de la déesse, elle grandit heureuse et enjouée au milieu des autres enfants du maître de l'Olympe, Artémis et Athéna. Son oncle Hadès tombe éperdument amoureux d'elle : alors qu'elle est en train de cueillir un narcisse, il entrouvre la terre, elle pousse un cri de surprise, il apparaît et l'entraîne avec lui aux Enfers.

Une longue errance

Déméter, entendant le cri de sa fille, se précipite, mais ne la trouve pas. L'angoisse au cœur, elle parcourt le monde entier, à sa recherche, sans boire, sans manger, sans se maquiller d'aucune sorte. Elle apprend enfin, au bout de dix jours, qui est le ravisseur. Elle décide alors de ne plus remonter au ciel et d'abdiquer ses prérogatives de déesse jusqu'à ce qu'elle ait retrouvé sa fille.

Sous les apparences d'une vieille femme, elle visite les cités des hommes, observe leurs travaux, puis s'assoit sur la « pierre sans joie », et échoue enfin au milieu des vieilles qui papotent à la cour du roi Céléos. L'une d'elles, Iambé, réussit à la faire sourire avec ses badinages. Le jeûne est rompu. Déméter prépare un *cycéon*, mélange d'eau, de grains d'orge et de menthe. Elle s'engage comme nourrice, et élève Démophon, fils du roi d'Éleusis, à qui elle donne la mission de répandre la culture du blé.

Mais cet exil de la déesse rend la terre stérile et Zeus, responsable de l'ordre du monde, exige d'Hadès qu'il rende Perséphone. Or celle-ci a goûté du grain de grenade qui la lie définitivement aux Enfers. Un compromis est pourtant trouvé : Perséphone monte vers le ciel avec les premières pousses du printemps et retourne dans son séjour souterrain avec les semailles d'automne.

Les mystères d'Éleusis

« Je suis Déméter que tous révèrent, la puissance la plus utile pour les dieux, et pour les hommes. » C'est ainsi que la déesse se fait reconnaître des enfants d'Éleusis. Ceux-ci lui élèvent un temple, et bientôt s'organisent les mystères d'Éleusis.

En septembre-octobre, les candidats à l'initiation entrent dans la mer pour se purifier. Puis le cortège suit la voie sacrée d'Athènes à Éleusis ; ils arrivent au sanctuaire à la

DÉMÉTER
Ier SIÈCLE
Marbre, h : 1,05 m (détail), Carthage

STÈLE FUNÉRAIRE (OU VOTIVE) DITE DE « L'EXALTATION À LA FLEUR » AVEC DÉMÉTER ET CORÉ.
Ve SIÈCLE AV. J.-C.
Marbre, (fragment), thessalie, Pharsale

tombée de la nuit. « J'ai jeûné, j'ai bu le cycéon, j'ai fait mon travail et déposé les objets dans la corbeille et dans le panier » (Clément d'Alexandrie, *Protreptique*, II, 21, 2) : telles sont les paroles que prononcent les néophytes. Suivent alors des rites secrets, accomplis en silence ; la première partie de l'initiation est terminée.

On dit « mystères » parce que le secret exigé a été bien gardé : le travail symbolique est-il la découverte d'un moulin rudimentaire pour moudre le grain – manifestant ainsi comme une étape dans la civilisation – ou bien l'accomplissement d'actes à caractère sexuel ? On l'ignore toujours.

La seconde phase de l'initiation serait une expérience intérieure. Aristote l'exprime clairement : « Ceux que l'on initie ne doivent pas apprendre quelque chose, mais éprouver des émotions et être mis dans certaines dispositions » (*Fragment* 15 ; éd. Rose). Enfin, comme Déméter reprend sa place parmi les Immortels, les initiés reviennent à Athènes et retrouvent la vie qu'ils avaient quittée quelque temps. Les mystères d'Éleusis ne sont qu'une parenthèse dans la vie de la cité, une parenthèse où hommes, femmes, esclaves se trouvent mis au même rang, celui de fidèle d'un seul culte, tous devant suivre le même cheminement. C'est une coupure brève et contrôlée dans la vie politique du pays.

Les Romains donneront à Déméter le nom de Cérès, une ancienne divinité de la Végétation.

CÉRÈS TENANT UNE FAUCILLE ET DES ÉPIS
MARTIN NOBLET, 1576
Peinture sur bois

Une Déméter plantureuse symbole de la terre fertile et de la richesse de la vie. Elle porte la faucille et des gerbes de blé comme pour indiquer que l'agriculture est le domaine qu'elle protège et fait fructifier.

Déméter.

« Et maintenant chantez, Muses Olympiennes, au délicieux langage, filles de Zeus qui tient l'égide, chantez donc les déesses, les immortelles entrées au lit d'hommes mortels, qui leur ont enfanté des fils pareils aux dieux.

Déméter, divine entre les déesses, donna le jour à Ploutos, unie d'amour charmant au héros Jasion, dans une jachère trois fois retournée, au gras pays de Crète ; et Ploutos, bienfaisant, va parcourant toute la terre et le vaste dos de la mer, et du premier passant au bras de qui il tombe, il fait un riche et lui octroie large opulence. » (Hésiode, *Théogonie* 965-975)

Héra / Junon, femme de Zeus

La déesse aux bras blancs

Sœur et double féminin de Zeus, Héra détient au même titre que lui la souveraineté du monde. Mais les querelles des époux sont les causes des perturbations du ciel et de l'atmosphère.

Héra, ou Junon, fille de Cronos et de Rhéa, est élevée par Océan et Téthys. Elle épouse Zeus, son frère, à l'occasion de fêtes grandioses organisées dans le jardin des Hespérides, symbole de la fécondité, et au cours d'un éternel printemps. Ce mariage est commémoré à Samos, Argos et Platées : la statue de la déesse est vêtue en mariée et conduite en procession jusqu'au lit nuptial (Hésiode, *Théogonie*, 901 sq.). Héra retrouve annuellement sa virginité en se baignant dans la source Kanathos (Pausanias, II, 36,2). Ses fils les plus célèbres sont, selon certaines traditions, conçus par elle seule, sans le secours du mâle, en frappant le sol de la main ou en mangeant une laitue : ainsi sont nés, non de l'amour mais du désir et de la haine, Typhon, l'être monstrueux capable de détrôner Zeus, Héphaïstos, le magicien, Arès, le dieu de la Guerre, et Hébé, la Jeunesse. Héra ne leur voue aucune tendresse, son seul souci étant la revendication des droits que lui confère le lit conjugal.

La femme jalouse et coléreuse

Épouse légitime, elle souffre des infidélités nombreuses de son mari et poursuit de sa vengeance non seulement les maîtresses de Zeus, qu'elles soient consentantes ou non, mais aussi leurs enfants : elle introduit deux énormes serpents dans le berceau d'Héraclès ; elle met Io sous la garde d'Argos aux cent yeux ; elle suggère à Sémélé le désir de voir son amant dans toute sa gloire, sachant bien que la mortelle ne pourra supporter l'éclat de la foudre ; elle frappe de folie les parents adoptifs de Dionysos ; elle tente d'empêcher la naissance d'Apollon et d'Artémis.

« Sa colère grondait contre toutes les femmes qui donnaient des enfants à Zeus, contre Lêto surtout, la seule qui dût, par lui, mettre au monde un fils plus chéri qu'Arès. [...] Elle guettait, elle fermait tout asile à Lêto déchirée par les douleurs. Elle avait deux sentinelles à surveiller la terre ; l'un gardait le continent [...], l'autre gardait les vastes îles » (Callimaque, *Hymne à Délos*, 55-65).

Zeus ne peut pas grand-chose contre elle. Il se fâche parfois et suspend la déesse à l'Olympe en attachant des enclumes à ses pieds. Héphaïstos vient à son secours (*Iliade*, I, 567). Mais le plus souvent Zeus ruse, il cache ses enfants illégitimes, les transforme en animaux ou les enferme sous la terre.

Un jour, une longue discussion s'engage entre Zeus et Héra sur l'amour. Le premier prétend que la femme y éprouve plus de plaisir que l'homme, la seconde affirme le contraire. Ils décident de consulter Tirésias, qui a fait l'expérience des deux sexes. Celui-ci dit que la femme ressent neuf fois plus de plaisir que l'homme, donnant ainsi raison à Zeus. Héra, furieuse de cette assertion, rend Tirésias aveugle.

Dépitée d'avoir perdu le concours de beauté jugé par Pâris, elle poursuit celui-ci de sa vindicte et prend position contre les Troyens, se faisant la protectrice d'Achille.

Hestia est fille de Cronos et de Rhéa, et donc sœur de Zeus et de Héra. Elle a obtenu du roi de l'Olympe le privilège de garder éternellement sa virginité. Déesse du Foyer, elle ne quitte pas les « hautes demeures des dieux éternels » (Homère, *Hymne à Hestia*) et n'intervient jamais dans l'histoire mouvementée des dieux. Elle est le point central, le lieu de ralliement. Elle reçoit dans toutes les maisons des hommes des honneurs particuliers : le feu qui la symbolise ne s'éteint jamais ; on lui présente la jeune épousée et l'enfant naissant ; on l'invoque avant chaque repas. Elle prélève la première part de tous les sacrifices.

Etude pour Junon
Benvenuto Cellini (1500-1571)
Crayon noir

Le mariage d'Héra et de Zeus
Milieu du 5eme siècle av. J.-C.
Métope du temple de Sélinonte, Sicile

Le dieu assis contemple sa nouvelle épouse qui défait lentement son voile nuptial.

Iunone

Héphaïstos / Vulcain, l'artisan

Le maître du feu

Magicien, Héphaïstos est doué d'une habileté extraordinaire ; il possède tous les métiers manuels, celui de forgeron, de bijoutier, de magicien, et une technique remarquable unique dans le monde des dieux.

Héphaïstos, ou Vulcain, est fils de Zeus et d'Héra. Certaines traditions disent qu'il est fils d'Héra seule, furieuse qu'Athéna soit née de Zeus seul. Mais cette version ne correspond pas à l'image que l'on se fait d'Héphaïstos fendant le crâne de son père pour permettre la mise au monde d'Athéna.

En tout état de cause, Héphaïstos est un dieu boiteux, soit qu'Héra, voyant la laideur de son fils, l'ait fait tomber de l'Olympe et que la chute l'ait handicapé définitivement (*Iliade*, XVIII, 394 sq.), soit que Zeus l'ait précipité sur l'île de Lemnos parce qu'il avait pris le parti de sa mère lors d'une dispute conjugale (*Iliade*, I, 590 sq.).

Il est élevé par Thétis et Eurynomé pendant neuf ans dans une grotte sous-marine. Là, il apprend le métier de forgeron, de bijoutier, et bien d'autres arts manuels.

L'artisan

Héphaïstos est le dieu du Feu. Les volcans sont ses ateliers, les cyclopes ses aides. Il fabrique broches, bijoux, bracelets et automates. Il aménage les demeures resplendissantes des dieux, forge le bouclier d'Achille et même les deux servantes d'or, semblables à des jeunes filles, qui l'aident à marcher (*Iliade*, XVIII, 417).

Héphaïstos forge un trône d'or magique qui immobilise celui qui s'y assoit et il l'envoie à Héra pour se venger de sa chute hors de l'Olympe. La déesse s'y installe et se trouve enchaînée. Les dieux alors le rappellent afin qu'il libère sa mère (Pausanias, I, 20, 2).

Héphaïstos, dieu du Feu, combat avec le feu devant Troie. Il tue Clytios, le Géant, avec une barre de fer rougie.

Les amours d'Héphaïstos

Malgré son infirmité et sa laideur, Héphaïstos fut aimé des plus belles. Zeus lui donne pour femme Aphrodite. Mais celle-ci le trompa effrontément avec Arès. Héphaïstos, prévenu, tendit un piège aux amants et les prit enlacés dans un filet invisible.

HÉPHAISTOS
IIIe SIÈCLE AV. J.-C.
Bronze

Le dieu du Feu et du Travail des métaux.

HÉPHAISTOS DANS SON ATELIER DE FORGERON
VIe SIÈCLE AV. J.-C.
Amphore à figures noires

Héphaïstos forgeant une armure pour Achille
Giorgio Vasari
(1512-1574)
Plume, pierre noire, réhauts de blancs, papier ocre

Après que Patrocle, qui portait l'armure d'Achille, ait été tué par Hector, Thétis demande à Héphaïstos une nouvelle armure pour son fils.

Arès / Mars, dieu de la guerre

La violence meurtrière

Confondu avec le dieu romain Mars, il est escorté par la sanglante Ényo, Éris (la Discorde), *Deimos* (la Crainte) *et Phobos* (l'Épouvante). Son amour immodéré de la violence le rend particulièrement antipathique.

Fils d'Héra, qui l'a enfanté sans le secours de semence masculine (*Iliade*, XV, 166), Arès est l'un des douze grands dieux. Bagarreur par excellence, il se soucie fort peu de la cause à défendre et change de camp sans scrupule ; il aime le combat pour le combat et trouve son plaisir dans les tueries et le sang. C'est le dieu le plus détesté de l'Olympe. Brute à la stature colossale, il porte une armure d'airain (*Iliade*, V, 704), un casque étincelant à la longue crinière (*ibid.*, XXII, 132), une lance (*ibid.*, XV, 605) et un bouclier de cuir (*ibid.*, V, 289). Doué d'une force étonnante, il bouscule tout sur son passage, guerriers, chars et même murailles (*Hymne homérique*, VII, 1). D'une rapidité vertigineuse, il surprend ses ennemis et les effraie en hurlant : *alalè alala !* son cri de guerre.

Une énergie sauvage

Il est le dieu des combats et non le dieu de la victoire. Sa fougue inconsidérée lui vaut bien des déboires. Il est le contraire d'Athéna, la déesse mesurée et réfléchie. Celle-ci le désarme parfois pour l'empêcher de s'immiscer dans des combats qui ne le concernent pas (*Iliade*, XV, 110-142) ; elle lutte directement avec lui en armant le bras de Diomède (*ibid.*, V, 590 sq.) et réussit même une fois à l'abattre d'un coup de pierre (*ibid.*, XXI, 391 sq.).

Car il connaît souvent la défaite : attaqué par les Aloades, Otos et Éphialtès, fils de Poséidon, il est enchaîné et maintenu treize mois prisonnier dans un pot de bronze (*Iliade*, V, 385 sq.). Héraclès, lui aussi, le terrasse à plusieurs reprises, allant jusqu'à le dépouiller de ses armes (Hésiode, *Le Bouclier d'Hercule*, 465 sq.).

Il lutte jusqu'à épuisement et sera plusieurs fois considéré comme mort. L'Olympe alors le reçoit et Zeus lui-même soigne ses plaies : un dieu ne doit pas mourir (*Iliade*, V, 590 sq.).

Une mâle puissance

Cette ardeur extrême ne laisse pas indifférent. Aphrodite, elle-même, est conquise et doit cacher cette liaison illicite (*Odyssée*, VIII, 266-366). Selon certaines traditions, Éros et Priape en naîtront. Mais Arès a la même fougue dans ses aventures féminines qu'à la guerre : il viole et engrosse Astyoché, dont naîtront Ascalaphos et Ialménos (*Iliade*, II, 512) ; Pyréné, dont il aura Diomède de Thrace, Cycnos et Lycaon (Apollodore, II, 5-8). Chrysé lui donne Phlégyas (Pausanias, IX,

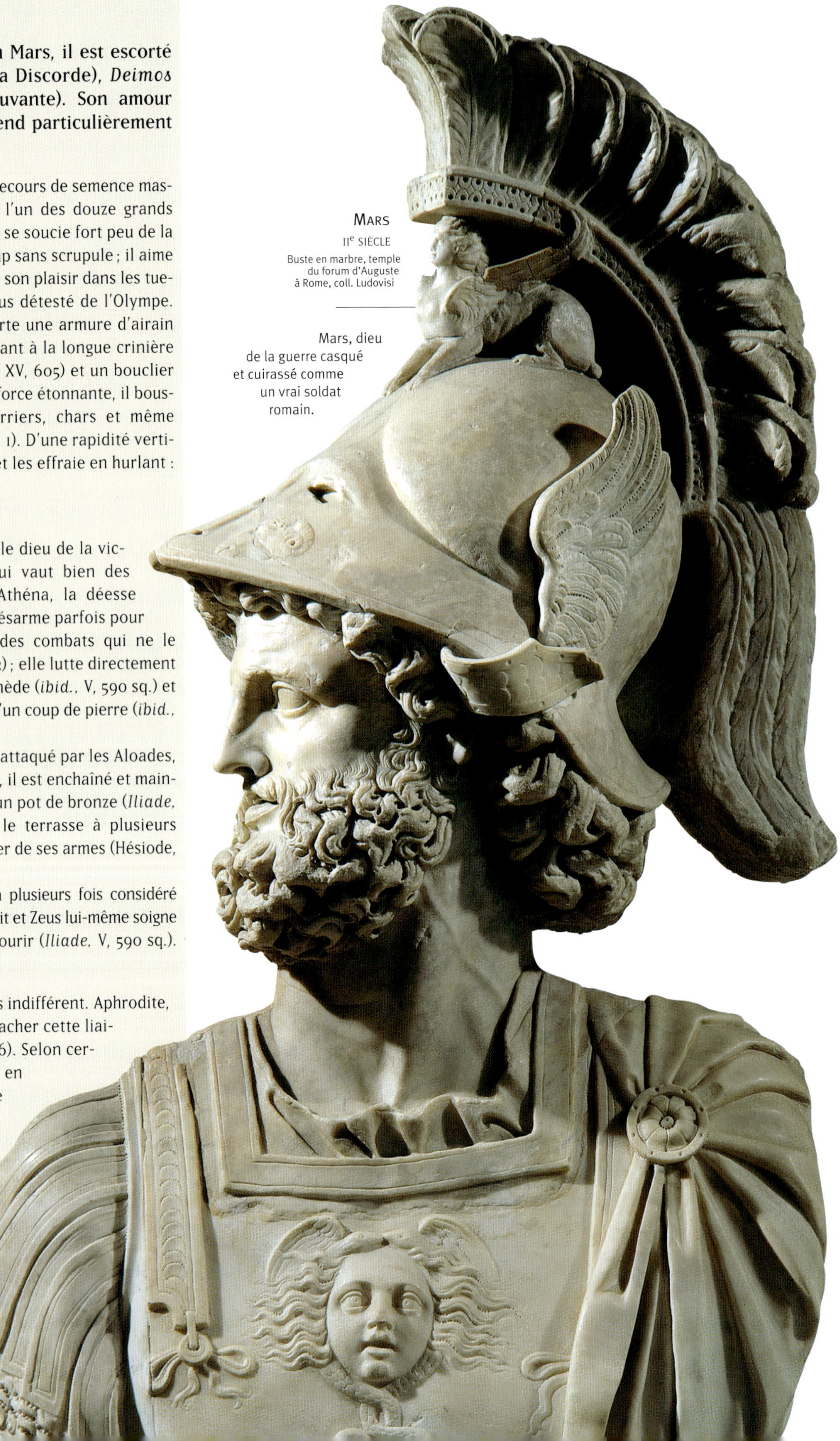

Mars
IIe siècle
Buste en marbre, temple du forum d'Auguste à Rome, coll. Ludovisi

Mars, dieu de la guerre casqué et cuirassé comme un vrai soldat romain.

36,1) ; il a d'Astynomé, Calydon ; de Althaia, Méléagre (Apollodore, I, 8,2) ; de Périboea, Tydée (Diodore de Sicile, IV, 35) ; de Protogenia, Oxylos (Apollodore, I, 7, 7) ; de Harpinna, Œnomaos (Pausanias, V, 22, 6), etc.

MARS ET VÉNUS DIT « LE PARNASSE »
ANDREA MANTEGNA (1431-1506)
Huile sur toile, (détail)

Mars et Vénus connurent des amours passionnées qui furent troublées par la jalousie du mari de Vénus, Héphaïstos.

Le culte

La Thrace est son pays d'origine. Le peuple sauvage et belliqueux de cette région lui voue un culte particulier. Celui-ci se développe ensuite à Thèbes, à Athènes et à Sparte. Dans cette dernière ville, deux de ses prêtres marchaient devant les armées et donnaient au moyen de torches le signal du combat.

Arès a été assimilé, à Rome, au dieu Mars, l'un des plus anciens et des plus vénérés de la péninsule. Il y était honoré par une confrérie de prêtres respectés, les saliens *(Salii Palatini)*, qui conservent les douze boucliers échancrés qu'on dit tombés du ciel et exécutent des danses guerrières à l'occasion de fêtes particulières. Mars est considéré comme le père de Romulus, le fondateur : il a conduit Rome à l'empire du monde.

HÉBÉ
Ve SIÈCLE AV. J.-C
Vase grec, céramique, Éléonte

Hébé/Juventas.

Fille de Zeus et d'Héra. On dit qu'Héra a conçu toute seule Hébé sans l'aide du sperme de Zeus. Pourtant celui-ci l'adopte et la fait déesse de la Jeunesse, lui donnant le pouvoir de rajeunir les êtres, et lui attribue la mission de verser le nectar et l'ambroisie aux divinités. Mais un jour elle prend une pose indécente qui mécontente le dieu de l'Olympe et elle est remplacée par le jeune Ganymède. Elle se retrouve alors au seul service de sa mère. Elle épouse Héraclès et lui donne deux fils Alexiarès et Anicétos. On la représente couronnée de fleurs.

Apollon, dieu de l'art

Le dieu à l'arc d'argent

Jeune, beau, intelligent, raisonnable, éclatant, devin, poète et musicien, Apollon assemble en sa personne toutes les qualités d'un grand dieu que l'on admire et respecte. Il incarne la civilisation.

Il est souvent appelé chez les Romains Phœbus, le Brillant, et est confondu avec le Soleil. Son caractère étincelant et lumineux va de pair avec un aspect terrifiant. Il est dit « le plus puissant des dieux ».

Délos

Zeus a une aventure avec Lêto et celle-ci est enceinte. Héra, jalouse, la poursuit à travers toute la terre pour l'empêcher de mettre au monde ses enfants. Seule, une petite île, errante et stérile, Asteria, accepte de l'accueillir et Lêto peut enfin accoucher, d'abord d'Artémis, puis d'Apollon. Parce que le dieu de la Lumière a vu le jour sur son sol, l'île aussitôt se couvre d'or, devient prospère (*Hymne homérique à Apollon*, 135), se fixe au milieu de la mer de Grèce et devient Délos, la brillante. Les cygnes sacrés en font sept fois le tour, car on est au septième jour du mois, et enfin ils emmènent l'enfant au-delà de la patrie du Vent du Nord, chez les Hyperboréens (Callimaque, *Hymne à Délos*, 41-54).

Delphes

Après son séjour d'un an chez les Hyperboréens, Apollon se rend à Delphes. Il y trouve un dragon, Python, qui protège l'oracle de Thémis, déesse de la Loi, mais qui se livre aussi à toutes sortes de razzias dans le pays, tuant hommes et bêtes, polluant les sources et ravageant la terre. Apollon l'abat de ses flèches et délivre ainsi le pays. Il fonde alors les jeux pythiques, consacre le sanctuaire et fait du trépied l'un de ses symboles : désormais, c'est assise sur un trépied que la Pythie rendra ses oracles (*Hymne homérique à Apollon*, 127 sq.).

Héraclès et Apollon se disputant la possession du trépied
VIe siècle avant J.-C.
Vase céramique à figures noires

Le trépied sacré était consacré aux dieux dans les temples. Le plus célèbre est celui de Platées. Il était en or et avait été fabriqué avec le butin de la victoire de Platées contre les Perses. Il était placé à Delphes devant le temple d'Apollon.

Apollon et Daphné
Pierre Paul Rubens (1577-1640)
Huile sur bois

Apollon poursuit Daphné dont il est tombé amoureux.
Mais elle s'enfuit dans la montagne et est transformée en laurier.

La jeunesse

Dieu d'une jeunesse toujours nouvelle, mais non pas immature, il est plein d'énergie et parfois même de violence. Il est le modèle et le protecteur des *kouroi* (jeunes humains). Il porte de longues boucles noires aux reflets d'argent, une chevelure que le fer n'a jamais taillée, et les jeunes gens lui font l'offrande de leur première coupe de cheveux lors d'un rite traditionnel qui marque leur entrée dans l'assemblée des hommes.

Les amours d'Apollon

Il aime la nymphe Daphné, amour inspiré par Éros, irrité de ses railleries. Mais elle ne répond pas à ses désirs, s'enfuit dans la montagne et se métamorphose en laurier, l'arbre consacré à Apollon.
Il aime la nymphe Cyrène et en a un fils, Aristée. Avec elle, il accomplira tous les rites matrimoniaux (Pindare, *Pythiques*, IX, 104 sq.). Mais cela ne l'empêche pas de courir. Avec la muse Thalie, il engendre les Corybantes ; avec Uranie, les musiciens Linos et Orphée ; avec Coronis, Asclépios, mais il tue la mère, en raison de ses infidélités (Pindare, *Pythiques*, III, 41 sq.). La même aventure lui arrive avec Marpessa, qui lui préfère un mortel, Idas, craignant d'être abandonnée dans sa vieillesse par un Apollon toujours jeune. On lui connaît aussi l'amour de Phthie, dont il a eu Doros, Laocodos et Polypoetès ; celui de Rhoea, dont il a eu Anios.
Il n'aime d'ailleurs pas que des femmes : la mort des héros Hyacinthe et Cyparissos le plonge dans une grande tristesse.

Un fol orgueil

Apollon ne se mêle aux humains que par caprice ou lorsqu'il y est obligé. Devant Diomède, il est très fier : « Recule, ne te mesure pas à des dieux, car ils ne sont pas de même race, les dieux immortels et les hommes en chemin sur la terre. » Il est « follement orgueilleux »,

APOLLON
Ier SIÈCLE AV. J.-C.
Bronze, argent, cuivre, h : 1,150 m (détail), Piombito, Italie

dit l'*Hymne homérique*, il ne va pas s'abaisser à regarder « cette pauvre race qui pousse et flétrit comme les feuilles des arbres ».

Pourtant, il apporte son aide aux Argonautes, en qui il retrouve quelque chose de sa fierté, et il sait viser de loin les Achéens pour protéger Troie, avec qui il a partie liée. Son orgueil le pousse jusqu'à narguer Zeus lui-même.

Les épreuves d'Apollon

Par deux fois, Zeus réagit en le mettant à l'épreuve et en lui ordonnant d'être, pour un temps, esclave au service de certains mortels.

La première fois, avec la complicité d'Héra, de Poséidon et d'Athéna, Apollon cherche à lier Zeus et il est condamné à travailler pour le roi de Troie, Laomédon : il construit les murailles de la ville et garde les troupeaux sur l'Ida. Comme le roi refuse de le payer, il envoie une peste qui ravage le pays (Pindare, *Olympiques*, VIII, 40 sq.).

La seconde fois, Zeus ayant foudroyé Asclépios, Apollon, devenu furieux, tue les Cyclopes. Pour le punir, le roi de l'Olympe l'envoie chez Admète, le roi de Phères, auquel il sert de bouvier. Bien reçu, il apporte la prospérité au pays (Callimaque, *Hymne à Apollon*, 47).

La musique est un de ses talents. Un jour, il se fait voler son troupeau par Hermès. Mais, le retrouvant sur le mont Cyllène, il le laisse à son voleur contre la lyre que celui-ci a inventée. Une autre fois, il est défié par le satyre Marsyas, qui prétend tirer de sa flûte une musique plus mélodieuse qu'Apollon de sa lyre. Marsyas est vaincu ; Apollon le fait alors écorcher vif et accrocher à un pin ; pour cette raison, cet arbre porte une écorce rouge comme le sang de la victime. Il est *mousagétès*, « chef du chœur des Muses », et inspire aussi bien les devins que les poètes.

Le dieu terrifiant

Ses armes sont aussi redoutables que celles d'Artémis, sa sœur. Il participe au massacre des enfants de Niobé, décime l'armée des Grecs devant Troie (*Iliade*, I, 43 sq.), tue les Cyclopes, le serpent Python venu des antres sombres, et Tityos, le géant sorti de la terre. C'est à lui que l'on attribue la mort d'Achille. La haine qu'il avait pour Achille, le pousse à poursuivre son fils, Néoptolème, en le faisant mourir à Delphes lors d'une consultation de l'oracle. Même ses amis ont peur de lui : il apparaît aux Argonautes qu'il soutient, mais ceux-ci n'osent pas lever les yeux, tant il est resplendissant ; ils sont frappés de stupeur et tremblent, et, lorsqu'ils veulent regarder, il est déjà parti (Apollonios de Rhodes, *Les Argonautiques*, II, 680).

Le dieu qui sait tout

S'il est habile à tuer, il a aussi les moyens de guérir ou de faire disparaître le mal et la maladie (il est *Apotropaios*), et d'abattre les monstres qui répandent le malheur. Il est médecin, un peu comme Asclépios, son fils. Il connaît les rites de purification (il est *Katharsios*). C'est lui que l'on invoque pour combattre la peste, c'est son effigie que l'on place dans les endroits dangereux, c'est lui que l'on interroge dans les situations graves.

Car le regard du dieu atteint toute chose. Pour lui, il n'est nulle distance. Rien ne lui échappe, ni des pensées, ni des paroles, ni des actions (Pindare, *Pythiques*, III, 25). Il sait tout, la cause du mal et son remède ; il sait « le nombre des grains de sable et les dimensions de la mer » (Hérodote, *Histoires*, I, 47).

Les Muses, déesses des arts

Elles sont neuf, filles de Zeus et de Mnémosynè, la Mémoire. Chacune a son domaine propre : à Calliope, la poésie épique ; à Clio, l'histoire ; à Polymnie, la pantomime ; à Euterpe, la flûte ; à Terpsichore, la danse ; à Érato, l'art lyrique ; à Melpomène, la tragédie ; à Thalie, la comédie ; à Uranie, l'astronomie.

Elles réjouissent les dieux et inspirent les poètes. Elles favorisent les contacts et font naître le dialogue.

Les Muses créent ce qu'elles chantent. En louant les dieux, elles accomplissent leur gloire ; en vantant les guerriers valeureux, elles les inscrivent dans l'Histoire. Elles collaborent ainsi à la mise en ordre du monde et discréditent ceux qu'elles oublient.

LES DIEUX DANS L'OLYMPE
ATELIER DE PHIDIAS, 435 AV. J.C.
Frise du Parthenon (détail), Athènes

Cette frise du Parthénon représente, de gauche à droite, Poséidon, Apollon et Artémis.

L'oracle

Il parle à Delphes. La Pythie dit « je », prononçant les paroles mêmes d'Apollon, le seul qui sait ce que pense le maître du monde et les arrêts qu'il prend en son esprit. « Connais-toi toi-même », telle était la formule gravée sur le fronton du temple. L'oracle sait lire dans le cœur de ceux qui l'interrogent les réponses qui y sont inscrites, mais « n'a jamais rendu d'oracle sur homme, femme ou cité, qui ne fût ordre de Zeus » (Eschyle, *Les Euménides*, 616-619).
Toute la Grèce vient dans ce lieu différent des autres, d'où partent conseils pour la vie privée, directives pour la vie politique et injonctions pour la vie rituelle et religieuse.

Les fêtes

Les fêtes en son honneur, les Thargélies, se déroulent en deux temps : d'abord, on choisit deux pauvres hères, misérables physiquement et moralement. L'un représente les femmes, l'autre les hommes. On les promène dans la ville, on les frappe avec des verges, on les lapide, on les livre au feu ou on les chasse dans la montagne. Ils emportent avec eux les souillures de tous. C'est la purification ; ensuite, on chante le ***péan***, ou chant pour Apollon, et l'on offre au dieu les prémices des fruits de la terre sous forme de pain, de fruits ou de gâteaux.
À Rome, le premier temple qui lui fut dédié s'élevait sur les Prés Flaminiens. Il fut érigé à la suite d'une grave épidémie et porta le nom officiel d'Apollo Medicus (Tite-Live, IV, 25, 3 ; XL, 51, 6).

Sarcophage des Muses
Époque romaine, vers 150 ap. J.-C.
Marbre blanc

Apollon avec sa lyre et Artémis faisant une libation sur l'autel de Zeus
Ve siècle av. J.-C
Céramique, art attique

Artémis / Diane, la chasseresse

La vierge farouche

Éternellement jeune et active, Artémis est l'égale des hommes et la version féminine de son frère jumeau Apollon. Elle vit entourée de soixante Océanides et de vingt nymphes aussi belles les unes que les autres.

Fille de Zeus et de Lêto, elle est, dès sa naissance, marquée par la jalousie d'Héra, la femme légitime du maître de l'Olympe et, née la première, aide à l'accouchement d'Apollon. Les liens entre le frère et la sœur n'en sont que plus étroits.
Elle est grande et imposante (*Hymne homérique à Apollon Pythique*, 271), reine au beau visage (Callimaque, *Hymne à Artémis*, 204) et aux boucles d'or (Euripide, *Hippolyte*, 80 sq.). Elle est fière de ses formes, elle en prend soin et pour cela veille à conserver sa virginité.

Artémis aux flèches d'or

Venant de Délos, Artémis aurait chassé pour la première fois en Attique (Pausanias, I, 19, 6). Elle est armée d'un arc et de flèches forgés par Héphaïstos et les Cyclopes. Le dieu Pan lui a donné des chiens, « plus rapides que le vent » et capables de renverser même des lions (Callimaque, *Hymne à Artémis*, 90-95). Elle demeure dans les montagnes et dans les bois ; son gibier est fait de chevreuils, de cerfs et de biches (*Iliade*, XXI, 485), mais parfois aussi de lions et de panthères (Pausanias, V, 19,5).

La jeune fille revêche

C'est une combattante : elle participe avec Apollon au meurtre du serpent Python, au châtiment du Géant Tityos et à l'extermination des enfants de Niobé, laquelle avait insulté sa mère. Malheur à qui lui fait ombrage. Elle est « la vierge inviolable et inviolée » (Sophocle, *Électre*, 1239) et se retourne impitoyablement contre ceux qui veulent la forcer : Otos, le Géant, doit sa mort à l'une de ses ruses (*Odyssée*, XI, 305 sq.) ; Orion est piqué par un scorpion qu'elle lui a envoyé (Palaiphatos, *Histoires incroyables*, 51, I, 4, 3) ; Actéon, qui la surprend se baignant nue dans la source Parthénios, est changé en cerf (Diodore de Sicile, IV, 81, 3-5) ; Bouphagos est percé de flèches sur le mont Pholoé (Pausanias, VIII, 27, 17).
Elle défend la pudeur, se dresse contre la violence sauvage, les débordements, et châtie les amours illicites : les viols des nymphes Opis et Chromion sont vengés (Pausanias, VIII, 47, 6) ; le tyran Tartarus est mis à mort parce qu'il profite de son pouvoir pour posséder avant mariage les jeunes filles de sa cité (Antoninus Liberalis, XIII).
Elle exprime sa colère aux vierges qui

DIANE CHASSERESSE ACCOMPAGNÉE D'UNE BICHE
ÉPOQUE HELLÉNISTIQUE,
SECONDE MOITIÉ DU IVe SIÈCLE AV. J.-C.
Marbre

cèdent à l'amour : elle transforme en ourse Callisto qui s'est laissé séduire par Zeus (Hésiode, *Fragments*, XCIX) et exige l'immolation de sa prêtresse Comoetho et de Melanipos, son amant (Pausanias, VII, 19,20). Sa sollicitude toute particulière va aux jeunes filles, celles qui n'ont pas pris goût aux dons de la frivole Aphrodite : ce sont ses prêtresses, elles lui font fête, dansent devant son temple et se réunissent dans ses bois. Artémis ne s'oppose pas à leur mariage, mais alors elles viennent déposer devant son autel parures virginales, boucles de cheveux, jouets, poupées, et elles quittent son domaine. La déesse n'est pas douée pour la bagatelle. En revanche, quand il s'agit d'événements sérieux, elle est là, et elle devient la protectrice des femmes en couches et des enfants qui naissent (Callimaque, *Hymne à Artémis*, 20-25).

LA CHASSE DE DIANE
EUSTACHE LE SUEUR (1616-1655)
Huile

Diane chasseresse

Elle est venue à Capoue et à Rome sous le nom de Diane, une déesse exigeante, puisque la garde de son temple à Aricie ne peut s'obtenir que par le meurtre du prêtre en exercice (Ovide, *Les Fastes*, III, 275). On dit que c'est dans ce sanctuaire qu'Artémis a caché Hippolyte, le fils de Thésée, après sa mort et sa résurrection. Mais l'influence de l'Artémis grecque a fait de Diane une chasseresse. Elle règne dans la forêt et, aux ides d'août, la fête qui lui est consacrée, elle récompense les chiens et accorde une trêve aux animaux sauvages (Stace, *Les Silves*, III, I, 55).

Le culte

À Rome, Diane a plusieurs temples. Celui qui se trouve sur le vicus Patricius a cette particularité d'être interdit aux hommes, depuis que l'un d'entre eux voulut faire violence à une femme dans le sanctuaire même, et que les chiens de Diane l'eurent déchiré. Son temple le plus important a été construit par Servius Tullius (578-534 av. J.-C.) sur l'Aventin ; il est le lieu de réunion des peuples associés et les fêtes qui s'y donnent rassemblent surtout femmes et esclaves.

L'assimilation de Diane à Artémis sera complète quand Auguste lui donnera une place à côté de son frère Apollon. Elle est devenue *Diana Victrix*, Diane victorieuse, et est célébrée par le chant séculaire d'Horace destiné à la plus grande fête religieuse de l'Empire donnée en son honneur. Diane y symbolise la Lune et Apollon, le Soleil, deux astres qui influencent la procréation, la naissance et la mort. Mais le frère et la sœur sont surtout considérés comme protecteurs de la cité impériale et garants de la paix que l'Empire avait imposée au monde.

Artémis : « Que les déesses, dit Zeus, me fassent de tels enfants et je me soucierai peu des fureurs de la jalouse Héra. Reçois, ma fille, tout ce que tu désires et demandes : reçois-le de ton père et bien plus encore. Trente villes je te donnerai, et non pas une seule, trente villes qui n'honoreront d'autre divinité que toi, et seront les villes d'Artémis. » (Callimaque, *Hymne à Artémis*, 25-30)

Athéna / Minerve, la sagesse

L'intelligence et l'habileté

Dès son jaillissement du crâne de Zeus, tous les immortels sont dans l'admiration. Rayonnante dans ses armes de bronze, Athéna, comme la cité dont elle est la protectrice, allie l'amour de l'art et celui de la sagesse.

Lorsque Mêtis, « déesse qui en sait plus que tout dieu et homme mortel », fut enceinte des œuvres de Zeus, on avertit celui-ci que, si l'enfant était une fille, un garçon viendrait ensuite qui le détrônerait. Zeus alors avala la mère et, quand vint le temps de l'accouchement, il demanda à Héphaïstos de lui fendre le crâne : Athéna sortit de son cerveau tout armée et poussa un cri de guerre qui retentit dans le ciel et sur la terre. Elle arriva au jour « égale à son père en force et en prudente sagesse » (Hésiode, *Théogonie*, 896).

Vierge et guerrière

« Parthénos », la vierge, dit-on d'elle. Elle n'est pourtant pas une déesse vierge comme les autres : elle n'a pas peur des hommes, elle est parmi eux comme l'un d'eux. Elle prend même toujours parti en leur faveur et se mesure aux plus puissants : « En toutes choses, dit-elle, mon cœur penche vers le mâle sauf pour le mariage » (Eschyle, *Les Euménides*, 736). Elle défend la mémoire d'Agamemnon contre Clytemnestre dans le procès d'Oreste, qui a tué sa mère pour venger son père (Eschyle, *Les Euménides*, 736-738). Point de femme parmi ses protégés ; ce sont Ulysse, Héraclès, Diomède, Achille, Ménélas, tous des hommes.

Sa protection n'est pas sans effet : elle suit Ulysse dans toutes ses pérégrinations ; elle prend la forme d'un mortel pour lui porter assistance, suggère à Nausicaa d'aller laver son linge quand Ulysse doit aborder dans l'île des Phéaciens, et inspire l'ordre donné à Calypso de relâcher le héros. Elle défend Héraclès et l'aide dans ses épreuves (Pausanias, III, 18, 11). Elle retient la colère d'Achille (*Iliade*, I, 194). Mais, toujours mesurée, elle refuse l'immortalité à Tydée en raison de sa bestialité.

Elle est guerrière *(areia)*, puissante *(sthenias)*, championne *(promachos)*. Elle prend une part active dans la guerre contre les Géants : Pallas et Encelade sont ses victimes, et elle se fait une cuirasse de la peau du premier. Elle combat devant Troie du côté des Achéens, puisque Pâris lui a refusé le premier prix de beauté. Arès est son ennemi juré (*Iliade*, XXI, 390 sq.). Elle déteste le dieu, ses charges inconsidérées, sa folie meurtrière et son amour du sang. Athéna ne combat pas de cette manière : elle utilise la stratégie, l'embuscade, la ruse et même, à l'occasion, la magie. Protégée par l'égide, son bouclier sur lequel figure la tête terrifiante de la Gorgone, elle paralyse ses adversaires et rend invincibles ses compagnons. La guerre n'est pas une fin en soi ; c'est l'affaire de la cité, elle doit être domestiquée.

CHOUETTE TRANSFORMÉE EN ATHÉNA
FIN DU Ve SIÈCLE AV. J.-C.
Céramique, petit pot à figures rouges

Minerve. Déesse aux yeux bleus assimilée à Athéna, Minerve était une déesse étrusque, introduite à Rome sous le nom de *Minerva Capta*, Minerve captive. Sa fête principale le 19 mars se trouvait être celle des artisans. Mais elle a une autre fête le 13 juin qui est célébrée surtout par les musiciens et les joueurs de flûte, instrument qu'elle aurait inventé. Elle donne prudence et courage aux soldats dans le combat.

La cité

Quand les dieux se partagent la Terre, chacun d'eux prétendant à un lot de mortels pour le vénérer, Athéna est en concurrence avec Poséidon pour la possession de l'Attique. Arrivé le premier, le dieu de la Mer fait surgir une source sur l'Acropole, mais la déesse fait sortir un olivier du roc sacré. Zeus règle le différend, et Poséidon est déclaré vaincu (Apollodore, III, 14, 1). Alors commence pour la cité athénienne l'ère de la civilisation.

Érechthée est le fils adoptif d'Athéna : Héphaïstos, abandonné par Aphrodite, veut contraindre Athéna à s'unir à lui ; mais celle-ci résiste et réussit à se libérer. Le sperme du dieu forgeron a giclé sur sa cuisse : elle le recueille et le met en terre. Érechthée en naîtra, fils d'Héphaïstos et de la Terre (Apollodore, II, 14, 6). L'enfant sera le protégé d'Athéna. Devenu roi d'Athènes, il fonde les Panathénées, associant à jamais le nom de la déesse à son peuple, ce peuple né d'Érechthée et de la Terre.

Comme dans la guerre, Athéna refuse toute démesure dans la vie de tous les jours : elle apprend aux hommes à dompter les forces sauvages, à apprivoiser la nature, à se rendre maîtres des éléments. Elle est à l'origine de toutes les techniques : elle apprend le filage et le tissage à Pandore (Hésiode, *Les Travaux et les Jours*, 64) et aux femmes de Phéacie (*Odyssée*, VII, 110). Les forgerons l'invoquent. Elle dresse les chevaux et invente le char. C'est elle qui procure à Bellérophon le mors, instrument nécessaire pour dompter Pégase (Pindare, *Olympiques*, XIII, 63-87). Elle préside au travail du bois et invente le premier navire avec Danaos (Apollodore, II, 1, 4). Et c'est Athéna elle-même qui va sur la montagne du Pélion abattre les arbres à la hache pour la construction du navire des Argonautes (Apollonios de Rhodes, *Les Argonautiques*, II, 1187-1189). Car elle veut apprendre aux hommes que c'est « la *mêtis*, c'est-à-dire l'intelligence et non la force, qui fait le bon bûcheron » (*Iliade*, XV, 412).

MONNAIE REPRÉSENTANT ATHÉNA CASQUÉE
IVe SIÈCLE AV. J.-C.
Statère de Macédoine, époque d'Alexandre le Grand

ATHÉNA « MATTEÏ », DITE ATHENA PACIFIQUE
IVe SIÈCLE AV. J.-C.
Marbre, h : 2,3 m

Hermès / Mercure, le messager

Le dieu des voyageurs

Ruse, inventivité, connaissance, mensonge et maîtrise des choses, telles sont les qualités éminentes d'Hermès. Il est dans la manipulation des idées ce qu'est Héphaïstos dans l'habileté de la main.

Hermès, ou Mercure, est fils de Zeus et de la nymphe Maia. Il arrive à l'existence, comme sournoisement, alors que dorment dieux et hommes, il est celui qui surprend.
Dès sa naissance dans une grotte du mont Cyllène, il réussit à se défaire de ses langes et s'en va voler une partie du troupeau de son frère Apollon. Il emmène les bêtes dans sa caverne de Pylos et, pour brouiller la piste, les fait marcher à reculons. Il achète le silence de Battos, qui l'a vu, sacrifie deux des bêtes volées, en fait douze parts pour les douze grands dieux de l'Olympe. Il cache le reste du troupeau et revient à la grotte. Ce vol lui vaut d'être reconnu comme dieu à part entière.
Cependant, Battos ne tient pas sa parole et dévoile la cachette d'Hermès. Apollon se précipite dans la grotte et se plaint à Maia des larcins de son fils. Celle-ci lui montre l'enfant, sagement endormi dans son berceau, et repousse ses accusations.
Hermès doit toutefois se défendre devant le tribunal de Zeus. Sa plaidoirie est si pleine d'esprit et adroite que le roi de l'Olympe rit en l'écoutant; il accorde le règlement à l'amiable du différend entre les deux frères.
Hermès est le dieu de toute parole : la parole, véhicule des échanges, expression de la galanterie et des transports amoureux et message de connaissance, mais aussi la parole mensongère qui déguise la vérité, brouille les amants et discrédite les partages. Il est l'intermédiaire qui va des hommes à l'Olympe et de l'Olympe à l'Hadès.

Dieu aux multiples pouvoirs

Dieu du commerce, il est le seul qui soit parvenu à l'immortalité à la suite d'un contrat. Il préside aux échanges et assiste Priam dans le rachat du corps d'Hector (*Iliade*, XXIV, 317-330).
Dieu inventeur et magicien, dès qu'il est sorti de son berceau, il invente la lyre, faite d'une carapace de tortue, et en fait don à Apollon (*Hymne homérique à Hermès*, 24 sq.). La flûte est aussi l'une de ses inventions, qu'il échange à Apollon contre la verge d'or (le caducée) et des leçons de divination. Il donne à Ulysse le *moly*, la plante magique qui protège des enchantements : « Hermès me donna l'herbe qu'il avait arrachée du sol et m'en expliqua la vertu. Sa racine était noire, sa fleur blanche comme le lait. Les dieux l'appellent Moly; elle est difficile à arracher pour les hommes mortels; mais les dieux peuvent tout » (*Odyssée*, X, 307-308).
Zeus est particulièrement fier de l'esprit créateur de son dernier-né; il en fait son héraut personnel et celui des dieux infernaux, Hadès et Perséphone (*Odyssée*, V, 28). Messager, il vient après le déluge s'enquérir des désirs de Deucalion, il donne le bélier à la toison d'or à Néphélé, la lyre à Amphion, l'épée à Héraclès, le casque d'Hadès à Persée.

HERMÈS SE REPOSANT
IIe SIÈCLE AV. J.-C.
Art romain, statuette de bronze d'après un original grec du IVe siècle

Le dieu du Commerce reconnaissable à son casque ailé.

Dieu des voyageurs (*Odyssée*, XIV, 1-22), il a son image à tous les carrefours sous la forme d'un pilier portant une tête de barbu et un sexe viril très apparent. Il conduit Dionysos dans sa fuite devant Héra.
Dieu bienfaiteur, il sauve Ulysse en ordonnant à Calypso de le relâcher (*Odyssée*, V, 145), protège Héraclès en l'empêchant de combattre le fantôme de la Gorgone Méduse et, lorsque Héraclès doit devenir esclave, il lui fournit une maîtresse en la personne d'Omphale. Il libère Arès du pot de bronze dans lequel les Géants l'ont enfermé et protège Zeus lui-même en arrachant Io, son amante, des mains du monstre Argos et en lui rendant ses tendons volés par Typhon.
Mais, dieu des voleurs et des brigands, il est rusé, ambigu, trompeur. Les Grecs parlent du « coup d'Hermès » comme d'un coup de hasard, toujours douteux. Il accompagne les trois déesses Héra, Athéna et Aphrodite au concours de beauté qui va provoquer la guerre de Troie, porte le casque d'Hadès qui rend invisible, tue Hippolytos et sait le chemin qui conduit aux Enfers (*Odyssée*, XI, 626).

Sa descendance

Hermès aima Chioné, fille du roi Daedalion. Il eut d'elle Autolycos, le grand-père d'Ulysse. Parmi ses autres enfants, on connaît l'argonaute Érytos, Abdéros, l'amant d'Héraclès, Céphale, le grand-père de Danaé, et enfin, d'après des traditions post-homériques, le dieu Pan, qu'il aurait eu de Pénélope, infidèle à Ulysse.

Hermès est un nom commun. Il désigne une pierre, un tas de pierres dressées les unes sur les autres, une sorte de statue. Sa sculpture consiste uniquement dans un buste, celui du dieu Hermès, et des organes virils très apparents. L'hermès est une sorte de borne qui indique un croisement, une direction, une propriété. C'est un repère pour le voyageur. Il indique la route. Le dieu Hermès est le protecteur des voyageurs.

VOL DES BŒUFS D'APOLLON PAR HERMÈS ENFANT
SECONDE MOITIÉ DU VIe SIÈCLE AV. J.-C.
Céramique de Caeré à figures noires

Aphrodite / Vénus, l'amour

L'idéal du charme féminin

Les poètes célèbrent le contour parfait de son visage, l'éclat de ses yeux, le sourire de sa bouche, la pureté de ses seins. Elle suscite les voluptés de l'amour autant légitime qu'illégitime.

Déesse fière et cruelle, elle hante la nature animale et règne sur le cœur et les sens des hommes. Les Romains l'ont confondue avec l'antique déesse italique Vénus.

Origine

Pour Homère, Aphrodite est fille de Zeus et de Dioné, déesse de la première génération et fille d'Ouranos et de Gaia. D'après Hésiode, elle est née de l'écume fécondée par les organes sexuels d'Ouranos, que Cronos avait tranchés et jetés à la mer. Ainsi, la « femme née des vagues » serait une des premières déesses (Hésiode, *Théogonie*, 188, sq.). Sitôt sortie des eaux, elle est transportée par les Zéphyrs, d'abord à Cythère, puis sur la côte de Chypre. Elle est alors vêtue, couverte de bijoux, enveloppée de parfums et conduite chez les Immortels.

De ces deux origines, Platon distinguera deux Aphrodites : l'une, la fille d'Ouranos, encore appelée Uranie, est la noble déesse de l'amour pur ; l'autre, la fille de Dioné, encore appelée Pandémos, est la déesse de l'amour vulgaire (*Le Banquet*, VIII, 180).

Vénus. À Rome existait bien avant l'influence grecque une divinité de la nature, déesse de tout ce qui s'épanouit, déesse de la Fécondité : telle était Flora. Elle avait deux temples à Rome et des fêtes lui étaient consacrées, les *Floralia*. Vénus était une déesse semblable, mais son assimilation à Aphrodite lui a donné une importance capitale. À l'origine, elle était la déesse des champs et des jardins ; plus tard, elle deviendra la déesse de la beauté féminine. Des temples lui seront construits, des fêtes organisées : les *Vinatia priora*, le 23 avril ; les *Veneralia*, le 1er avril.

Avec le temps, le culte de Vénus se développa. Sylla, le dictateur (138-78 av. J.-C.), la vénérait sous le nom de *Venus Felix* : il se nommait lui-même en grec Epaphrodite. Elle était, sous le nom de *Venus Pompeiana*, la patronne de Pompéi. César lui construisit un monument sur le Forum Julium ; il l'appela alors *Venus Genitrix*. Vénus / Aphrodite sera bientôt non seulement la mère d'Énée et de sa race, mais la protectrice du peuple romain, et, parmi les familles patriciennes, elles étaient nombreuses celles qui se flattaient de descendre d'Énée et, par lui, d'Aphrodite. Auguste prit un soin particulier à unir Venus Genitrix et la cité. Hadrien associait encore Vénus à Rome dans le fameux Templum Urbis. Comme en Grèce les Aphrodites, les Vénus se sont multipliées : il y avait Venus Victrix, Venus Calva, Venus Salacia, Venus Equestris, etc.

NAISSANCE D'APHRODITE SORTANT DES FLOTS
Ve SIÈCLE AV. J.-C
Art romain, marbre, panneau central du triptyque Ludovisi

Cette scène est parfois interprétée comme représentant le bain d'Héra : elle sort du lac Canathos qui lui redonne sa virginité.

Les amours

Elle épouse Héphaïstos, le dieu boiteux (*Odyssée*, VIII, 266-366), mais elle le trompe outrageusement avec Arès, le dieu de la Guerre : les deux amants sont découverts par Hélios, qui s'empresse d'en avertir le mari. Alors celui-ci leur tend un piège au moyen d'un filet aux mailles invisibles et invite tous les dieux de l'Olympe à venir constater son infortune. Surprise, Aphrodite s'enfuit toute honteuse vers Chypre et Arès vers la Thrace. De ces amours naîtront Éros (l'Amour) et Antéros (l'Amour en retour) ainsi que Deimos et Phobos (la Terreur et la Crainte).

Mais la frivole Aphrodite n'a pas qu'un seul amant. Sa passion pour Adonis est célèbre (Apollodore, III, 14, 3). Elle aime aussi le berger Anchise, qu'elle rencontre sur le mont Ida : Énée sera leur fils (*Iliade*, II, 819). Elle a une liaison avec Hermès, et avec Dionysos, dont elle a Priape. Phaéthon (Hésiode, *Théogonie*, 988), Phaon, vieux et laid, qui reçut d'elle la jeunesse et la beauté, Cinyras, qui vécut à ses dépens (*Iliade*, XI, 20), Boutès et Pâris seront ses favoris.

La jalousie

Elle est jalouse et inspire à Éos (l'Aurore) un amour impossible pour Orion, fils de Poséidon, parce qu'elle avait séduit Arès. Ses armes sont variées et cruelles : elle châtie tous ceux qui ne veulent pas lui succomber ; ainsi, elle conduit les filles de Cinyras à la prostitution et inflige une odeur pestilentielle aux Lemniennes qui avaient négligé son culte : celles-ci, abandonnées par leurs maris, tuent tous les hommes de l'île et fondent une société de femmes.

Son pouvoir est immense : c'est un amour pour le taureau de Minos qu'elle inspirera à Pasiphaé. Ses victimes s'appellent aussi Hélène, Médée, Ariane, Phèdre, Hippodamie, etc.

Le concours de beauté

Qui est la plus belle des trois déesses, Héra, Athéna ou Aphrodite ? Telle est la question posée par Éris (la Discorde), qui réserve une pomme (la pomme de discorde) à celle qui gagnera le concours. Celui-ci est organisé par Zeus lui-même sur le mont Ida et le juge unique en est Pâris. Chacune des déesses saura faire valoir des avantages qui ne sont pas toujours en rapport avec le sujet de l'épreuve : ainsi, Héra offre à Pâris la royauté universelle, Athéna, l'invincibilité à la guerre, et Aphrodite, la plus belle des mortelles, Hélène. C'est Aphrodite qui l'emporte et, avec l'aide de la déesse, Pâris enlève Hélène. Ce sera la cause de la guerre de Troie (Stasinos de Chypre, *Chants cypriens* ; *Iliade*, XIV, 29 sq.).

Éros et Aphrodite

L'un est dieu, l'autre déesse de l'Amour. Mais leurs fonctions ne sont pas équivalentes. Éros est souvent considéré comme dieu primordial. Il est la force de l'instinct.

Lorsque Aphrodite apparaît, il s'adapte et s'associe à elle. Aphrodite marque le moment où les sexes se distinguent, où l'union se fait sans confusion, où la distance entre les deux amants modèle l'attirance

TÊTE D'APHRODITE DITE « TÊTE DE KAUFMANN »
PRAXITÈLE, IIe SIÈCLE AV. J.-C
Marbre, h : 35 cm

La plus connue des copies de l'Aphrodite du célèbre sculpteur athénien Praxitèle.

LE JUGEMENT DE PARIS
LUCAS CRANACH L'ANCIEN (1472-1553), 1528
Huile sur bois

Qui est la plus belle d'Héra, d'Athéna ou d'Aphrodite ? Paris choisira Aphrodite.

de l'un vers l'autre. Avec Aphrodite naissent le babil des fillettes, les sourires, les tromperies, le charme et la séduction.

Artémis et Aphrodite

Le mariage est l'une des frontières qui séparent les domaines réservés à Artémis et à Aphrodite. La première est la déesse chaste ; elle préfère la chasse à la séduction des hommes : son royaume est celui de la jeune fille. Mais, pour la jeune fille, il n'est qu'un lieu de passage, on n'y peut demeurer, les tributs exigés pour le quitter sont jouets et poupées. « Les filles vont d'Artémis à Aphrodite », dit le rhéteur Libanios.

Le royaume d'Aphrodite est ailleurs ; c'est le lieu du désir. On ne peut y échapper : l'expérience d'Atalante, qui, pour fuir les « dons d'Aphrodite » et garder sa virginité, se consacrera complètement à la chasse et transformera même ses relations avec l'homme en une chasse à l'homme, est un échec. La virginité est intenable et Atalante, piégée, se transformera en lionne frigide.

Mais l'un et l'autre royaume ne sont pas sans danger. Aphrodite arme parfois les femmes d'un désir violent et indomptable. On a pu faire le rapprochement avec les juments que Diomède, roi de Thrace, envoyait dévorer les étrangers de passage : ces bêtes monstrueuses font en effet penser aux filles si lubriques qu'elles entraînent dans la mort tous leurs amants (*Scholies à Aristophane, Lysistrata*, 1029).

La jeune fille abandonne la violence d'Artémis, elle garde toute sa vie la folie d'Aphrodite. Pourtant, celle-ci est amie de la mesure. N'a-t-elle pas rejeté ce fils difforme, Priape, fils qu'elle a eu de Zeus lui-même, parce qu'il avait un membre viril proéminent et qu'elle avait peur d'être la risée du monde entier ? Priape, abandonné dans un bois, restera une divinité rustique.

Le culte

Ses plus anciens sanctuaires sont à Chypre et à Cythère, deux villes phéniciennes. Mais il semble bien que son culte vienne de l'Asie, où l'on a toujours honoré une divinité lunaire, principe de la fertilité et de la fécondité animale. Elle était Atargatis chez les Philistins, Mylitta chez les Babyloniens, Ishtar chez les Assyriens, Astarté chez les Sémites. Sa religion se répandit dans la plus grande partie de l'Asie Mineure et jusqu'au mont Éryx en Sicile, à Carthage et dans le Latium.

Elle est une vraie « Dame du Bon-Secours » ; elle calme le vent et la mer. À Paphos, où un temple lui était dédié,

Aphrodite accroupie
Seconde moitié du IIIe siècle avant J.-C
Marbre, réplique romaine d'un original en bronze

les marins la consultaient avant de prendre le large. Mais c'est avant tout la déesse de l'Amour, et ses temples, surtout au mont Éryx et à Corinthe, sont peuplés de hiérodules qui se prostituent aux étrangers de passage. Cette fonction était d'abord réservée aux jeunes filles qui donnaient ainsi leur virginité à la déesse, mais peu à peu elle fut réservée à des esclaves attachées au temple, de véritables professionnelles de l'amour.

STATUETTE REPRÉSENTANT APHRODITE DÉTACHANT SA SANDALE
ÉPOQUE ROMAINE
Bronze, bijoux en or rapportés, Syrie

Le pouvoir d'Aphrodite. « Elle égare même la raison de Zeus [...], lui, le plus grand des dieux [...] ; même cet esprit si sage, elle l'abuse quand elle veut [...]. Elle atteignit l'Ida aux mille sources, la montagne, mère des fauves ; derrière elle marchaient en la flattant les loups gris, les lions au poil fauve, les ours et les panthères rapides, insatiables de faons. À leur vue, elle se réjouit de tout son cœur et jeta le désir dans leurs poitrines ; alors, ils allèrent tous à la fois s'accoupler dans l'ombre des vallons » (*Hymne homérique à Aphrodite*, 68-74).

MARS ET VENUS
FIN IIe – Ier SIÈCLE AV. J.-C.
Fresque de Pompeï

Héraclès / Hercule, la force

Les actions d'éclat

Héraclès, poursuivi par la jalousie d'Héra, mène d'abord une vie faite de souffrances surhumaines et d'exploits extraordinaires qui le conduisent finalement par la grâce de Zeus, à l'immortalité.

Héraclès, ou Hercule, est fils de Zeus et d'Alcmène, femme d'Amphitryon. Pour tromper la vertu d'Alcmène qu'il sait grande, le roi de l'Olympe a dû prendre l'apparence d'Amphitryon et, pour donner à l'enfant cet excès de force qui fera sa gloire, il a triplé la durée de la nuit d'amour (Diodore de Sicile, IV, 9, 2-3).

La jalousie d'Héra

Zeus met beaucoup d'espoir dans cette descendance. Le jour de la naissance, il annonce à tous les dieux l'arrivée d'un enfant qui sera roi. Mais Héra, toujours vindicative, fait retarder la venue d'Héraclès, et c'est Eurysthée, son cousin, qui vient au monde, un être veule et sans épaisseur. Zeus, fidèle à ses promesses, fera de lui le roi ; Héraclès ne sera qu'un champion à son service (Diodore de Sicile, IV, 9, 2-3).
Héraclès manifeste dès son berceau cette force qui lui a été donnée en étouffant les serpents envoyés par la jalouse Héra (Pindare, *Néméennes*, I, 38 sq.). D'abord appelé Alcide (« Le Fort »), il devient Héraclès (« la gloire d'Héra ») en raison des épreuves imposées par la déesse (Diodore de Sicile, IV, 9, 2).
Héraclès reçoit son éducation de Linos le musicien. Il apprend auprès de lui les lettres et la musique. Mais, élève indiscipliné, il donne beaucoup de mal à son maître et, un jour que celui-ci veut le corriger, il se saisit d'un tabouret et lui en assène un tel coup que Linos en meurt. Traduit en justice, il est acquitté parce qu'il n'a voulu que se défendre. Amphitryon craint les colères de son fils adoptif. Il l'envoie à la campagne et le charge de la garde des troupeaux. Un bouvier scythe, Teutaros, lui apprend à tirer à l'arc.

Le jeune prodige

À dix-huit ans, il tue le lion de Cithéron, qui ravage les troupeaux de la région. Il met cinquante jours à l'atteindre et, chaque soir de cette longue chasse, à son retour au palais, le roi Thespios, qui désire avoir des petits-enfants du héros, met dans son lit une de ses cinquante filles. Héraclès a ainsi cinquante fils, les Thespiades, qui coloniseront la Sicile.
Il rencontre les envoyés d'Erginos, roi d'Orchomène, qui viennent réclamer le tribut imposé à Thèbes. Héraclès leur coupe nez et oreilles, et leur en fait des colliers en leur disant de porter ce tribut à leur maître. Une guerre s'ensuit qu'Héraclès gagne, et c'est Thèbes qui reçoit désormais une imposition double de celle qu'elle a versée. En remerciement, on lui donne en mariage Mégara, la fille du roi.
Ce mariage n'est pas une réussite. Héra, toujours aussi jalouse, rend Héraclès fou : il tue ses enfants et va jusqu'à menacer Amphitryon, qui serait mort sans l'intervention d'Athéna. Héraclès doit expier sa faute ; il ne peut plus vivre avec Mégara, il la quitte et se met au service de son cousin Eurysthée.

HÉRACLÈS ET SON FRÈRE MENACÉS PAR UN SERPENT
Ve SIÈCLE AVANT J.-C.
Amphore à figures rouges, art attique

Les combats d'Héraclès : en haut le Héros combat les serpents envoyés par Héra dès sa naissance ; en bas il prend dans ses bras et soulève de terre le monstre Antée qui ne retrouve sa force qu'en touchant le sol. Il en vient ainsi à bout en l'étouffant.

LUTTE D'HÉRACLÈS ET ANTÉE
ÉPOQUE HELLÉNISTIQUE
Fragment de vase en faïence

HÉRACLÈS
VIe SIÈCLE AV. J.-C.
Coupe attique à figures noires

Le héros est revêtu de la peau du lion de Némée, et porte ses armes favorites : l'arc et la massue

Les Douze Travaux

Eurysthée lui impose les douze travaux qu'il devra accomplir dans les douze années de sa servitude.
Héraclès étouffe le lion de Némée et se fait une armure de sa peau. Il coupe les nombreuses têtes de l'hydre de Lerne. Il ramène vivant l'énorme sanglier d'Érymanthe. Il poursuit pendant un an la biche d'Artémis sur le mont Cérynie, et la capture vivante. Il abat de ses flèches les oiseaux innombrables du lac Stymphale qui ravageaient les cultures et tuaient même les hommes. Il nettoie en une journée les écuries d'Augias en détournant le cours de deux fleuves, l'Alphée et le Pénée. Il ramène vivant le taureau furieux de Crète qui lance du feu par les naseaux. Il tue Diomède, qui donne de la chair humaine à manger à ses chevaux. Il s'empare de la ceinture qu'Arès a donnée à l'amazone Hippolyté. Il prend en Extrême-Occident et conduit jusqu'en Grèce le troupeau de bœufs de Géryon, utilisant la coupe d'or du Soleil et se heurtant à nombre d'ennemis, dont Nélée, le roi de Pylos. Il ramène de l'Hadès le chien Cerbère qui en défend l'entrée. Enfin, il rapporte les pommes

À Héraclès. « C'est Héraclès, fils de Zeus, que je vais chanter, le plus grand – et de beaucoup – parmi les hommes de la terre. Celui que, Thèbes aux beaux chœurs, Alcmène mit au monde, après s'être unie au Cronide des nuées sombres. D'abord il erra sur la terre et la mer immense, et souffrit ; mais il triompha à force de vaillance et, seul, il accomplit beaucoup de travaux audacieux, hors de pair. Maintenant au contraire il jouit d'habiter désormais la belle demeure de l'Olympe neigeux, et possède pour épouse Jeunesse aux belles chevilles.
Salut Seigneur, fils de Zeus ! Donne-moi vertu et richesse. » (*Hymne Homérique*)

d'or du jardin des Hespérides, affrontant le Géant Antée, les Pygmées, le dragon Ladon et, au passage, il délivre Prométhée. À la fin de chaque exploit, Héraclès rapporte ses trophées à Eurysthée. Celui-ci se terre dans une jarre de bronze, tant est grande sa frayeur face au héros.

Les autres exploits

On ne peut rapporter tous les exploits que l'on prête à Héraclès. Il délivre Troie d'un monstre, mais revient pour ravager la cité, qui ne lui a pas versé son salaire. Il se défend contre les habitants de Cos, attaque la ville et enlève Chalciopé, la fille du roi. Souffrant, il est obligé de fuir devant Augias, qui ne l'a pas payé, mais tend une embuscade à ses lieutenants et les tue. Il combat contre Périclyménos, fils de Poséidon, qui a le pouvoir de se transformer en n'importe quel animal et qui prend ce jour-là la forme d'une abeille : celle-ci se pose sur le joug des chevaux ; Athéna prévient notre héros, qui tue la bête d'une de ses flèches.

Ses hauts faits dépassent les limites humaines. Il va partout, même aux Enfers. Il se mesure à des forces qui sont d'un autre ordre et parvient à blesser Hadès et Héra de ses flèches (*Iliade*, v. 390 sq.). Il est, du fait de ses exploits, un surhomme, peut-être déjà un dieu.

Il est aussi un homme : il souffre dans le combat contre Augias, est réduit en esclavage à deux reprises sous le joug d'Eurysthée, un être méprisable et sous le joug d'une femme, Omphale. Héraclès allie les excès en tout genre.

L'apothéose

Héraclès obtient la main de Déjanire et vit avec elle à Calydon. Bientôt poursuivi par la malchance et la vindicte d'Héra, il tue accidentellement un page de son beau-père. Alors, il part avec sa femme et son fils. Lors du passage du fleuve Événos, le Centaure Nessos, qui était passeur, tente de violer Déjanire et, avant d'être tué par Héraclès, il a le temps de confier à Déjanire que son sang est un philtre d'amour qui pourrait lui ramener l'affection de son mari si elle venait à la perdre.

Par la suite, Héraclès devient fou et va consulter la Pythie. Celle-ci lui dit que, pour se libérer de ce mal, il doit se vendre comme esclave. Omphale, la reine de Lydie, l'achète et, pendant trois ans, il est à son service. Cette longue séparation de Déjanire l'amène à courtiser Iolé, la fille d'Eurytos. Mais Déjanire est prévenue et elle envoie à Héraclès un vêtement neuf qu'elle a imbibé du sang de Nessos.

Héraclès, ne se doutant de rien, revêt la tunique et est pris de souffrances indicibles. Il tente d'arracher le vêtement, mais celui-ci lui colle à la peau. Le philtre d'amour se révèle être un poison. Alors Héraclès fait élever un bûcher, s'y installe et demande à ses compagnons d'y mettre le feu. « Iolaos et ses compagnons firent les préparatifs ainsi commandés et se retirèrent à quelque distance pour assister à l'événement. Alors Héraclès monta sur le bûcher et demanda à un assistant, puis à un autre, et encore à un autre, d'y mettre le feu. Aucun n'osa obéir, sauf Philoctète ; Héraclès le récompensa en lui donnant son arc et ses flèches, et le jeune homme alluma le bûcher. Mais aussitôt la foudre tomba du ciel et le bûcher fut immédiatement consumé » (Diodore de Sicile, IV, 38, 4). Héraclès est enlevé au ciel. Il est immortalisé. Dans l'Olympe, il épouse Hébé (l'éternelle jeunesse) et se réconcilie avec Héra.

Héraclès lutte contre l'hydre de Lerne encouragé par Athéna
Début du Ve siècle av. J.-C.
Lecythe à figures noires sur fond blanc

HÉRACLÈS COMBATTANT LE LION DE NÉMÉE
IVe SIÈCLE AV. J.-C.
Médaillon en argent ornant un harnais d'attelage

HÉRACLÈS S'EST EMPARÉ DE CERBÈRE, ET EURYSTHÉE, ÉPOUVANTÉ, S'EST RÉFUGIÉ DANS UN TONNEAU
VIe SIÈCLE AV. J.-C.
Céramique à figures noires

Dionysos / Bacchus, l'ivresse

L'exubérance

Dionysos (ou Bacchus), « aux cornes de taureau », dieu de la végétation, du vin et de l'extase déchaîne défoulements et délires, orgies et ravissements mystiques et provoque le trouble dans la bonne société.

Dionysos est le fils de Zeus et de Sémélé, la fille de Cadmos et d'Harmonie. « Jeune homme, sa belle chevelure bleue flotte autour de lui et il porte sur ses fortes épaules un manteau sombre » (*Hymne homérique à Dionysos*, 3-6). On le voit sur un char tiré par des panthères et orné de lierre et de vigne. Son escorte est composée de bacchantes, de silènes, de satyres et de dieux plus ou moins fous.

Dieu marginal, il dérange tout sur son passage et fait fi des lois et des coutumes : il bouleverse les hiérarchies de la cité, s'allie aux femmes et aux esclaves, aime les masques, les déguisements, les cris désordonnés, les danses libertines, les lieux sauvages. Dionysos se situe avant et en dehors de l'ordre social.

Dieu ivre, il n'a pas de demeure, erre dans les grottes, favorise la végétation luxuriante des plantes et la débauche des hommes. Il est dit « mangeur de viande crue ». Il ensauvage ses fidèles et leur apprend à boire le vin « riche en joie » (*polugêthês*). Il connaît la démesure et la folie. Délire, exaltation, flagellations et meurtres font partie de son univers, mais aussi extases mystiques et possessions.

Dieu étranger, il est mal accueilli. Son culte est réprouvé, enfermé dans un ghetto, voire réprimé. Il lui faut séduire, conquérir un empire. Il y met tout son talent et toute sa ruse en mêlant extravagances et mystères. Mille moyens lui permettent de pousser l'exaltation au paroxysme et de faire trembler les barrières entre dieux et hommes.

Le dieu deux fois né

Sa mère demande au roi de l'Olympe de se montrer dans tout son éclat, mais, incapable de soutenir le feu des éclairs, elle tombe foudroyée et Zeus a juste le temps d'arracher l'enfant qu'elle porte dans son sein. Il le met dans sa cuisse jusqu'au terme de la grossesse et Dionysos en sort tout formé. Il est donc né d'une tension entre divinité et humanité (Apollodore, III, 4-3).

Dionysos est d'abord élevé par Athamas, roi de Coronée, et sa femme Ino. Hermès leur conseille de l'habiller de vêtements féminins afin de détourner la jalousie d'Héra contre ce fruit des amours adultères de son mari. Mais Héra ne s'y trompe pas et elle frappe Ino et Athamas de folie. Zeus transforme alors l'enfant en chevreau et le confie aux nymphes de Nysa.

Dionysos, tout petit, est attiré dans un piège par les Titans. Ils le séduisent par toute une panoplie de jouets : pommes de pin, toupies, fruits d'or, balles et flocons de laine. Ils emportent l'enfant, ils le déchiquettent, jettent les morceaux dans un chaudron, les font bouillir, puis les rôtissent. Mais Athéna sauve le cœur du petit, et Zeus donne les membres de l'enfant à son fils Apollon, qui les enterre sur le Parnasse. C'est la déesse Rhéa qui assemble les pièces dispersées et redonne vie au dieu.

Le dieu du Vin. Dionysos découvre le vin et la vigne. Il en fait présent à Icarios. Mais celui-ci se met à boire en compagnie des bergers de son entourage. L'ivresse s'empare d'eux, ils en viennent aux plaisanteries et bientôt aux querelles, puis à la bagarre. Icarios est tué dans la mêlée et Érigoné se pend sur le cadavre de son père. Alors Dionysos, pour venger ces morts inutiles, rend folles les filles de l'Attique. En Béotie, il introduit les Bacchanales, grandes fêtes joyeuses où tout le peuple, mais surtout les femmes, se déchaîne, pousse des cris sauvages, et est saisi par le délire. Le roi Penthée s'oppose à ces rites sauvages, mais les bacchantes lui font la chasse et Agavé, la mère du roi, dans son délire, le déchire de ses propres mains (Euripide, *Les Bacchantes*, 416). Dionysos est maintenant un dieu reconnu ; son empire est sans limite, sa puissance indiscutable. Il participe à la guerre des dieux contre les Géants et il y tue Eurytos d'un coup de thyrse. Il se rend aux Enfers chercher sa mère Sémélé. Hadès veut bien la lui laisser à la condition qu'il lui donne quelque chose à quoi il tienne particulièrement. Dionysos lui donne le myrte. Enfin, il épouse Ariane, abandonnée par Thésée à Naxos, et lui offre un diadème d'or, forgé par Héphaïstos.

PROCESSION DIONYSIAQUE
MILIEU DU IIIe SIÈCLE
Mosaïque en marbre et calcaire provenant d'El Djem, Tunisie

Dionysos / Bacchus est représenté chevauchant un lion (au centre).

Il est un dieu mort et ressuscité (O. Kern, *Orphicorum fragmenta*, 36, Berlin, 1922).

La conquête de la divinité

Héra continue à le poursuivre de sa haine. Elle le frappe de folie et il erre à travers l'Égypte, la Syrie, l'Asie. Il parvient en Phrygie et est reçu par Cybèle, la déesse de la Nature. Elle le fait participer à ses délires mystiques et à ses orgies et, par elle, sa folie elle-même devient une force dont il se rend maître.

Toujours déconsidéré, il se dirige vers la Thrace. Lycurgue cherche à l'enchaîner. Il réussit à s'enfuir chez Thétis, mais laisse entre les mains du roi de Styrmon les bacchantes qui l'escortent. Alors Dionysos se fâche : il rend fou son assaillant, stérilise tout son pays et demande dans un oracle que le roi soit mis à mort (*Iliade*, VI, 135-136).

Pour passer à Naxos, Dionysos monte dans un navire de pirates tyrrhéniens. Ceux-ci voulant le réduire en esclavage, il transforme leurs avirons en serpents, fait pousser toute une végétation de lierre et de vigne sur le bateau et le paralyse complètement. Les pirates devenus fous se jettent à la mer, se repentent et deviennent des dauphins, amis des hommes (*Hymne homérique à Dionysos*, 40).

Dionysos va conquérir l'Inde à la tête de son armée composée de guerriers, de silènes, de bacchantes et de satyres. Sa force tient autant de la puissance militaire que de la magie.

BACCHUS ADOLESCENT

LE CARAVAGE, MICHELANGELO MERISI, DIT (1573-1610), 1593
huile

Bacchus / Dionysos est gros et gras. Il aime la bonne vie. Il est le contraire d'Apollon. Autant Apollon est calme autant Dionysos est fou, autant le premier est digne, fier et distant, autant le second est simple et se mêle de tous les exclus et les marginaux ; autant le premier aime la lumière et la gloire, autant le second fréquente la nuit et les lieux sombres. Ils représentent ensemble deux aspects opposés de l'homme et de la société. Dionysos est sans doute aussi indispensable au monde qu'Apollon.

Éros / Cupidon, dieu du désir

L'amour physique

Force fondamentale de rapprochement, Éros est responsable de la cohésion du monde et de la continuité des espèces. Il apparaît d'abord comme un dieu primordial avant d'être ramené à l'état d'enfant joufflu tirant des flèches d'amour en tous sens.

Éros est devenu Cupidon chez les Romains, et Phanès, Métis, Protogonos et Ériképaios chez les gnostiques.

Origine et empire

C'est un dieu primordial, contemporain de Chaos, bien antérieur à Cronos et à son fils Zeus. Il est sorti de l'œuf qui, en se partageant, a formé la Terre et son couvercle, le Ciel. Il est responsable des embrassements de Gaia (la Terre) et d'Ouranos (le Ciel). De ces embrassements vont naître Océanos, Téthys, Coeos et Cronos, mais ces embrassements sont si forts qu'aucun enfant ne pourrait arriver à la lumière sans le geste de Cronos, qui tranche le sexe de son père.

Éros est associé à Aphrodite, qui tempère quelque peu sa puissance. Car, tandis qu'elle est la grâce, la séduction, la tendresse, la douceur, le plaisir suave, Éros est le désir, la puissance de l'instinct, la violence du sexe. Ainsi, il lui cède la place et lui fait cortège comme on le doit à une dame. On a cru alors qu'il était son fils (Pindare), ou fils d'Aphrodite et d'Héphaïstos (Ibycos), ou fils d'Aphrodite et d'Arès (Simonide) ou fils d'Aphrodite et d'Hermès (Cicéron) : peu importe, il s'agit d'affirmer que l'instinct est engendré par la grâce et la séduction.

Son action ne semble pas toujours bénéfique : il fait dérailler la raison, paralyse la volonté, inspire les caprices amoureux de Zeus lui-même, noue et dénoue des intrigues, se plaît en la compagnie de Dionysos, le dieu étranger, est responsable des orgies, des désordres et des guerres. Un démon peut-être ? Son manque de scrupule et sa quête incessante du beau et du bon ne l'excluent-ils pas de la compagnie des dieux qui sont beaux et bons ? La fable qui cautionne cette disgrâce a ses partisans.

Ceux-ci racontent : Poros (Expédient), enivré, s'est endormi un jour dans le jardin de Zeus. Penia (Pauvreté) passe par là et, « songeant que rien n'est expédient pour elle, médite de se faire faire un enfant par Expédient lui-même » (Platon). Elle s'étend près de lui et devient grosse d'Éros. L'enfant, comme Penia, est toujours en quête de quelque chose ; comme Poros, il trouve toujours le moyen d'atteindre un but.

Éros et Psyché

Mais le but qu'il recherche n'est pas un but quelconque. Ils font erreur ceux qui ne voient en lui que débridement, luxure et dépravation. Éros est amoureux de l'âme (Psyché), comme le rapporte Apulée dans un conte très célèbre (*L'Âne d'or*, livres IV, 28, à VI, 24). Psyché avait deux sœurs.

EROS
Ve SIÈCLE AV. J.-C.
Céramique, Tanagra

Le dieu de l'amour attend sa prochaine victime.

Toutes trois étaient d'une grande beauté, mais Psyché était la plus belle, si belle qu'elle effrayait les jeunes gens et ne trouvait point de mari. L'oracle fut consulté qui demanda de parer la jeune fille et de l'exposer sur un rocher où un monstre viendrait l'épouser. Psyché se prêta à l'expérience et fut emportée dans un palais magnifique tout d'or et de marbre. Elle y fut servie comme une princesse. Mais toujours point de monstre. Le soir venu, elle se coucha et sentit bientôt une présence auprès d'elle. Cette présence ne lui sembla pas celle de l'être monstrueux qu'elle craignait. Pourtant, elle ne devait pas le voir et il le lui demanda expressément. Elle fut très heureuse jusqu'au jour où la tentation fut trop grande : elle dissimula une lampe et regarda son compagnon : c'était un bel adolescent, Éros en personne. Celui-ci disparut aussitôt. Psyché, abandonnée, subit à partir de ce moment mille tourments. Mais Éros ne pouvait l'oublier et, un jour qu'elle s'était endormie, il l'enleva dans l'Olympe et demanda à Zeus de l'épouser.

Culte et pouvoirs

On vit l'éros (l'amour) plus qu'on n'honore le dieu, et il n'a pas existé de grands cultes d'Éros en Grèce. Quelques statues cependant le représentent dans les gymnases, là où les beaux éphèbes font de l'exercice. Il est comme l'un d'eux, le plus beau sans doute, le plus aimé, le plus aimant.

Dès le IVe siècle avant J.-C., Praxitèle le représente en enfant, joufflu, grassouillet, heureux de vivre ; il se tient à l'écart, tapi dans l'ombre : il n'y est, semble-t-il, pour personne.

EROS TENDANT SON ARC
LE PARMESAN, FRANCESCO MAZZOLA, DIT (1503-1540), 1533
Huile sur bois

L'Éros de Platon. « Étant fils de Poros et de Pénia, Eros en a reçu certains caractères en partage. D'abord il est toujours pauvre, et loin d'être délicat et beau comme on se l'imagine généralement, il est dur, sec, sans souliers, sans domicile, sans avoir jamais d'autre lit que la terre, il dort en plein air, près des portes et dans les rues ; il tient de sa mère, et l'indigence est son éternelle compagne. D'un autre côté, suivant le naturel de son père, il recherche toujours ce qui est beau et bon ; il est brave, résolu, ardent, excellent chasseur, artisan de ruses toujours nouvelles, amateur de science, plein de ressources, passant sa vie à philosopher, habile sorcier, et sophiste. Il n'est par nature ni immortel ni mortel ; mais dans la même journée, tantôt il est florissant et plein de vie, tant qu'il est dans l'abondance ; tantôt il meurt, puis renaît, grâce au naturel qu'il tient de son père. Ce qu'il acquiert lui échappe sans cesse, de sorte qu'il n'est jamais ni dans l'indigence ni dans l'opulence. » *(le Banquet)*

Némésis, déesse de la mesure

Instrument de la vengeance divine

Némésis combat l'hybris, c'est-à-dire les excès dans tous les domaines. Fille de la Nécessité, on la dit déesse de la juste colère des dieux jaloux des prétentions des hommes à dominer le monde.

Némésis est fille de la Nécessité. D'une union avec Zeus naissent les Dioscures et Hélène, cause de la guerre de Troie. Némésis règne sur la distribution des biens. Elle veille à l'équilibre, venge l'orgueil et punit la démesure. Elle condamne l'excès de bonheur, l'excès de richesse, l'excès de pouvoir, tout ce qui menace l'équilibre du monde et dérange l'ordre voulu par le destin. Elle remet les gens à leur place. Crésus, trop heureux et trop puissant, est ainsi entraîné dans une expédition malheureuse contre Cyrus. Rhamnonte possède le sanctuaire le plus célèbre consacré à Némésis. Il témoigne de la démesure des Perses, si sûrs de leur victoire sur les Athéniens : Némésis les empêche de prendre la ville et, dans le bloc de marbre apporté pour fêter la victoire, Phidias sculpte la statue de la déesse.

La mesure

« Connais ta condition humaine et ses limites, ne t'expose pas par démesure à la vengeance de la Némésis divine » (Socrate).

NÉMÉSIS
ALBRECHT DURER (1471-1528), VERS 1501
Plat en cuivre gravé, (détail)

Moires / Parques, le Destin. Tout est écrit par elles. Personnification d'une loi inflexible, les Moires, vieilles femmes laides et terribles s'imposent à tous, dieux et hommes. Rien ni personne ne peut s'opposer à leurs décisions. Elles sont trois : Atropos, Clotho et Lachésis, filles de Zeus et de Thémis. Leur autorité s'étend à tous, du plus grand au plus petit, du plus ancien au plus jeune, du plus fort au plus faible. Les étapes de la vie. La première file une laine : c'est la naissance ; la deuxième enroule la laine : c'est le déroulement de la vie ; la troisième coupe la laine : c'est la mort. Imperturbables et aveugles, elles déterminent l'heure du début et l'heure de la fin. Elles sont le destin constituant l'histoire de chaque jour. Les sœurs des Érinyes. Elles sont aussi la limite à ne pas franchir. Elles ont partie liée avec les Érinyes, leurs sœurs, qui punissent les crimes. Elles sont la mort brutale, le châtiment. Elles suivent et imprègnent de leurs volontés les péripéties de la guerre comme celles des accidents et des maladies. À Rome, elles ont été confondues avec les Parques, qui, à l'origine, étaient les démons de la naissance. Représentées sur le Forum, elles étaient nommées les trois Destinées.

Asclépios / Esculape, le secours

Celui qui aime le plus les hommes

Appelé Esculape chez les Romains, Asclépios détient le pouvoir magique (la *mêtis*) de guérir et de ramener à la vie au risque d'enlever toute pertinence à l'existence même des Enfers. Il est le fondateur de la médecine.

Asclépios est fils d'Apollon. Sa mère, Coronis, fille de Phlégyas, roi de Thessalie, est tuée par Artémis parce qu'elle a trompé son divin amant avec un mortel, Ischys, fils d'Élatos. Mais au moment où son corps brûle sur le bûcher funéraire, Apollon arrache du sein maternel l'enfant encore vivant et le confie au Centaure Chiron. À l'école de ce maître, Asclépios acquiert la connaissance des incantations, des philtres, des drogues et de la chirurgie (Pindare, *Pythiques*, III). Athéna lui remet comme potion magique le sang de la Gorgone, qui, tiré du côté gauche du monstre, est un poison violent qui donne la mort, et, tiré du côté droit, est un remède miracle qui ressuscite les cadavres (Apollodore, III, 10, 3).

Le faiseur de miracles

Asclépios met son savoir au service des hommes et ses pouvoirs sont si grands que les malades sont guéris et les morts ressuscitent : parmi les nombreux bénéficiaires de ses bienfaits, on compte Lycurgue, l'orateur, Glaucos, le fils de Minos, et Hippolyte, le fils de Thésée. Mais l'ordre du monde est bousculé : les hommes vont-ils devenir immortels et les dieux perdre leurs privilèges ? Zeus, maître de l'univers, ne peut accepter ce désordre : il se fâche et foudroie le responsable de cette révolution. Asclépios ne disparaît pas pour autant, il ne rejoint pas l'Hadès mais devient dieu à part entière. On le voit dans le ciel sous la forme d'une constellation, le Serpentaire. Il est un dieu bienfaisant, le dieu de la Terre, lui le fils de Phœbus, le Soleil. Son symbole est le serpent enroulé à un bâton, symbole qui l'accompagne dans la plupart des représentations que l'on a fait de lui sous les traits d'un vieil homme barbu, pensif et bienveillant.

ASCLÉPIOS ET SA FILLE HYGIE NOURRISSANT LES SERPENTS
FIN DU Ve SIÈCLE AV. J.-C.
Bas relief funéraire des thermes de Salonique, en marbre

Épidaure, ville de la guérison

Son culte se développera surtout à Épidaure. On y vient chercher la guérison.

Les règles à observer y sont impératives : il faut une grande pureté pour obtenir les bienfaits du dieu. Jeûne, abstinence, abstention de rapports sexuels sont exigés. Les dortoirs où couchent les fidèles sont visités par des serpents non venimeux : on y dort à même le sol. Le dieu vient pendant le sommeil sous forme de songes. C'est de cette manière qu'il accomplit le miracle de guérison ou donne le traitement à suivre.

Hippocrate. Sous le patronage d'Asclépios se créent de véritables écoles de médecine qui essaiment dans bien des villes. L'île de Cos est le berceau du plus célèbre des asclépiades ou descendants d'Asclépios, Hippocrate, le grand médecin de l'Antiquité. De nombreux textes sont attribués à Hippocrate. Il n'est sans doute pas l'auteur du célèbre serment qui porte son nom. Pourtant, Hippocrate demeure un des plus grands médecins de l'Antiquité. Il prône l'observation systématique des faits avant d'énoncer des hypothèses. Il envisage l'influence de facteurs tels que l'âge, le régime alimentaire ou encore le climat sur la santé. Il reconnaît l'existence de quatre humeurs : le sang, le phlegme, la bile jaune et la bile noire ; un déséquilibre entre elles engendrant la maladie ou la mort. Hippocrate est aussi praticien. En chirurgie, il met au point un appareil à trépaner. Et en orthopédie, il imagine un banc de bois afin de réduire les luxations et les fractures.

Pan, dieu de l'instinct animal

L'inexplicable

Dieu des Bergers et des troupeaux, de la Nature et des bêtes sauvages, Pan est le dieu de tous les penchants naturels, les plus extravagants. Il inspire à tous la peur « panique ».

Mi-homme mi-bouc, Pan a le visage allongé et tout ridé, les yeux brillants de lubricité, et porte deux cornes sur le crâne. La partie inférieure de son corps est celle d'un bouc, ses pieds sont pourvus d'un sabot fendu. Velu et barbu, il a quelque chose de bestial.
Pan est le fils d'Hermès et de la nymphe Dryopé, la fille de Dryops. Dès qu'elle le voit, sa mère a honte d'avoir donné naissance à un tel monstre, mais son père l'enveloppe aussitôt dans une peau de lièvre, l'emmène dans l'Olympe et l'installe auprès de Zeus. En voyant cette énormité, les dieux éclatent de rire.

Dieu des bergers

Pan est le dieu des zones pastorales. Il habite la nature sauvage faite de terrains vagues. Rapide, il ne cesse de la parcourir avec agilité, sautant d'un point à l'autre. Il a ses lieux préférés, les endroits escarpés où il grimpe sans difficulté, les sources où il se désaltère, ou encore les petits bois où il se repose à la fraîcheur. Il y rencontre souvent les bergers et leurs troupeaux. Il a pour eux un faible. Ils font partie de sa famille. Il leur ressemble, il les surveille de loin, les conduit, les protège, comme il protège les bêtes sauvages qui sont dans son domaine. C'est là son monde, son peuple. Tous sont un peu ses sujets.
Pan tient en main la houlette, ou bâton de berger, et il joue de la syrinx, ou flûte de Pan. Ses mélodies emplissent la campagne et, d'une façon quasi magique, annoncent les bonnes pâtures. Elles ont sur ceux qui les entendent des effets aphrodisiaques et favorisent les accouplements. Pan est ithyphallique, lascif, débauché. Il se trouve à son aise dans les cortèges de Dionysos et y apporte sa part de folie. Il ne cesse de poursuivre les nymphes, qui s'enfuient effrayées. Des grottes retentissent souvent les cris qui leur échappent lors des unions furtives avec le dieu. Mais celui-ci ne s'intéresse pas moins aux garçons et souvent il se donne lui-même sa propre satisfaction.
Il est irascible et ne supporte pas d'être dérangé pendant sa sieste ; on doit faire silence autour des grottes en milieu de journée. Une de ses colères est particulièrement célèbre : amoureux de la nymphe Écho, qui se refuse à lui, et jaloux de ses talents musicaux, il s'attaque à ceux qui se trouvent sur son passage, rend fous les bergers, qui rattrapent la jeune fille, la déchiquettent et lancent ses membres encore tout vibrants de chant tout autour de lui. Bien qu'il soit le dieu de la Nature, Pan a ses autels dans la cité. À Mégalopolis, il est parmi les premiers dieux. À Tégée, il est le guide. À Trézène, son temple est sur l'acropole. Trois autels lui sont dédiés à Olympie et, à Athènes, il est honoré pour avoir joué un rôle dans la victoire de Marathon.

PAN POURSUIVANT LA NYMPHE SYRINX
NICOLAS POUSSIN (1593-1665)
Huile sur toile

Pour échapper à son poursuivant, Syrinx se transformera en roseau.

La panique. Ses colères, peut-être, ainsi que les chants, les cris, les bruits qui l'entourent, et les grottes où il se réfugie – autant de choses quelque peu irrationnelles –, lui ont valu d'être considéré comme le responsable des « paniques » incontrôlées que connaissaient les Grecs de l'Antiquité. Il est le dieu de l'Inexplicable. Il est encore plus dangereux quand il prend possession d'un être. Celui-ci, le *panolepte*, lui emprunte alors son comportement : il se met à errer dans la nature, est pris de fou rire sans raison, se précipite sur l'autre sexe, si ce n'est sur son propre sexe, ou est pris d'épilepsie.

Priape, dieu du sexe

Le phallocrate impuissant

Particulièrement laid, difforme et d'une obscénité outrageante pour ceux qui l'approchent comme pour ceux qui l'aperçoivent, Priape montre que l'excès en toutes choses engendre l'échec.

Priape, le dernier des dieux, se présente comme un petit homme barbu soulevant des deux mains son tablier chargé de quelques fruits au-dessus d'un phallus en érection de taille démesurée.

Un dieu laid et difforme

D'après certaines traditions, Priape est fils de Zeus et d'Aphrodite. Sa mère surprend tous les dieux par sa beauté, et Zeus la séduit et la possède. Mais Héra, l'épouse jalouse du roi de l'Olympe, a peur que le fruit de cet adultère soit aussi beau que sa mère et aussi puissant que son père ; aussi fait-elle en sorte que l'enfant naisse laid et difforme. Aphrodite, toute honteuse du fils qui lui est né et craignant d'être l'objet de moquerie, l'abandonne dans la montagne. Priape est recueilli et élevé par les bergers.

La virilité défaillante

Le sexe immense de Priape en fait toute la légende. On le voit gardien de verger, effrayant de son attribut viril voleurs et surtout voleuses qui pourraient s'approcher, et les menaçant de violences sexuelles – violences surtout verbales : car Priape est un impuissant. Les cultures qu'il est censé surveiller sont maigres, le symbole de fécondité qu'il représente n'a rien d'efficace, et les voleurs n'arrivent pas. Il lui arrive de se désespérer : alors, il supplie les éventuels agresseurs de violer la clôture, afin de se soulager en les châtiant.

Il fait la cour à la nymphe Lotis, mais échoue lamentablement, comme toujours. Un jour, il la trouve endormie. Heureux de l'aubaine, il se prépare à lui faire violence, mais un âne qui se trouve là se met à braire et réveille la belle. Priape est obligé de fuir en s'exposant à la risée de tous. C'est un dieu un peu ridicule qui multiplie les échecs.

On le rapproche de l'âne, considéré comme animal lubrique. Priape participe avec lui au cortège de Dionysos. L'un et l'autre y sont ithyphalliques, comme s'ils faisaient concurrence d'obscénité. On raconte qu'ils ont fait un concours pour savoir lequel des deux avait le membre le plus long. Ce fut l'âne, et Priape, ne pouvant l'admettre, l'aurait tué.

Priape a donné son nom au priapisme, cette maladie incurable où le sexe viril reste toujours érigé douloureusement, sans émission séminale et sans plaisir. Cette maladie n'a rien à voir avec le satyriasis, qui n'exclut ni l'éjaculation ni la jouissance. Le satyriasis, est le fait des satyres, êtres mi-hommes, mi-animaux, alors que Priape a tout de l'apparence humaine.

Jusqu'à l'époque romaine, on taille grossièrement dans du bois de figuier des statuettes de Priape, toutes barbouillées de rouge, que l'on place dans les vergers. De symbole de fertilité, il devient peu à peu un épouvantail obscène.

PRIAPE L'OBSCÈNE, DIEU DE LA FERTILITÉ
Ier SIÈCLE AV. J.-C.
Lampe à huile en bronze

Un culte ? Les anciens ont coutume de barbouiller les statues de Priape de cinabre ou de minium. Sur les monuments qu'on lui consacre on dépose des têtes d'ânes. Artistes et poètes ne le prennent pas au sérieux : certains lui mettent une crête de coq et une clochette dans la main gauche ; on dit qu'il se laisse insulter par les oiseaux. À Rome se célébraient les Priapées ou fêtes de Priape. Beaucoup de femmes y prenaient part qui s'habillaient en bacchantes et en danseuses joueuses de flûtes pour parcourir les rues de la Ville. Ce furent sans doute les premières bacchanales célébrées à Rome. Dionysos en fera une cérémonie plus significative et plus sérieuse.

Thétis, nymphe de la mer

La femme aux pieds d'argent

Mariée, par la volonté de Zeus, à un mortel soumis aux lois humaines de la vieillesse, Thétis est une déesse malheureuse. Elle a pourtant un fils, Achille, dont la gloire sera immense.

Elle est fille de Nérée, le vieillard de la Mer, et de Doris, la fille d'Océan. Thétis est donc une divinité marine et immortelle, mais une très grande divinité dont la puissance est comparable à celle des Olympiens : elle sauve Zeus lui-même de la déchéance en lui envoyant Briarée, l'être aux cent bras, pour effrayer les conjurés, Héra, Poséidon et Athéna, qui tentaient de l'enchaîner (*Iliade*, I, 348 sq.). Thétis est si belle qu'elle est convoitée par les plus grands dieux. Pourtant, Zeus et Poséidon se détournent d'elle parce qu'un oracle a prédit qu'elle donnerait naissance à un fils plus puissant que son père, et Zeus ne veut pas subir ce qu'il a fait subir à son père Cronos. Il faudra donc obliger Thétis à épouser un mortel.

La mésalliance

Le Centaure Chiron suggère à son protégé, Pélée, le roi de Phthie, de profiter de cette occasion d'épouser une déesse. Mais Thétis le fuit. Pour échapper à cette mésalliance, elle se transforme successivement en oiseau, en serpent, en lion, en poisson et même en seiche, en eau et en feu. Pélée ne veut pas laisser passer cette chance ; il persévère et réussit peu à peu à la soumettre et à lui faire des enfants. Immortelle mariée à un mortel, elle emploiera tous les moyens pour rendre ses enfants immortels : tous périront dans l'expérience ; Achille sera le seul à en réchapper, grâce à son père Pélée. Mais Thétis finit par ne plus pouvoir supporter son mari vieillissant. Elle « se retire auprès de son père, l'éternel vieux de la Mer, dans la grotte brillante, où elle est entourée des Néréides, ses sœurs » (*Iliade*, XVIII, 35).

La mère d'Achille

Thétis assure la protection de son fils. Elle le cache parmi les filles de Lycomède pour qu'il ne parte pas à la guerre de Troie, elle l'empêche de toucher le premier le rivage troyen, elle lui donne des armes tout spécialement forgées pour lui par Héphaïstos et tente de le dissuader de tuer Hector. Rien n'y fait. Le destin a prévu qu'Achille devait mourir et Achille meurt. La « plus malheureuse des déesses » n'aura pu donner à son fils que la gloire.

Thétis est l'alliée d'Héra parce qu'elle ne peut être en aucun cas une rivale et prétendre à l'amour de Zeus en raison de son destin : elle reçoit Héphaïstos, le fils d'Héra, et lui accorde sa protection ; elle prend, sur l'ordre de la reine des dieux, le pilotage du navire *Argo*, dans la traversée difficile des Symplégades.

Alcman, au VIIe siècle avant J.-C., fait de Thétis une démiurge liée à la métallurgie apportée aux hommes par Héphaïstos, tombé de l'Olympe (*Parthénées*).

Les Noces de Thétis et de Pelée
Hendrick de Clerck (vers 1570-1629)
Huile sur cuivre

Les Noces de Thétis et de Pelée
Bartolomeo di Giovanni (connu vers 1465)
Bois, (détail)

Phaéton, fils du Soleil

Le présomptueux

La chute de Phaéton (Il perd le contrôle du char du Soleil)
Giordano Lucas (1634-1705)
huile sur toile

Fier d'être fils du Soleil, Phaéton prétend en être l'égal, mais n'en a pas les compétences. Il conduira le char du Soleil alors que seul Hélios, et pas même Zeus, en est capable.

Phaéton est fils d'Hélios et de l'Océanide Clyméné. Sa mère lui ayant révélé l'identité de son père, il s'en vante auprès de ses camarades, qui le mettent au défi de prouver son ascendance.

Le jeune homme se rend alors chez son père. Celui-ci, heureux de sa visite, promet de lui accorder ce qu'il désire. Afin d'éblouir ses camarades, Phaéton demande la direction du char paternel pendant une journée. Hélios se repent aussitôt de sa promesse, mais il ne peut s'y soustraire.

Phaéton prend les rênes et s'élance. Mais, maladresse du conducteur et difficultés de la tâche, le char est ballotté de haut en bas, l'attelage s'emballe, abandonne la voie tracée, mettant le feu sur son passage. La Terre se plaint au roi de l'Olympe et Zeus foudroie le cocher imprudent.

Hélios. Fils d'Hypérion et de Théia, frère d'Éos et de Séléné, Hélios est le dieu du Soleil, de la chaleur et de la lumière solaire. Il épouse Perséis et en a plusieurs enfants : Aiétès, Pasiphaé, la nymphe Rhodos, les Hélliades, et Phaéton. Confondu souvent avec Apollon, il est avant tout le serviteur de Zeus et chaque jour, monté sur son char d'or, il accomplit une course à travers les cieux ; Hélios est le seul dieu qui peut observer d'un seul regard la surface entière de la Terre et renseigner l'Olympe sur ce qui s'y passe. Aussi on le voit avertir Héphaïstos qu'Aphrodite le trompe avec Arès, ou prévenir Déméter du rapt de sa fille Perséphone.

Cybèle, déesse phrygienne

La mère des dieux

Maîtresse des bêtes fauves, elle est adorée comme déesse de la Terre, d'abord en Asie Mineure, puis en Grèce et enfin à Rome où elle aurait donné aux Romains la victoire contre les Carthaginois.

Agditis, monstre hermaphrodite, est né d'une pierre fécondée par Zeus. Les dieux décident de le mutiler et d'en faire la déesse Cybèle (Pausanias, VII, 17, 10-12).
Cybèle vit dans la forêt et la montagne, avec les animaux sauvages et les corybantes, ses prêtres.

Attis

Son amour pour le berger Attis rend celui-ci fou et il s'émascule pour elle. Cybèle emmène Attis sur son char tiré par des lions.
D'après d'autres traditions, Attis est fils de Nana, tombée enceinte pour avoir mangé du fruit de l'amandier. Lorsque Attis célèbre son propre mariage, Agditis (Cybèle) s'introduit dans la salle du festin et la folie s'empare de tous les convives. Attis s'enfuit, se mutile sous un pin et meurt. Accédant à la prière d'Agditis, Zeus accepte que le corps d'Attis ne se corrompe pas, que ses cheveux ne cessent de pousser et qu'il continue à bouger le petit doigt.
Pessinonte, en Phrygie, est le plus grand centre cultuel consacré à Cybèle. Elle y rend des oracles et y est honorée sous la forme d'une pierre brute, un bétyle noir.

Le roi Midas. Midas est le fils de Cybèle et de Gordias, roi de Phrygie, inventeur du nœud gordien. C'est un roi sage et pieux. Le fait qu'il accueille avec bienveillance le vieillard Silène ivre et enchaîné lui vaut la faveur de Dionysos. Celui-ci lui demande de faire un vœu et Midas demande que soit changé en or tout ce qu'il touche. Mal lui en prit : ses aliments eux-mêmes sont ainsi devenus de l'or. Dionysos a pitié de lui et l'envoie, pour détourner la malédiction, se purifier dans le Pactole, qui depuis roule des paillettes d'or.

Autel dédié à Cybèle
295 ap. J.-C.
Bas relief romain

La déesse se tient sur un char tiré par des lions ; le berger Attis est appuyé sur le pin sacré.

Le culte

Son culte se répand en Grèce, puis à Rome, où Cybèle est reçue officiellement en 204 avant J.-C. Ses prêtres, ou *galles*, sont des eunuques, habillés en femmes et parés comme des prostituées. Ils dansent au son de la cymbale et du tympanon, et entrent dans une sorte de délire. Les autorités romaines sont d'abord très méfiantes à l'égard de ces cérémonies : elles interdisent aux citoyens de faire partie du clergé de Cybèle et tentent de confiner son culte à l'intérieur du temple. Puis les choses changent : des archigalles romains sont créés et l'empereur s'établit à leur tête. De grandes fêtes sont instituées. Le caractère orgiaque de ces fêtes est pourtant conservé qui évoque la luxuriance de la nature sauvage et les assimilent aux dionysies. « Bienheureux, dit Euripide, l'homme aimé des dieux, qui, instruit des rites divins, sanctifie sa vie, dont l'âme processionne dans les montagnes, en proie aux transports par la vertu des purifications sanctifiantes, qui, canoniquement adonné aux orgies de la Grande Mère Cybèle, agitant le thyrse et couronné de lierre, est au service de Dionysos » (*Les Suppliantes*, 72).

À l'approche du printemps, les Romains revivent le mythe d'Attis ; il y a procession au pin au pied duquel il s'est mutilé, un jeûne et une continence de huit jours, puis la fête du sang pendant laquelle chaque fidèle se flagelle, et certains galles se châtrent. Ensuite a lieu la veillée funèbre d'Attis, à grand renfort de douleurs bruyantes et de gesticulations. Après quoi les hilaries célèbrent sa résurrection dans une grande explosion de liesse. Enfin, les cérémonies concernent la statue d'argent de Cybèle et le bétyle sacré : on les transporte sur un char tiré par des vaches à travers la ville et on purifie la déesse par un bain dans l'Almo, affluent du Tibre.

À partir du IIIe siècle, le culte de Cybèle est marqué par l'expansion d'un autre rite : il s'agit du baptême taurobolique, qui consiste à sacrifier un taureau et à asperger les fidèles avec le sang de la bête.

Tête de Cybèle portant la couronne de la terre
Époque romaine
Marbre, Espagne

Nymphes, déesses grecques

La grâce de la nature

Jeunes femmes, souvent à demi dévêtues, les nymphes symbolisent la beauté et le charme des sources, des bois, de toute la nature. Elles protègent la jeunesse et apportent la fertilité aux terres.

Pour la plupart filles de Zeus, les nymphes habitent les grottes. Elles filent, elles chantent, et font partie de la cour qui entoure certaines grandes divinités, telle Artémis. Elles ne sont pas immortelles, mais leur vie dure plusieurs siècles. Les Méliades sont les plus anciennes. Elles sont nées des gouttes de sang tombées de la plaie de Cronos mutilé. Elles habitent les frênes et, en raison de leur origine sanglante, le bois de frêne sert à la confection des lances. Les Naïades habitent les sources et les cours d'eau. Filles de Zeus, elles ont des talents de guérisseuses, mais, ambivalentes, elles peuvent aussi transmettre la maladie. Les Néréides sont les nymphes de la mer calme ; les Oréades, celles des montagnes ; les Alséides, celles des bois ; les Océanides, celles de la mer.

Jeunes femmes toutes de beauté et de séduction, les nymphes ont d'innombrables amoureux, Pan, Priape, les satyres et, en général, tous ceux qui habitent comme elles la nature. Les grands dieux eux-mêmes ne sont pas insensibles à leurs charmes : Zeus, Apollon, Hermès, Dionysos y succombent. Et parfois elles recherchent les jeunes garçons : ainsi, touchées par la beauté d'Hylas, elles l'enlèvent à Héraclès et l'entraînent au fond de leur source.

Puissances troubles, les nymphes sont redoutables. Leur beauté même peut conduire à la folie. À l'heure de midi, elles inspirent des terreurs soudaines.

On considérait les nymphes comme des divinités secondaires dont les pouvoirs étaient restreints. Leur culte ne prêtait pas à de grandes manifestations publiques. Mais elles étaient très populaires. Proches des gens, elles étaient vénérées sans l'intermédiaire de prêtres. Leurs sanctuaires, les nymphées, n'étaient que le lieu, source, bois, rocher ou fontaine, qui leur était attaché et que les paysans pouvaient décorer à leur façon.

NYMPHE TENANT UNE COQUILLE DE MOLLUSQUE
ÉPOQUE ROMAINE, RESTAURATION AU XVIIe SIÈCLE POUR LA COLLECTION BORGHESE
Marbre, h : 60 cm

Faunus, dieu romain

Le favorable

Divinité rustique, Faunus est à la fois honoré pour les faveurs qu'il accorde et craint pour l'effervescence qu'il représente. Il tient une grande place comme initiateur du culte des dieux de la cité.

D'après une légende il est fils de Circé et de Jupiter. Mais une autre légende le dit fils de Picus et petit fils de Saturne. Bon fils, il a voulu placer au rang des dieux son père Picus et sa mère Canente, qui, après la mort de son époux, s'était consumée de chagrin jusqu'à ce que rien ne subsistât d'elle.

Faunus est un des plus anciens rois en Italie et le culte qui lui est adressé y est toujours resté vivant.

Farouche, quelque peu sauvage, ce dieu agricole est responsable de la fertilité des plantes et de l'extraordinaire explosion de la nature vivante. Il est à l'origine de la prospérité et de la richesse de Rome. Il siège sur le mont Palatin. Il donne ses oracles la nuit : le consultant, couché sur une peau de chèvre, reçoit ses révélations au cours de rêves terrifiants. Faunus est le protecteur des peuples italiques : il annonce et prépare l'arrivée d'Énée et des Troyens, dont la descendance fera la grandeur de la Ville (Virgile, *Énéide*, VII, 96-101).

Les Lupercales

Les Lupercales étaient les grandes fêtes consacrées à Faunus : alors, des jeunes gens, mi-nus, parcouraient les rues et donnaient des coups de lanières de cuir aux femmes qu'ils rencontraient. Ces flagellations étaient, croyait-on, bénéfiques aux victimes (Ovide, *Les Fastes*, II, 445 sq.). Ovide donne une explication à la nudité des Luperques : Faunus surprend Hercule et Omphale endormis. Faunus veut faire violence à la jeune femme. Mais les amants ont par jeu échangé leurs vêtements. Trompé par l'obscurité, Faunus s'approche donc d'Hercule qui, bien sûr le repousse rudement. Pour éviter pareille mésaventure Faunus exige que ses prêtres soient nus lors des fêtes qu'on organise en son honneur. On l'a parfois rapproché du dieu arcadien Pan et on a fait de lui un dieu lubrique.

Faunus s'est multiplié dans les faunes, satyres mi-chèvres mi-hommes.

Par la suite, la personnalité de Faunus se dilua et se multiplia : les faunes sont des génies champêtres, mi-hommes, mi-chèvres, qui, à l'exemple des satyres grecs, s'ébaudissent dans la nature en compagnie des nymphes : « Faunus, amoureux des nymphes qui s'enfuient, puisses-tu, sur mon domaine et dans mes champs ensoleillés, revenir bienveillant et, lorsque tu t'en vas, protéger les petits de mes troupeaux, si, lorsque l'année est pleine, tombe pour toi un tendre chevreau et si le vin, à pleins bords, ne manque pas au cratère, compagnon de Vénus, si l'autel antique fume de maints parfums » (Horace, *Odes*, III, 18).

FAUNUS DANSANT
VERS 60 AP. J.-C.
Fresque de la Villa des mystères de Pompéï

Fauna. Sœur et épouse de Faunus, diseuse de bonne aventure, Fauna a donné à Hercule un fils, le roi Latinus. Protectrice des femmes, on l'identifie souvent à *Bona Dea*, la bonne déesse, experte dans les arts ménagers et si pudique qu'elle ne sort pas de sa chambre et ne voit d'autres hommes que son mari. Elle a son sanctuaire sur l'Aventin.

Centaures, monstres grecs

Des rustres mal dégrossis

À moitié hommes et à moitié chevaux, les centaures sont des brutes agressives et inintelligentes qui s'enivrent, se querellent souvent et manipulent de façon désordonnée arc et massue.

Ixion passe pour le fils d'Arès. Il tue sa femme sitôt après le mariage. Ce crime ne lui sera pas pardonné, sauf par Zeus, qui le prend en pitié. Mais Zeus donne à une nuée l'apparence d'Héra, son épouse, et il l'envoie près d'Ixion pour voir s'il oserait la séduire. De ses amours sacrilèges naissent les centaures, monstres dont le buste est celui d'un homme et le bas du corps celui d'un cheval. Peut-on inventer si grande bizarrerie ?

Monstrueux, ils le sont par la forme et par le caractère : bagarreurs, violents, sauvages, ils vivent hors des chemins visités par les hommes, ne mangent que de la chair vivante, ne respectent rien, ne chassent qu'au moyen de pierres et de branches, se rebellent pour des peccadilles et se mettent dans des fureurs effrayantes.

Seuls, deux d'entre eux, il est vrai d'origine différente, sont bienfaisants : Chiron, né des amours de Philyra et de Cronos, et Pholos, né de Silène et d'une nymphe. Ils sont accueillants, sages et amis des hommes.

Chiron et Pholos

Chiron est le précepteur d'Apollon, d'Achille, de Jason, d'Asclépios et de bien d'autres. Sa complicité avec la nature lui permet de connaître parfaitement la chasse et la guerre, les drogues, les onguents, la médecine et même la musique. Il porte secours à Pélée en lui rendant son arme, alors qu'il avait été livré aux centaures par la jalousie du roi Acaste.

Pholos reçoit aimablement Héraclès, il lui sert des viandes cuites, gardant pour lui les viandes crues. Quand Héraclès lui demande du vin, il répond qu'il n'a en sa possession qu'une jarre et qu'elle appartient à l'ensemble des centaures. Il décide de l'ouvrir, mais le parfum du vin déclenche l'arrivée des centaures, qui attaquent la grotte. Héraclès abat Agrios et Anchios, et poursuit les autres, qui se retrouvent auprès de Chiron. Il blesse Élatos et, sans le vouloir, Chiron. La plaie reste ouverte malgré tous les soins, si bien que le blessé, né immortel, réclame la mort : Prométhée la lui échange contre son immortalité.

Mais ce n'est pas là la seule bagarre des centaures. Un jour, ils sont invités aux noces de Pirithoos, le chef des Lapithes. Au cours du festin, les centaures se sont vite enivrés – ils n'ont pas l'habitude du vin –, et l'un d'eux, Eurytos, s'en prend à la mariée. Il s'ensuit une mêlée générale et un grand massacre. Les Lapithes finissent par l'emporter.

Les femmes ne leur sont pas indifférentes. Ils sont incapables de résister aux pulsions de leur nature, et sont ainsi familiers des viols et enlèvements : Eurytion essaie d'enlever la fiancée d'Héraclès, Mnésimaché ; Nessos tente de violer Déjanire ; Hylaos et Rhoecos se mettent à deux pour forcer la vierge Atalante, dévouée à Artémis.

LE CENTAURE NESSOS CHERCHE À VIOLENTER DÉJANIRE LA FEMME D'HÉRACLÈS
Ve SIÈCLE AV. J.-C.
Vase grec à figures rouges

Déjanire. Héraclès conquit Déjanire en luttant contre le dieu fleuve Achéloos qui voulait l'épouser. Il vécut avec elle jusqu'au moment où il tua accidentellement un parent de son beau-père. Il dut alors s'exiler avec sa femme et leur fils Hyllos. Sur les bords du fleuve Événos, il tua Nessos, qui cherchait à violer Déjanire. Mais en mourant, le centaure donna à la jeune femme une drogue qui était, dit-il, un philtre d'amour. Plus tard, quand Héraclès se détourna de Déjanire, elle lui envoya une tunique qu'elle avait trempée dans la drogue. Dès que la tunique toucha la peau d'Héraclès, le héros fut pris de grandes douleurs. Le philtre d'« amour » se révélait être un philtre de mort.

Gorgones, femmes monstrueuses

La terreur

Horribles à faire peur avec une tête énorme, les Gorgones utilisent ce trait comme une arme redoutable et pétrifient quiconque les regarde. Elles avaient trois sœurs aînées, les Grées, qui n'avaient à elles trois qu'un œil et qu'une dent.

Elles sont trois, filles de Phorkys et de Keto, dieux de la première génération divine. Leurs cheveux sont faits de serpents en colère, elles portent des défenses pareilles à celles des sangliers, leurs mains sont de bronze et elles sont équipées d'ailes en or. Leurs yeux sont si effrayants qu'ils transforment en pierre qui les regarde. Les dieux eux-mêmes sont saisis d'horreur en face d'elles ; seul Poséidon a osé s'unir à Méduse, l'une des Gorgones.

Euryalé est l'excès sexuel ; Sthéno, la perversion sociale ; Méduse, la vanité. Des trois, seule « Méduse était mortelle alors que ses deux sœurs ne devaient connaître ni la mort ni la vieillesse. Elle seule en revanche vit s'étendre près d'elle le dieu au cœur d'azur dans la tendre prairie, au milieu des fleurs printanières » (Hésiode, *Théogonie*, 275-280).

Elles habitent, croit-on, l'extrême Occident, près du royaume des morts.

LE VISAGE EFFRAYANT D'UNE GORGONE
VERS 520 AV. J.-C.
Céramique à figures noires

Méduse

Persée est parti pour tuer Méduse. Grâce aux sandales ailées que lui a données Hermès, il s'envole et, pour ne pas être atteint par le regard du monstre, il se sert de son bouclier comme d'un miroir, attend que sa victime entre dans un profond sommeil et lui coupe la tête. De la blessure sortent Pégase et Chrysaor, les enfants de Poséidon.

Par la suite, la tête de Méduse, qui a gardé son pouvoir, est utilisée par Athéna, qui la fixe sur son bouclier. Le sang versé servira de potion magique, pour Asclépios.

PÉGASE ET BELLÉROPHON
Bas -relief en terre cuite

Pégase. Cheval ailé né de Méduse, Pégase après sa naissance descend de l'Olympe et va boire à la source Pirénè où il rencontre Bellérophon. Celui-ci le prend comme monture pour survoler et tuer la Chimère monstre mi-lion mi-dragon, pour mettre en déroute la population guerrière des Solymes, remporter la victoire contre les Amazones, et enfin massacrer les agents du roi Iobatès chargés de l'assasiner.

On dit que la source Hippocrène sur le mont Hélicon est due à un coup de sabot de Pégase.

Adonis, dieu phénicien

Le séducteur précoce

Sa passion violente, éphémère et inféconde, fait se pâmer les épouses infidèles. Adonis, beau jeune homme à éclipses, est comme la végétation qui meurt à l'automne et revit au printemps.

Originaire de Phénicie, il fut d'abord appelé Thammuz, puis Gauas. Mais c'est sous le nom d'Adonis, c'est-à-dire « seigneur », qu'il est devenu célèbre, surtout à Byblos, à Alexandrie, à Chypre et en Grèce.
Théias, le roi de Syrie, avait une fille, Myrrha ou Smyrna. Celle-ci fut poussée par Aphrodite à désirer un inceste avec son père. Elle parvint à tromper Théias et à s'unir à lui. Mais il s'en aperçut et, rempli de colère, voulut la mettre à mort. Les dieux, pour la protéger, la transformèrent en arbre, l'arbre à myrrhe. Dix mois plus tard, de l'écorce de cet arbre sortit un enfant : Adonis.

Les amours d'Adonis

Adonis était très beau : Aphrodite le recueillit et l'enferma dans un coffre qu'elle confia à Perséphone. Mais la déesse des Enfers refusa de le rendre. L'une et l'autre, Aphrodite et Perséphone, étaient tombées amoureuses du jeune homme. Le conflit entre les deux déesses fut arbitré par Zeus, et il fut décidé qu'Adonis vivrait un tiers de l'année avec l'une, un tiers avec l'autre, et le troisième avec qui il voudrait. Mais Adonis choisit de passer deux tiers de l'année avec Aphrodite (Apollodore, III, 14, 3).

La mort d'Adonis

Lors d'un combat, suscité par Artémis, contre un sanglier, il fut mortellement blessé. Cette fin tragique qui l'enleva à l'affection d'Aphrodite inspire toujours de la compassion. On dit qu'à Aphaca, dans le pays de Byblos, là où prend naissance le fleuve d'Adonis, le Nahr Ibrahim, les eaux se teintent de rouge, une fois l'an, en souvenir du sang versé par le dieu.

Les jardins d'Adonis

Les jardins d'Adonis étaient des pots de terre, des fonds de tasse, ou des paniers légers, dans lesquels on faisait pousser des plantes à croissance rapide comme le fenouil, le blé, la laitue. Ces végétaux levaient en quelques jours. On en accélérait même le développement en les arrosant d'eau chaude et en les plaçant en plein soleil. Ainsi, ils flétrissaient vite. Cette culture dérisoire symbolisait l'existence éphémère d'Adonis. En Grèce, on qualifiait de « jardins d'Adonis » toute existence hâtive et passagère.

Légende

D'après le *Chant funèbre en l'honneur d'Adonis*, de Bion de Phlossa (I, 72), Aphrodite versa beaucoup de larmes, et chaque larme devint une rose, tandis que chaque goutte de sang de la victime devenait une anémone.
Le poète, soucieux de précision, ajoute que la déesse versa autant de larmes qu'Adonis perdit de gouttes de sang.

VÉNUS ET ADONIS
PIERRE PAUL RUBENS (1577-1640), VERS 1610
Huile sur toile

Vénus supplie Adonis de ne pas aller à la chasse (au cours de laquelle il sera mortellement blessé).

Les Adonies. Chaque année, ce sont de grandes fêtes, marquées par deux temps forts : l'un, funèbre, avec lamentations et sacrifices, pour la mort d'Adonis ; l'autre, triomphant, avec processions joyeuses pour son retour. À Alexandrie, on inverse le rythme des cérémonies comme pour mieux suivre le déroulement de l'histoire et l'on commence par des chants, des danses, un banquet, un spectacle, qui évoquent l'union des deux amants, et l'on termine par une procession funèbre. À Athènes, ce n'est plus le rythme des saisons avec mort et résurrection qui est fêté – cela est réservé à Déméter. La fête publique est funèbre, avec tous les rites des funérailles : onction, toilette et exposition du mort, offrandes et repas pris en commun. Des images d'Adonis en cire ou en terre cuite tiennent lieu de cadavre. Les femmes honorent ces simulacres, elles les promènent dans la ville, se lamentent, dansent et entonnent des chants plaintifs. Ensuite, la célébration se fait discrète : l'objet en est le plaisir pris hors du mariage et le lieu, l'intimité des demeures.

Castor et Pollux, héros grecs

Les jeunes garçons de Zeus

Jumeaux et très liés l'un à l'autre, ils se partagent tout, même la mort et l'immortalité puisque l'un est mortel et l'autre immortel. On les appelle les Dioscures, fils de Zeus.

Selon certaines versions, Léda, femme de Tyndare, roi de Sparte, reçoit la visite de Zeus, qui a pris l'apparence d'un cygne. Elle s'unit à lui et dans la même nuit a des relations avec son mari. De ces unions naîtront deux paires de jumeaux : Pollux et Hélène sont enfants de Zeus ; Castor et Clytemnestre sont enfants de Tyndare.

Castor est un bon guerrier, rapide à la course. Il n'a pas peur et se lance hardiment, en vient vite aux mains et s'acharne jusqu'à la victoire. On le voit souvent accompagné de chiens avec qui il chasse. Fils d'un humain, il est mortel.

Pollux est un pugiliste émérite. D'une grande force, il sait combattre avec intelligence et utiliser d'habiles tactiques. Il dompte les chevaux.

Tous les deux sont inséparables et se complètent merveilleusement. Ils mènent les mêmes combats et sont les défenseurs de tous leurs proches.

Thésée a enlevé leur sœur Hélène et l'a enfermée dans la forteresse d'Aphidna. Profitant de l'absence de l'Athénien, parti aux Enfers demander la main de Perséphone, les Dioscures, – c'est ainsi qu'on appelle Castor et Pollux – se rendent en Attique. Ils délivrent Hélène, chassent du trône les fils de Thésée, y installent le prétendant Ménesthée et ramènent avec eux Aethra, la mère de leur ennemi.

Assez puissants pour qu'on les appelle en cas de difficultés, ils vont à la recherche de la Toison d'or avec les Argonautes, sauvant, lors d'une tempête, le navire *Argo* ; ils prennent part à la délivrance de Prométhée, à la chasse du sanglier de Calydon et au saccage d'Iolcos.

À Sparte, ils ont leur maison. Ils y sont venus sous l'apparence de beaux étrangers et ont disparu en emmenant avec eux une jeune fille vierge qui y habitait. Ils sont les patrons de la jeunesse, ils président aux exercices de l'armée et aux activités sportives.

Dans la bataille du lac Régille, qui, entre 496 et 449 avant J.-C., opposait les Romains aux Latins révoltés, à l'instigation de Tarquin le Superbe, roi déchu, ils sont dans le camp des Romains. Le soir, ils viennent dans la ville annoncer la victoire et font boire leurs chevaux à la fontaine de Juturne. Rome leur construira un temple sur le Forum. une exception pour des dieux étrangers.

Les inséparables

En même temps, ils s'éprennent de deux sœurs, Phœbé et Hilaera, et les enlèvent. Idas et Lyncée, leurs fiancés, se lancent à leur poursuite. Dans la lutte, Castor et Lyncée sont tués. Zeus foudroie Idas et emporte Pollux au ciel. C'est son fils et il est immortel. Mais ce dernier ne veut pas être séparé de son frère. Devant ses prières, Zeus accepte qu'ils se partagent l'immortalité et demeurent l'un et l'autre un jour sur deux parmi les dieux. Ils deviennent la constellation des ***Gémeaux***.

Castor et Pollux
Thomassin Simon
(1655-1733), 1724

Gravure représentant le groupe en marbre placé dans les jardins de Versailles, copié d'après l'original antique à Rome

Prométhée, fils d'un Titan

La révolte contre Zeus

Prométhée n'accepte pas la défaite des Titans et, pour se venger, favorise les hommes qui, d'égaux des dieux sous le règne de Cronos, sont devenus sous l'empire de Zeus des êtres inférieurs.

Prométhée est fils de Japet, le Titan, et de Clyméné (ou d'Asia). Il est cousin de Zeus et a plusieurs frères, Atlas, Ménoetios et surtout Épiméthée, le plus connu parce qu'il est son exact opposé.

Prométhée est le symbole de la révolte des hommes contre les dieux. Ingéniosité et fourberie sont entre ses mains des armes puissantes. Il réussit à tromper Zeus lui-même et à apporter à l'humanité (on prétend parfois qu'il en est le créateur) des bienfaits que les dieux lui refusent.

Le sacrifice

À Méconé, les dieux et les hommes vivent ensemble et s'assoient à la même table. C'est l'âge d'or. Prométhée apporte un grand bœuf, il le tue et le découpe pour en faire deux parts. L'une est composée de chair recouverte de la peau de la bête : l'aspect en est rebutant, mais tous les bons morceaux y sont ; l'autre consiste dans les os cachés sous une mince couche de graisse blanche : l'apparence en est appétissante, mais rien n'y est mangeable.

Zeus choisit entre les deux parts. Il prend naturellement ce qui semble le plus alléchant, donc les os. Ainsi, dans les sacrifices, les hommes brûlent les os et les dieux goûtent les fumets, tandis que les hommes se repaissent de la chair ; mais leur faim est toujours renaissante : ils connaissent l'usure des forces, la maladie et la mort. Zeus trompé par la ruse de Prométhée, pour punir les hommes qui en ont bénéficié, cache le feu dont ils se servaient pour cuire les viandes, et les oblige à travailler pour faire pousser un grain qui, jusqu'ici, se développait en abondance sans qu'on ait à s'en occuper. L'âge d'or est terminé.

Le rapt du feu

Prométhée vient alors une nouvelle fois au secours des humains. Il vole une parcelle de feu à « la roue du soleil » (ou bien encore à la forge d'Héphaïstos). Il la cache dans une tige de fenouil et l'apporte aux hommes. Le feu brille désormais ici-bas dans tous les foyers.

Ce feu a pourtant perdu de sa permanence. Il est précaire, il faut le garder précieusement, le protéger, l'alimenter. Mais il fait la différence entre les hommes et les bêtes sauvages. Le feu fait l'union entre les hommes et les dieux, puisqu'il permet d'accomplir le sacrifice. Le châtiment de ce vol est terrible : Zeus enchaine Prométhée sur une montagne et un aigle lui dévore le foie. Il est libéré par Héraklès.

L'immortalité

Prométhée, toujours malin, entend les cris du centaure Chiron, né immortel, mais blessé d'une flèche par Héraclès et qui, souffrant sans répit, réclame la mort. Il lui propose d'échanger la mort contre l'immortalité et Chiron, n'en pouvant plus, accepte. Ainsi Prométhée devient immortel à sa place.

PROMÉTHÉE ENCHAÎNÉ
D'APRÈS PIERRE PAUL RUBENS (1577-1640)
Huile sur bois

Prométhée est enchaîné avec des liens d'acier sur une montagne et un aigle ne cesse tout le jour de lui dévorer le foie, lequel repousse durant la nuit. Héraclès passant par là, perce d'une flèche l'aigle et libère Prométhée. Zeus, fier de l'exploit de son fils, adoucit le châtiment : il n'imposera plus à Prométhée que le port d'une bague faite de l'acier de ses chaînes et d'un petit bout de rocher, symbole du châtiment qu'il a mérité.

Prométhée et Epiméthée. Autant Prométhée est intelligent, rusé, prévoyant, autant Epiméthée est naïf, lourd et insouciant. Ainsi, les dieux réussiront à tromper Epiméthée. Zeus envoie aux hommes ce « beau mal » qu'est Pandore, la femme. Épiméthée, toujours crédule, la reçoit comme un merveilleux cadeau, un don du ciel. Mais la femme, soulevant le couvercle d'une jarre, laisse échapper les maux tels que la fatigue, la maladie, la souffrance et la mort, et ceux-ci se répandent à travers le monde.

Pandore, la première femme

Une création d'Héphaïstos

Piège et séduction, la belle Pandore entraîne les hommes à leur perte. Fabriquée par les dieux, elle est commandée par Zeus pour entraver les actions de Prométhée en faveur des hommes.

Les hommes vivaient sans femme. Ils poussaient de la terre comme les céréales. Ils ne connaissaient ni la fatigue, ni la vieillesse, ni la souffrance. Ils disparaissaient jeunes dans un calme parfait, comme pendant le sommeil. De belles plantes sans histoire.

Zeus, du haut de son Olympe, leur prépare un cadeau. Il fait façonner, par Héphaïstos, à partir de la terre et de l'eau, une figurine qui aura la belle forme des déesses immortelles. Tous les grands dieux y mettent la main : Athéna lui apprend l'habileté manuelle et Aphrodite, la grâce et le désir. Hermès, sans doute par raillerie, y met le mensonge et la fourberie. C'est Pandore, divine en apparence, humaine en réalité.

Zeus en fait cadeau à Épiméthée, le frère de Prométhée. Épiméthée est aussi étourdi que son frère est prévoyant, aussi maladroit que son frère est industrieux, aussi sot que son frère est intelligent. Celui-ci l'a pourtant bien prévenu : il ne doit jamais accepter de présent de Zeus. Mais Pandore est trop belle, toute parée de colliers, de perles, de fleurs, et vêtue des plus somptueux habits. Il la reçoit comme un don du ciel.

Pourtant, cette femme est un leurre, un piège. L'homme n'est désormais plus seul, il doit composer avec elle, avec ses besoins, ses désirs, ses caprices, ses appétits sexuels ; il doit la charmer, la satisfaire, la faire vivre et l'honorer pour avoir des enfants. Il est séduit, fasciné et il se découvre possessif, jaloux, parfois même cruel. Fi de la solidarité, de l'entente harmonieuse, de la paix !

La boîte

Pandore apporte dans ses bagages une jarre mystérieuse (la « boîte de Pandore »), qu'il est interdit d'ouvrir. Mais, une fois installée comme épouse, dévorée de curiosité, elle en soulève le couvercle. Alors, tous les maux en sortent et se dispersent à travers le monde, se mélangeant aux biens sans qu'on puisse les distinguer les uns des autres. Souffrances et maladies, vieillesse et mort, mensonges, vols et crimes se répandent dans la nature, dans les villes, dans les maisons, en chacun des hommes.

Pandore, effrayée de cette éruption de maléfices, remet vite le couvercle. La jarre est presque vide : ce qui est cruel, violent, rapide est sorti. Reste seulement, tout au fond, une petite chose qui ne prend pas beaucoup de place, qui ne bondit pas comme les autres, qui est calme et assurée : c'est l'espérance. Mais elle reste enfermée, comme si l'on avait peur d'elle, comme si elle n'avait pas le droit de se propager.

PANDORE
CHARLES LENOIR, VERS 1902
Huile sur toile

Niobé, héroïne grecque

La dame de pierre

Aimée de Zeus, mère jalouse, fière de ses enfants, Niobé va jusqu'à narguer Lêto, la mère d'Apollon et d'Artémis. Ceux-ci ne le lui pardonnent pas et tuent un à un tous les enfants qu'elle met au monde.

Niobé est fille de Tantale et épouse d'Amphion, roi de Thèbes. Son mariage est particulièrement heureux : Amphion, fils de Zeus, est un artiste ; il tire de sa lyre des sons si harmonieux que les pierres elles-mêmes se déplacent, touchées par la beauté des mélodies. Amphion participe ainsi, au moyen de son instrument de musique, à la construction des murailles de Thèbes.

L'orgueilleuse

Niobé, mère féconde, met au monde sept fils : Sipylos, Eupinytos, Isménos, Damasichthon, Agénor, Phaedimos et Tantalos, et sept filles : Éthodaea, Cléodoxa, Astyoché, Phthie, Pélopia, Astycratia et Ogygia. Des enfants « florissants de jeunesse », heureux de vivre, beaux et forts. Que peut espérer de mieux une mère ?

Fière de sa progéniture, Niobé « aux beaux cheveux » s'en vient à mépriser les mères de peu d'enfants. Elle se croit et elle se dit supérieure à elles. L'orgueil de Tantale, son père, vit toujours en elle : s'avisant qu'un culte est rendu à Lêto, elle ordonne qu'on lui en rende un aussi, à elle, Niobé : « Lêto n'a eu que deux enfants, Apollon et Artémis, moi, j'en ai eu sept fois plus ; Lêto n'était qu'une vagabonde, je suis une reine ; Lêto était pauvre, je suis riche et puissante. »

La vengeance de Lêto

Lêto « aux belles joues » entend ces paroles insolentes. Déesse fille d'un Titan, aimée de Zeus et mère de deux grands Olympiens, elle ne peut accepter ces insultes : elle demande l'appui d'Apollon et d'Artémis pour se venger. Les enfants de Lêto descendent de l'Olympe. Ils vont à l'intérieur du palais où règne Niobé : Apollon transperce de ses flèches les sept fils. Les sept filles sont tuées par la grande Artémis « diffuseuse de traits ». Ainsi, « quoique n'étant que deux, les enfants de Lêto font périr tous ceux de Niobé » (Iliade, XXIV, 604). La mère, si sûre d'elle, voit mourir les enfants dont elle était si fière.

Comme si ces morts n'étaient pas suffisantes, Zeus change en pierre le cœur des Thébains et les corps des enfants restent étendus dans le sang, sans sépulture, pendant neuf longs jours. Niobé pleure leur disgrâce et, en signe de deuil et de chagrin, refuse toute nourriture.

À la dixième aurore, considérant la vengeance accomplie, les dieux eux-mêmes procèdent à l'ensevelissement des cadavres. Niobé termine alors son jeûne, mais, ayant perdu toute raison de vivre, se retire chez son père Tantale sur le mont Sipyle.

Transformée en rocher, elle digère les tourments que les dieux lui ont infligés. On dit que ses yeux pleurent toujours ses enfants, et l'on montre une pierre qui aurait été Niobé et d'où coule, abondante, une source intarissable.

NIOBÉ ET QUATRE DE SES FILLES JOUANT AUX DÉS
Ier SIÈCLE
Émaux sur marbre, Herculanum

MASSACRE DES ENFANTS DE NIOBÉ PAR APOLLON
Ve SIÈCLE AV. J.-C.
Cratère en calice à figures rouges

Narcisse, héros grec

L'amour de soi

Beau et jeune, Narcisse est le symbole de l'amour de sa propre personne. Admiré de tous, aimé de toutes les jeunes filles grecques, il n'a pour elles que du dédain, ce qui le perdra.

Narcisse est fils du dieu Céphise et de la nymphe Liriopé. Le devin Tirésias prédit que l'enfant vivra très vieux s'il parvient à ne jamais se regarder.

D'une beauté exceptionnelle, Narcisse attire les regards aussi bien des femmes que des garçons. Insensible, il continue son chemin sans même tourner la tête. Il passe son temps à la chasse, ne s'occupe que de lui-même. Aminias, son ami, se suicide de désespoir. Ses amoureuses se découragent et crient vengeance. Écho est une nymphe qui sert Zeus en occupant Héra par des bavardages, pendant qu'il est avec une de ses maîtresses. Héra s'en est vite aperçu et lui a coupé la parole : « Désormais, tu n'émettras que de brefs bruits. » Écho rencontre Narcisse et ne peut que regarder sans parler. Quand il demande : « Qui est là ? » Elle répond : « Là ». Alors n'y tenant plus, elle se jette dans ses bras, et, lui surpris, prend la fuite. La nymphe Écho se laisse dépérir. Némésis décide de venger les victimes de ce bel indifférent : un jour de grande chaleur, Narcisse, épuisé et altéré, se penche sur une source pour y boire. Apercevant son reflet dans l'eau, il devient aussitôt amoureux fou de ce qu'il voit ; il s'approche de l'objet de son amour, perd l'équilibre et se noie. De son corps naît la fleur qui porte son nom (Ovide, *Les Métamorphoses*, III, 339-510). Narcisse est mort de n'avoir pas voulu se donner.

NARCISSE DÉCOUVRANT SON VISAGE DANS L'EAU
LE CARAVAGE, MICHELANGELO MERISI, DIT (1573-1610)
Huile sur toile

Thésée et le Minotaure

Le tueur de monstres

Héraclès était un champion parmi les dieux, Thésée est un champion parmi les hommes.

Égée n'a pas eu d'enfants. Il se rend auprès du roi de Trézène, Pitthée, et lui expose sa situation. Pitthée, n'aimant pas le voir ainsi désespéré, le fait boire et, alors qu'il est devenu inconscient, met dans son lit sa fille, Aethra. Celle-ci conçoit un enfant qui va être Thésée. Mais on n'est jamais sûr de l'identité du père. Car Aethra, avant de s'unir à Égée, est allée dans une île pour faire un sacrifice à Poséidon et le dieu l'a violée. Thésée est-il le fils d'Égée ou de Poséidon ?

Égée, avant de partir, dissimule sous un rocher son épée et une paire de sandales, disant qu'il ne veut revoir l'enfant que lorsque celui-ci sera capable de déplacer le rocher pour récupérer ces objets. À seize ans, Aethra trouve son fils assez vigoureux pour subir l'épreuve. Thésée déplace sans difficulté le rocher ; il découvre alors son origine et décide de partir pour Athènes.

Les épreuves

Thésée décide d'être l'égal d'Héraclès. Il tue le boiteux Périphétès, qui assommait les voyageurs à l'aide de sa massue, et le géant Sinis, qui se servait d'un arbre comme d'un arc pour envoyer ses victimes au loin, telles des flèches. Il transperce d'un coup d'épée la truie de Crommion, qui ravageait le pays, et le brigand Sciron, qui précipitait les voyageurs à la mer. Il vainc à la lutte Cercyon et l'écrase contre le sol. Il tue enfin Procuste.

Quand il arrive à Athènes, il est accueilli en triomphateur. Médée, la magicienne, qui a saisi dans ses serres le roi Égée, en prend ombrage. Elle pousse Égée, qui ne connaît pas encore l'identité de Thésée, à l'inviter pour un dîner et elle prépare, avec l'accord du faible roi, un poison qui libérerait le palais de cet importun, trop voyant. Mais, au cours du repas, Thésée tire son épée en vue de découper la viande et Égée, à la vue de cette arme, reconnaît son fils devant tous les citoyens assemblés. Médée est contrainte à l'exil.

Thésée et le Minotaure

Depuis l'assassinat d'Androgée et la victoire de Minos sur les Athéniens, Athènes est tenue d'envoyer tous les neuf ans un tribut de sept jeunes gens et de sept jeunes filles afin de servir de pâture au Minotaure. Thésée se désigne lui-même comme une des victimes, sachant qu'aura la vie sauve celui qui tuera le monstre. Il est le chef de l'expédition et a reçu, en partant, deux jeux de voiles, les unes blanches annonçant la victoire, les autres noires annonçant la défaite. En Crète, Thésée est aperçu par Ariane, l'une des filles de Minos. Celle-ci, séduite par le héros, lui donne une pelote de fil pour lui permettre de retrouver son chemin dans le labyrinthe, n'y mettant qu'une seule condition : qu'il l'épouse. Thésée est enfermé avec ses compagnons dans le labyrinthe, il tue le monstre et, à l'aide du fil d'Ariane, trouve la sortie et a la vie sauve.

Thésée combattant le géant Sinis
Ve siècle av. J.-C.
Coupe attique à figures rouges

Thésée et Pirithoos enlèvent l'amazone Antiope
Ve siècle av. J.-C.
Coupe attique à figures rouges

Thésée et le Minotaure
Début du XVIe siècle ; Maître des Cassoni Campana
Huile sur bois

On a pu broder avec beaucoup d'imagination sur le thème du labyrinthe. Ici le minotaure n'a rien à voir avec le taureau et Thésée rien à voir avec un combattant antique. Quant au labyrinthe, il n'aurait rien de bien mystérieux s'il avait été aussi découvert. Tout y est pourtant puisqu'on voit même le fil d'Ariane.

Thésée, le maître d'Athènes

Lors du retour vers Athènes, Thésée, voulant se débarrasser d'Ariane, la laisse endormie à Naxos. Dionysos en serait tombé amoureux et aurait demandé à Thésée de la lui laisser. Mais Thésée oublie de changer les voiles du navire et Égée, apercevant de loin les voiles noires annonciatrices de défaite, se jette à la mer de désespoir. Thésée prend le pouvoir en Attique.

Thésée a laissé le souvenir d'un bon administrateur de la cité : il instaure la démocratie, donne à la ville ses principaux monuments, frappe monnaie et institue les Panathénées, fêtes de l'unité politique de l'Attique, et les jeux Isthmiques, pour célébrer Poséidon.

Bon chef de guerre, il doit défendre la cité contre les Amazones venues récupérer l'une d'entre elles, Antiope, que Thésée gardait, soit qu'il l'ait reçue comme captive, soit qu'il l'ait enlevée, soit qu'il l'ait séduite. Les Amazones sont obligées de signer la paix.

Thésée et Phèdre

Thésée aurait aussi épousé Phèdre, la sœur d'Ariane. Mais Phèdre tomba amoureuse d'Hippolyte, un fils que Thésée a eu de l'amazone Antiope. Le jeune homme, qui n'aime pas les femmes, repousse les avances de sa belle-mère et, pour se venger, celle-ci accuse son beau-fils de l'avoir violée. Hippolyte est mis à mort et Phèdre, remplie de remords et de désespoir, se pend.

Perdu par ambition. Pirithoos et Thésée sont de grands amis. Ils décident ensemble de ne plus épouser que des filles de Zeus. Aussi enlèvent-ils Hélène pour Thésée, puis s'en vont-ils aux Enfers s'emparer de Perséphone pour Pirithoos. Hélène est délivrée par Castor et Pollux, ses frères, qui installent à Athènes un autre roi, et Pirithoos se retrouve prisonnier aux Enfers, ne pouvant se sortir du siège de l'Oubli sur lequel Hadès l'a fait asseoir. Seul Thésée est autorisé à remonter sur terre. Rentré à Athènes, Thésée trouve la situation bien changée : n'ayant plus de pouvoir, il est contraint à l'exil. On le voit alors se rendant chez Lycomède, son parent, à Scyros. Celui-ci le reçoit aimablement, mais, l'emmenant pour lui montrer une montagne, il le précipite dans un ravin et le tue.

Amazones, les guerrières

Peuplade mythique

Les Amazones sont *antianeirai* (Iliade, VI, 186) à la fois égales aux mâles et ennemies des mâles. L'esprit des Grecs a toujours été hanté par le peuple des Amazones, venues de pays lointains et sauvages.

On a donné au nom « Amazone » une étymologie savante : il pourrait venir de *ά* privatif, et de *μάόϊὸ*, « mamelle » : à savoir, femmes qui sont privées d'un sein. Hippocrate précise même que, si elles se faisaient cette opération, c'était « pour que toute la force et le développement se portent sur l'épaule et le bras » et ainsi les rendent plus aptes au combat (Hippocrate, *Des airs, des eaux et des lieux*, XVII).

La cité des Amazones est une cité où les femmes exercent toutes les magistratures, gèrent la vie publique, dirigent et composent à elles seules l'armée, tandis que les hommes tiennent la maison, élèvent les enfants et filent la laine.

Elles sont *kreobóroi*, « dévoreuses de chair » (Eschyle, *Suppliantes*, 287), et *androktones*, « tueuses de mâles » (Hérodote, IV, 110). Elles habitent aux confins des terres peuplées. Elles ne tolèrent aucun homme ou seulement pour les travaux serviles. Elle s'unissent une fois l'an avec les hommes des peuplades voisines, les plus beaux de préférence. Ces unions se font au hasard dans l'ombre des forêts pour que les partenaires ne puissent se reconnaître (Strabon, XI, 5, 34). En fait, elles volent aux hommes leur semence. Plus tard, quand les enfants naissent, elles tuent les mâles, ou bien les aveuglent ou encore les rendent boiteux pour qu'ils ne soient plus qu'une réserve de semence masculine (Diodore de Sicile, II, 45). Quant aux filles, elles leur enlèvent un sein pour qu'elles ne soient pas gênées dans l'exercice du tir à l'arc et le maniement de la lance.

Des guerrières

On dit qu'elles descendent du dieu de la Guerre, Arès, et de la nymphe Harmonie. Elles vouent un culte à Artémis. Ce sont des guerrières redoutables. Les combattre est un exploit pour un jeune guerrier.

Avec Myrina à leur tête, elles écrasèrent les Atlantes, occupèrent le pays des Gorgones et la plus grande partie de la Libye, passèrent en Égypte, où régnait Horus, le fils d'Isis, et traversèrent la Phrygie (Diodore de Sicile,

Amazone
Franz von Stuck (1863 - 1928), 1897
Bronze

III, 54 sq.). Avec Penthésilée, elles volèrent au secours de Priam durant la guerre de Troie. Achille blessa Penthésilée au sein droit, mais, la découvrant si belle, il en tomba amoureux (Iliade, III, 189).
Elles combattirent Héraclès et surtout envahirent l'Attique à la suite du rapt par Thésée de l'une d'entre elles, Antiopè. Elles établirent même leur campement sur l'Aréopage, la colline d'Arès. La bataille décisive eut lieu au pied de l'Acropole. Les Amazones furent près de l'emporter, mais elles durent finalement signer la paix (Plutarque, *Vie de Thésée*, 26-28).

Le matriarcat

Peu importe qu'ait vraiment existé ce peuple de femmes et qu'il ait accompli les hauts faits rapportés. Il représente en tout état de cause à la fois le sentiment de culpabilité d'une société trop masculine, la peur d'une séparation irrémédiable des sexes et / ou d'une soumission des hommes aux femmes. Il est une remise en question de l'ordre mâle.

Achille tue la reine des Amazones
Vers 530 av. J.-C.
Amphore antique

Guerrier combattant deux Amazones
Art étrusque
Sarcophage des Amazones

Minos, roi de Crète

Le Protégé des dieux

Avec l'aide des dieux, Zeus son père et Poséidon son protecteur, Minos est l'inventeur d'une civilisation juste et sévère.

Minos est fils de Zeus, qui, pour féconder Europe, a pris la forme d'un taureau. Il est élevé par Astérion, roi de Crète. Sa femme est Pasiphaé, ses frères Sarpédon et Rhadamante. Il aura Phèdre pour fille. Minos est un homme dur, juste et sourcilleux. Se connaissant l'appui des dieux, il est sûr de lui et intraitable. Ses ambitions sont grandes et son courage exemplaire.

Minos est beau, fort et séduisant. Les femmes tombent dans ses bras partout où il va : c'est Scylla, la fille du roi de Mégare, Périboea, une Athénienne destinée à être sacrifiée, et bien d'autres. Il s'intéresse aussi aux jeunes garçons ; il serait l'inventeur de la pédérastie. Pasiphaé est furieuse de ses frasques. Elle décide de se venger et lui jette un sort : toutes ses conquêtes sont dévorées par des scorpions et des serpents qui sortent de son sperme.

Lorsque Astérion meurt, Minos évince ses frères, qu'il envoie en exil, réclame le pouvoir et assure que les dieux le lui destinent, la preuve en étant que ses prières sont toujours exaucées. Ainsi, il prie Poséidon de faire sortir de la mer un taureau pour qu'il le lui sacrifie et le phénomène se réalise aussitôt. Le trône lui est donc accordé sans discussion et le taureau reste le talisman de la royauté crétoise.

Le Minotaure

Le taureau de Poséidon est une belle bête. Il séduit Minos, qui ne veut pas le perdre : il le met dans son troupeau et sacrifie à la sauvette un autre animal plus commun et de moins grand prix. Alors, Poséidon se fâche, donne au taureau une sauvagerie inquiétante et fait de lui l'objet des désirs irrépressibles de Pasiphaé.

Celle-ci ne sait comment assouvir sa passion. Elle demande l'aide de Dédale. Il lui confectionne alors une génisse, faite de bois et de cuir, dans laquelle la femme pourra se mettre et ainsi se présenter à la bête. Le simulacre est si parfait que le taureau s'y trompe et l'accouplement se réalise. De ces amours naît un être monstrueux à tête de taureau et à corps d'homme, le Minotaure.

Minos est effrayé. Que faire de cet animal fou et violent ? Il décide de l'enfermer et fait construire par Dédale un immense palais composé d'une telle quantité de salles et de couloirs imbriqués les uns dans les autres que personne ne peut y retrouver son chemin. Le Minotaure régnera en maître dans ce labyrinthe ; il y gardera ses secrets et y exercera sa cruauté.

Tous les neuf ans, Minos donne en pâture au monstre sept jeunes filles et sept jeunes gens. Thésée réussira à mettre fin à ce carnage.

La thalassocratie

Minos a la réputation d'un roi bon, doux et juste. Il est le maître que l'on respecte et que l'on craint. Ses décisions sont irrévocables, ses lois remarquables et données en exemple dans bien des pays. Il est vrai qu'elles

Pasiphaé
Gustave Moreau (1826-1898), vers 1880 / 1890
Huile sur toile

L'épouse de Minos se prend d'une passion irrésistible pour le taureau de Poséidon.

Thésée en lutte contre le Minotaure en présence des autres captifs du monstre
Vers 550 av. J.-C.
Céramique à figures noires

sont inspirées directement par Zeus, que Minos va consulter tous les neuf ans à la caverne de l'Ida, où le roi de l'Olympe a été élevé. Sa royauté est d'origine divine, l'exercice qu'il en fait est aussi marqué par les dieux. Minos nettoie la région des pirates qui l'infestaient, il possède une armée puissante, une autorité reconnue, une suprématie incontestée. Il impose ses lois et sa paix aux îles de la mer Égée et répand la civilisation crétoise bien au-delà des frontières.

Quelques expéditions militaires marquent son règne : il part pour venger l'assassinat de son fils Androgée, il prend la ville de Mégare grâce à la trahison de la fille du roi du pays, Scylla, qu'il a séduite, et réduit Athènes à merci à la suite d'une épidémie de peste qui afflige la ville. Il impose aux Athéniens la livraison des sept jeunes filles et des sept jeunes gens qu'exige le Minotaure. Pendant ce temps, Dédale, le constructeur ingénieux, s'est enfui de Crète et s'est caché chez le roi Cocalos de Sicile. Minos part à sa recherche avec toute une armée. Il rencontre Cocalos, mais ne trouve pas Dédale. Il a alors l'idée d'une ruse : il défie chacun de faire passer un fil dans les spirales d'une coquille d'escargot. Personne n'y parvient, mais Cocalos affirme que quelqu'un a réussi : il a attaché le fil à une fourmi envoyée dans la coquille. Une solution aussi ingénieuse trahit la présence de Dédale qui, voulant échapper à Minos, suggère aux filles de Cocalos de lui préparer un bain d'eau si chaud qu'il meurt ébouillanté. On dit qu'il devint juge aux Enfers.

Minos, le roi de Crète
Gustave Doré (1832-1883), vers 1861
Gravure pour *l'Enfer* de la *Divine Comédie* de Dante

Pélops et Tantale

La fondation des Jeux Olympiques

Tué par son père et ressuscité par les dieux de l'Olympe, Pélops, patron légendaire du Péloponnèse, restera toute sa vie un protégé exceptionnel de Poséidon et un conducteur de char célèbre.

Pélops est le fils de Tantale, roi de Phrygie, et d'Euryanassa. Dès sa naissance, les aventures commencent, car, pour éprouver les dieux et connaître leur perspicacité, Tantale tue son fils, le dépèce, en fait un ragoût et l'offre aux Immortels. Tous s'aperçoivent de la forfaiture, sauf Déméter, trop préoccupée par la recherche de sa fille Perséphone : affamée, elle dévore l'épaule de l'enfant.
Les dieux, furieux d'avoir été remis en question, ressuscitent le petit Pélops et lui confectionnent une épaule d'ivoire pour replacer celle que Déméter a mangée.

Le voleur des mets des dieux

Pélops grandit et devient un beau jeune homme. Il est aimé et protégé par Poséidon, qui l'enlève au Ciel et le prend pour échanson. Mais Tantale, profitant de la nouvelle situation de son fils, lui fait voler du nectar et de l'ambroisie des dieux pour en donner à de simples mortels. Bientôt, le larcin étant découvert, Pélops est chassé de l'Olympe et forcé de revenir sur terre. Tantale est envoyé aux Enfers ; il y est placé au-dessous d'une énorme pierre en équilibre, qui menace perpétuellement de tomber sur lui (le supplice de Tantale).
Plus tard, Pélops devient amoureux d'Hippodamie, fille d'Œnomaos, qu'il veut épouser. Mais les choses ne sont pas simples. Œnomaos a été prévenu par un oracle qu'il serait tué par son gendre. Aussi fait-il son possible pour empêcher le mariage d'Hippodamie.

L'épreuve

Lorsqu'un prétendant se présente, Œnomaos le soumet à une épreuve. Il s'agit d'une course de chars ; le vainqueur sera l'heureux élu. Mais Œnomaos ne tient pas à ce qu'il y ait un vainqueur. Aussi participe-t-il lui-même à la compétition et, utilisant un attelage divin que lui a donné Arès, il remporte toujours le challenge et s'empresse de tuer le jeune présomptueux qui a eu l'audace de vouloir lui enlever sa fille.
Douze jeunes gens ont déjà perdu la vie dans cette affaire, quand Pélops arrive. Mais, pour lui, la situation est différente : Hippodamie est amoureuse de lui. Elle soudoie Myrtilos, le cocher du roi, et lui fait remplacer les chevilles de bois du char par des chevilles de cire. Quand la course s'engage, Œnomaos est sûr de lui, mais vite l'échauffement du roulement fait fondre la cire, son char se démantèle, et le roi se trouve précipité sur la piste et se tue.
Pendant ce temps, Pélops conduit son attelage, tiré par les chevaux ailés offerts par Poséidon, son protecteur, et gagne l'épreuve. Il peut épouser Hippodamie. En souvenir de sa victoire, il fonde les jeux Olympiques (Pindare, *Olympiques*, I, 40). Pélops a de nombreux enfants, parmi lesquels Atrée, Thyeste et Plysthène.

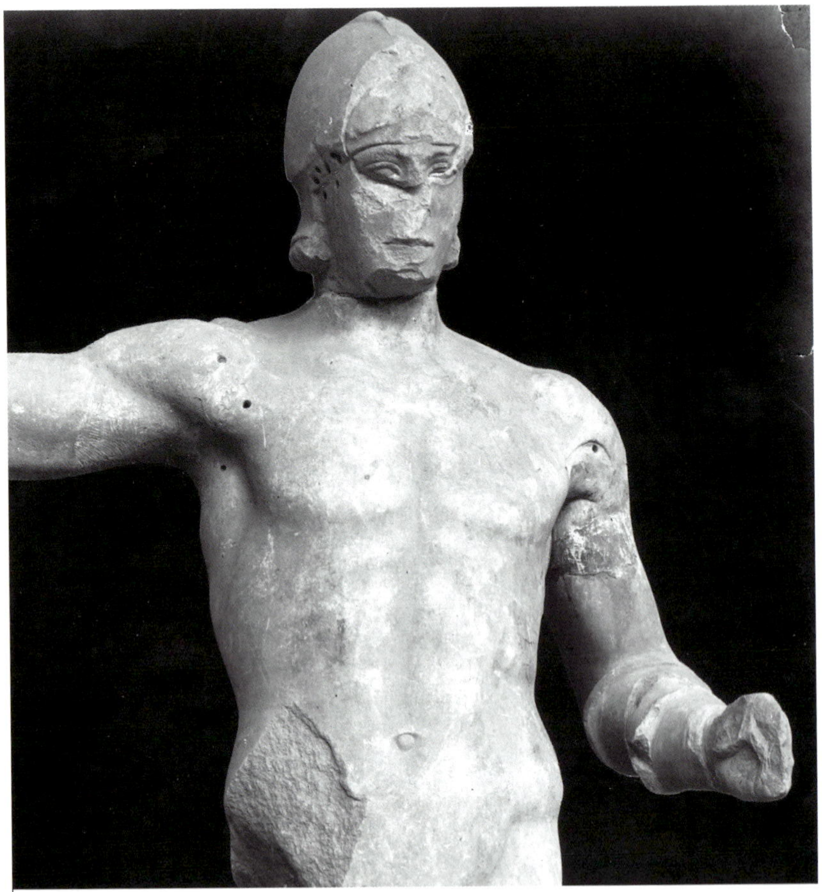

PELOPS
Ve SIÈCLE AV. J.-C.
Marbre

TANTALE
GIOVANNI BATTISTA LANGETTI (1625-1676), VERS 1655
Huile sur toile

Jason et La Toison d'or

La course au trésor

Des aventures longues et périlleuses révèlent un Jason courageux et volage à la tête des Argonautes.

Jason est fils d'Aeson, roi d'Iolcos. Celui-ci s'est vu détrôner par son demi-frère, Pélias ; il a donc demandé au Centaure Chiron d'assurer l'éducation de l'enfant. Jason est élevé durement ; il apprend l'art de la guerre, de la musique et la médecine.
Un jour, Pélias organise un grand sacrifice en l'honneur de Poséidon. Jason revient à Iolcos pour la cérémonie. Sur le chemin, il traverse un fleuve et y perd une sandale. À Iolcos, il se présente à Pélias, le roi. À sa vue, celui-ci prend peur, un oracle lui ayant prédit jadis que sa chute viendrait d'un homme qui n'aurait qu'une sandale.

La Toison d'or

Jason réclame à Pélias le pouvoir qui lui revient. Sans s'y opposer, le roi lui impose une épreuve qui montrera s'il en est digne : ramener de Colchide la Toison d'or. Cette toison est celle du bélier qui jadis a transporté Phrixos dans les airs. Consacrée à Arès par le roi de Colchide, Aiétès, elle est gardée par un dragon toujours en éveil. En lui-même, Pélias espère que Jason ne reviendra pas de cette mission impossible.
Jason fait appel à des compagnons. Les plus vaillants des Grecs, toujours prêts à l'aventure, accourent auprès de lui. Athéna aide à la construction du navire *Argo*, nécessaire à l'expédition. Arrivé en Colchide, Jason demande la Toison d'or à Aiétès. Celui-ci la lui promet s'il réussit à mettre sous le joug le taureau aux pieds de bronze et aux naseaux de feu. La chance sourit à notre héros. Médée, la fille d'Aiétès, s'est prise de passion pour lui et, utilisant des sortilèges, le rend capable d'accomplir les tâches prescrites. Le roi résiste pourtant et ne veut pas tenir ses promesses. Alors, de guerre lasse, Jason vole la Toison et part en emmenant avec lui Médée, qu'il épouse.

Jason et Médée

Médée est le salut de Jason. Afin d'éloigner la colère d'Aiétès, qui les poursuit, elle égorge son frère, le dépèce et en jette les morceaux un à un par-dessus bord. Le roi, occupé à les récupérer et à les enterrer, perd leurs traces. Arrivée à Iolcos, elle persuade les filles de Pélias de tuer leur père et de le faire bouillir dans un chaudron. Le forfait accompli, Jason monte sur le trône. Peu à peu, malgré tout ce qu'il lui doit, Jason se lasse de Médée. Il s'éprend de Créuse, la fille du roi Créon de Corinthe, et répudie Médée. Celle-ci fait semblant de se soumettre et envoie même un cadeau à la nouvelle épouse. Il s'agit d'une robe imbibée d'un poison violent qui se répand dans les veines de celle qui la porte. Créon, venu au secours de sa fille, est également atteint, tandis que le palais prend feu. Dans sa colère, Médée tue aussi les enfants qu'elle a eus de Jason et elle est enlevée dans les airs sur un char merveilleux.

ATHÉNA, JASON ET LE DRAGON
Ve SIÈCLE AV. J.-C
Coupe antique à figures rouges

Jason sort de la gueule ouverte du dragon. Derrière est suspendue la toison d'or. Athéna casquée et armée, la chouette à la main droite, regarde Jason.

Les épreuves des argonautes. Ils partent, franchissent mille obstacles et livrent mille combats. A Lemnos ils ne rencontrent que des femmes ayant tué leurs maris ; à Samothrace, ils doivent s'initier aux mystères des Cabires ; dans l'Hellespont ils combattent les Doliones ; chez les Bébryces, ils sont mis au défi de vaincre le roi Amycos et le lendemain ils subissent une tempête terrible qui jette leur bateau sur la côte de Thrace. Le dernier combat est contre les Harpies avant le célèbre passage des terribles Symplégades : il s'agit de rochers énormes, toujours en mouvement, qui tantôt s'écartent, tantôt s'entrechoquent. Il faut partir au bon moment et aller vite. Quand les Argonautes passent, la poupe du navire est touchée par les rochers, mais ils sont sains et saufs.

Persée et Méduse

L'ennemi des forces du mal

Grâce à la protection des dieux, Persée, jeune, innocent et orgueilleux réalise magiquement les plus grands exploits, dont le meurtre de la terrible Gorgone que personne ne pouvait approcher.

Acrisios, prévenu par un oracle que son petit-fils le tuerait, enferme Danaé, sa fille, dans une chambre de bronze placée sous terre. Zeus, amoureux de Danaé, se transforme en une pluie d'or pour pénétrer par une fente du toit dans cette prison et obtenir les faveurs de la jeune fille. L'or ouvre toutes les portes. Les précautions d'Acrisios sont déjouées et Danaé donne le jour à Persée, qu'elle nourrit secrètement pendant plusieurs mois.
L'enfant, en grandissant, se met à jouer bruyamment et Acrisios l'entend. Furieux d'avoir été trompé, il soupçonne la complicité de la nourrice, la tue, puis enferme Danaé et son fils dans un coffre de bois qu'il jette à la mer.

Polydectès

Le coffre échoue, par la volonté de Zeus, sur le rivage de Sériphos. Dictys, le frère du tyran de l'île, Polydectès, recueille les naufragés, donne l'hospitalité à la mère et élève le fils. Persée devient, après bien des années, un beau jeune homme, fier et courageux.
La beauté de Danaé attire les regards. Polydectès la poursuit de ses assiduités. Mais Persée se met en travers de sa route et l'empêche de parvenir à ses fins. Une haine féroce naît entre les deux hommes, haine cachée sous des apparences de civilité imposées par leur situation réciproque : l'un est roi, l'autre est fils de Danaé.

Le meurtre de Méduse

Au cours d'un festin auquel participe Persée, Polydectès demande aux convives quel serait le plus beau cadeau pour un roi. Tous conviennent qu'un cheval serait le présent le plus convenable. Persée, seul, dit que ce serait la tête de la Gorgone. Le lendemain, alors que chacun des convives amène un cheval, Persée n'a rien à donner : Polydectès réclame la tête de la Gorgone et menace de faire violence à Danaé s'il ne l'obtient pas.
Persée doit donc réaliser l'exploit. Il reçoit l'aide d'Hermès et d'Athéna et va trouver les trois Grées, qui sont les gardiennes du pays des Gorgones. Elles n'ont, à elles trois, qu'un œil et qu'une dent, qu'elles se passent l'une à l'autre. Persée réussit à plonger dans un profond sommeil celle qui est en faction, vole cet œil unique et peut poursuivre sa route.
Des nymphes lui donnent des sandales ailées, une besace et le casque d'Hadès. Ce casque a la propriété de rendre invisible celui qui le porte. Hermès équipe Persée d'une serpette très tranchante. Ainsi armé, il gagne le repaire des Gorgones, qu'il trouve endormies.
Les Gorgones sont des monstres aux mains de bronze et aux ailes d'or, dont le regard pétrifie quiconque le croise. Des trois Gorgones, deux sont immortelles. Méduse seule peut connaître la mort, et sa tête est donc celle dont Persée doit s'emparer.

Persée présentant la tête de la Méduse
Benvenuto Cellini (1500-1571), vers 1550
Bronze, Florence

Grâce à ses sandales ailées, Persée s'élève au-dessus d'elle et, tandis qu'Athéna tient un miroir sous le regard du monstre, il décapite Méduse avec la serpette d'Hermès. Du sang qui jaillit naît Pégase, le cheval ailé. Persée met la tête dans sa besace et s'enfuit. Les deux autres Gorgones ne peuvent le poursuivre, puisque le casque d'Hadès le rend invisible.

PERSÉE COUPE LA TÊTE DE MÉDUSE
VIIe SIÈCLE AV. J.-C.
Jarre, terre cuite, Thèbes

Persée et Andromède

Sur le chemin du retour, Persée voit Andromède attachée par Poséidon à un rocher et promise à l'appétit d'un monstre marin ; ainsi étaient punies les paroles imprudentes de sa mère Cassiopée, qui avait prétendu être plus belle qu'Héra. Persée tombe tout de suite éperdument amoureux de la jeune captive et promet à son père Céphée de la délivrer s'il la lui donne en mariage.
Le contrat est signé sur-le-champ et Persée, grâce à ses armes magiques, tue le monstre et demande sa récompense.
Or, Andromède a été promise à un de ses oncles, lequel fomente un complot contre Persée. Celui-ci se défend en montrant la tête de Méduse, qui a conservé ses pouvoirs, et tous les complices sont changés en statues de pierre.

Le retour au pays

Quand il arrive à Sériphos avec Andromède, il trouve sa mère Danaé et Dictys réfugiés dans un temple pour se protéger de la violence de Polydectès. Persée se rend au palais et, brandissant la tête de Méduse, pétrifie le tyran et ses courtisans. Il donne le pouvoir à Dictys et restitue sandales, besace et casque aux nymphes. Athéna, qui reçoit en remerciement la tête de Méduse, la place sur son bouclier.
Après ces aventures, Persée se rend chez son grand-père Acrisios. Mais celui-ci, craignant la réalisation de l'oracle qui prédisait son meurtre par son petit-fils, s'enfuit au pays des Pélasges. Le hasard veut que Persée y aille aussi et y participe à des jeux publics, au cours desquels il lance le disque qui, dévié par le vent, frappe un spectateur et le tue. La victime est Acrisios. Désespéré, Persée rend les honneurs funèbres à son grand-père et, ne voulant pas prendre la succession de celui-ci, échange son royaume contre celui de Tyrinthe.

PERSÉE VENANT AU SECOURS D'ANDROMÈDE
JOACHIM WTEWAEL (1556-1638), 1611
huile sur toile

Achille et la Guerre de Troie

Un tempérament passionné.

Combattant quasi invulnérable : s'il boude, c'est la défaite ; s'il combat, c'est la victoire. Achille est à lui seul le cœur de la guerre de Troie et il en déterminera l'issue.

Achille était le septième enfant du roi de Phthie, Pélée, et de la déesse Thétis. Celle-ci, pour enlever à ses enfants ce qui les rendait mortels, les enduisait d'ambroisie, le jour, et les plongeait dans le feu, la nuit. Achille seul en réchappa, à cause de son père, qui l'arracha à temps aux mains de sa mère (Apollodore, III, 13,6). Il n'eut que les lèvres brûlées ainsi que l'osselet du pied droit : le centaure Chiron le lui remplaça par celui du géant Damysos, particulièrement rapide à la course. Achille hérita ainsi de cette qualité, d'où son surnom : Achille au pied léger.
D'après d'autres sources, Thétis, pour rendre invulnérable son enfant, l'aurait trempé dans l'eau du Styx, le fleuve infernal. Seul le talon, par lequel elle le tenait, resta vulnérable — ce fameux talon qui devint ainsi son unique point faible (Fulgence, III, 7).

La guerre de Troie

Deux textes différents relatent son départ pour Troie. L'un fait état d'un oracle qui le prévient : s'il part, il aura une vie courte et glorieuse ; s'il reste, une vie longue et obscure. Le parti pris par Achille est évidemment le plus noble (*Iliade*, IX, 414). L'autre raconte que ses parents, prévenus qu'il devait mourir devant Troie, le cachèrent, déguisé, parmi les filles du roi de Scyros, Lycomède. Mais Ulysse, le rusé, le démasqua en faisant retentir la trompette : Achille, cédant alors à son instinct guerrier, s'empara des armes qui se trouvaient là… par hasard (Apollodore, III, 13, 8).
Le sujet de l'*Iliade* est tout entier contenu dans la colère d'Achille, auquel Agamemnon avait enlevé Briséis, une jeune fille reçue en butin. Notre héros ne voulait pas aller au combat tant qu'elle ne lui serait pas rendue. Et comme c'était lui, et lui seul, qui inspirait de la frayeur aux Troyens, les Grecs allaient de défaite en défaite. Des ambassades lui étaient envoyées, le suppliant de reprendre les armes. Il accepta de prêter son armure à Patrocle, son ami, faisant croire ainsi aux Troyens qu'il était au combat. La ruse dura peu et Patrocle fut tué. Alors Achille entra dans une violente colère et courut venger son ami : il tua Hector et donna la victoire aux Grecs (*Iliade*, XVII, 855 sq.).
Achille fut tué par Pâris – ou par Apollon lui-même – d'une flèche au talon, le seul endroit de son corps qui fût vulnérable (*Iliade*, XIX, 417 ; XXII, 278, 359). Thétis emporta sa dépouille dans l'île d'Achillea, sur le Danube : les marins y entendent le cliquetis des armes, le brouhaha d'un banquet (Pomponius Mela, II, 7, 208).

Achille et Briséis
Peinture de Pompéï

Briséis est la jeune captive qu'Agamemnon refuse au héros ; celui-ci, furieux, refuse alors de combattre.

Achille tue Hector. « Ainsi fait la pique acérée qu'Achille brandit dans sa droite, méditant la perte du divin Hector, et cherchant des yeux sur sa belle chair, où elle offrira le moins de résistance. Tout le reste de son corps est protégé par ses armes de bronze… un seul point se laisse voir, celui où la clavicule sépare l'épaule du cou, de la gorge. C'est là que la vie se laisse détruire au plus vite, c'est là que le divin Achille poussa sa javeline contre Hector en pleine ardeur. » (*Iliade* XXII, 319 et sq. Trad. P. Mazon)

Combat d'Achille
Ve siècle av. J.-C.
Céramique à figures rouges

Hélène, la plus belle

Cause de la guerre de Troie.

« Le blâme ne peut rétribuer Troyens et Achéens aux bonnes jambières de souffrir de si longs maux autour d'une telle femme : elle ressemble trop terriblement aux déesses immortelles » (Homère, Iliade, III).

Hélène est fille de Zeus et de Némésis. Celle-ci, fuyant les avances du roi de l'Olympe, parcourt le monde, se cache sous toutes sortes de formes et enfin se métamorphose en oie. Mais Zeus, qui ne saurait se déclarer vaincu, prend la forme d'un cygne et parvient ainsi à s'unir à elle. Cette union est consommée à Rhamnonte, en Attique. Némésis pond alors un œuf qu'un berger apporte à Léda. De l'œuf – on parle parfois de deux œufs – sortent Hélène, Clytemnestre, Castor et Pollux. Une autre tradition fait d'Hélène la fille de Léda (voir *Castor et Pollux*).

La fille aux cent prétendants

Hélène est élevée par Tyndare, son père humain. Quand elle devient jeune fille, celui-ci pense à la marier. Tous les princes de Grèce se présentent et convoitent sa main : le père est bien embarrassé. Ne vont-ils pas s'étriper pour l'amour de la belle ? Aussi écoute-t-il le conseil d'Ulysse et fait-il prêter serment à tous les prétendants : ceux-ci s'engagent à respecter le choix que fera Hélène et, en cas de besoin, à prêter secours à l'élu.
Hélène choisit Ménélas. Tous se soumettent.
Se souciant peu de cet engagement d'Hélène envers Ménélas, Aphrodite la promet à Pâris, qui lui a attribué le prix de beauté. Pâris vient donc chez Ménélas et, profitant de l'absence du maître de maison, il enlève sa femme.

L'étrangère

À Troie, elle est accueillie par Priam comme sa propre fille. Mais des ambassades grecques se succèdent, qui réclament son retour. Sans résultat ! Bientôt la guerre éclate. Tous les princes de Grèce, liés par le serment de Tyndare, sont dans le camp de Ménélas ; ils assiègent Troie pendant dix longues années.
Hélène, responsable de cette guerre, est détestée par les Troyens. Elle est l'étrangère. Compatriote des ennemis, elle les connaît bien, les désigne à Pâris et à ses soldats, mais quand Ulysse s'introduit dans la ville, elle le reconnaît et ne le dénonce pas. Cause de tout le drame, elle joue un double jeu perfide, sachant que sa beauté la tirera toujours d'affaire.
Ainsi, elle donne des gages aux Grecs, les aide lors de leur assaut et, quand Ménélas arrive, furieux et l'épée à la main, elle se contente de se montrer à demi nue et les armes lui tombent des mains.
Hélène a accumulé sur elle de terribles haines. Pourtant la beauté, malgré les ravages qu'elle provoque, trouve toujours des défenseurs. Hélène, de retour auprès de Ménélas, devient une excellente épouse. On dit aussi qu'elle vit éternellement dans l'île Blanche, en mer Noire, avec Achille, qu'elle aurait épousé, au milieu de festins et de fêtes.

LE PROFIL DE LA BELLE HÉLÈNE
ANTONIO CANOVA, VERS 1819
Marbre

La guerre de Troie a-t-elle eu lieu ? L'*Iliade*, qui raconte la guerre de Troie est, avant tout, une œuvre poétique. Elle aurait été composée au IXe ou VIIIe siècle avant Jésus Christ. Mais on pense en général que les textes n'ont vraiment été « fixés » qu'au VIe siècle avant J.-C. Ils ont très probablement subi l'épreuve de nombre de récits oraux avant de trouver leur forme définitive. Les déformations, embellissements, et / ou inventions ont sans doute au cours de cette longue période été multiples et l'on ne sait pas la vérité historique qui en est l'origine. Troie, la cité, appelée également Ilion, se trouverait sur un site rebaptisé Hissarlik, en Turquie. L'allemand Heinrich Schliemann y effectue des fouilles entre 1871 et 1890. Il y découvre les vestiges de plusieurs villes antiques. On sait désormais qu'il existe onze « Troie » qui se sont succédées sur une même colline. Mais les découvertes archéologiques ne confirment pas pour autant le récit d'Homère. Nous ne savons qu'une chose, c'est que la ville a certainement été assiégée, peut-être même « plusieurs fois de suite ».

Ulysse et le retour au pays

Le rusé

L'extrême habileté dans le savoir-faire et dans le savoir-dire permet à Ulysse de survivre à la guerre de Troie et de triompher dans une errance extraordinaire à travers le monde.

Ulysse est fils d'Anticlée et de Laërte, roi d'Ithaque. On dit que, comme Achille, il est, dans sa jeunesse, l'élève du Centaure Chiron. Pendant une chasse au cours de sa jeunesse, il est blessé au genou ; il gardera toute sa vie la cicatrice de cette blessure.

Devenu adulte, il reçoit le trône d'Ithaque et tente d'épouser Hélène. Mais le nombre des prétendants est considérable et Ulysse finit par épouser Pénélope, la cousine d'Hélène et la fille d'Icarios. Cependant, désireux de venir en aide au père d'Hélène, il inspire à Icarios l'idée d'exiger des prétendants le serment que chacun d'eux sera le défenseur de l'élu. Ce serment sera à l'origine de la guerre de Troie.

Télémaque, son fils, est encore enfant lorsque débute cette guerre. Ulysse hésite à y partir. Il va jusqu'à simuler la folie pour éviter cette épreuve. Mais la ruse ayant été découverte par Palamède, il s'engage alors avec ardeur et, à son tour, « piège » Achille, caché parmi les filles de Lycomède ; il sera l'un des plus vaillants combattants.

La guerre de Troie

Ulysse est parmi les chefs de l'armée des Achéens. Estimant que l'intelligence est la qualité première du guerrier, il s'oppose souvent à Achille, pour qui c'est le courage. L'habileté d'Ulysse servira autant la cause des Grecs que la bravoure d'Achille.

Ulysse est le diplomate : il se rend en ambassade auprès d'Achille, en conflit avec Agamemnon, conclut l'armistice avec les Troyens, fait accepter le combat singulier entre Ménélas et Pâris et convainc les Grecs de rester à Troie malgré leurs déboires. Il ne recule pas non plus devant les ruses de guerre : ainsi, il s'infiltre dans le camp troyen pour voler la statue de Pallas, il trouve l'idée du cheval de Troie, il pousse Hélène à la trahison.

Bon guerrier, Ulysse multiplie les actes de courage : au risque de sa vie, il protège la retraite de son compagnon Diomède, commande le détachement enfermé dans le cheval de bois et est le premier à en sortir. Enfin, ses victimes sont nombreuses dans le camp ennemi.

L'odyssée

Lors du retour de l'armée vers la Grèce, Ulysse est séparé de ses compagnons par une tempête. Alors commence pour lui une longue errance à travers la Méditerranée. Il aborde d'abord en Thrace, mais, repoussé, il massacre tous les habitants de la région, n'épargnant que le prêtre d'Apollon, Maron, qui le remercie en lui offrant douze jarres d'un vin excellent, vin qui lui servira plus tard.

Il atteint le pays des Lotophages, qui le reçoivent très amicalement et lui offrent les fruits de leur terre, les lotos. Ces fruits sont si bons que les compagnons d'Ulysse ne veulent plus repartir et qu'il doit les y forcer.

Calypso. « Vous me jalousez, parce qu'un mortel est près de moi. Je l'ai sauvé, quand il avait enfourché sa quille, tout seul, après que Zeus, ayant frappé de sa foudre éclatante son vaisseau rapide, l'eut brisé au milieu de la mer vineuse. Alors tous ses valeureux compagnons périrent, et lui, le vent le porta jusqu'ici, le flot l'approcha de cette île. Je l'aimais et le nourrissais ; je me promettais de le rendre immortel et de le préserver de la vieillesse pendant tous ses jours. » (*Odyssée* V, 133)

ULYSSE ATTACHÉ AU MAT DU NAVIRE
Ve SIÈCLE AV. J.-C.
Vase à figures rouges

Ulysse s'est fait attacher pour résister aux chants ensorceleurs des Sirènes qui tournent autour de lui.

Sirènes. Les chants des sirènes sont irrésistibles ; ils promettent le plaisir et plongent dans la mort. Elles dévorent leurs victimes et entassent les os en énormes tas sur les plages de leur île. Les sirènes sont filles de la muse Melpomène et du dieu Achéloos, et compagnes de Perséphone. Lorsque celle-ci fut enlevée par Hadès, elles demandèrent aux dieux de porter des ailes pour pouvoir la rechercher. C'est ainsi qu'elles sont mi-femmes, mi-oiseaux (Ovide, *Les Métamorphoses*, V, 12-562). Il y a trois sirènes : Pisinoé, Aglaopé et Thelxiopé, appelées aussi Parthénopé, Leucosia et Ligia. L'une tient la lyre, la deuxième chante et la troisième joue de la flûte. Leur chant est très harmonieux.

Elles habitent une île et enchantent à un tel point les marins de leur voix qu'ils font naufrage ; alors, elles les dévorent. Les Argonautes passèrent par là. Mais le chant d'Orphée l'emporta sur celui des sirènes. Ulysse demanda à ses matelots de se boucher les oreilles avec de la cire. Quant à lui, ne voulant pas manquer une si belle mélodie, il se fit attacher solidement au mât du navire.

Parvenu sur les terres des Cyclopes, Ulysse est prudent. Avant de pénétrer dans leur caverne, il prend soin d'emporter avec lui des jarres de vin. Lorsque Polyphème, le maître des lieux, arrive et promet de dévorer tous les intrus, Ulysse lui offre du vin en signe d'amitié et, pour ce fait, Polyphème lui dit qu'il sera mangé le dernier. Mais, quand son hôte lui demande son nom, Ulysse dit s'appeler « personne ». Le Cyclope est bientôt pris de boisson et ne sait plus bien ce qu'il fait ; alors, Ulysse en profite pour enfoncer un épieu dans son œil unique et prend la fuite. Les autres Cyclopes venus au secours de leur compère éclatent de rire en apprenant qu'il a été attaqué par « personne ».
Après cette aventure, Ulysse aborde l'île d'Éole, le maître des vents, qui lui offre en signe d'hospitalité une outre contenant tous les vents, sauf la brise favorable. Mais, pendant le sommeil d'Ulysse, ses compagnons ouvrent l'outre et les vents s'en échappent. Éole refuse de renouveler son don, arguant que les dieux ne veulent manifestement pas le retour d'Ulysse chez lui.
Le passage au pays des Lestrygons réduit la flottille à un seul bateau, le roi Antiphatès ayant dévoré le reste des équipages. Chez la magicienne Circé, les hommes sont transformés en animaux. Hermès vient alors au secours d'Ulysse : il lui donne une plante magique appelée ***moly*** ; mélangée à la boisson offerte par la magicienne, cette plante empêche le maléfice de se produire. Circé, vaincue, devient conciliante et douce.
Circé l'envoie consulter le devin Tirésias. Celui-ci lui apprend qu'il reviendra seul au pays dans un bateau étranger et qu'il aura à faire face aux prétendants, venus demander la main de Pénélope, sa femme. Il quitte Circé, se protège des sirènes tentatrices en se faisant attacher au mât du navire, affronte le passage des Roches errantes et parvient à l'île de Thrinacie, où paissent des troupeaux de bœufs appartenant au Soleil. Les marins affamés en tuent plusieurs. Mais le Soleil se plaint à Zeus, qui envoie une tempête terrible. Seul Ulysse, qui n'a pas mangé des bœufs, en réchappe.

Le retour à Ithaque

Ulysse accoste dans l'île de Calypso, qui tombe amoureuse de son hôte. Le séjour forcé chez la déesse dure dix ans. Hermès donne enfin l'ordre à Calypso de relâcher Ulysse, et c'est sur une épave qu'il atteint l'île des Phéaciens. Il est reçu amicalement par le roi Alcinoos, à qui il raconte ses aventures et qui le ramène sur une côte retirée près d'Ithaque.
Pendant vingt ans, Pénélope aura attendu Ulysse. En butte aux sollicitations de nombreux prétendants, elle les a fait patienter en disant qu'elle choisirait son nouvel époux quand elle aurait fini de tisser le linceul de Laërte, le père d'Ulysse, retiré à la campagne en attendant la mort. Mais elle gagne du temps en défaisant la nuit ce qu'elle a fait le jour. Quand elle se décide à mettre un terme à son hésitation, elle annonce qu'elle choisira celui qui saura le mieux se servir de l'arc d'Ulysse. Or celui-ci est arrivé au palais, déguisé en mendiant. Seul, son chien Argos l'a reconnu, mais, vieux et sans force, il n'a fait que remuer la queue. Risée de tous les présomptueux qui aspirent à la main de la reine, il obtient cependant de participer au concours. Il en sort évidemment vainqueur et est reconnu grâce à sa cicatrice au genou ; il ne lui reste plus qu'à massacrer la foule des prétendants.

Ulysse et ses compagnons crevant l'œil de Polyphème
VIe siècle av. J.-C.
Coupe à figures noires

Le massacre des prétendants
IVe siècle av. J.-C.
Cratère à figures rouges

Orphée, le Poète

Un héros d'origine thrace

Fils de Calliope, la plus haute en dignité des neuf Muses, Orphée détient un pouvoir extraordinaire d'enchantement et d'entraînement sur les hommes, sur les animaux, sur les choses.

Orphée est fils d'Œagre, roi de Thrace, et de Calliope, la plus importante des Muses. Joueur de lyre et de cithare, chanteur, musicien et poète, il envoûte au moyen de son art les dieux, les hommes, les animaux et même les objets inanimés comme les pierres et les montagnes. Enchantées, les bêtes sauvages le suivent. Les arbres s'inclinent sur son passage. La nature lui fait cortège.

Un pouvoir étrange

Orphée participe à l'expédition des Argonautes. Mais il n'est pas le héros intrépide, fort et vaillant que l'on pourrait attendre dans une telle aventure. Son rôle est plus discret, quoique tout aussi efficace. Trop faible pour tenir la rame, il donne la cadence aux autres et fait que leurs efforts conjugués soient plus puissants.

Son pouvoir tient de la magie. Là où les guerriers ne peuvent rien, il supplée. Devant les flots déchaînés, il chante et le calme revient. Par son art, il surpasse la mélodie des sirènes, anéantit leurs sortilèges et ramène ses compagnons dans le droit chemin. Il est leur intermédiaire auprès des dieux de Samothrace, aux mystères desquels il est initié.

Son art se révèle ainsi d'une grande utilité. Dans des circonstances extraordinaires, il agit avec des moyens extraordinaires, pouvoir étonnant du chant et de la poésie, faibles et capricieux en apparence, qui maîtrisent l'assaut des guerriers, les forces de la nature et les volontés des dieux.

Orphée et Eurydice

Orphée a épousé la nymphe Eurydice. Un jour, elle se promène sur les bords d'une rivière de Thrace et rencontre Aristée, le berger à qui les Muses ont donné leurs troupeaux à garder. Aristée trouve Eurydice très belle et en tombe immédiatement amoureux. Il la poursuit de ses assiduités à un tel point qu'elle doit fuir à travers la campagne. Dans son empressement, elle marche sur un serpent qui, en se redressant, la pique au mollet. Eurydice en meurt.

Orphée est inconsolable. Il décide d'aller chercher sa femme aux Enfers. « À son chant, du tréfonds de l'Érèbe, les fantômes des morts, les ombres transparentes montent aussi serrés qu'oiseaux parmi les feuilles » (Virgile, *Les Géorgiques*, IV, 471-473). Par le jeu de sa lyre, il charme les démons. Perséphone elle-même est touchée et prend en pitié un homme qui manifeste avec tant d'art l'amour qu'il porte à son épouse. Elle lui promet le retour d'Eurydice à la lumière, mais y met ses conditions : qu'Orphée marche devant la captive délivrée et qu'à aucun moment il ne lui parle ni ne se retourne pour la regarder.

Orphée accepte et prend le chemin du retour. Suivi d'Eurydice, il est tout joyeux de l'avoir retrouvée et de la ramener à la vie. Mais le voyage est long et bientôt des doutes

ORPHÉE JOUANT DE LA LYRE
Ier SIÈCLE AV. J.-C.
Vase grec à figures rouges

Orphée joue devant Hadès, le dieu des Enfers, pour libérer Eurydice.

germent dans son esprit. Sa bien-aimée est-elle bien derrière lui ? Il se souvient aussi des conditions imposées par la reine des Enfers et fait effort pour ne pas se retourner. Mais son incrédulité grandit peu à peu.
Tout à coup, n'y tenant plus, il tourne la tête et il voit Eurydice disparaître et mourir à nouveau. Alors, il revient sur ses pas, se précipite, veut pénétrer une nouvelle fois dans les Enfers. Charon se met en travers de la route et est intraitable. La délivrance ne se renouvellera pas.
Orphée n'a pas su garder la distance, il s'est laissé aller à son attirance pour Eurydice sans égard pour le reste du monde et c'est ainsi qu'il a perdu l'amour auquel il tenait tant.

La mort d'Orphée

Orphée est inconsolable : il crie sa souffrance, pleure sa bien-aimée. Plus jamais il ne regardera les autres femmes. Il s'entoure de garçons. On dit qu'il inventa la pédérastie. Mais les femmes thraces lui en veulent de rester à ce point fidèle à son Eurydice ; elles y voient une insulte à leur beauté. Et, un jour, elles le poursuivent, s'emparent de lui et le mettent à mort. Elles déchirent son cadavre et en dispersent les morceaux dans le fleuve qui les emporte jusqu'à la mer.
La tête et la lyre du poète sont retrouvées, et les honneurs funèbres lui sont rendus. Sa tombe serait à Lesbos ou à Leibéthra, en Thessalie. Dans cette dernière ville, un oracle de Dionysos prédit un jour que, si les cendres d'Orphée sont exposées au jour, un porc ravagera la cité. Les habitants se moquent bien de cette prédiction, n'ayant aucune crainte des porcs.
Pourtant, pendant la sieste, un berger s'endort sur la tombe d'Orphée et, tout en rêvant, il se met à chanter les hymnes du poète. Les ouvriers qui sont dans les champs voisins accourent aussitôt en grand nombre ; ils se bousculent tant qu'ils en viennent à éventrer le sarcophage. La nuit venue, un violent orage éclate, la pluie tombe abondamment, la rivière entre en crue, inonde toute la ville et renverse les principaux monuments. La rivière en question s'appelle Sys, ce qui signifie « porc ».

L'orphisme

De son séjour aux Enfers, Orphée rapporte un grand nombre de renseignements sur les moyens de passer le cap de la mort, d'éviter d'être maudit à jamais et d'atteindre le pays des bienheureux. Une abondante littérature, hymnes, épopées, poèmes, etc., diffuse ces révélations. Un large mouvement de pensée se crée.

MORT D'ORPHÉE, ATTAQUÉ PAR LES MÉNADES
Ve SIÈCLE AV. J.-C.
Céramique à figures rouges

Orphée est assassiné par les femmes de Thrace qui lui reprochent son indifférence.

ORPHÉE ENVOÛTANT TOUS LES ANIMAUX DE LA TERRE AVEC SA LYRE
PREMIÈRE MOITIÉ DU IIIe SIÈCLE
Mosaïque, Palerme

Œdipe, le héros de Thèbes

Les liens de famille

On ne peut rien contre les décisions inexorables du destin prises dès la naissance : Œdipe doit tuer son père et épouser sa mère. Aucun stratagème ne lui permettra d'éviter ce destin.

Le destin

Œdipe est fils de Laïos, roi de Thèbes, et de Jocaste. Dès sa naissance, Œdipe est marqué par la malédiction. Un oracle annonce que l'enfant tuera son père et épousera sa mère, et qu'il sera à l'origine d'une série interminable de malheurs qui amèneront la ruine de sa famille.
Pour éviter ces catastrophes, Laïos décide d'abandonner l'enfant : il lui perce les chevilles afin de les attacher avec une courroie ; l'enflure provoquée par cette blessure lui vaut son nom d'Œdipe (« pied enflé »). Il le fait, ou exposer par des serviteurs sur le mont Cithéron près de Thèbes, ou placer dans une corbeille et lancer sur la mer. Quoi qu'il en soit, après cet abandon, Œdipe est retrouvé, recueilli par des bergers et amené au roi Polybos, qui est sans enfant.

Le meurtre du père

Élevé comme son fils par Polybos, Œdipe croit l'être effectivement. Parvenu à l'âge adulte, il s'en vient consulter l'oracle de Delphes. Il apprend alors les prédictions déjà faites à ses vrais parents lors de sa naissance. Effrayé, il décide de quitter celui qu'il croit son père et de s'exiler volontairement.
Sur la route de Thèbes, dans un défilé, il rencontre l'équipage du roi Laïos. Le cocher Polyphontès exige qu'il laisse le passage et tue l'un de ses chevaux. Œdipe ne l'entend pas ainsi, il se fâche et insulte les voyageurs. Un combat s'ensuit : Œdipe finit par les tuer tous les deux. La première partie de l'oracle se trouve accomplie.

Le complexe d'Œdipe. « J'ai trouvé en moi comme partout ailleurs, des sentiments d'amour envers ma mère et de jalousie envers mon père, sentiments qui sont je pense, communs à tous les jeunes enfants (s'il en est bien ainsi, on comprend, en dépit de toutes les objections rationnelles qui s'opposent à l'hypothèse d'une inexorable fatalité, l'effet saisissant d'Œdipe roi). Chaque auditeur fut un jour en germe, en imagination, un œdipe et s'épouvante devant la réalisation de son rêve transposé dans la réalité, il frémit suivant toute la mesure du refoulement qui sépare son état infantile de son état actuel. » (Freud, *La naissance de la psychanalyse*, PUF p198)

de g. à dr. :
Œdipe, enfant, est abandonné sur le mont Cithéron et recueilli par un berger
Œdipe consultant l'Oracle de Delphes
et offrant un sacrifice devant la statue d'Apollon
Œdipe tue son père, Laetes après avoir refusé de laisser passer son char
III-VIe siècle
Bas relief en marbre d'un sarcophage

Le Sphinx

À Thèbes, Œdipe rencontre le Sphinx, un monstre mi-lion mi-femme, qui pose des questions aux passants et dévore ceux qui ne savent pas répondre. Chaque jour, les Thébains ont peur de le rencontrer, et chacun de se creuser la tête pour chercher les mots qui peuvent satisfaire la bête et l'empêcher de nuire.

« Quel est l'être qui marche, tantôt à deux, tantôt à trois, tantôt à quatre pattes, et qui se trouve être le moins fort quand il marche à quatre pattes ? », demande d'abord le Sphinx. « L'homme, répond Œdipe, parce qu'il marche à quatre pattes quand il est bébé, à deux quand il est adulte et enfin avec une canne quand il est devenu un vieillard. » Le Sphinx pose alors la seconde question : « Quelles sont les deux sœurs dont l'une engendre l'autre et dont la seconde engendre à son tour la première ? » « Le jour et la nuit », répond Œdipe. Les réponses qui depuis longtemps étaient le prétexte à la tyrannie du monstre étaient trouvées. De dépit, le Sphinx se précipite du rocher sur lequel il était perché et se tue.

Le mariage avec la mère

La mort du monstre est pour les Thébains, non seulement un exploit personnel du héros, mais une délivrance qui mérite récompense. Reconnaissant la grandeur d'Œdipe, ils lui donnent la couronne et lui permettent d'épouser Jocaste, devenue veuve depuis le meurtre de Laïos.

Mais la vérité finira par être découverte. Œdipe porte toujours les cicatrices des blessures faites à ses pieds par Laïos, lorsqu'il était enfant, et Jocaste n'est pas sans les remarquer. Elle ne dit rien et ne pense sans doute qu'à une coïncidence. Cependant, une épidémie de peste commence à s'étendre sur la région thébaine. Bientôt toute la ville est contaminée. La catastrophe est énorme et l'on consulte l'oracle de Delphes. Celui-ci répond que la raison de ce malheur est que le meurtre de Laïos n'a pas été vengé.

La « machine infernale »

Œdipe, en bon roi, lance une malédiction contre l'auteur de ce crime, ne sachant pas que c'est lui-même le coupable.

Œdipe résolvant l'énigme du Sphinx
Dominique Ingres (1780-1867), 1808
Huile sur toile

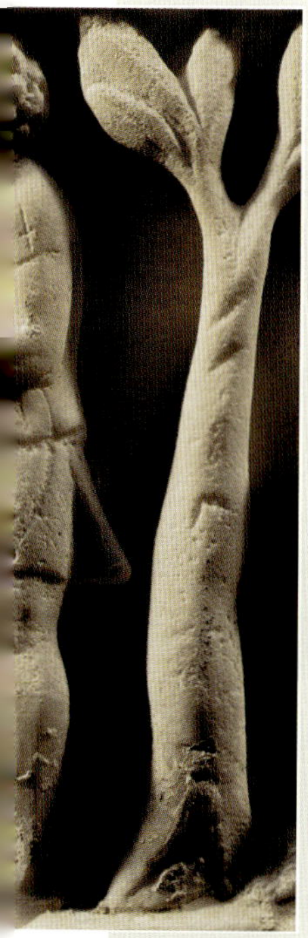

« Que le meurtrier (de Laïos) qui nous échappe ait agi seul ou qu'il ait eu des complices, je voue ce misérable à traîner, privé de tout, ses misérables jours. Enfin, s'il m'arrivait, le connaissant pour tel, de lui faire place dans mon foyer, je me voue moi-même aux malheurs que j'ai appelés sur ses forfaits » (Sophocle, *Œdipe roi*, 242-244). Tirésias, le devin, est consulté. Il n'ose pas dire la vérité et prétexte un oubli pour se taire. Œdipe le menace, la querelle éclate entre eux. Jocaste veut calmer les esprits et, pour ce faire, elle met en doute la clairvoyance de Tirésias. La preuve en est qu'il avait annoncé le meurtre de Laïos par son fils, alors qu'il a été tué par des brigands dans un défilé près de Thèbes.

À ces mots, Œdipe tend l'oreille, il ordonne de rechercher des témoins et se fait raconter les circonstances de l'assassinat. Nul doute qu'il reconnaît les faits, mais, perplexe, il ne dit mot. La faute n'est pas si grave et le coupable qu'il est ne devrait pas être reconnu.

La découverte de la vérité

Sur ces entrefaites, on vient annoncer à Œdipe la mort de Polybos et lui apporter la couronne qui lui revient de droit. La menace de l'oracle est en partie écartée : Polybos, qu'il croyait être son père, est décédé de mort naturelle. Reste la seconde partie de l'oracle, celle qui concerne le mariage avec sa mère. Pour le rassurer, les envoyés du royaume de Polybos lui disent qu'il n'est pas le fils naturel de Polybos, mais un enfant trouvé.

La vérité, alors, éclate. Le fils a tué son père et épousé sa mère. Jocaste, effarée, se suicide. Œdipe s'aveugle en se perçant les yeux. Victime de l'imprécation qu'il a formulée contre le meurtrier de Laïos, il est chassé de la ville et mène une vie errante en compagnie d'Antigone, sa fille, qui l'a pris en pitié.

Après de longs et pénibles voyages, Œdipe meurt à Colone. Les dieux, reconnaissant sans doute la bonne foi du héros, ont décidé que le lieu de sa tombe serait une terre bénie (Sophocle, *Œdipe roi* et *Œdipe à Colone*).

Le mythe

Il est de nombreuses versions de ce mythe. Toutes, d'une manière ou d'une autre, nous montrent un Œdipe qui passe de la situation de héros, maître de la cité, orgueil et salut des hommes, à celle de rebut, cause des malheurs de tous. Œdipe est à la fois innocent et coupable. Mais sa faute est d'avoir mêlé les générations : rival de son père auprès de sa mère, Œdipe est le perturbateur par excellence, celui qui conquiert sa place au soleil au prix d'une profanation essentielle, d'une destruction du monde antérieur.

ŒDIPE ET LE SPHYNX
III-VIe SIÈCLE
Bas relief en marbre d'un sarcophage

ŒDIPE ROI QUESTIONNE LE VIEUX BERGER SUR SES ORIGINES
III-VIe SIÈCLE
Bas relief en marbre d'un sarcophage

Antigone, fille d'Œdipe

La gardienne de la famille

Contre la raison d'État, Antigone défend les devoirs sacrés que l'on a envers la famille et les morts.

Antigone est le fruit de l'inceste d'Œdipe et de Jocaste, sa mère. Bouleversée par les malheurs de son père aveugle et réduit à la mendicité loin de Thèbes, elle lui porte assistance, guide ses pas, adoucit ses souffrances et l'accompagne jusqu'à sa mort à Colone, en Attique. Ensuite, elle revient dans sa patrie et reprend une vie plus normale en compagnie de sa sœur Ismène.

Une guerre fratricide

Mais bientôt la guerre éclate : Créon, frère de Jocaste, dictateur qui s'est imposé par la ruse, défend son trône contre les Argiens. Les Thébains sont partagés, et il s'en trouve dans les deux camps. Étéocle, frère d'Antigone, prend le parti de Créon. Polynice, un autre de ses frères, se range dans le parti adverse. Les combats se livrent aux portes mêmes de la ville : un corps à corps acharné et cruel qui ne laisse aucun pardon. Les deux frères se font face et, pris par la fureur de la lutte, s'entretuent. Peu à peu, Créon prend le dessus et chasse les Argiens. C'est la victoire ; il ne reste plus qu'à enterrer les morts.

Le roi décide des funérailles grandioses à l'intention de ceux qui sont morts pour sa cause : ils ont mené le bon combat et ont versé leur sang pour la victoire. Étéocle reçoit les honneurs funèbres. Mais Créon décrète aussi que sera passible de mort quiconque donnera la sépulture aux combattants du parti adverse, ceux-ci étant indignes de toute inhumation ; Polynice n'aura pas de sépulture.

L'inflexible

Antigone ne l'entend pas ainsi. Elle annonce qu'elle enfreindra l'ordre royal, contraire aux lois divines. « Je ne croyais pas que tes édits eussent tant de pouvoirs qu'ils permissent à un mortel de violer les lois divines : lois non écrites, celles-là, mais intangibles. Ce n'est pas d'aujourd'hui ni d'hier, c'est depuis l'origine qu'elles sont en vigueur, et personne ne les a vues naître. Leur désobéir, n'était-ce point, par un lâche respect pour l'autorité d'un homme, encourir la rigueur des dieux ? » (Sophocle, *Antigone*, 460-464). La patrie de Créon ne justifie pas de telles mesures. Il vaut mieux obéir aux dieux qu'aux hommes. Ismène, sa sœur, essaie de la convaincre de se soumettre au plus fort, dans son intérêt. Mais Antigone reste ferme. À Créon, elle affirme : « Je suis née pour partager l'amour et non la haine », ce qui lui attire cette réponse : « Va-t'en donc partager l'amour parmi les morts » (Sophocle, *Antigone*, 522-523). Puis elle met de la terre sur le corps de Polynice, accomplissant ainsi le rite de l'ensevelissement. Créon, furieux d'avoir été bravé par une femme, ne se laisse pas fléchir par les supplications de son fils Haemon, fiancé d'Antigone. Il la fait enfermer vivante dans le tombeau de la famille. Elle se pend dans sa prison.

L'épilogue est terrible : Haemon se tue sur le cadavre d'Antigone et Eurydice, femme de Créon, se suicide en apprenant la mort de son fils (Sophocle, *Antigone*).

Œdipe aveugle et errant est soutenu par sa fille Antigone
Édouard Mandel (1810-1882),
d'après une peinture d'Adolf Henning (1809-1900)
Gravure sur cuivre

Antigone à Créon. « Je ne croyais pas, certes, que tes édits eussent tant de pouvoir qu'ils permissent à un mortel de violer les lois divines : lois non écrites, celles-là, mais infaillibles. Ce n'est pas d'aujourd'hui ni d'hier, c'est de toujours qu'elles sont en vigueur, et personne ne les a vues naître. Leur désobéir, n'était-ce point, par un lâche respect pour l'autorité d'un homme, encourir la rigueur divine ? Je savais bien que je mourrais ; c'était inévitable - et même sans ton édit ! Si je péris avant le temps, je regarde la mort comme un bonheur. Quand on vit au milieu des maux, comment ne gagnerait-on pas à mourir ? Non, le sort qui m'attend n'a rien qui m'afflige. Si j'avais dû laisser sans sépulture un corps que ma mère a mis au monde, alors j'aurais souffert ; mais ce qui m'arrive m'est égal. Tu estimes, n'est-ce pas, que j'ai agi comme une folle ? J'en dirais autant de toi. » (Sophocle, *Antigone*)

Panthéon des Étrusques

Un monde divin donnant vie à toute chose

Le divin, comme âme sous-jacente au monde, tel est la conception des dieux dans l'esprit des Étrusques. Avec l'arrivée des Grecs et des Romains leurs dieux ont eu tendance à se personnaliser.

Les soldats étrusques savaient être protégés par des esprits supérieurs. Peu à peu ces esprits ont été personnalisés. On leur a attribué tel ou tel fait d'armes. Ils sont devenus des héros véritables. Des noms leur ont été donnés. Tous réunis se sont ensuite confondus dans le personnage de Laran, le dieu de la Guerre, équivalent de l'Arès grec et du Mars romain. Ainsi s'est construit le panthéon étrusque, du pluriel au singulier.

Il y a ainsi les *Dii Consentes*, six dieux et six déesses impitoyables, les *Dii Involuti*, êtres mystérieux qu'on verra par la suite conseiller Tinia, l'équivalent de Jupiter, les neuf Novensiles, seuls capables de lancer la foudre, etc.

Le premier des dieux est Voltumna (Vortumnus, Velthumna, Velthumena, Volturnus). Autour de son sanctuaire à Voltumnae / Orvieto se réunissent tous les représentants de l'Étrurie. On l'appelle aussi Tinia, puis Jupiter et Zeus. C'est un dieu chthonien, un dieu de la Terre : des offrandes lui sont offertes sur un autel creux afin qu'elles puissent pénétrer dans la terre où il habite. À côté de lui se trouve Uni / Junon / Héra, déesse de Veies. Elle est dite maîtresse de l'aurore et confondue parfois avec Aphrodite.

La maîtresse de l'Au-delà est Phersipnai (Perséphone) que l'on a rapproché d'Aita (Hadès). L'un et l'autre règnent sur les Enfers, lieu terrible gardé par des monstres et où se déroulent des scènes d'horreur. Aita et Phersipnai sont munis d'un maillet et ils assènent le coup de grâce aux mourants.

Beaucoup de dieux étrusques ont leur correspondant en Grèce : Turan est déesse de l'Amour comme Aphrodite, Turms, dieu du Commerce comme Hermès, Sethlans, dieu des Forges souterraines comme Héphaistos, Fufluns, dieu de la Vigne comme Dionysos, Artames, déesse de la Chasse comme Artémis, Apulu, dieu des Arts comme Apollon, Catha fils de Thesan est l'équivalent d'Eos, Vetisl est plus diable que dieu, Usil est le dieu solaire, Menarva, la déesse de la Sagesse et de la Guerre.

Le mythe d'origine de la divination est ainsi raconté par Ovide : « Un laboureur tyrrhénien... aperçut dans son champ une glèbe, se mouvoir d'elle-même sans que le soc l'agitât, se dépouiller de sa forme, prendre celle d'un homme, et commencer la vie en ouvrant la bouche pour prédire l'avenir. Les indigènes l'appelèrent Tagès. Il enseigna, le premier, aux Étrusques, l'art de connaître les choses futures. » (*Métamorphoses*, 552-559) Tages est accueilli triomphalement par les douze cités étrusques. Il écrit le livre des devins et retourne dans la terre.

Les Étrusques resteront les maîtres de la divination.

VERTUMNE, DIEU ÉTRUSQUE DES JARDINS
500 AV. J.-C.
Bronze

Il avait une statue et un temple sur l'Aventin.

LE DIEU TURMS, L'ÉQUIVALENT DE L'HERMÈS GREC
Ve SIÈCLE AV. J.-C
Bronze

TINIA, QUI DEVIENDRA JUPITER
Ve SIÈCLE AV. J.-C
bronze

Énée, héros troyen

Fondateur de Rome

Pour fonder la ville qui dominera le monde, Énée, le plus vaillant des Troyens, protégé des dieux, s'échappe de la ville en feu, connaît mille aventures et affronte mille dangers.

Aphrodite prend l'apparence d'Otrée, la fille du roi de Phrygie, pour s'unir à Anchise. Quand elle lui révèle qui elle est, et qu'elle va lui donner un fils, Énée, elle lui demande le secret : Zeus, dans sa colère, pourrait foudroyer l'enfant. Anchise, un jour d'ivresse, se vante pourtant de ses amours ; alors, le roi de l'Olympe lui envoie la foudre qui le rend boiteux *(Hymne homérique à Aphrodite).*

La protection des dieux

Sa piété lui mérite une protection toute particulière : Zeus le sauve lors de la prise de Lyrnessos par Achille ; Aphrodite combat auprès de lui contre Diomède et, blessé pendant la guerre de Troie, il est enlevé dans une nuée par Apollon. Il revient peu après sur le champ de bataille, tue un grand nombre de Grecs, et remplace Hector au commandement. Dans sa lutte contre Achille, qui pourrait lui être fatale, Poséidon s'interpose.

Lors de la chute de Troie, Énée se réfugie dans la montagne, portant son père, Anchise, sur les épaules, son fils, Ascagne, dans les bras et les pénates de la ville dans les mains. Il rassemble les rescapés sur le mont Ida et fonde une nouvelle ville.

Sa destinée l'appelle bien au-delà. Il part vers l'Occident, passe en Thrace, en Macédoine, en Crète, à Délos, rencontre Andromaque et Hélénos à Buthrote, aborde en Italie du Sud. Il contourne la Sicile et se trouve jeté par la tempête sur les côtes de Carthage. C'est là qu'il sera reçu et aimé par la reine Didon.

Les dieux lui ordonnent de continuer son chemin. Il arrive à Cumes, il y rencontre la Sibylle, qui lui annonce de nouveaux périls et le mène aux Enfers rendre visite aux ancêtres. Il y voit les morts qui ont failli à leur destinée et voit aussi le séjour des Bienheureux. Anchise, son père décédé, lui dit les secrets de l'univers (Virgile, *Énéide*, VI, 418 sq.).

L'origine de Rome

Énée longe les côtes de l'Italie et arrive à l'embouchure du Tibre. Le roi Évandre fait alliance avec lui. Il lutte alors contre Turnus, le roi rutule. Ascagne, son fils, fonde Albe-la-Longue et Romulus, l'un de ses descendants, posera la première pierre de la ville de Rome. Énée disparaît au cours d'un orage.

Énée, fils d'Aphrodite, donne à Rome une origine divine. Les Romains, « peuple le plus religieux du monde » (Cicéron, *De natura deorum*, II, 3, 8), se disaient les bénéficiaires des grâces de la déesse. De grandes familles se diront aussi de sa descendance par Ascagne, appelé Iule comme Jules César.

ENÉE PORTANT SON PÈRE ANCHISE SUR SON DOS POUR SORTIR DE TROIE EN FLAMMES
VIe SIÈCLE AVANT J.-C.
Céramique à figures noires

ENÉE RACONTE À DIDON LES MALHEURS DE LA VILLE DE TROIE
PIERRE NARCISSE GUÉRIN (1774-1833)
Huile sur toile

Janus, le dieu à deux faces

Celui qui sait

« Janus préside à tout ce qui commence, Jupiter à tout ce qui culmine. » Il est le dieu à double face. Il regarde devant, il regarde derrière, à l'intérieur et à l'extérieur, à droite et à gauche, en haut et en bas. Il connaît le pour et le contre. Il est la clairvoyance absolue.

Janus est un dieu essentiellement italique et même romain. On ne le retrouve dans aucune autre mythologie. On ne sait pas bien d'où vient son nom, peut-être de Divanus qui viendrait lui-même de Diana, dium, jour ou ciel lumineux.
Janus est le dieu des commencements. Il préside à tous les débuts d'entreprises, au départ à la guerre, à l'avènement du royaume. Le mois qui porte son nom est le premier de l'année.
Dieu du passage, il fait la transition entre la vie sauvage et la vie civilisée, entre la paix et la guerre, entre la ville et la campagne (son temple est aux portes de Rome). Janus est la porte *(janua)* qui ouvre la maison. Le passage qui donne accès à la rue, l'initiation des jeunes gens qui entrent dans la vie adulte.
Originaire de Thessalie, Janus est accueilli par Camèse, avec qui il partage un royaume dans le Latium. Il s'installe sur la colline qui va porter son nom, le Janicule. Sa femme, Camisé ou Camasené, engendre des enfants, dont Tiber, qui donnera son nom au Tibre. Après la mort de Camèse, il règne seul sur le Latium et y accueille Saturne, chassé par Jupiter.

L'âge d'or

Premier roi, Janus fait régner l'ordre. C'est un véritable âge d'or : les hommes sont bons, la richesse abonde, le pays vit en paix. Janus invente la monnaie, la culture du sol et la législation.
Après sa mort, Janus est divinisé et assure la protection de Rome. Quand Romulus et ses amis enlèvent les Sabines, les Sabins attaquent la ville. La fille du gardien du Capitole trahit ses compatriotes et laisse le passage aux ennemis. Ceux-ci entreprennent de monter sur les hauteurs. Ils vont l'emporter, quand Janus fait jaillir une source d'eau chaude qui les terrifie et leur fait rebrousser chemin.
Depuis ce jour, le temple de Janus reste ouvert en temps de guerre, afin de laisser au dieu la possibilité d'agir. Il est fermé en temps de paix.
Après la fondation de la république, une des fonctions royales est conservée, celle de *rex sacrorum* ou *rex sacrificlus*. Le prêtre investi offre régulièrement des sacrifices au dieu.
Le culte de Janus aurait été établi par Romulus ou par Numa. Il resta toujours populaire à Rome. Dans les cérémonies religieuses, il est souvent placé en tête comme père des dieux avant même Jupiter

JANUS AUX DEUX VISAGES
Ier SIÈCLE
Marbre, h : 25,8 cm

Quirinus. Dieu de la colline romaine du Quirinal, Quirinus est probablement par son origine sabine un dieu guerrier, et les Grecs l'assimileront à Arès, le belliqueux. Mais Servius, dans *Scholia in Virgilium*, en fera un Mars de la paix. C'est donc d'abord un dieu de la Cité : les citoyens sont les Quirites. Il veille au bien-être matériel de la communauté, à son alimentation et, en même temps, protège la paix : tout le contraire, donc, d'un dieu de la Guerre. Pour cette raison, sans doute, il a été assimilé à Romulus. Proculus aurait eu une apparition du fondateur de Rome qui lui aurait dit qu'il désirait être honoré sous le nom de Quirinus (Cicéron, *De legibus*, I, 1, 3 ; Virgile, *L'Énéide*, I, 292). Comme les deux autres grands dieux, Jupiter et Mars, il possède un flamine majeur et est invoqué dans les prières solennelles de la cité, et les *salii collini* sont ses prêtres. Son fils Modius Fabidius fonde une ville qu'il nomme Cures, qui signifie « lance » en sabin.

Saturne, le dieu suprême

Le maître de la culture

Dieu très ancien de l'Italie, Saturne est lié à un âge d'or, synonyme de fêtes et de ripailles. Il aurait enseigné aux hommes la culture de la terre. On le représente toujours armé d'une serpe ou d'une faucille.

De Saturne, on ne connaît pas grand-chose. Vient-il des colons grecs, des Étrusques ou des Sabins ? Il est sûr qu'il est solidement implanté à Rome dès l'époque de la république et qu'il y a son temple, près du Forum. On l'a assimilé à Cronos, le père de Jupiter (Zeus) ; il aurait détrôné son père, Ouranos, comme il aurait été détrôné par son fils. Il est accueilli à Rome par Janus, et son règne correspond à un temps de bonheur et de prospérité exceptionnelle. Il invente la taille de la vigne, apprend aux hommes la culture de la terre et leur donne leurs premières lois.

Des fêtes de libération ?

Les saturnales, ou fêtes de Saturne, sont des réjouissances paysannes. Pendant plusieurs jours se succèdent des sacrifices, des banquets, des danses, des manifestations extérieures. Les règles sociales sont bousculées : on échange cadeaux et invitations ; les écoles, les tribunaux, les bureaux sont fermés, et la foule se répand dans la rue en criant : « *Io saturnalia ! Bona saturnalia !* »
Ces fêtes sont censées abolir les distances entre les hommes. Tout est permis, même aux esclaves. Les hommes libres ne portent plus leur toge et tous, maîtres et esclaves, revêtent le pileus, symbole de l'affranchi et de la liberté. On voit même des maîtres servir leurs esclaves, lesquels ne se gênent pas pour se défouler en paroles ou en actes. Ils ont le droit de boire du vin et en abusent à cette occasion. Ces fêtes commençaient le 17 décembre et duraient plusieurs jours. César en allongea la durée. Elles marquaient le passage d'une année à l'autre. Parmi les cadeaux offerts, il y avait des chandelles de cire, les *sigillaria*, qui symbolisaient le soleil dont la lumière allait commencer à être chaque jour plus vive. Les saturnales ont donné naissance sans aucun doute aux fêtes et habitudes actuelles entourant Noël et le nouvel an.
Curieusement, la planète Saturne, à l'inverse du dieu, représente pour les astrologues le maléfice. Mais la contradiction n'est-elle pas qu'apparence ? Si Saturne symbolise les arrachements, les épreuves de la vie, les sacrifices nécessaires, c'est qu'il est chargé de libérer l'homme des contraintes, contraintes de l'animalité, de la vie instinctive et des passions, contraintes aussi de la vie sociale. Saturne est symbole de liberté.

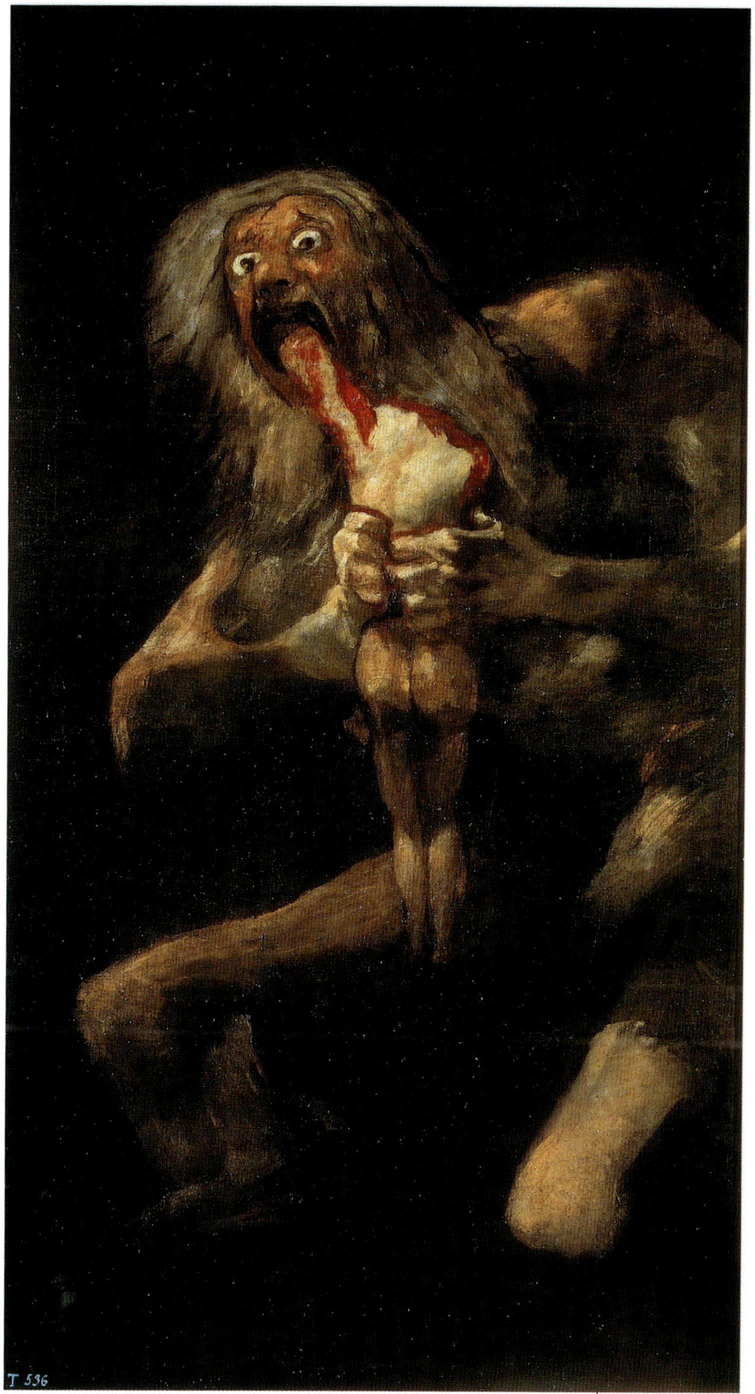

SATURNE DÉVORANT L'UN DE SES ENFANTS
FRANCISCO GOYA Y LUCIENTES (1746-1828), VERS 1820
Huile

Cronos est fils d'Ouranos (le Ciel) et de Gaia (la Terre), frère des Cyclopes ouraniens et des Hécatonchires. Gaia, étant fatiguée des nombreuses maternités que lui impose son mari, demande à ses enfants de la libérer de ces contraintes. Tous se récusent, sauf le petit dernier, Cronos. Il prend la faucille que lui a donnée sa mère, surprend son père et lui coupe les testicules, qu'il jette à la mer ; ensuite, il dépose Ouranos et monte sur le trône. Il a pour épouse sa sœur Rhéa et est le père d'Hestia, de Déméter, d'Héra, d'Hadès, de Poséidon et de Zeus. Il sera à son tour détrôné par ce dernier.

Lares, les dieux protecteurs

Les gardiens

Placés aux carrefours et dans les enclos privés, les lares assurent la protection des lieux habités. Ils tiennent entre leurs mains une corne d'abondance et tournoient légèrement sur la pointe d'un pied.

Jupiter aime la nymphe Juturne et cherche par tous les moyens à l'atteindre. Celle-ci se refuse et fuit. Le dieu réunit alors toutes les nymphes pour leur demander de l'aider. Elles acceptent, mais l'une d'entre elles, Lara, rapporte ces faits à Junon. Jupiter, furieux, lui arrache la langue et la confie à Mercure pour qu'il l'emmène aux Enfers. En cours de route, Mercure lui fait violence et elle accouche de jumeaux, les dieux lares (Ovide, *Les Fastes*, II, 583-616).
Les lares sont les divinités protectrices d'un terroir. Ils sont représentés par deux garçons accompagnés d'un chien.

Les Lares compitales

Il y a les *lares compitales,* que l'on trouve dans la campagne, aux carrefours, lieux privilégiés de la rencontre : ils sont chargés d'éloigner les ennemis. A Rome, les Lares ont leur temple sur le Champ-de-Mars. Janus, Apollon, Diane, Mercure sont réputés dieux Lares des Romains. Ils sont vénérés lors des Compitalia, au mois de janvier.

Les Lares familiares

Il y a aussi les *lares familiares*, protecteurs du domaine familial : Les Lares veillent à la santé, à la fortune, au bonheur des gens qui vivent au foyer. Il n'y a en principe qu'un seul lare par foyer. Le culte qui lui est rendu est minutieux et superstitieux. Il consiste en prières et en offrandes. Un autel lui est construit à l'intérieur de la maison : il s'agit d'un petit édicule dont le toit et le fronton sont soutenus par des colonnes et où l'on brûle de l'encens. Le Romain adresse au lare sa prière du matin et au repas lui réserve une part de chaque mets. Le maître de maison offre une couronne au lare en disant : « Que cette demeure soit pour nous une source de biens, de bénédiction, de félicité et de bonne chance » (Plaute, *Les Trois Écus*, 40-41). Jadis on enterrait les morts dans les maisons et le peuple s'imagina que leurs âmes y demeuraient aussi. On les honora donc comme des génies favorables. Quand on commença à enterrer les morts le long des grands chemins, on regarda les lares comme les protecteurs des grandes routes.

Les Mânes. Mânes est le nom donné aux esprits des morts honorés comme des divinités. Pour un Romain, si les morts vivent, on suppose qu'ils sont toujours prêts à punir les injustices. On doit donc leur rendre un culte. L'entretien des tombes est un devoir pour les survivants. Les fleurs sont la principale offrande qu'agréent les Mânes, fleurs naturelles ou fleurs sculptées sur les stèles. Les fleurs qui poussent sur les tombes passent pour des émanations des défunts. On ajoute quelques offrandes de nourritures, toujours très simples mais nutritives : du lait, du miel, du vin pur, des œufs.

LES LARES, DEUX JUMEAUX PROTECTEURS DU FOYER
IIe SIÈCLE
Bronze

Ils portaient le plus souvent une corne d'abondance et une patère.

Vesta, déesse du foyer

Le foyer

Vesta, confondue avec la déesse Hestia, sœur de Zeus, était à Rome une déesse archaïque, surtout connue par le culte qui lui était rendu. Les Vestalia étaient célébrées chaque année le 7 juin.

Vesta est représentée par une flamme ou par une femme en habit de matrone tenant dans la main un flambeau, une patère, une victoire ou encore un javelot et une corne d'abondance. Sur les médailles, on l'appelle la sainte, l'éternelle, l'heureuse, l'ancienne ou encore la mère.
Son nom grec Hestia signifie foyer de la maison. Elle n'aime pas les manœuvres d'Aphrodite. Pourtant séduisante, elle repousse les avances de Poseidon comme celles d'Apollon. Elle jure de rester toujours vierge et ne quitte jamais l'Olympe. Les Grecs invoquaient Hestia dans tous leurs sacrifices avant tous les autres dieux. Son culte consistait essentiellement à entretenir le feu qui lui était consacré et à prendre soin qu'il ne s'éteigne pas. On dit que c'est Énée qui apporta son culte à Rome.
Numa Pompilius fit construire son temple sur le Forum. À la différence des autres, il a une forme arrondie comme les huttes de la région et le globe de l'univers. On y entretient le feu sacré qui est considéré comme le gage de l'empire du monde. S'il vient à s'éteindre, on ne doit le rallumer qu'au moyen des rayons du soleil et d'une sorte de miroir ou par le frottement de deux morceaux de bois. Il n'est desservi que par les Vestales.
L'*Aedes Vestae* est le cœur de la Ville : on y conserve le palladium, objet mystérieux lié à la conservation de la Ville, le sceptre du roi Priam, un phallus et les pénates de la cité. Il est comme le foyer familial des Romains, la cité étant considérée comme la demeure de tous.
Le feu y est entretenu toute l'année et il est ranimé solennellement au cours des *Vestalia*, le 7 juin : Ce jour-là, l'âne, animal sacré de Vesta, est à l'honneur.

Les vestales.

Elles sont considérées comme les prêtresses de Vesta. Elles étaient d'abord deux, puis quatre, puis six. Elles sont choisies par le grand prêtre parmi les filles qui ont entre six et dix ans. Elles doivent être sans handicap physique ni mental et être la fille de citoyens romains nés libres et encore en vie.
Elles ont la tête ceinte de bandelettes de laine blanche, qui retombent gracieusement sur les épaules. Elles portent la toge nuptiale ; leur manteau est de pourpre, il cache une épaule et laisse l'autre demi-nue. Elles vivent dans la maison des vestales. Très honorées, elles participent aux cérémonies officielles et ont le pouvoir de gracier les condamnés qu'elles rencontrent. Elles font vœu de chasteté et de consacrer trente ans de leur vie à leur sacerdoce. Après cette période elles rentrent au sein de la société romaine et peuvent contracter un mariage. Si une vestale rompt son vœu de chasteté ou laisse s'éteindre le feu sacré, elle est brûlée vive ou enterrée vivante.

La Vestale gardienne du feu
1880
Lithographie d'après une sculpture antique

Les Pénates sont des dieux domestiques romains, particuliers à chaque maison. Ils sont protecteurs du garde-manger. Ces dieux seraient ceux qu'Énée a rapportés de Troie au cours de son périple qui l'a mené à Rome. On les appelle donc les dieux troyens.
Ces dieux étaient également associés au culte de Vesta et du Lare familial. Ils sont représentés par de petites statues figurant deux jeunes gens assis et tenant une lance. La vénération des Pénates était célébrée chaque jour à chaque repas : on s'intérompait de manger et le maître de maison disait : « Que les dieux soient propices » et une part de la nourriture était jeté dans le feu. Sous l'Empire, des dieux pénates ont été dans le temple même de Vesta sur le forum. Ils étaient devenus les dieux protecteurs de la nation toute entière.

Mythologie égyptienne

Mythologie égyptienne

NÉFERTITI, ÉPOUSE D'AKHÉNATON (AMÉNOPHIS IV) FAIT UN SACRIFICE AU DIEU DU SOLEIL ATON.
XVIIIe DYNASTIE ; VERS 1352-1336 AVANT J.-C
Bas-relief

Les rayons du soleil se terminent par une main symbolisant le don de la vie par le dieu Aton.

Peu nombreux sont les pays où un fleuve a autant d'importance que le Nil en Égypte pour les dégâts qu'il provoque comme pour les bienfaits qu'il apporte. Chaque année des crues terribles inondent la majeure partie du territoire. L'eau s'étend sur les berges, bouscule monticules et végétation, renverse les constructions faites par l'homme, dévaste le pays qui se transforme en un immense marécage, sinon en une mer redoutable. Puis la décrue arrive. Alors la terre renaît plus luxuriante et rayonnante que jamais. Le fleuve a apporté la fertilisation, la surabondance de produits, la richesse.
Ce cycle de mort et de résurrection, les Égyptiens l'ont vu aussi dans le parcours du Soleil dans le ciel. Pour eux l'astre de lumière meurt le soir à l'ouest comme un vieillard fatigué, mais renaît le matin plein de jeunesse. L'eau dans laquelle il s'enfonce le soir lui a redonné le matin vie et vigueur. L'eau est l'élément primordial.

« La première fois »

Par ces mots, les Égyptiens désignent la première étape de la création. Il s'agit de la seconde phase du cycle de crue et de décrue du Nil. La création n'est pas une pure sortie du néant. L'eau est déjà là, elle est antérieure à toute chose. C'est un immense réservoir dont les mers ne sont que des affleurements ; c'est le Noun. Le Noun est le seul trait absolument commun à toutes les cosmogonies égyptiennes.
Le Noun, que l'on appelle père des dieux, est plutôt un berceau dans lequel s'élabore la première force active, Ptah, Rê ou Atoum suivant les différents centres religieux. On appelle Atoum le dieu primordial, à Héliopolis. Son nom signifie « Celui qui est et qui n'est pas ». Autant dire que son apparition n'a rien à voir avec une naissance *ex nihilo*, à partir de rien. C'est plutôt une transformation, la réalisation d'une existence déjà virtuelle, la sortie d'une manière de somnolence, l'adoption par Atoum d'un nouveau mode d'existence plus actif. Il commence d'ailleurs par constituer son propre corps et prend conscience de lui.
Chacun des grands centres religieux possède son haut lieu de « la première fois » : Héliopolis enferme sa colline de sable et sa pierre primordiale (le bétyle *ben* ou *benben*), Hermopolis se glorifie de son « île de l'embrasement » et de son tertre haut. Esna, Ombos, Éléphantine ont aussi leur colline sacrée. Ptah est appelé Ta-tenen, « la terre qui se soulève ». Dendera est « la butte de la mère divine », Edfou, « la butte émergée d'Harakhté » (Harakhté est un autre nom du Soleil). « La belle ville de Philae, est dite sortie du Noun, elle s'est élevée du flot, a pris naissance autrefois, quand il n'y avait rien du tout et que le monde était dans les ténèbres absolues. »

La cosmogonie

« Je suis le grand dieu qui est venu à l'existence de lui-même. [...] Je suis Atoum quand je suis seul dans le Noun, mais je suis Rê quand il apparaît au moment où il commence à gouverner ce qu'il a créé » (*Livre des Morts*, XVII, II) La seconde étape est la création des autres dieux et de toute la création.
Ptah, à Memphis, est le dieu créateur, « celui qui donna l'existence au commencement, étant seul sans nul autre que lui, né de lui-même, qui façonna au commencement, sans père ni mère qui ait créé son corps, seul et unique, qui fit les dieux et créa, mais sans avoir lui-même été créé » (*Titulature de Ptah*, tiré du temple d'Edfou, ostracon du musée du Caire, IIIe-Ier siècle av. J.C.)
La création est donc avant tout une mise en place de l'univers où nous sommes.
Dans les quatre grands centres religieux d'Hermopolis, d'Héliopolis, de Memphis et de Busiris, on attribue au grand dieu local l'œuvre de la création. Thot, Rê, Ptah et Osiris sont, chacun dans son temple, proclamés également les créateurs des dieux et du monde, mais chacun à sa manière. Tantôt les dieux sont sortis de la bouche du démiurge, tantôt ils sortent à l'existence par la parole. « Que la lumière soit, dit le dieu créateur de la Bible, et la lumière fut » (*Genèse*, I, 3) Et bien d'autres procédés de création sont racontés : le crachat du créateur, sa sueur, ses larmes ou quelque autre excrétion plus grossière peuvent expliquer l'origine des différents êtres. On parle encore de la boue du Nil séchée au soleil ou de la terre façonnée sur un tour de potier.

Les dieux et les hommes

Les dieux sont les premiers créés par le démiurge qui n'est en fait que le premier d'entre eux. Ils sont conçus à l'image de l'homme en plus fort, en plus puissant, mais ils ne peuvent se défendre contre la vieillesse et même parfois ils meurent s'ils ne renouvellent pas leur fluide vital, leur *sa*, auprès d'un autre dieu mieux pourvu qu'eux-mêmes.
La mythologie égyptienne a élaboré une théorie assez complexe de la composition des êtres, dieux ou hommes. Le *sa* n'appartient qu'aux dieux, qui leur donne une sorte d'immortalité. Mais les autres éléments entrent dans la conception des uns et des autres comme l'ont fait Grecs et scolastiques en distinguant dans l'homme l'âme et le corps.

Pourtant, ces distinctions que l'on peut dire « occidentales » n'ont rien à voir avec les composants de l'être tels que les ont vus les Égyptiens. Il s'agit essentiellement de trois entités :
L'*akh* est la force divine, l'esprit de Rê, l'étincelle lumineuse, l'expression la plus totale de la lumière. À l'origine, seuls les dieux et les pharaons possédaient l'*akh*. Par la suite tous les simples mortels en furent dotés.
Le *ka*, né du souffle du créateur, représente le double de l'individu, sa conscience, sa personnalité, son tempérament. Il est une sorte de réservoir de forces vitales. Le *ka* était représenté par deux bras tendus vers le ciel traçant un carré dont le côté supérieur est ouvert. En faisant ce geste, les prêtres amenaient le *ka* des dieux sur leurs statues. Le *ka* ne disparaît pas à la mort. « Passer à son *ka* » veut dire : mourir. C'est un élément statique. Il semble que le *ka* ait une sorte d'existence indépendante durant la vie sur terre. Pourtant il se perpétue toujours dans un support terrestre, la statue, une image ou le cadavre rendu impérissable par la momification. Les offrandes sont offertes au *ka* du défunt et les prêtres des funérailles sont appelés « serviteurs du *ka* ». Le *ka* appartient aux dieux et aux hommes, mais les dieux en ont plusieurs. Rê en a quatorze.
Le *ba* est aussi un principe spirituel, énergie de déplacement. C'est une force invisible. Il peut vivre indépendamment du corps et voyager dans d'autres mondes. Grâce à lui, les défunts accomplissent leur transformation dans l'au-delà. Il est matérialisé par un faucon à tête humaine.
À l'époque du créateur « n'existaient ni le mal ni le désordre » (*Texte des pyramides*). La mort elle-même était inconnue. C'était l'« âge d'or » : « La terre était dans l'abondance, les ventres étaient comblés et les deux terres [l'Égypte] ne connaissaient pas de famine. Les murs ne croulaient pas, l'épine ne piquait pas, au temps des dieux antérieurs » (*Texte des pyramides*). Mais Rê devint vieux, les autres dieux voulurent en profiter. Les hommes eux-mêmes se révoltèrent, perdant ainsi le lien avec la divinité. Rê entra dans une violente colère. Il voulut détruire l'humanité et il l'aurait détruite s'il n'était pas revenu sur sa décision. Le « livre de la vache » raconte de grands combats mythologiques. Lassé de tous ces problèmes, Rê se retira du monde. Désormais les hommes sont séparés de dieu comme le ciel l'est de la terre.

Le culte

La structure commune des dieux et des hommes les rendait proches les uns des autres. Elle permet aussi, après le désordre établi, de renouer les relations. Le dieu est présent dans sa statue là où réside son *ka*. Seul le pharaon, qu'il appelle son fils, a le droit de paraître en sa présence. Pourtant, de temps à autre, il consent à sortir de la pénombre du naos, le centre le plus caché du temple, pour se présenter au peuple. Alors il est porté dans sa barque d'or sur les épaules des prêtres à travers la ville. Ainsi sont vénérés dans les villes importantes *les dieux suprêmes* : Amon-Rê, Ptah et Aton. Mais c'est toute la vie sociale qui est prise en charge par la divinité : *les dieux de la Vie*. Apis et Hathor, donnent chaleur et énergie au développement des activités humaines. *Les dieux de l'Ordre social*. Maât et Thot, inspirent et imposent les normes de l'équilibre et de la mesure tandis que *le dieu des Morts*. Anubis se charge de permettre le passage dans l'au-delà. Toute l'histoire, vie, mort et résurrection sera enfin résumée dans le *Cycle d'Osiris*, long récit mythique qui, de la naissance à la résurrection en passant par la mort, a fait de son héros un nouveau dieu suprême.

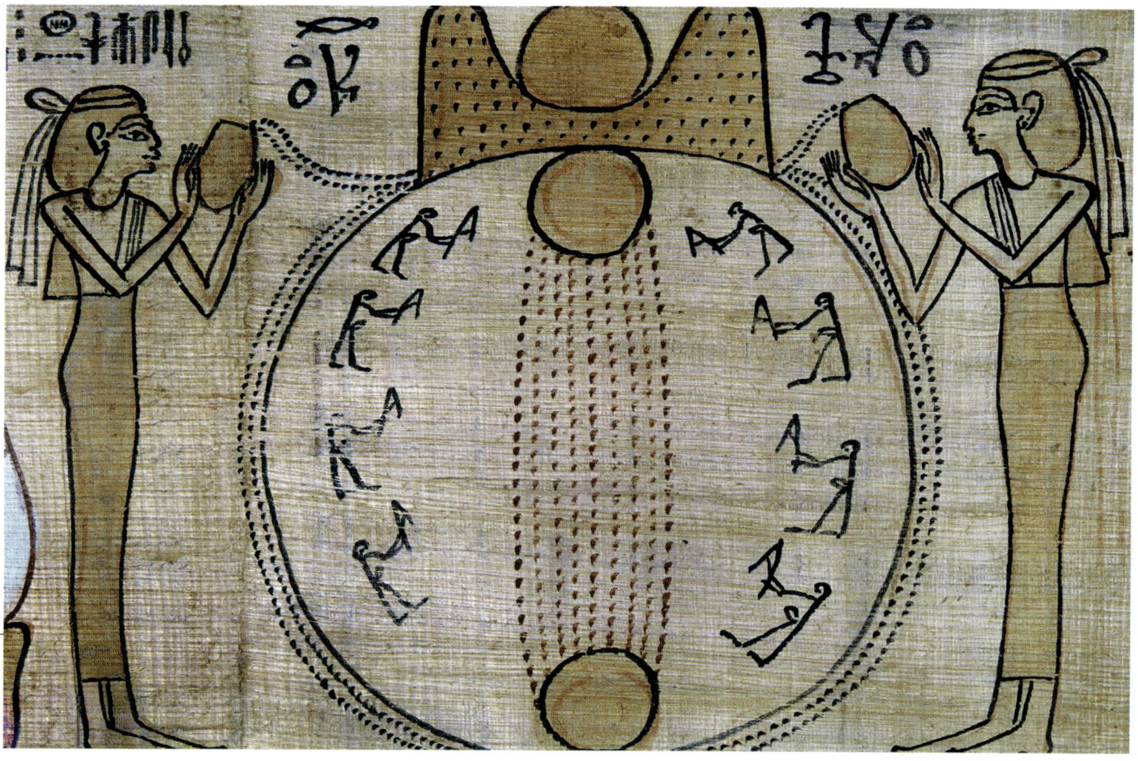

La Création du monde
XXIe dynastie ; XI-Xe siècle avant J.-C.
Papyrus du *Livre des morts*

L'Ogdoade hermopolitaine

Le mot « ogdoade » signifie « le groupe de huit ». Il s'agit donc de huit dieux ou plutôt de huit forces primitives, huit éléments, constituants du chaos, et préexistant à la création du monde : Noun et Naunet sont l'eau primitive, Heh et Hehet sont l'infinité spatiale, Kek et Keket sont les ténèbres, Amon et Amaunet sont tout ce qui est caché : néant, vide ou indétermination spatiale. Ce sont des couples mâle et femelle appartenant aux eaux primordiales. Ils sont imaginés comme des serpents et des grenouilles.
De ces éléments émerge le premier tertre, celui d'Hermopolis, et le Soleil y naît d'un lotus ou de l'œuf cosmique qu'ils ont façonné ensemble. Pour cette raison, Hermopolis s'appelle aussi *Khéménou* (Ville des Huit) et une partie de la coquille de l'œuf aurait été enterrée dans un temple de la ville
Depuis la création, ces dieux initiaux ont laissé le pouvoir à d'autres dieux plus jeunes, issus d'eux, et se reposent dans le monde souterrain, sous la butte de Djêmé (Médinet-Habou) ou bien encore sous la butte d'Esna où gisent à côté d'eux les Sept Paroles créatrices personnifiées. Dans certains cas, ils sont même morts et ensevelis. Les dieux vivants, leurs fils et successeurs, leur rendent un culte. Pourtant ils ont la charge du lever quotidien du Soleil et du cours du Nil.

Les quatre couples de forces élémentaires personnification du chaos primitif.

Noun ···> <··· **Naunet**
L'eau primitive

Heh ···> <··· **Hehet**
L'infinité spatiale

Kek ···> <··· **Keket**
Les ténèbres

Amon ···> <··· **Amaunet**
Ce qui est caché

Les dieux d'Égypte

Nom (Parèdre)	**Fonction**	**Symbole**	**Lieu de culte**
Amon-Rê (Mout)	le dieu universel	le bélier	Thèbes
Anubis	les funérailles	le chacal	Cynopolis
Apis	la fécondité	le taureau	Memphis
Aton	le dieu unique	le disque solaire	Tell el-Amarna
Geb (Nout)	la terre	anthropomorphe	Héliopolis
Hathor (Horus)	la joie et l'amour	la vache	Dendera
Horus (Hathor)	la dynastie	le faucon	le Delta
Isis (Osiris)	la magie	anthropomorphe	le Delta
Khnoum	la création	le bélier	
Khonsou	le fils d'Amon	le faucon	Thèbes
Maât	l'équilibre	la plume d'autruche	
Nephtys (Seth)	la stérilité	anthropomorphe	le Delta
Nout (Geb)	le ciel	la voûte céleste	Héliopolis
Osiris (Isis)	la végétation	anthropomorphe	le Delta
Ptah (Sekhmet)	la création	anthropomorphe	Memphis
Sekhmet (Ptah)	la puissance	la lionne	Memphis
Seth (Nephtys)	le mal	un animal composite	le Delta
Thot	le scribe	l'ibis	Hermopolis

L'énnéade héliopolitaine

Les divinités complémentaires, éléments des forces de la nature qui donnent naissance aux deux couples Isis-Osiris et Seth-Nephtys.

Atoum-Rê
Le créateur solitaire
qui deviendra Amon-Rê avec la suprématie de Thèbes

Shou
air et lumière

Tefnout
humidité

Geb
la Terre
créateur des minéraux et des plantes

Nout
le Ciel
qui met au monde les autres dieux

Osiris **Isis** **Seth** **Nephtys**

L'Ennéade tout entière est une manifestation du démiurge.

La déesse Nut dans l'arbre sacré
XVIIIe dynastie ; XIVe siècle av. J.-C.
Fresque sur un mur de la tombe de Sennedjem

Selon les théologiens d'Héliopolis, neuf dieux — d'où leur nom d'« ennéade » — sont responsables de la création du monde et de la configuration de l'Univers. Atoum-Rê, en émergeant par sa volonté propre du Noun, chaos liquide initial décide qu'il y aura de multiples créatures. Il est à l'origine de la distinction entre mâle et femelle. Alors, par crachats ou masturbation, il donne naissance au couple Shou (l'Air) et Tefnet (l'Humidité de l'atmosphère). Ces derniers ont voulu explorer le Noun et se sont perdus. Atoum-Rê part les rechercher et les retrouve. Les hommes sont nés des larmes d'émotion de Rê retrouvant ses enfants.

De l'union sexuelle de Shou et de Tefnet naissent Geb (dieu de la Terre) et Nout (déesse du Ciel) ; ils s'aiment et se tiennent tellement proches l'un de l'autre que rien ne peut circuler entre eux. Shou, se glissant entre Geb et Nout, finit par les séparer, maintenant le Ciel bien au-dessus de la Terre. Collines et montagnes correspondent aux efforts faits par Geb pour rejoindre son épouse Nout.

La déesse du Ciel est ainsi souvent représentée comme une femme nue arquée au-dessus de la Terre ou bien encore comme une vache étoilée.

Geb et Nout ont engendré Osiris, premier roi de la Terre, Isis, son épouse, Seth, son frère, qui symbolise toutes les forces hostiles et Nephthys, épouse stérile de ce dernier. Ainsi, à partir de l'acte solaire initial, il est rendu compte des éléments principaux de l'ordre cosmique et de l'ordre terrestre.

Geb, la Terre et Nout, le Ciel

Le couple générateur

Membres de la grande Ennéade d'Heliopolis, enfants de Shou et de Tefnout, parents d'Isis, d'Osiris, de Nephtys et de Seth, Geb et Nout sont à l'origine de tous les êtres.

Geb, la Terre, et Nout, le Ciel, sont frère et sœur. Ils s'aiment et se marient, mais Rê ne semble pas apprécier cet inceste mythique. Il envoie son fils Shou, l'air, les séparer. Celui-ci envoie chaque matin Nout dans les hauteurs célestes et laisse Geb à terre. Il est alors l'espace aérien qui sépare les deux amants. Mais ceux-ci se rencontrent secrètement la nuit.

Pour les Égyptiens, la nuit est la retombée quotidienne de la voûte céleste sur la terre. Geb et Nout en profitent pour concevoir la quatrième génération divine formée d'Osiris, d'Isis, de Seth, de Nephtys et d'Horus. Shou, nous raconte Plutarque, furieux d'être ainsi berné, lui interdit d'accoucher durant le calendrier officiel composé de trois cent soixante jours. Mais Thot, le dieu qui commande au temps, en jouant aux dés avec la lune, parvient à obtenir cinq jours supplémentaires. Elle met à profit ces cinq jours pour mettre au monde ses cinq enfants.

Geb

Geb se présente comme un homme étendu sous le ciel, appuyé sur un coude, un genou et un bras en l'air. Ainsi sont symbolisées les vallées et les montagnes qu'on disait être « la maison de Geb ». Son pénis est souvent en érection comme pour atteindre Nout. Sa peau est noire ou verte. Les couleurs noire et verte sont des couleurs très riches pour les égyptiens de l'Antiquité : elles représentent respectivement la terre noire fertilisée par le limon des eaux du Nil et le vert de la végétation.

La personnalité de Geb est ambiguë : il est une des personnifications de la fertilité agricole. Néanmoins il est aussi la terre qui avale les morts, une force qui emprisonne les défunts inhumés en lui. D'un autre côté, il représente la caisse du sarcophage, et Nout son couvercle ; ou encore Geb est le sol de la tombe et Nout le plafond. De cette manière, le défunt fait partie intégrante d'un microcosme où se réalise l'union des deux divinités avant d'être séparées. Geb, pour succéder sur le trône royal à son père Shou jugé trop vieux, dérobe l'uraeus, arme invincible contre les ennemis du soleil. L'uraeus, le divin cobra, lui brûle le visage d'une flamme. Confus, Geb demande de l'aide à Rê qui le calme, soigne sa plaie et lui prête une perruque. Geb monte sur le trône et est un si bon roi que les pharaons d'Égypte sont parfois nommés « héritiers de Geb » Geb est alors figuré avec la couronne du Nord ou du Sud, à laquelle on ajoute soit la couronne Atef ou une oie, animal sacré de Geb.

Nout

Elle est représentée arquée, dessinant de son corps la voute céleste reposant sur la terre par les mains, et les pieds, car le dieu de l'air, Shou, la sépare de son époux, allongé sous elle. Elle est aussi représentée debout (rare-

La Création du monde avec la séparation du Ciel (Nout) et de la Terre (Geb)
XXIe dynastie ; 1069-945 avant J.-C
Papyrus funéraire ; tombe d'un prêtre d'Amon

ment assise), nue au corps étoilé, ou vêtue d'une robe moulante elle-même étoilée. Nout est aussi figurée sous l'aspect d'un sycomore ou encore d'une vache.

Mère des étoiles, on la considère aussi comme la mère du Soleil qu'elle avale chaque soir à son coucher et qu'elle met au monde à nouveau chaque matin. Nout est l'espace dans lequel vogue Rê, le Soleil sur sa barque le jour et la nuit. Le parcours part du pubis où Rê naît et va jusqu'à la bouche qui l'engloutit pour le faire renaître chaque matin au pubis. Nout est parfois figurée debout, les bras tendus vers le haut, redonnant vie au Soleil qu'elle sort des profondeurs souterraines.

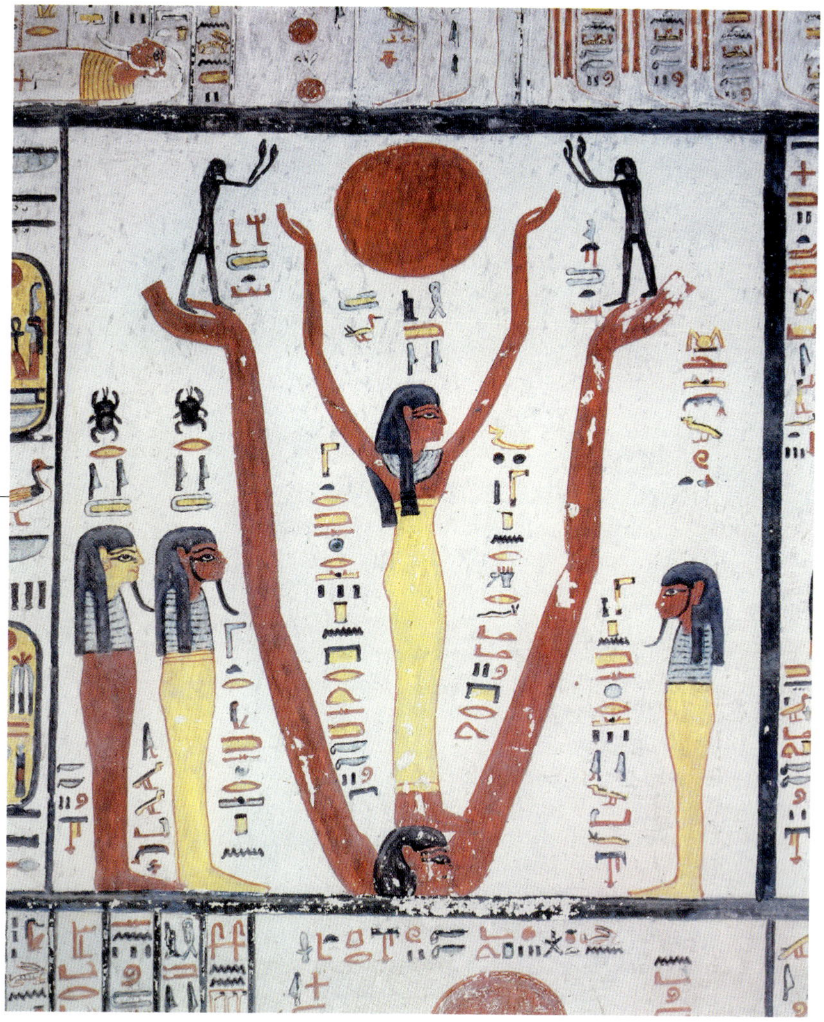

NOUT, LA PERSONNIFICATION DES EAUX PRIMITIVES, DONNANT NAISSANCE AU SOLEIL
XXe DYNASTIE ; VERS 1135 AVANT J.-C.
Fresque de la tombe de Ramsès VI. Vallée des Rois

GEB ET NOUT : LA SÉPARATION DU CIEL ET DE LA TERRE
XXIe DYNASTIE ; VERS 1069-945 AVANT J.-C
Papyrus funéraire

Amon-Rê, le dieu bélier

Le « dieu caché »

D'origine modeste, d'abord dieu de l'Air, du Vent et des bateliers, le dieu Amon devient dieu d'État dans sa ville de Thèbes et est assimilé à Rê, le dieu du Soleil d'Héliopolis.

La fortune des dieux dépend-elle de celle de leurs fidèles ou bien la fortune des fidèles dépend-elle de celle de leurs dieux ?

Le dieu de Thèbes

Amon était le dieu local de Thèbes, considéré comme le dieu de l'Air ou de la Fécondité. On lui donne la forme d'un homme vêtu d'un pagne, la tête couverte d'un mortier surmonté de deux plumes. Parfois, il a aussi la tête d'un bélier. Son épouse, Mout, la déesse du Ciel, a la forme du vautour et son fils Khonsou, celle d'un enfant coiffé d'un croissant de lune.

Son nom signifie « dieu caché », comme s'il manifestait ainsi les aspects inconnus et mystérieux de la divinité. Il est un dieu sans histoire et, précisément pour cette raison, il emprunte celle des autres. Lorsque Amenemhat Ier fonda la XIIe dynastie et que Thèbes devint capitale de l'Égypte, on en fit le dieu protecteur et conducteur de la nation ; on en fit même un dieu primordial et éternel, le « roi des dieux » *(nesou netjerou)*. On estimait en effet que le chef qui avait réussi l'exploit de réunir l'Égypte sous son autorité ne pouvait l'avoir accompli que grâce au dieu créateur et organisateur du monde.

Rê

Amon est confondu avec le dieu Rê, qui possède un nom secret, symbole de suprématie. Celui-ci incarne le Soleil, adoré depuis les époques les plus anciennes. Deux traditions existent pour expliquer son origine.

— On parle de son émergence hors du Noun : les pyramides représentent cette colline primordiale sur laquelle Rê apparaît. À Héliopolis, la pierre *Benben* était l'objet d'un culte : le dieu y aurait effectué la Création en se masturbant ou en expectorant. Les hommes seraient nés de ses larmes.

— Ailleurs, on dit qu'il est le fils de Geb (la Terre) et de Nout (le Ciel) : il naît chaque matin du ventre de sa mère et plonge le soir dans le domaine des morts *(Am-Douat)*. L'animal de Rê est le phénix qui semble immortel et renaît de ses cendres. Rê est le dieu de la résurrection des élus. Il restera toujours un des grands dieux du panthéon officiel, jamais détrôné, mais confondu avec les autres dieux en quête de promotion.

Amon-Rê

Amon devient donc Amon-Rê et les pharaons développent son culte. Son sanctuaire de Karnak s'embellit. Ses richesses deviennent fabuleuses. Il obtient la plus grande part du butin rapporté des campagnes militaires. Ses prêtres détiennent un tel pouvoir qu'ils finiront par accéder à la royauté à la fin de la XXe dynastie. Quand l'Égypte change de capitale, son étoile se ternit, les dieux provinciaux retrouvent une certaine faveur. Osiris, plus populaire, devient son rival direct.

Le dieu Amon-Rê
XIXe dynastie
Site archéologique de Medinet-Habou

Les « divines adoratrices »

Le personnel attaché au service d'Amon-Rê est très nombreux : sous Ramsès III, il compte 81 322 personnes ; la gestion de ses immenses propriétés (2 393 km²) l'exige. Mais, seul parmi tous les dieux que connaît l'Égypte, il a ses « divines adoratrices », considérées comme ses épouses terrestres. Elles remplissent une fonction cosmogonique, car, en réalisant le contentement du démiurge, elles garantissent l'harmonie de la création. Tenues au célibat, elles doivent assurer leur succession par le moyen de l'adoption. Leur recrutement est fait parmi les princesses. Entourées de prérogatives royales, elles en viennent peu à peu à supplanter le grand-prêtre d'Amon.

La belle fête

Au cours du dixième mois de l'année, le dieu Amon de Karnak traverse le Nil dans une barque pour faire le tour de la nécropole et rendre visite aux « dieux de l'Ouest ». Le dieu Amon dispose d'une barque somptueuse, l'*Ouserhat*, d'une dimension imposante, faite de bois du Liban et recouverte d'or et de pierres précieuses. La procession, à laquelle participe le pharaon, fait halte dans les temples royaux qui sont sur son parcours.

En dehors de cette cérémonie exceptionnelle, les rites quotidiens ressemblent fort aux soins donnés à la personne royale elle-même avec habillage, onction, offrandes alimentaires, libations et encensements.

Propagation du culte

Le culte du dieu bélier s'est répandu hors de l'Égypte : on le trouve à Méroé, au Soudan, et en Grèce sous le nom d'Ammon : l'oracle de Siwah, consulté par Alexandre le Grand, semble être une filiale de l'oracle de Thèbes, la capitale égyptienne.

LE DIEU AMON-RÊ
ET THOUTMOSIS IV
PHARAON DE LA XVIIIe DYNASTIE
VERS 1397-1388 AVANT J.-C.
Bas relief ; Musée du Louvre

Le Pharaon en face du dieu, traitant avec lui d'égal à égal. La divinité du roi fait partie des plus anciens dogmes de l'égypte. Pour ses sujets il est le dieu soleil régnant sur la terre. Tous les mots utilisés pour parler de lui peuvent être utilisés pour la divinité.

LE PHARAON THUTMOSE III
FAIT UNE OFFRANDE
AU DIEU AMON
VERS 1440 AVANT J.-C.
XVIIIe DYNASTIE
Mur du fond de la chapelle d'Hathor dans le temple de Thutmose III à Thèbes

Ptah, le dieu de Memphis

Le sculpteur de la terre

Par l'action combinée de son esprit, de sa volonté et de son verbe efficace, Ptah est le créateur de la Terre. Il crée donc toute chose par la Parole comme le dieu de la Bible : « Que la lumière soit et la lumière fut » (Genèse 1, 3).

Ptah est représenté sous une forme humaine, enfermé dans une gaine comme une momie, la tête couverte d'un bonnet moulant, le menton pourvu de la barbe des dieux et portant le sceptre. Dieu principal de la ville de Memphis, il a pour épouse Sekhmet et son fils est Nefertoum.
Ptah se manifeste comme dieu sans l'aide de personne. « Corps qui a modelé son corps, quand le Ciel n'était pas, quand la Terre n'était pas, quand le flot en crue ne montait pas encore. Tu as noué la terre, tu as rassemblé ta chair, tu as fait le compte de tes membres et tu t'es trouvé être l'Unique » (papyrus n° 3048 du musée de Berlin).

Le démiurge

Ptah est créateur ; il est antérieur au Soleil. Il crée par un acte de son cœur (esprit et volonté) et par la puissance de son verbe, « l'un concevant, l'autre décrétant tout ce que veut le premier » (document de théologie memphite, 22, III). Il est le « père à la fois des hommes et des femmes » (*Titulatures de Ptah démiurge*, 24 c). Chaque battement de son cœur, chaque son de l'univers est une manifestation de son pouvoir. Il est le maître des artisans, le patron de la métallurgie, de la construction et de la sculpture. Son grand prêtre, qui porte le titre de « grand chef de l'art », dirige les architectes et les maçons lors de la construction des temples.
Ptah est par la suite tenu pour un dieu guérisseur, sous la forme d'un nain difforme au crâne plat, aux jambes torses et aux mains sur les hanches. On dit alors qu'il protège la race humaine de tous les maux qui l'assaillent et de tous les animaux malfaisants.

Le dieu de Memphis

Depuis les temps les plus anciens, il est le premier des dieux à Memphis, la ville du couronnement des pharaons. Il y possède un temple célèbre, « Ptah hors les Murs ». Les rois ont pour lui une dévotion particulière qui les amènent à porter le titre de Siphtah qui signifie « Fils de Ptah ».

Le dieu Ptah
XVIIIe dynastie
Tombe du Pharaon Horemheb

Le pharaon Seti Ier devant la représentation du dieu Ptah.
XIXe dynastie ; Vers 1303-1290 avant J.-C. .
Relief peint d'Abidos. Chambre mortuaire de Seti Ier

Sekhmet, la Puissante

L'œil de Rê

Œil de Rê en fureur, Hathor prend le visage de Sekhmet, la terrifiante pour détruire tous les hommes, ennemis du Soleil. Le massacre ne s'arrête que par l'ivresse de la massacreuse.

Sekhmet (son nom signifie précisément « la Puissante ») a son lieu de séjour à Memphis. Elle est la femme du dieu Ptah et la mère de Nefertoum. Son alliance avec le dieu créateur n'en fait pas son équivalent, mais son pouvoir est reconnu et redouté. Ses effigies se sont multipliées (on en a découvert près de quatre cents), montrant l'importance du culte qui lui est consacré tant à Memphis que dans les autres régions de l'Égypte.
Dans le temple de Ptah à Karnak, une statue en diorite grise, haute de 2 mètres, la représente avec une tête de lionne et un corps de femme. Sekhmet est une déesse terrible et sanguinaire ; elle est responsable des épidémies et messagère de la mort, déesse du carnage et de la guerre. Tous les malheurs sont censés venir d'elle. Elle inspire une grande crainte.
Mais on peut diriger son courroux contre un ennemi. Aussi l'utilise-t-on contre le serpent Apophis qui s'oppose à la marche du soleil, contre ceux qui combattent Osiris et Horus, contre les maladies mêmes dans le corps des hommes. Ainsi qui sait tuer sait guérir, et un rite particulier, appelé « apaiser Sekhmet », est accompli pour attirer ses faveurs et obtenir d'elle la guérison. Ses prêtres forment une corporation de médecins et de vétérinaires. Elle devient ainsi protectrice du roi et de ses sujets.
L'assimilation de Sekhmet à la lionne est allée très loin. Tous les lieux où le lion va boire sont considérés comme des sanctuaires de Sekhmet.

Bastet

Il y a aussi une forme douce et clémente de Sekhmet, c'est la déesse chatte Bastet. Elle incarne la féminité sereine. Elle est musicienne et protectrice des naissances. Elle est souvent représentée comme une femme à tête de chatte portant ses trois emblèmes, un sistre musical, un bouclier tenu contre sa poitrine et un panier dans le creux de son coude. Bastet et Sekhmet incarnent la contradiction légendaire des filles du Soleil.

Sekhmet et l'extermination des hommes. Chargée par Rê de punir les hommes révoltés, le dieu ne peut plus l'arrêter : « Par ma vie, dit-elle, quand je meurtris les hommes, mon cœur est en liesse. » Rê dût la faire boire pour stopper le carnage. Il apaisa enfin la déesse en décrétant « qu'on lui brasserait au jour de l'an autant de cruches de philtre qu'il y avait de prêtresses du soleil. » Cela se passe le douzième jour du premier mois d'hiver. Pour ce jour le calendrier des jours fastes et néfastes note soigneusement : « Hostile, hostile, hostile est le 12 Tybi, crains ce jour, car c'est le jour où Rê donna l'ordre à Sekhmet. »

La déesse Sekhmet
Vers 1408-1372 avant J.-C.
Ronde-bosse en granodiorite, venant du temple de Mout à Karnak

Aton, le disque du Soleil

Le dieu unique

Dieu suprême par excellence, universellement accessible, Aton, surpassant tout par ses manifestations de lumière, de chaleur et de vie éclipse pendant quelque vingt ans tous les autres dieux.

À l'origine, Aton est un être humain à tête de faucon. Il porte le disque solaire avec un serpent, ce qui est le symbole de la royauté. Bien des dieux, en Égypte, sont représentés par le Soleil ou représentent le Soleil : Horus, Rê, Ptah, etc. Chacun d'eux est dans sa propre ville comme le plus grand des dieux. Aton devient ainsi un dieu comme un autre, un dieu parmi d'autres. Mais le disque solaire est divinisé par Aménophis III. Il veut par ce moyen trouver un dieu qui puisse être adoré par tous les habitants de son royaume qui s'étend alors très loin en Asie. Peut-être même veut-il proclamer que le Soleil luit pour d'autres hommes, d'autres peuples, et en fin de compte pour tous les hommes, pour tous les peuples. Ainsi le disque solaire représenté par Aton fait de l'ombre au dieu de la dynastie, Amon, le dieu de Thèbes.

Aménophis IV (1372-1354 av. J.-C.) continue l'action de son prédécesseur en l'amplifiant : il développe le culte d'Aton et l'impose à l'exclusion de tout autre. Comme Aménophis signifie « Amon est satisfait », le pharaon change son nom en Akhénaton « Gloire d'Aton » ou « Celui qui plaît à Aton. » Les autres dieux sont alors condamnés. On détruit leurs statues, on renverse leurs autels, on s'empare de leurs richesses qui sont énormes, on dissout leur clergé, on transforme leurs temples pour les conformer à la nouvelle religion. Le pharaon ne veut même pas garder la capitale, Thèbes, qui est la ville d'Amon. Aussi construit-il une ville en l'honneur de son dieu unique. On l'appelle aujourd'hui Tell el-Amarna. Il lui élève des temples, s'en fait le messager et le prophète, compose lui-même des hymnes pour l'adorer.

Ainsi Aton devient le dieu unique, il se livre sous la forme du disque solaire à l'humanité entière, il donne la vie, il est créateur de toutes choses et toutes choses dépendent de lui. Il est proche du peuple et parle son langage.

Il n'a rien à voir avec les autres dieux, qui sont nombreux, ont des clergés puissants, des rituels compliqués et mystérieux, un langage secret et des sanctuaires refermés sur eux-mêmes. Aton est simple et sans obligation.

Contrairement au culte d'Amon, la religion d'Aton n'est pas tournée vers l'au-delà. Elle ignore la mort et ne pose ni le problème du mal ni celui de la responsabilité morale. C'était une véritable révolution pour un peuple qui avait donné tant d'importance au jugement après la mort (avec les dieux et déesses Anubis, Thot, Maât) et à la vie dans l'au-delà. La nouvelle religion honore seulement le Soleil comme dispensateur de vie et de joie. Elle est toute située dans le temps présent.

Les temples d'Aton sont à ciel ouvert et permettent aux fidèles de voir et d'adorer le dieu solaire sans obstacle. Pas de statue, mais un grand disque rouge d'où partent de longs rayons se terminant pas des mains qui viennent

LE PHARAON AKHÉNATON (AMÉNOPHIS IV)
NOUVEL EMPIRE ; XVIIIe DYNASTIE ; VERS 1365-1360 AVANT J.-C.
Fragment d'un colosse Osiriaque du temple d'Aton de Karnak.
Tête de trois quart à droite ; grès rose

prendre les offrandes sur les autels. On lui offre des fruits et des gâteaux. On lui récite surtout des hymnes dans lesquels le Soleil est dit créateur et bienfaiteur de l'humanité.
Cette religion du dieu unique dure le temps de son règne. Sitôt le pharaon mort, son fils et successeur âgé de neuf ans change son nom : il s'appelait Toutankhaton, il s'appelera désormais Toutankhamon. Thèbes redevient la capitale et le clergé d'Amon retrouve son pouvoir.

Le Pharaon Akhénaton fait une offrande au dieu-soleil Aton
Vers 1350 avant J.-C.
Bas relief trouvé dans le grand temple d'Amon à Karnak

Prière à Aton. « Tu apparais, splendide, à l'horizon du ciel, ô Aton vivant, créateur de la vie. [...] Tu remplis toute contrée de ta perfection. [...] Quand tu dissipes les ténèbres en dardant tes rayons [...] les habitants se lavent, s'habillent, et leurs bras se dressent pour t'adorer ; le pays tout entier se met au travail, tout le bétail est satisfait de sa pâture ; arbres et plantes verdoient ; les oiseaux s'envolent de leur nid » (*Hymne à Aton*).

Le pharaon Séti Ier déifié, représenté comme un prêtre
Nouvel Empire ; XIXe dynastie ; vers 1290 avant J.-C.
Fresque du temple de Séti Ier à Abydos

Apis, le taureau sacré

Force et fécondité

Sans doute dieu de la Force et de la Fécondité, Apis était représenté par un taureau à qui l'on réservait les honneurs divins. L'institution de son culte est attribuée à Ménès, le premier pharaon égyptien (env. 3000 av. J.-C.).

Apis est un taureau né d'une vache fécondée par le dieu Ptah sous la forme d'un éclair descendu du ciel. La vache mère du taureau reçoit un culte durant toute sa vie, ne doit plus avoir de veau et est ensevelie dans l'Iseum de Saqqarah.

Le taureau est choisi selon des critères bien précis, vingt-neuf au total : force, allure, mais ce qui compte surtout ce sont le nombre et le dessin des taches de son corps : il doit être noir, avoir une tache blanche sur le front, un croissant blanc sur le cou et les flancs et l'image d'un scarabée sur la langue.

Il est la réincarnation du dieu. Au cours de grandes fêtes publiques, il est emmené solennellement au *sêkos* (Hérodote, II, 153), temple de l'Apis vivant : c'est une cour où il est soigné, nourri et entouré comme un souverain. Il est servi par les membres du clergé et possède son propre harem.

Apis est le symbole de la fécondité, de la puissance sexuelle et de la force physique. Diodore de Sicile rapporte que les femmes avaient l'habitude de relever leur jupe devant lui. Chacun de ses mouvements est considéré comme un message de l'au-delà. Le plus souvent on laissait mourir Apis de vieillesse. Mais s'il vivait vraiment trop vieux, il arrivait qu'on le noie dans une fontaine.

Dès la mort de l'animal, une procession s'organise pour transporter le corps à la *ouâbet*, salle spéciale réservée aux rites de l'embaumement. Les fidèles prennent le deuil et commencent un jeûne, total pendant quatre jours et moins strict pendant soixante-dix autres jours. Une veillée funèbre a lieu dès le premier soir.

La momification terminée, une nouvelle procession emmène le corps, de la ouâbet à la « tente de purification ». À cet endroit, les fidèles présentent leurs offrandes et un cortège funèbre composé de l'armée, du clergé de Ptah — Apis ne semble pas avoir eu de clergé propre —, de pleureurs et de la foule se dirige vers le serapeum, le tombeau des Apis.

Sitôt mort, Apis renaît sous une nouvelle enveloppe et le clergé se disperse dans le pays pour trouver un veau possédant les caractéristiques convenues.

Le Serapeum

Le Serapeum est un souterrain situé à 12 mètres sous terre, et dont chaque côté comporte les caveaux des Apis. Le mobilier qui s'y trouve est le même que celui des momies humaines : un sarcophage, des amulettes et des bijoux. Les sarcophages étaient à l'origine en bois, puis ils furent taillés dans le granit.

Tous ceux qui ont participé aux cérémonies funèbres reçoivent, comme récompense, le droit d'ériger une stèle

Tête du taureau Apis avec le disque solaire
IIe siècle avant J.-C.
Diorite

à l'intérieur du Serapeum. Le plus souvent petites, parfois très petites, elles sont généralement en calcaire et portent témoignage de la dévotion au dieu.

Un calcul sacré

« Cinq au carré donne un nombre égal à celui des lettres de l'alphabet égyptien et à celui des années que vit le taureau Apis », écrivait Plutarque (*Isis et Osiris*, 56). Il est curieux de remarquer que cette période de vingt-cinq ans, ou période Apis, correspond à celle au bout de laquelle les phases de la Lune revenaient le même jour.

Les autres animaux sacrés

Mnévis, taureau dans lequel s'incarne l'âme de Rê-Atoun à Héliopolis est de couleur claire. **Boukhis**, le taureau de Mentou à Hermonthis est d'une couleur qui change toutes les heures. **Onuphis** ou, « le très bon » dans lequel s'incarne l'âme d'Osiris. **Ba Neb Djedet**, le bœuf, est une autre incarnation d'Osiris. L'oiseau **Benou** était aussi adoré à Héliopolios. **Amenuit**, le crocodile qui s'apprête à dévorer l'âme de celui pour qui la balance a penché du mauvais côté. **Petesoukhos** ou **Arsinoé**, le crocodile qui, à Fayoum, est l'incarnation du dieu Sobek. **Apophis**, le dieu serpent, ennemi du soleil. Les déesses lionnes **Sekhmet**, **Ouadjet** ou **Tefnout** sont des déesses cruelles et sanguinaires. Mais parfois elles prennent la forme de la déesse **Bastet** qui a les apparences d'une chatte.

APIS
NOUVEL EMPIRE ; XXe DYNASTIE
Stèle d'Apis au Sérapeum de Memphis

Le palais d'Apis : « Quand il fut devenu maître de toute l'égypte, le pharaon Psammétique éleva à Héphaistos des propylées à Memphis, ceux qui sont tournés vers le vent du sud ; et il construisit pour Apis, en face des propylées, une cour où on le nourrit lorsqu'il s'est manifesté, tout entourée de colonnades et couverte de figures : au lieu des colonnes ce sont des colosses de douze coudées qui en supportent le toit. » Hérodote, *Histoires II*, 153).

Hathor, la déesse du Ciel

La Dame de Dendera

Femme portant sur la tête le Soleil entre deux cornes de vache, Hathor est la mère par excellence. Elle représente l'ivresse du plaisir, l'amour, la fertilité. Les Grecs l'ont identifiée à Aphrodite.

Sous le règne de Rê, Hathor habitait la Nubie. On la qualifiait de « Maîtresse du pays de Pount », sur la côte des Somalis, de « Maîtresse du pays de Mafkat », dans la péninsule du Sinaï, et de « Dame de Byblos », en Phénicie, où a été localisée de bonne heure une partie de la légende osirienne. C'était une lionne sanguinaire. On l'appelait parfois Neith, « la Terrifiante » parce qu'elle portait des flèches et un bouclier.

Rê éprouve le besoin d'avoir Hathor auprès de lui. Il envoie Shou et Thot la chercher. Ceux-ci réussissent à la persuader de venir en Égypte, pays de la joie et du vin. Une fois arrivée, elle perd sa sauvagerie et devint déesse de la grâce et du sourire. On la proclame « maîtresse de l'allégresse et souveraine de la danse, maîtresse de la musique et souveraine du chant, maîtresse des sauts et souveraine de l'enlacement des guirlandes ».

Elle est présentée sous la forme d'une vache ou bien encore avec une tête humaine ornée de cornes, d'oreilles de vache et de longues tresses encadrant le visage. Les textes disent qu'elle est la grande vache sacrée qui a créé le monde y compris le soleil. Déesse des vivants, Hathor les nourrit de son lait et nous la voyons présenter le sein au roi, qu'elle tient dans ses bras ou sur ses genoux, ou bien, sous forme de vache, se laisser téter à pleine bouche par le pharaon.

Elle préside à la toilette des femmes. Hathor connut une immense popularité comme déesse de la joie et de l'amour. Son temple est « le séjour de l'ivresse et l'endroit à la vie agréable ».

La déesse a aussi un fétiche dans lequel elle aime à s'incarner, le sistre, instrument de musique qui écarte les mauvais esprits.

Bienveillante envers les vivants, la déesse l'est encore davantage en faveur des défunts. Sous le nom de « Reine de l'Occident », elle garde la nécropole thébaine. Elle sort à mi-corps de la montagne, limite du séjour des vivants et accueille les défunts à leur arrivée dans l'autre monde. Elle les porte sur son dos et les soustrait à tous les dangers. La « Dame du sycomore » se cache parfois dans le feuillage d'un grand arbre, à la limite du désert, et présente au mort l'eau et le pain de bienvenue. Elle tient la longue échelle par laquelle les justifiés montent aux cieux.

Les fêtes

Elle a son principal sanctuaire à Dendérah, où on l'adorait en compagnie de son mari, l'Horus d'Edfou et de leur fils Ihi (Ehi), « le Joueur de sistre », de grandes

TÊTE DE LA DÉESSE HATHOR
Ier MILLÉNAIRE AVANT J.-C.
Art Cacanéen. Bronze, tête recouverte d'or

fêtes se célèbrent dans ce temple : le jour de l'« ouverture du sein des femmes », les nouvelles épousées accomplissent des rites les assurant d'une maternité prochaine et, par la suite, un groupe de sept Hathor, les assistantes de la déesse, sont présentes aux accouchements et prédisent l'avenir des nouveaux-nés. Le jour du nouvel an, jour de son anniversaire, les prêtresses, avant l'aurore, montent sur les terrasses l'image de la déesse pour l'exposer aux rayons du soleil levant ; des réjouissances suivent, prétexte à un véritable carnaval, et la journée se termine dans les chants et dans l'ivresse. Le jour de la « belle réunion », la statue d'Hathor est embarquée sur une majestueuse embarcation « la Belle d'amour ». Elle va rencontrer son conjoint à Edfou à environ 160 kilomètres. Les retrouvailles des époux se font dans une petite chapelle. Hathor est fêtée, puis les époux s'isolent pour entamer leur nuit d'amour. Les fêtes d'Edfou commencent le lendemain et durent quatorze jours.

Le Mythe de l'œil de Rê

L'œil de Rê est identifié à Hathor. Lorsque Rê se fait vieux, les humains commencent à comploter contre lui. Furieux d'apprendre cela, il envoie l'œil divin, la terrifiante puissance de feu du soleil, pour anéantir les hommes. L'œil prend la forme d'Hathor qui, sous l'apparence de la lionne Sekhmet (« la Puissante »), se jette sur les pécheurs, hommes et femmes, et les massacre. Puis Rê décide que le carnage a assez duré et pour mettre un terme à l'incessant massacre, Rê inonde le champ de bataille de milliers de cruches d'un mélange de bière et de jus de grenade. Croyant qu'il s'agissait de sang, la sanguinaire Sekhmet avale tout le breuvage ; ivre, elle ne peut continuer son combat et se transforme pour recouvrer l'apparence de la belle Hathor. En mémoire de cette anecdote, des cruches de bière et de jus de grenade étaient servies chaque année lors de la fête d'Hathor.

Représentation d'Hathor en vache
Nouvel Empire ; XIXe dynastie ; vers 1305-1290 avant J.-C.
Bas relief, tombeau de Seti Ier dans la vallée des Rois

Tête de la déesse Hathor sous la forme d'une vache
Nouvel Empire ; XVIIIe dynastie ; vers 1337 avant J.-C.
Or, tombe de Toutankhamon, Thèbes, vallée des Rois

Maât, l'équilibre

L'ordre social et cosmique

Maât est fille de Rê, le dieu Soleil et l'épouse de Thot, le juge des dieux. Les dieux l'aiment, car elle est la condition de leur existence et de leurs fonctions.

On la représente comme une femme debout ou assise sur ses talons portant sur la tête une plume d'autruche.
Elle était là dès l'origine de l'univers, veillant à l'équilibre de tout, au rapport harmonieux des êtres, à leur cohésion indispensable. Elle maintient l'ordre du ciel comme celui de la terre. Elle est responsable des saisons, du jour et de la nuit, du mouvement des astres et de la chute des pluies. Son rôle est à la fois cosmique et social.
Maât est l'ordre. Elle dispose du bon déroulement de la vie individuelle, préside aux relations sociales et authentifie les action du pouvoir. Maât est présente partout où s'accomplit ce qui est prescrit. Tous, du roi au plus simple sujet, sont chargés de la faire régner. Elle représente la philosophie de la société égyptienne.
Maât est l'offrande que les rois font au dieu, sous la forme d'une statuette portée au creux de la main. Elle est l'offrande par excellence, car elle englobe toutes les autres. Elle est la justice et la vérité, l'ordonnance des rites de la religion, l'éthique de la vie sociale. Les juges portent son effigie sur la poitrine. Le vizir, chef suprême des tribunaux, est dit « prêtre de Maât ». Elle est le poids juste avec lequel on juge le cœur du défunt.
À sa mort, l'homme passe devant 42 juges. À chacun d'eux il déclare son innocence. Cette déclaration d'innocence énumère sous forme négative toutes les actions contraires à la Maât et relevant de l'Isfet (le « Mal »). Il s'agit de dire : « je n'ai pas tué », « je n'ai pas blasphémé », « je n'ai pas transgressé de tabous. » etc. L'âme du défunt est alors placée sur l'un des deux plateaux d'une balance, l'autre étant lesté de la plume d'autruche de Maât. La balance est soulevée par Anubis et le verdict est rendu par Thot, l'époux de Maât. Si la balance penche du côté du cœur, le monstre Ammit dévore le défunt. Dans le cas contraire, il devient apte à être introduit dans le monde des dieux, est déclaré *maa-khérou* c'est-à-dire « pourvu » ce qui signifie que l'on agit encore pour lui sur terre.

Les Compagnons de Maât. Entre les temples funéraires de Thèbes et la vallée des Rois, on trouve une petite nécropole composée de tombes, de caveaux, de chapelles, de petites pyramides. Il ne s'agit pas de tombeaux de princes, mais de tombeaux d'ouvriers, ceux qui précisément aménageaient les tombes des pharaons. Ces ouvriers étaient appelés « hommes de l'équipe de la nécropole », mais ils se nommaient eux-mêmes « serviteurs dans la place de Maât » comme si, construisant leurs propres tombes à l'instar de celles des princes, ils accomplissaient l'équilibre qui était la mission de la déesse.

Le défunt est accueilli au royaume des morts par la déesse Maât
XXIe dynastie
Fresque du sarcophage de Butehamon

Thot, le scribe

Le dieu Lune

Secrétaire des dieux, Thot est celui qui détient et maîtrise la parole efficace, qui tient les écritures du monde des dieux et des hommes et, par ce moyen, en est le fondement et en établit la destinée.

Thot est le dieu à tête d'ibis. Calculateur émérite, il est la Lune dont le parcours complexe dans le ciel relève d'une science des chiffres exceptionnelle. Thot divise le temps, établit le calendrier, préside à l'écriture de l'Histoire.

Il authentifie les décisions, légalise le nom du pharaon en l'écrivant sur l'arbre de l'Histoire dans le temple d'Héliopolis, étudie les lieux destinés à la construction des temples et en assure l'exécution selon les règles, vérifie l'équilibre de la balance au jour du jugement des morts. Thot est juge.

Il est le scribe par excellence et le patron des scribes humains. L'offrande particulière qui lui est faite est un écritoire et sa ville d'Hermépolis possède la plus belle bibliothèque de l'empire. Il écrit les lois, les comptes, les histoires et le livre de vie. Il est maître de la langue et de la parole. Thot est démiurge : il connaît les hiéroglyphes, les mots qui créent les choses. On le dit « la langue de Ptah », langue de celui qui amène l'univers à l'existence, ou « le cœur de Rê », la pensée créatrice. Il suscite ce qu'il désire simplement en le désirant.

Le magicien

Thot sait les formules magiques. On lui connaît les charmes tels que celui-ci, destiné à obtenir un retour d'affection : « Qu'elle boive, mange, dorme avec un autre, j'ensorcellerai son cœur, j'ensorcellerai son haleine, j'ensorcellerai ses trois trous, mais j'ensorcellerai surtout sa vulve dans laquelle je veux pénétrer, jusqu'à ce qu'elle vienne à moi et que je sache ce qui est dans son cœur, ce qu'elle a fait et ce à quoi elle pense, maintenant, maintenant, tout de suite, tout de suite » (B.N., Paris. man. grec, IV, 147-153). Thot connaît les formules capables de guérir et apporte son assistance à Isis quand elle entreprend la résurrection de son époux, Osiris ; il guérit Horus, encore enfant, qui a été piqué par un scorpion ; il rend la vie à l'œil que Seth a arraché à Horus. On le prie pour les malades.

Hermès trismégiste

Assimilé à Hermès (la pierre de Rosette), Thot a connu un grands succès dans la littérature hermétique sous le nom d'Hermès trismégiste (le « trois fois grand »). Il y est l'inventeur des arts et des sciences, ainsi que l'initiateur de pratiques dont le but est de contraindre la divinité et de donner à l'initié une sorte de toute-puissance en l'assimilant à Dieu : « Toi, tu es moi et moi, je suis toi. » Le *Corpus hermétique* est considéré comme écrit de sa main. Il rassemble nombre de croyances fort peu homogènes, venues de toutes parts, et traite de magie, d'astrologie et d'alchimie.

THOT, LE DIEU DE LA LUNE, DU CALENDRIER ET DE LA CHRONOLOGIE, PORTANT UNE TÊTE D'IBIS

XXVIe DYNASTIE ; VERS 600 AVANT J.-C

Statue, bois, parties dorées, et bronze, venant de Louxor

Anubis, le dieu des funérailles

L'embaumeur

Dieu chacal, il est souvent représenté avec un corps d'homme et une tête de chacal ou de chien ; il est le dieu du désert et de la nécropole. Il veille sur les tombes, introduit les morts dans l'autre monde et les assiste devant le dieu juge, Osiris.

Le fils d'Osiris

Anubis est figuré sous la forme d'un canidé efflanqué, au longues oreilles dressées, à la queue touffue et plate. Il est parfois couché sur un édicule représentant le tombeau sur lequel il veille. Le noir de son pelage, couleur bénéfique des corps momifiés et aussi de la riche terre déposée par le Nil, symbolise la renaissance et, par là même, le domaine funéraire.

Pourquoi porte-t-il une tête de chien ? Des chiens à demi-sauvages erraient dans les nécropoles, venaient fouiller les déchets, creusaient les abords des tombes et, parfois, déterraient les morts. Afin de prévenir leurs ravages et les rendre favorables aux défunts, les Égyptiens les auraient divinisés en leur attribuant le rôle de gardiens des nécropoles. Ces chiens, bien que proches du loup, étaient sans doute issus du chacal, animal inconnu en Égypte, avec lequel ils ont été confondus. Tout comme Khentyimenty (ou Khentyimentyou), « Celui qui est à la tête de l'Occident », ancienne divinité d'Abydos ou comme Oupouaout, dieu d'Assiout, Anubis fait partie de ces divinités canines liées au culte funéraire, divinités qu'il assimila pour la plupart. Anubis est la divinité principale de Cynopolis (Henou) dans la Haute Égypte. Son nom égyptien est Inpou, ou : « Celui qui a la tête d'un chien sauvage ».

L'embaumeur

Anubis est l'embaumeur, « celui à qui est la bandelette ». Anubis serait né d'une relation illégitime entre Osiris et sa sœur Nephtys. Craignant la colère de Seth, la déesse cache le nourrisson dans les marais. Isis découvre l'infidélité de son époux et part à la recherche de l'enfant. Elle l'élève et en fait son gardien et son plus fidèle compagnon. Anubis aide Isis à retrouver et rassembler les morceaux du cadavre d'Osiris tué par Seth. Avec l'aide de la déesse, il invente la momification pour reconstituer le corps dépecé et procède à sa purification pour le sauver de la corruption. La déesse magicienne réussit alors à lui rendre la vie.

On dit qu'Anubis invente à cette occasion les rites funéraires et l'embaumement pour éviter que les corps soient atteints par la corruption de l'air. Anubis se charge aussi de faire parvenir aux morts les offrandes des survivants. Les souhaits gravés dans les plus anciens mastabas lui sont adressés. Il les protège, les conduit lors du long voyage dans l'au-delà et s'assure qu'ils ne sont pas dévorés par Amon, le « mangeur des morts ». Il est appelé « Seigneur du pays de l'aurore », « l'Ouvreur des chemins », « le Maître du secret ». Le dieu acquit donc de l'importance dans les fonctions liées au trépas et devint le dieu universel des funérailles après avoir assimilé les divinités funéraires Sokaris, Oupouaout, Khentamentiou, Ha et Amentit.

Le dieu Chacal. Curieusement Anubis est appelé le dieu chacal, alors que cet animal n'existe pas en Égypte. Il s'agit évidemment du chien. Mais autre anomalie, Anubis est habituellement de couleur noire, comme le bitume servant à l'embaumement des momies, et il n'existerait pas ou peu de chiens complètement noirs en Égypte. Les officiels ont alors défini la forme et l'importance des taches noires pour introniser des animaux sacrés. Le peuple est moins difficile et il honorait facilement tous les chiens comme des Anubis.

OUVERTURE DE LA BOUCHE D'UNE MOMIE, LE DIEU ANUBIS SE TENANT DERRIÈRE ELLE
NOUVEL EMPIRE ; XIXe dynastie.
Fresque de la tombe de l'intendant Roy à Thèbes

Le rite de l'« ouverture de la bouche » de la momie est censé rendre au mort l'usage de ses différents organes : parole, ouie, vue, mouvement, etc.

Anubis sous la forme d'un chien accueille le défunt
XXe dynastie ; vers 1186-1069.
Peinture murale de la tombe de Inherkhâou à Thèbes.

Il préside donc les funérailles. Un prêtre, le supérieur des mystères (*héry-séshéta*) représente le dieu. Il réchauffe le cœur du défunt de ses deux mains et lui restitue ses sens à l'aide de son herminette magique.

Le jugement des morts

Lorsque les rois paraissent devant Osiris pour être jugés, Anubis place leur cœur sur un des plateaux de la balance. Sur l'autre plateau il place une plume qui représente Maât, la justice. Si le cœur du défunt est plus léger qu'une plume, il est autorisé à poursuivre le voyage. Le dieu Thot enregistre le résultat.

Anubis était aussi connu sous le nom de Khenty-Imentiu – « chef des Occidentaux » – en référence à la croyance égyptienne voulant que le royaume des morts se trouve à l'ouest, là où le soleil se couche, et à la coutume de construire les cimetières sur les rives gauches du Nil.

À l'époque gréco-romaine, il continue à mener le défunt devant le tribunal d'Osiris et reste gardien des portes de l'au-delà. C'est la raison pour laquelle il peut être représenté tenant une clé à la main. Cette clé est fixée au collier qui entoure son cou lorsqu'il est figuré en chien.

Il est parfois assimilé par les Grecs à Hermès sous le nom d'Hermanubis.

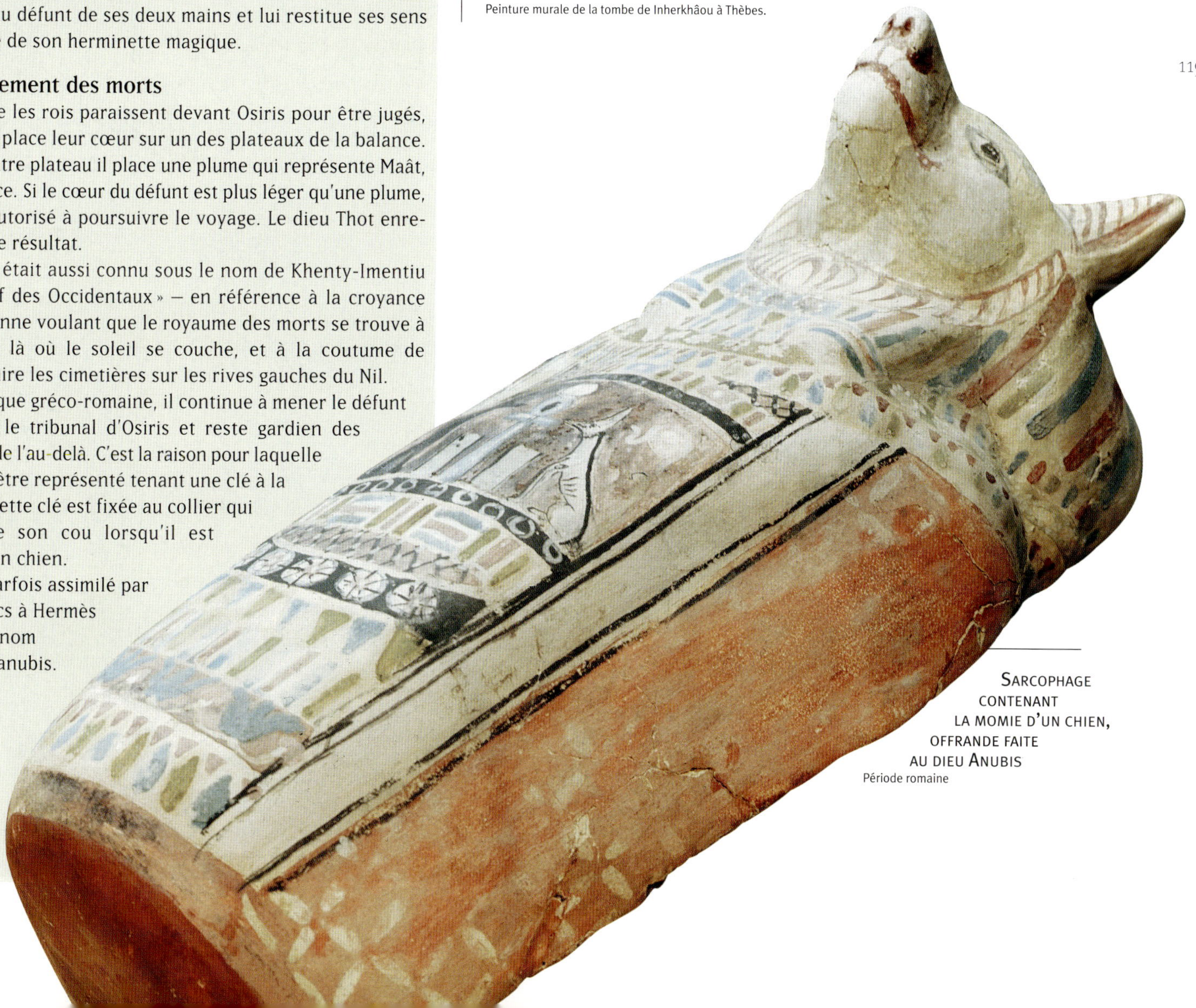

Sarcophage contenant la momie d'un chien, offrande faite au dieu Anubis
Période romaine

Osiris, le ressuscité

La végétation

Un destin marqué par la trahison et la mort, mais aussi par l'amour exceptionnel d'une femme magicienne qui le recherche à travers le monde et lui redonne vie.

Osiris est fils de Nout et de Geb, frère d'Isis, de Nephtys et de Seth. Il règne sur l'au-delà. Sa mort et sa résurrection symbolisent la succession des saisons et permettent aux hommes d'espérer une autre vie. Il est aussi le Soleil dans sa phase nocturne, quand il est tout tendu vers une nouvelle apparition, tandis que Rê l'est dans sa phase diurne, au moment où il est resplendissant de lumière.

La conjuration

Comme dieu de la Végétation, Osiris donne les fruits de la Terre. Comme dieu dominant, il enseigne le respect des dieux et l'usage des rites. Comme dieu souverain, il apporte les lois et les coutumes. Osiris voyage à travers le monde, il répand partout la civilisation. Il est appelé *Ounennéfer*, c'est-à-dire « l'être perpétuellement bon ». Ces privilèges et sa bienfaisance envers l'humanité qui le caractérisent lui attirent l'amour de tous. Seth, son frère, en prend ombrage. Il en est jaloux et réunit autour de lui soixante-douze complices pour fomenter un complot.

La mort du dieu

Les conjurés imaginent un stratagème. Ils réussissent à prendre les mesures exactes d'Osiris et fabriquent à ses dimensions un coffre de bois précieux et richement décoré, objet d'art dont l'utilité, semble-t-il, n'est que le plaisir des yeux. Puis ils organisent un grand festin. Chacun des convives admire l'objet, louant le créateur d'un tel bijou. Seth, que Plutarque appelle Typhon, préside la fête et met de l'ambiance. En manière de jeu, il promet de faire cadeau du coffre à qui le remplira très exactement avec son propre corps. Et chacun d'essayer allégrement. Mais il n'en est pas un seul dont la taille corresponde à l'objet.
Quand vient le tour d'Osiris, tout le monde feint l'étonnement : le coffre est fait pour lui, il y entre tout entier et ne laisse aucun vide. Les conjurés, comme pour mieux vérifier l'exactitude des mesures, se précipitent pour mettre le couvercle. Mais ils ne s'arrêtent pas là. Ils clouent, scellent, verrouillent définitivement ce qui est devenu un cercueil. Ils l'emportent processionnellement, le descendent sur le fleuve, l'immergent dans l'eau et celle-ci l'entraîne jusqu'à la mer.

La quête d'Isis

Isis est inconsolable de la disparition de son époux. Triste, mais décidée, elle veut le retrouver et entreprend de parcourir le monde à la recherche de son corps. Elle finit par le découvrir dans le port libanais de Byblos où il avait été pris dans un arbre. Elle le ramène, à travers mille aventures, jusqu'en Égypte et, l'entourant des meilleurs soins, le cache précieusement.
Seth, toujours aussi vindicatif, apprend les agissements d'Isis. Il s'inquiète et ne trouve de repos que lorsqu'il a

Le règne d'Osiris. C'était à l'origine un petit dieu assez obscur, dieu des Puissances de la terre et de la végétation. Mais presque partout où Osiris est passé, il s'est présenté en rival du dieu suprême de la ville. Ainsi il a remplacé Andjty à Busiris. En conflit avec Rê à Héliopolis, il réussit à entrer dans la grande ennéade et devient fils de Nout et de Geb. Puis il est assimilé à Sokaris, puissance chtonienne. A Abydos, il prend la place de Khentamentiou. Finalement il est connu et honoré dans toute l'Égypte.

OSIRIS
Fresque venant du British Museum

découvert la cachette du corps d'Osiris. Alors, il s'empare du cadavre, le déchiquette et disperse les morceaux dans toute l'Égypte. Treize villes en ont reçu.

La résurrection

Isis ne se décourage pas pour cela. Elle reprend sa quête et, aidée de Nephtys, récupère une à une treize des quatorze parcelles du corps de son époux. Elle le reconstitue, panse les plaies, l'oint d'huiles et de parfums, l'embaume et fait tant et tant qu'il retrouve presque l'apparence d'un vivant. Peut-être a-t-il même retrouvé la vie grâce à Nout, Rê, Thot ou Anubis. Toujours est-il qu'Isis la magicienne réussit à lui faire engendrer un enfant, Horus. Elle cache ce fils posthume dans les marais du Delta, attendant qu'il devienne adulte, prenne la place qui lui revient sur le trône et la venge de ses ennemis.

Le mythe d'Osiris revêt une importante signification : il est garant de la survie des rois et de la succession au trône ; désormais, le roi mort s'appellera Osiris, et le roi régnant Horus.

Le culte

On représente habituellement Osiris coiffé de l'atef, couronne surmontée de deux grandes plumes. C'est une momie verte, le vert étant le signe de la fertilité. Ses bras sont croisés sur la poitrine et il tient les signes de sa souveraineté, le sceptre du roi, le fouet du juge et le bâton de la longue vie. Isis et Nephtys sont de chaque côté ; elles agitent leurs ailes comme pour lui rendre le souffle de vie. Osiris a pris peu à peu toutes les prérogatives des autres dieux de l'Égypte. Il les a supplantés, a mis en sommeil le culte du Soleil et est devenu un dieu du Ciel.

La ville d'Abydos s'honore de fêtes grandioses pendant lesquelles sont représentés les principaux épisodes de la vie d'Osiris : sa mort, son enterrement et la vengeance infligée à ses ennemis. Mais, à côté de ces manifestations publiques, des cérémonies plus intimes sont organisées dans les salles reculées des temples.

Les « Osiris végétants »

Ces « mystères » évoquent le dieu de la Végétation. Ils ont lieu au moment où les eaux de l'inondation se retirent des berges du Nil et laissent la place aux cultures. De petites statuettes d'argile sont confectionnées, on y mêle du grain. Et quand, au bout de quelques jours, le grain germe, la statuette devient grosse, tout en conservant la forme qu'on lui a donnée. Tels sont les « Osiris végétants ».

Les « Osiris végétants » sont les symboles du renouveau de la nature au printemps. Ils sont aussi les signes de la renaissance des hommes : chaque Égyptien devient à sa mort un nouvel Osiris, doit comparaître devant le tribunal du monde souterrain, présidé par le dieu lui-même, et recevoir une vie nouvelle. Osiris est ainsi le dieu funéraire par excellence.

Le culte d'Isis et d'Osiris, tout orienté vers l'obtention du salut, se répand largement au Moyen-Orient ; on le retrouve même au bord du Rhin et dans certaines régions d'Angleterre. À Rome, sous l'Empire, se célébraient en novembre les *Isia*, grandes cérémonies où l'on commémorait la mort et la résurrection d'Osiris. Souvent, on a rapproché le culte d'Osiris de celui de Dionysos.

TRIADE OSIRIENNE : HORUS, OSIRIS, ET ISIS
XXIIe DYNASTIE ; VERS 929-748 AVANT J.-C.
Pendeloque en or massif et lapis-lazuli d'Osorkon II.

LE DÉFUNT EST INTRODUIT DEVANT OSIRIS POUR LA PESÉE DE SON ÂME
XXIe DYNASTIE ; VERS 1070-850 AVANT J.-C.
Papyrus d'Imenemsaouf

Isis, l'épouse d'Osiris

La grande magicienne

Grande bienfaitrice, Isis met ses pouvoirs magiques, volés par ruse au dieu suprême Rê, au service de la vie, celle de tous les hommes et spécialement celle d'Osiris, lâchement assassiné par son frère.

Isis porte un disque solaire et des cornes de vache. Elle est fille de Geb et de Nout, l'épouse fidèle et dévouée d'Osiris, et la mère attentive d'Horus. Elle est mère, protectrice de l'amour et maîtresse du destin. Elle apprend aux femmes à moudre le grain et à filer le lin. Elle règne avec son époux sur l'Égypte et le remplace quand que celui-ci part à la conquête du monde. Son nom Isis signifie « le trône »

Son pouvoir a été obtenu par ruse : elle crée ainsi un serpent qu'elle place sur le chemin de Rê. Le dieu Soleil est piqué. Elle propose alors son aide à Rê accablé de douleur, pourvu qu'il lui dise son nom secret. Elle sait qu'avec le nom elle s'appropriera une partie du pouvoir du dieu. De plus en plus empoisonné par le venin qui pénètre dans ses veines, Rê est obligé de parler, et Isis détient désormais une partie du pouvoir du dieu.

La quête d'Isis

Isis se met à la recherche du corps de son époux, enfermé par Seth dans un coffre. Elle le trouve à Byblos et le cache. Mais Seth s'empare du corps, le découpe en quatorze morceaux, qu'il disperse. Isis parvient à en rassembler treize et à se faire féconder. L'enfant à naître sera Horus.

Magicienne, elle guérit son fils piqué par un serpent et est invoquée désormais pour soulager les piqûres et morsures de serpent et d'araignées.

Isis représente la terre fertile d'Égypte. De grandes fêtes avec d'importantes processions se célèbrent en son honneur au printemps et en automne. Ses fétiches sont le nœud magique *Tat* dit « nœud d'Isis » et le sistre qui est aussi l'emblème d'Hathor avec qui elle est souvent confondue.

Le culte d'Isis et d'Osiris parti d'Égypte s'étend à tout le bassin méditerranéen.

Isis connut les faveurs des empereurs romains à partir de Caligula. Ce dernier fit construire un temple en son honneur et une salle de son palais lui était consacrée. Avant la fin du premier siècle son effigie apparaît sur la monnaie romaine.

ISIS ACCUEILLE IO EN EGYPTE
VERS 63 APRÈS J.-C.
Fresque du temple d'Isis à Pompeï

Io, amante de Zeus est poursuivie par Héra, l'épouse trompée, et est accueillie en égypte par Isis. Io engendrera le fils de Zeus, Epaphos, qui deviendra roi d'Égypte et sera le fondateur de Memphis.

La déesse universelle. « Je suis la mère de la nature entière, maîtresse de tous les éléments, origine et principe des siècles, divinité suprême, reine des mânes, première entre les habitants du ciel, les souffles salutaires de la mer, les silences désolés des Enfers, c'est moi qui gouverne tout au gré de ma volonté.[...] Puissance unique le monde entier me vénère sous des formes nombreuses, par des rites divers, sous des noms multiples. Les uns m'appellent Junon, les autres Bellone... » (cité par Serge Sauneron, *Dictionnaire de la civilisation égyptienne*, Hazan, sd).

Horus, le roi du ciel

Fils d'Isis

Devant combattre durement contre Seth, son oncle, pour récupérer l'héritage de son père Osiris, Horus devient le champion de la lumière contre les ténèbres et finalement le maître de toute l'Égypte.

Horus est d'abord considéré comme le fils de Rê ; il est l'époux d'Hathor, le frère de Seth et l'ancêtre des pharaons. Horus a deux visages : il est tantôt Haroéris le grand, tantôt Harpocrate le jeune (un enfant suçant son doigt). Dieu à tête de faucon, il règne sur les espaces aériens. Ses deux yeux sont le Soleil et la Lune. Le mot *Hor* signifie « faucon ». Les Égyptiens associent le ciel au faucon qu'ils voient planer très haut au-dessus de leur tête. Ainsi le ciel serait un faucon dont les deux yeux seraient le Soleil et la Lune. Horus est confondu avec le Ciel. Il veille à l'application des lois. Il est « pasteur des peuples » ; on le voit dans le *Livre des porches* tel un berger appuyé sur un long bâton.

La lumière

Par la suite, il devient fils d'Isis et d'Osiris. Osiris est tué par son frère, Seth, et celui-ci s'empare du pouvoir. Isis réussit alors à se faire féconder par Osiris mort. Horus naît et entreprend de récupérer l'héritage de son père, dont il poursuit le meurtrier. La légende parlera de son enfance clandestine dans les marais du Delta pour éviter la rencontre avec son ennemi puis de sa lutte ouverte. Le combat est dur, il y perd un œil (la Lune) que Thot va lui restituer, mais réussit à émasculer son ennemi. Pour terminer cette guerre qui n'en finissait pas, les dieux font comparaître les deux adversaires. Seth défend sa cause en traitant Horus de batard. Horus soutient sa légitimité : il est bien le fils d'Osiris. On admet qu'Horus a obtenu le delta, Seth restant maître de la Haute-Égypte. Mais on en fait bientôt le roi universel de la Terre, Seth n'étant plus que le dieu des barbares. Horus représente la lumière et Seth les ténèbres (*Textes des Pyramides*, 1463 sq.). Horus devient alors Harsomtous (« Horus qui réunit les deux pays ») ou encore Hor-paneb-taoui (« Horus le maître des deux terres »).

Un bas relief datant de la XIIe dynastie chante ainsi la prise de pouvoir d'Horus sur les deux Égyptes : « Venez en poussant des cris d'allégresse, vous dieux du pays ! Venez dans la jubilation, hommes et peuples ! Venez avec des chants de louange, d'un cœur joyeux ! Horus a pris possession de son trône... ; Il va occuper ce qui gisait à l'état de désert ; il mettra de la joie dans les cœurs affligés ; il sauvera tous les hommes... Il est le roi et sa vie dure éternellement. »

HORUS REPRÉSENTÉ AVEC LA DOUBLE COURONNE DU PHARAON, CELLE DE LA HAUTE ÉGYPTE ET CELLE DE LA BASSE ÉGYPTE
XIXe DYNASTIE ; VERS 1290 AVANT J.-C.
Relief du temple de Séti Ier à Abydos

KHAMKHONSOU À GENOUX DEVANT HORUS TRÔNANT COIFFÉ DU PCHENT, QUE PROTÈGE ISIS DE SES AILES DÉPLOYÉES
Ier MILLÉNAIRE AVANT J.-C
Bronze

Seth, le Mal

Frère d'Osiris

Seth incarne les idées de fureur, de violence, d'orage, de crime et de malhonnêteté qui s'opposent à la douceur, la bienveillance, l'amour, la fraternité, la bonté incarnés par Osiris et Horus.

Seth (Plutarque l'appelle Typhon) a des affinités avec les animaux abominables que sont le porc, l'âne, l'hippopotame. Il est lui-même représenté comme un être bizarre : queue raide et fourchue, long corps maigre, museau effilé, grandes oreilles toutes droites et yeux globuleux.

Seth est l'incarnation des forces s'opposant à Maât, la déesse de l'Ordre, de l'Équilibre et de la Justice. Il est aussi brutal qu'elle est douce, aussi laid qu'elle est belle, aussi détesté qu'elle est aimée.

Seth et Apophis

Certes, le monde a besoin de sa force brutale. Seth « est à la proue du vaisseau de Rê (le Soleil) ». Il combat le démon Apopis, qui le menace tous les matins et tous les soirs. Chaque fois, Seth obtient la victoire ; chaque fois, Apopis ressuscite pour recommencer la lutte. De ce conflit permanent naissent l'équilibre des forces et l'harmonie universelle. Mais l'emploi de la violence revêt beaucoup d'ambiguïté. Les deux ennemis tendent avec le temps à s'identifier l'un à l'autre. Seth devient la personnification des forces hostiles et le symbole de la révolte contre les hommes et contre les dieux.

Seth signifie désordre et violence. On le dit violeur, pédéraste, fratricide. Il prend possession de certains hommes jusqu'à les rendre irresponsables et les possédés de Seth lui ressemblent : ils menacent la société.

Destructeur, il brûle les cultures ou les détruit au moyen de la grêle. Toutes les catastrophes viennent de lui. C'est le dieu ennemi et le dieu des ennemis. On craint sa force, mais on la lui envie, on tente de l'apprivoiser, de le faire changer de camp, et tel ou tel pharaon n'hésitera pas à prendre son nom comme pour nier son hostilité.

Seth et Osiris

Seth est le frère d'Osiris et son opposé. L'univers ne fonctionne que par leur action contradictoire. Seth tue son frère, qui est ressuscité par Isis ; ensuite, il s'oppose à Horus, le fils de son ennemi, est émasculé dans le combat et arrache un œil à son adversaire. La victoire reste indécise, comme l'est la victoire de la lumière contre les ténèbres. Les Égyptiens sont passés d'une sorte de fascination mêlée de crainte à l'égard de la violence représentée par Seth à un rejet du culte qui lui était rendu : on s'est mis à célébrer son émasculation ; on a détruit ses effigies ou, tranchant ses oreilles et y ajoutant des cornes, on en a fait des représentations d'Amon ; enfin, les villes lui vouant un culte ont été frappées d'interdit.

Le Typhon grec

Monstrueux, il peut, de ses mains étendues, toucher l'Orient et l'Occident. Zeus l'écrase en jetant sur lui le mont Etna.

HORUS ET SETH L'UNION DE DEUX PAYS QUI FORMENT L'ÉGYPTE
XIIe DYNASTIE.
Relief

SETH À LA PROUE DE LA BARQUE DU SOLEIL D'HORUS COMBAT LE SERPENT APOPHIS
XXIe DYNASTIE ; VERS 1000 AVANT J.-C.
Papyrus : illustration du *livre des Morts*

Nephtys, la stérilité

Épouse de Seth

Nephtys s'oppose à son époux et tente de corriger ses actions malfaisantes. Avec Isis, sa sœur, elle donne les soins aux morts, les protège et leur permet de passer dans l'au-delà.

Épouse de Seth, dieu du Mal, ennemi juré d'Osiris, Nephtys est aussi sœur d'Isis, la femme d'Osiris. Et, contre son propre mari, elle prendra le parti d'Osiris. Quand ce dernier est vaincu, tué, déchiqueté et dispersé à travers le monde, elle aide à retrouver les parcelles de son corps, à le reconstituer et à le ressusciter. Elle participe aux lamentations funèbres exigées par sa mort et accomplit les gestes rituels qui provoqueront le miracle.

La gardienne du tombeau

Très proche de ce couple célèbre, elle est, dit-on, la maîtresse d'Osiris, le volage, et Isis, la déesse des Charmes d'amour, s'en plaint amèrement. Son histoire se confond à leur histoire, et son nom est toujours associé à leurs noms. Nephtys est avec Isis la gardienne du tombeau. On les place l'une à la tête, l'autre au pied du mort. Elle est dite « la Dame du château ». Toujours associée à d'autres déesses, Nephtys ne semble pas avoir reçu un culte particulier. Elle est adorée à Kôm Mer, en Haute-Égypte.

Les quatre dieux

Parmi les quatre dieux de la légende d'Isis et d'Osiris, chacun a son rôle : Osiris est la force de renouvellement ; il a pour épouse Isis, la maternité. Seth est la force de destruction ; il a pour épouse Nephtys, la stérilité.
Nephtys luttera toujours contre les agissements de son époux Seth et pourtant Seth est quelquefois invoqué, mais c'est pour envoyer des malédictions : « Je t'invoque, toi qui séjournes dans l'air libre, toi, l'effroyable, l'invisible, le tout-puissant, le dieu des dieux, le corrupteur et le dévastateur, qui hais une maison où règne l'ordre. Lorsque tu fus expulsé d'Égypte, tu fus surnommé "celui-qui-brise-tout-et-n'ai-jamais-vaincu". Je t'invoque, Typhon-Seth ; j'accomplis ton serment, car j'invoque ton vrai nom, dans lequel tu ne peux refuser d'entendre : Iô-erbeth, Iô-pakerbeth ! Viens à moi et approche et frappe celui-ci ou celle-là de froid et de fièvre, il m'a fait du mal et il a répandu le sang de Typhon... C'est pour cette raison que je fais ceci » (Thompson, *Papyrus démotique* anonyme).

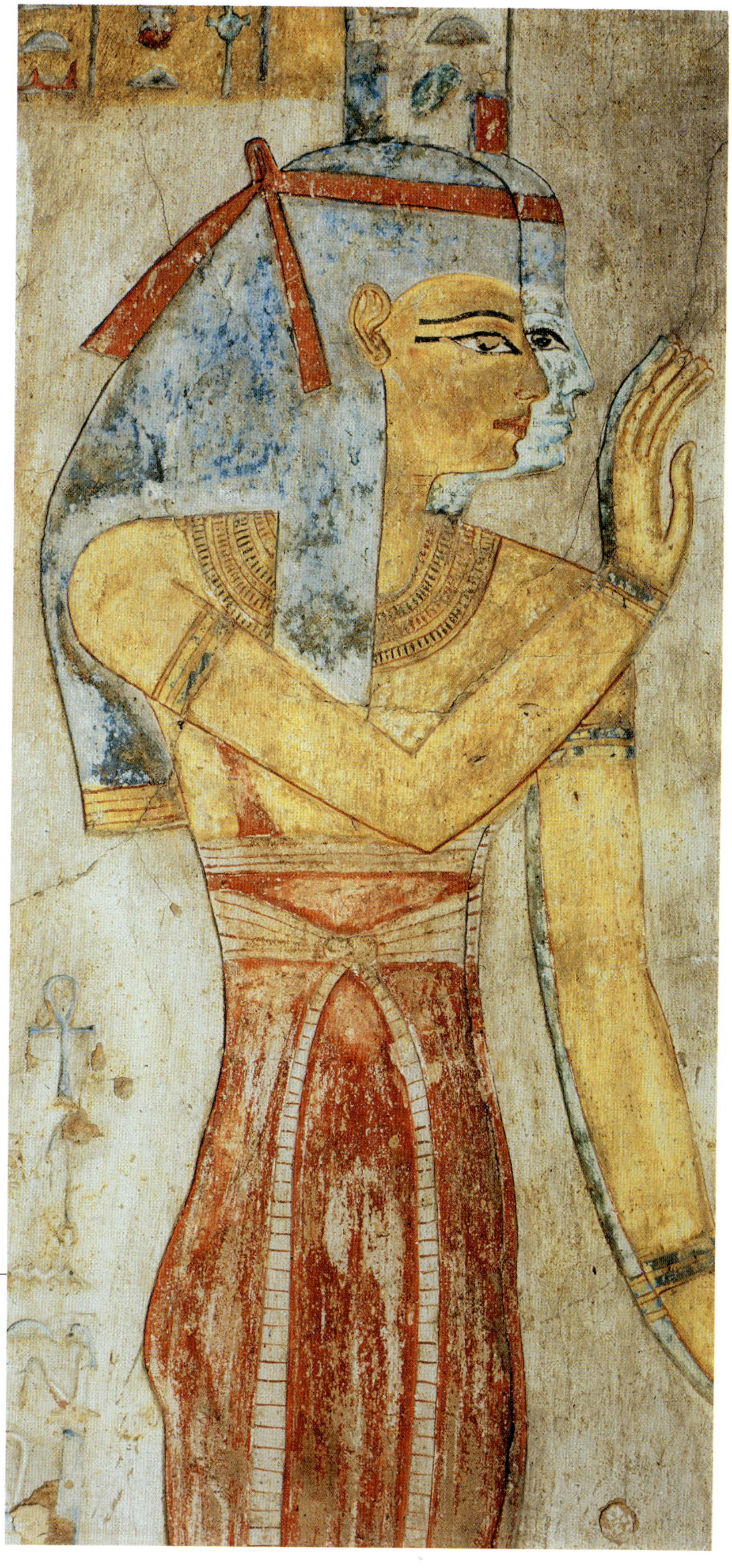

Isis et Nephtys
XIXe dynastie ; vers 1185-1182 avant J.-C.
Fresque de la tombe de la reine Taousret à Thèbes

Bastet, la déesse chatte

L'œil de Rê

Déesse de la Musique, de la Joie, maîtresse du foyer et protectrice des naissances, Bastet incarne la féminité. Elle en a la douceur, la sérénité, mais aussi éventuellement la combativité. Elle est parfois une lionne qui se réveille face à ses ennemis.

Considérée comme l'œil ou la fille du Soleil, elle est aussi la femme de Ptah. Elle incarne une partie du rayonnement solaire. Sa mission est double : elle doit rester auprès de l'astre pour le nourrir et le régénérer chaque jour, tout en allant répandre ses bienfaits aux limites du monde afin de repousser le chaos des ténèbres. En correspondance avec l'ambivalence de sa mission, sa personnalité possède une double facette : elle est à la fois dangereuse et bienveillante.
Son corps est celui d'une femme et sa tête a été d'abord celle d'une lionne, portant la croix *ankh* d'une main et le sceptre de l'autre. Quelque temps après, elle devient une femme à tête de chatte portant l'instrument de musique appelé sistre ou l'égide ainsi qu'un petit panier. Enfin conservant son aspect de félin, elle devient une chatte majestueusement dressée sur son séant et parée de bijoux, ou encore celui d'une mère allaitant ses petits.
Ainsi peut-elle prendre le visage redoutable de la lionne qui sommeille en elle et à laquelle elle est associée ou celle d'une déesse sereine et bienveillante, musicienne de la joie. Incarnation de la féminité, Bastet est aussi la patronne du foyer, la déesse de la maternité, de la fertilité, et des multiples vertus féminines

Le temple

Bastet a son temple principal à Bubastis, l'actuelle Tell Basta dans le Delta, en égyptien Per-Bastet, « la maison de Bastet ». « Dans cette ville, dit Hérodote, se trouve un temple dédié à la déesse Bastet qui mérite d'être signalé. D'autres sont sans doute plus imposants et plus riches, mais aucun ne procure aux yeux autant de plaisir... à l'intérieur, un bois planté d'arbres gigantesques entoure un vaste sanctuaire dans lequel siège la statue de la déesse. Une route, partant du temple et conduisant à une chapelle dédiée à Thot est bordée d'arbres dont la cime touche le ciel. »
Des cérémonies y sont organisées en son honneur au moment de l'inondation : la statue de la déesse est alors portée en grande pompe, et transportée en péniche sur le Nil. Les fidèles, hommes et femmes en grand nombre, sont entassés pêle-mêle sur de nombreuses embarcations. Puis c'est la fête pendant plusieurs jours : au cours de réjouissances populaires, les fidèles dansent, chantent, jouent de la musique et consomment énormément de vin. L'ivresse est en effet un moyen d'apaiser la déesse pour l'empêcher de devenir un lionne destructrice.
On honore Bastet en allumant des bougies vertes et en étant gentil avec les chats. On offre à la déesse des figurines (en bronze ou en faïence) ou des momies de chat.

BASTET À TÊTE DE CHAT
VIe-IVe SIÈCLE AVANT J.-C.
Statuette de bronze

Le chat est un compagnon de prédilection des Egyptiens qui admirent son habileté à la chasse. Il est considéré comme un animal sacré. On le croit capable de parler aux dieux et de prononcer leur nom secret. Beaucoup pensent avoir un chat pour ancêtre ; les femmes se maquillent afin de se donner des « allures de chattes » en allongeant un trait de khôl noir au delà de leurs yeux et l'on consacre les enfants à Bastet en leur faisant une incision au bras dans laquelle un prêtre verse quelques gouttes du sang d'un chat.

Le clergé a instauré un élevage de chats au voisinage du temple de la déesse. Lorsque les chats ont atteint l'âge d'une dizaine de mois, on les tue et on en fait des momies pour les vendre aux pèlerins. On a retrouvé des milliers de momies de chats dans la nécropole de Bubastis.

Prière à Bastet. « Bastet, chatte aimée, maîtresse du bonheur et de la générosité, fille du Dieu soleil, détruis le mal qui afflige nos esprits pendant que tu combats le serpent Apep. Avec ta ruse légendaire préviens-nous des mouvements de toutes les cruautés perpétrées et retiens-les en protégeant tes enfants, les enfants de la lumière. Donne-nous la joie de la chanson et la danse, et jamais ne nous abandonne dans les endroits isolés dans lesquels nous devons marcher ».

Bès, le bouffon des dieux

Le protecteur

Petit, laid et difforme, Bès fait fuir par son aspect repoussant et ses gesticulations grotesques, les mauvais esprits, les mauvaises bêtes, les mauvais événements. Il est le protecteur de tous.

Dieu nain, robuste, bestial, Bès a un visage large, de gros yeux, une barbe touffue et une langue pendante. Il a le ventre proéminent et les jambes courtes et arquées. Il est coiffé de plumes d'autruche et vêtu d'une peau de lion ou de panthère dont la queue lui retombe entre les jambes. Bès, toujours représenté de face, contrairement aux autres dieux, a un air grotesque. Il est le bouffon des dieux.
Cette apparence peu flatteuse fait de lui un dieu bénéfique. Il effraie les mauvais esprits et les repousse aussi bien avec des épées et des couteaux qu'avec des grimaces, des danses et d'étranges mélodies qu'il joue sur un instrument de musique, tambour ou tambourin. Il protège ainsi de la malchance, des êtres malfaisants et des entités dangereuses qui peuvent menacer la maison, les femmes et les enfants. Bès protège les humains du mal, des reptiles, des scorpions et autres bêtes dangereuses.
A l'origine protecteur du foyer de la famille royale, il trouve peu à peu sa place au sein de chaque famille égyptienne, aide les humains à être d'humeur joyeuse et détendue, assiste la déesse Thouéris quand elle met son enfant au monde. Ils sont tous deux devenus les dieux protecteurs des femmes enceintes et de l'accouchement. Représenté dans chaque endroit où les femmes et les enfants ont besoin de lui, Bès apparaît également sur les murs des *mammisis* (maisons de naissance des temples) où il veille sur les accouchements divins. Il devient un protecteur universel dont l'aspect composite reflète la multitude des fonctions divines.
Il préside à la parure des dames dont les manches des miroirs, les boîtes à fard et les vases de parfum portent son portrait. Durant le sommeil, Bès éloigne les esprits maléfiques, interdit aux mauvais génies d'apparaître en songe, et met en déroute les démons causeurs de troubles sexuels, ce qui explique sa présence à la tête ou au pied des lits et sur les repose-têtes. Bès est également le patron des danseuses qui font tatouer son effigie sur leurs cuisses.

Le Culte

Il est très prisé dans la religion populaire puisque quantité d'amulettes sont faites à son effigie. On le trouve sous la forme de figurine sur les autels réservés au culte domestique des maisons. On ne lui connaît qu'un seul temple exclusivement consacré à son culte dans l'oasis de Bahariya. Mais il est très souvent présent dans les temples dédiés à d'autres divinités. Ainsi à Abydos dans le temple funéraire de Séthi ISer, un espace est aménagé en son honneur et il y rend des oracles. Dans de nombreux sanctuaires il exerce ses dons de guérisseur et même, dans des chambres spéciales de Saqqarah, il accueille, en compagnie d'une déesse nue, les pèlerins voulant le voir en songe afin de recouvrer une bonne santé sexuelle.

Pot de khôl en forme de dieu Bès
Vers 1400-1300 avant J.-C.
Faïence

Bès est représenté en nain hideux, debout, les mains appuyées sur les cuisses et tirant la langue

Mythologie du Moyen

Orient

Mythologie du Moyen

En Mésopotamie, entre les monts Zagros et les sables d'Arabie coulent deux grands fleuves, le Tigre et l'Euphrate. Ils délimitent les marais du golfe Persique, un pays bas, gorgé d'eau, et instable. L'eau y est l'élément primordial. Les habitants verront dans le rapprochement de l'eau douce (Apsou) et de l'eau salée (Tiamat), l'origine de l'univers et de tous les êtres, à commencer par les dieux.

L'Apsou, sorte d'abîme qui encercle la terre, est personnifié et devient le dieu Apsou. Tiamat, l'élément féminin, représente la mer et les forces obscures et mystérieuses du chaos primitif.

De ce couple sont nés Lakhmou et Lakhamou, des divinités assez mal définies. Ce sont des serpents monstrueux. Puis les générations se succèdent. Le couple de serpents donne naissance à Anshar, le principe mâle, et à Kishar, le principe femelle : l'un est le monde céleste, l'autre le monde terrestre. Puis apparaissent Enlil, Enki et Anu et enfin Marduk. Marduk est le grand dieu de Babylone et l'organisateur du monde. Il doit lutter contre le chaos, le cafouillage, le tumulte, la monstruosité, l'incohérence, le bric-à-brac qu'était l'univers avant tout aménagement. Le désordre primitif, c'est Tiamat et Marduk, le jeune dieu doit triompher de Tiamat.

Marduk, dieu de Babylone, résiste ainsi à la poussée des boues sur des lits épais de roseaux. Il élève son sanctuaire toujours plus haut vers le ciel. Il domine et gouverne.

Le monde des dieux

À l'origine, les dieux ne sont que des forces de la nature. Pas de différence entre elles et eux. L'arbre est le dieu de la forêt, le rocher le dieu de la montagne, le disque solaire est le dieu Soleil, on lui donnera ensuite le nom de Shamash, le croissant lunaire est le dieu Lune, on lui donnera ensuite le nom de Sin, etc. On ne leur a pas tout de suite attribué un sexe. Ainsi Enlil est dit « père et mère qui crée lui-même ». Plus tard, on assimile les dieux à des animaux : lion, taureau, aigle, serpent ; Marduk est « le taureau noir de l'abîme » ; Enlil, « le bœuf puissant » ; Enki, « le bélier d'Eridou ». Enfin on leur donne une forme humaine.

Mais ils sont d'une humanité supérieure. Ayant grande barbe et longs cheveux, les dieux portent le chignon et une grande tiare plate ou conique. Ils portent le *kaunakès*, manteau fait de laine probablement crochetée en des franges disposées en étage ou bien une longue robe d'étoffe lisse.

Les dieux ne sont différents des hommes que par la taille, la force et surtout l'immortalité. En dehors de ces caractéristiques, ils ont peur ou s'enthousiasment, sont tristes ou joyeux, gourmands et friands de sacrifice. Ils flairent les bonnes odeurs, passent leur temps à faire la fête, s'enivrent et crient.

Ils ont des épouses, des enfants, des familles, habitent des palais situés ou au ciel ou dans les Enfers, sont entourés de courtisans, de serviteurs, de soldats. Ils se réunissent chaque année à la fête du Zagmouk dans une salle nommée l'Oupshoukina pour fixer les destins. C'est une société très hiérarchisée.

Au début tous les dieux s'appellent Anounnaki. Puis on en fait des catégories : les dieux de la Terre et des Enfers restent des Anounnaki, les dieux du Ciel prennent le nom d'Igigi. Il y a une hiérarchie divine. Mais elle est souvent modifiée. La dignité des dieux dépend pratiquement de l'importance de la cité où ils sont particulièrement vénérés.

Les démons

Le rôle des dieux est de faire fonctionner l'énorme machine du cosmos, à leur unique avantage, d'ailleurs. Il n'est point de s'occuper des petites misères humaines. Alors on imagine des êtres de moindre importance, mais toujours supérieurs en capacité et en puissance à leurs victimes, qui, par fantaisie, provoquent tous les malheurs capables d'empoisonner l'existence des hommes. Ce sont les démons. On les appelle

STATUE DE LA GRANDE DÉESSE
SUMER ; VERS 2800-2300 AVANT J.-C.
Calcaire (détail)

les *utukku, gallû, alû, asakku,* etc. On y a ajouté les fantômes de certains morts. On ne sait pas comment et pourquoi ils vivent, comment et pourquoi ils accomplissent leurs mauvais coups. Mais c'est eux qu'on imagine brûler le corps humain de fièvre, s'y loger, meurtrir le corps dans ses divers organes par des maladies, introduire dans les cœurs la dépression et l'angoisse, dans la vie la misère et toutes les infortunes, « arrachant l'épouse aux bras de son époux, le fils aux genoux de son père, et le bébé au sein de sa mère ».

Pour s'en débarrasser des techniques sont mises au point, une sorte de thérapeutique inventée, dit-on, par le dieu Enki : gestes rituels, incantations ou conjurations. Ainsi, un mauvais rêve est contrecarré par la formule longuement répétée au réveil : « Il est bon, il est très bon », le mauvais destin peut être transféré sur des figurines qu'on détruira, et le malheur promis être écarté par la rencontre d'une prostituée pendant ses règles, par le contact avec le sein : le lait bénéfique contrecarre toujours le sang maléfique.

Tous ces gestes, toutes ces formules sont d'abord des conjurations visant les démons : « Ô méchant Utukku, le Seigneur [Enki] m'a commis [pour te chasser] ! [...] Sois conjuré par le Ciel ! Sois conjuré par la Terre ! [...] Ô méchant Utukku, qui hantes le désert ! Méchant "Mauvais-destin" qui te saisis [des hommes] ! Méchante "Langue" [du sorcier], qui t'installes sur l'homme ! Sois brisé comme ce pot ! Sois écrasé comme ces tessons ! Retourne à ton désert ! »

Tous ces gestes, toutes ces formules deviennent peu à peu des prières adressées au dieu : « Ô Shamash, Juge du Ciel et de la Terre, Seigneur du Droit et de l'Équité, Régisseur des régions de là-haut et d'ici-bas ! Ô Shamash, il est en ton pouvoir de rendre la vie au [condamné à] mort, de délivrer le prisonnier ! Ô Shamash, je suis venu à toi ! Ô Shamash, je t'ai recherché ! Ô Shamash, je me suis tourné vers toi ! Écarte de moi le malheur... : qu'il ne m'atteigne pas ! Que ce malheur s'enfuie loin de moi, en sorte que jour après jour je te bénisse, et que ceux qui me verront [délivré] célèbrent à jamais tes louanges ! »

Ainsi, malgré tout, la vie retourne toujours aux dieux.

Les dieux

Chaque pays possède son dieu : ainsi, il y a *trois mondes, trois dieux*. Mithra est le plus connu et celui qui a eu le plus grand nombre de fidèles pendant la plus longue période. Vient ensuite Ahura Mazda, le dieu unique de la Perse, puis Baal, le dieu des Cananéens. Les *dieux de la Mésopotamie* ont eu une longue histoire : ce sont Tiamat, Anu et Kumarbi. Les *dieux puissants* ont eu une action importante dans le monde en bien ou en mal. Il y a ensuite les *dieux de la nature :* le Soleil et la Lune. Toute la mythologie mésopotamienne est enfin illustrée par la *Quête de l'immortalité* de Gilgamesh.

Les dieux du Moyen-Orient

Nom (Parèdre)	**Fonction**	**Lieu de culte**
Ahura Mazda	Dieu suprême	Hérat (Iran)
An		Uruk
Anahita	la fertilité	Hérat (Iran)
Angra Mainyu	les tenèbres	Hérat (Iran)
Anu (Antum)	le père des dieux	Sumer
Aramazd (Anahit)	la création	Urartu (Arménie)
Astarté	la guerre, l'amour	Tyr
Baal (Anat)	l'orage	Ugarit
Dumuzi (Innana)	la végétation	Uruk
Ea	la sagesse	Akkad
Enki (Ningursag)	la sagesse	Éridou
Enlil (Ninlil)	le père des dieux	Nippur
Erra	la mort	
Hadad	l'orage	Assour
Inana (Dumuzi)	la guerre, l'amour	Uruk
Ishtar (Tammuz)	la guerre, l'amour	Assour
Kumarbi	la guerre	Hourri
Marduk (Zarpanitou)		Babylone
Mithra	la souveraineté	Hérat (Iran)
Môt	la guerre, la stérilité	Ugarit
Nergal (Éreshkigal)	les enfers	Babylone
Ninourta (Gula)	la guerre, l'artisanat	Sumer
Shamash (Aya)	le soleil	Babylone, Assour
Sin	la lune	Babylone, Assour
Tammuz (Ishtar)	la végétation	Akkad
Tesub (Hebat)	l'orage	Hourri
Tiamat (Apsou)	la mer	Akkad
Vahagn (Astlik)	la guerre	Urartu (Arménie)

Scène de culte rendu à la déesse mère portant le dieu enfant sur ses genoux
Vers 2300 avant J.-C.
Sceau-cylindre

Mithra, l'indo-européen

L'universel

Dieu souverain, Mithra a la mission de récompenser et de distribuer les bienfaits. Venu très certainement de l'Inde, il est à l'origine d'une religion très importante dans l'ensemble de l'Empire romain.

Mithra, ou Mitra (c'est ainsi que l'on écrit son nom dans les Véda), est avec Varuna le détenteur de la souveraineté. Mais à lui échoit la sérénité, alors qu'au second reviennent la coercition et la violence. Il personnifie l'amitié, la bienveillance, la non-hostilité, il veille sur les contrats et les accords et ouvre la voie aux compromis. On lui doit la concorde dans le monde. À Varuna est l'action violente et brutale, à Mithra, la douceur et les voies de la nature ; à Varuna est la punition, à Mithra est l'accueil ; À Varuna est l'action, à Mithra est la réflexion ; Varuna est *dakṣa* (force agissante), Mithra est *kratu* (force délibérante) ; Varuna est le céleste, l'invisible, le mystérieux ; Mithra est le terrestre, le visible, le familier ; Varuna est le plus ténébreux, Mithra le plus lumineux.

Son portrait

Mithra est un beau jeune homme. Il n'est pas né d'une mère mortelle, mais est sorti d'une pierre dans une grotte au grand étonnement des bergers qui étaient présents. Il débarrassa la terre de nombre d'animaux malfaisants, mais surtout d'un taureau dont le sang répandu au sol fit germer de magnifiques moissons.

Dans l'Avesta, Mithra est étroitement associé au Soleil. Il se lève avant ce dernier, monté sur son char attelé de chevaux blancs. Dieu aux mille oreilles et aux dix mille yeux, son regard embrasse l'univers et rien ne lui échappe. Dieu combattant, on le voit aussi à la tête des armées, équipé d'une longue lance et de flèches rapides, ou encore juge des Enfers. Peut-être est-il déjà représenté comme ressuscitant les morts à la fin des temps.

Ses ennemis sont des *mithrodruj* : « Tu enlèves la force de leurs bras, dit l'avesta, l'agilité

Le mithraeum, lieu du culte de Mithra. Les *mithraea* sont composés d'une sorte de pièce de réunion suffisamment large pour que les participants puissent s'y tenir allongés. Le mithraeum est un lieu de communion entre les hommes et Mithra. Il est construit normalement dans des grottes (Epidaurum en Dalmatie ou Kreta en Bulgarie). La pièce y est en contrebas de la porte d'entrée. Le plafond est en forme de voûte, peint à l'image du firmament. Il est parfois percé de cavités, au nombre de sept, symbolisant les planètes. Un autel est placé devant le portrait de Mithra. La plupart des cryptes ont des dimensions modestes, comme la Casa di Diana à Ostie (5 m) où celle de Sarrebourg (6,2 m), la plus grande étant celle du Mithraeum III de Carnuntum (Vienne) avec 23 m de long. Au total, les groupes de fidèles ne devaient guère dépasser en moyenne une vingtaine de personnes, qu'un lien très fort unissait.

MITHRA TUANT LE TAUREAU
ART ROMAIN ; IIe SIÈCLE
Sculpture en marbre

Mithra maîtrise le taureau en le chevauchant et le tenant par le museau.
C'est un sacrifice recréateur.

à leurs pieds, la vue à leurs yeux, l'ouïe à leurs oreilles. » Par contre aux amis véritables, « tu fais grandir leurs maisons, tu leur donnes belles femmes, beaux chars. »

Les mystères de Mithra

Mithra apparaît comme tauroctone (tueur du taureau). Il est l'invincible. On le montre maîtrisant un taureau en le tenant par les naseaux et lui enfonçant une épée dans le corps. Un chien et un serpent boivent le sang qui sort de la plaie tandis qu'un scorpion pince les testicules de la bête. « Du corps de la victime moribonde naissent toutes les herbes et les plantes salutaires. De sa moelle épinière germe le blé qui donne le pain, et de son sang, la vigne, qui produit le breuvage sacré des mystères » (F. Cumont).

Le mithraïsme est une religion de salut. Mithra ne meurt pas ; certaines images le montrent derrière le char du Soleil. Il s'élève vers le ciel pour accomplir le Jugement dernier et la résurrection des corps.

Le mithraïsme est une religion de petits groupes. Les fidèles se réunissent dans des grottes ou des bâtiments ayant la forme de grotte. Ils y célèbrent un culte qui comprend un repas commémorant le festin pris par Mithra et le Soleil après la création du monde et peut-être un sacrifice de taureau.

Religion initiatique, le mithraïsme comporte sept grades par lesquels passent les fidèles : le corbeau, le griffon, le soldat, le lion, le Perse, le courrier et le père. À ces différents échelons correspondent des épreuves d'un caractère sévèrement ascétique : l'un d'eux était un baptême par le sang du taureau. Il y avait aussi des baptêmes d'eau et de nombreuses onctions d'huile et de miel. À chaque échelon correspondent aussi des masques, des insignes et des fonctions, comme servir la boisson ou brûler l'encens.

Le mithraïsme eut un énorme succès dans l'Empire romain. Introduit par les soldats, il atteignit les plus hautes sphères de la société. L'empereur Commode lui-même se fit initier. La religion de Mithra fut florissante jusqu'au ve siècle, s'étendant — à partir de Rome — jusqu'au nord de l'Angleterre, aux bords du Rhin et du Danube, en Syrie et en Égypte.

BANQUET DE MITHRA AVEC LE SOLEIL
ART ROMAIN ; II OU IIIe SIÈCLE
Bas relief

SATURNE MITHRIAQUE
ART ROMAIN ; VERS 150 APRÈS J.-C.
Sculpture

Mithra a été confondu avec Saturne. On voit Ici Saturne enchaîné de bandelettes pour l'empêcher d'abandonner la terre romaine.

Ahura Mazda, créateur de la Perse

Le seigneur sage

Ahura Mazda, ou Ohrmazd en pehlevi ou encore Ormazd en persan, est devenu le dieu suprême dans le mazdéisme, le seul Ahura. Il est le père de la lumière et des ténèbres.

Il a la forme du soleil et neuf épouses. Il habite la région de lumière. Le ciel est son vêtement. Il tient une cour royale, il a à sa droite Bonne Pensée, Vohu Manah, Ordre excellent, Asha, et Pouvoir désirable, Kshathra, et, à sa gauche, Sainte Dévotion, Armaiti, Santé, Haurvatat, et Immortalité, Ameretat. Obéissance est devant lui.

Zarathoustra

Il est connu et honoré surtout depuis la venue de Zarathoustra. Zarathoustra est le révélateur d'Ahura Mazda comme Mahomet le sera d'Allah. Le prophète a quitté la maison paternelle à vingt ans. Il est parti chercher l'homme « le plus désireux de droiture et le plus adonné à nourrir les pauvres. » Il est resté sept ans dans le silence d'une grotte de montagne. À trente ans, il reçoit la visite d'archanges, tombe en extase et voit apparaître Ahura Mazda. « C'est moi le procréateur, lui dit Ahura Mazda, je suis le père qui entretiens la bonne justice. C'est moi qui ai créé, ô Zarathoustra, le chemin du soleil et des étoiles ; je sais comment la lune croît et décroît » (*Dênkart*, 8, 2). Alors le prophète sait ce qu'il doit savoir et se met à parcourir le monde pour propager la connaissance du dieu suprême et mener le combat contre Angra Mainyu, le Malin.

Dieu et les dieux

Au début Ahura Mazda était un dieu parmi d'autres dieux. Il y avait Mithra, Anahita, Vayu, Verethraghna, Varuna, etc. Après la venue de Zarathoustra, il est demeuré le seul, placé au-dessus de tous et tous se soumettant à lui.
Ahura Mazda se manifeste de bien des façons : il fait pousser les plantes, permet au feu de chauffer, à l'eau de désaltérer, aux animaux de se reproduire, aux armées de remporter la victoire, etc. On croyait jadis que derrière chacune de ces actions un dieu était présent. Zarathoustra affirme que c'est toujours Ahura Mazda qui agit. Ceux que l'on croyait être des dieux ne sont que des êtres créés par lui et qui n'agissent que sous ses ordres et sa responsabilité. Ce sont les *Amesha Spenta*, des génies bénéfiques, des *yazatas*, « dignes d'être adorés ».
Ahura Mazda est éternel. Il a créé les autres créatures vivantes « au commencement ». Il a créé le monde par la pensée (*Yasna*, XXXI, 7,11).

Le Dieu suprême

« Qui a fixé la terre en bas, et le ciel des nuées, qu'il ne tombe ? Qui a fixé les eaux et les plantes ? [...] Qui est, ô Sage, le créateur de la bonne pensée ? [...] Je m'efforce ainsi à reconnaître en toi, ô Sage, en tant qu'Esprit saint, le créateur de toutes choses » (*Yasna*, XLIV, 3-7).

Angra Mainyu, le démon perse. Il ne peut y avoir de chaud sans froid, de sec sans humide, de blanc sans noir. Les deux opposés et complémentaires sont des projections de la toute-puissance de Ahura Mazda, le Seigneur Sage : l'un s'est personnifié dans Spenta Manyu, qui a choisi l'Arta, le bon ajustement, la Réalité vraie des choses, la Vérité, et s'est confondu avec Ahura Mazda lui-même ; l'autre s'est personnifié dans Angra Mainyu, qui a choisi la Druj, la tromperie, et est devenu le destructeur.
Angra Mainyu, appelé encore Arhiman, est l'esprit puant : il appartient à la mort, à la crasse, à la pourriture. Il inspire le dégoût. En signe de dédain, beaucoup de textes écrivent son nom à l'envers, avec des qualifications sordides. On va jusqu'à dire qu'il n'est pas et qu'il ne sera jamais. Les formes qu'il prend, le lézard, le serpent, la mouche, ne lui sont que prêtées pour un temps, mais elles disparaîtront. Le mal est le contraire de l'être.
Angra Mainyu, d'abord l'égal d'Ahura Mazda, le Seigneur Sage, a fini peu à peu par disparaître complètement. Un catéchisme mazdéen de 1910 ne mentionne même pas son nom.

Lions à tête d'homme s'affrontant sous le disque ailé d'Ahura Mazda
Époque achéménide ; vers 500 avant J.-C.
Céramique émaillée

Investiture d'Ardacher Ier
Vers 224 avant J.-C.
Relief rupestre près de Persépolis

Ardacher Ier devient le premier roi perse sassanide après sa victoire sur les Parthes.
Ahura Mazda remet au roi l'anneau du pouvoir.

L'ordre du monde

Le Seigneur a instauré un ordre parfait *(arta)*, et toutes les créatures ont droit à une vie prospère sur terre et, après leur mort, à un paradis de lumière. Mais, pour obtenir ses bienfaits, il faut demeurer juste *(artavan)* et rester fidèle à la bonne religion, c'est-à-dire prendre le parti du Saint, Spenta Manyu, dans la lutte qu'il mène contre le Malin, Angra Mainyu. D'après le mythe de la création, au début, le Soleil est arrêté à son zénith et la terre est parfaitement lisse et tranquille. Mais le Malin ébranle tellement l'univers que le Soleil est devenu instable et se met à tourner. Il y a alors des jours et des nuits, des tremblements de terre et des raz de marée, les mers se creusent et les montagnes surgissent. L'homme était immortel et sans besoin, mais il lui était laissé toute latitude de suivre sa bonne nature ou de s'adonner au mal.

Le Saint, l'esprit bienfaisant, et le Malin, l'esprit destructeur, sont des jumeaux : l'un a choisi le bien et la vie, l'autre a choisi le mal et la mort (*Yasna*, XXX). C'est un choix que le Malin a fait et Ahura Mazda n'en est pas responsable. Il y a d'ailleurs une unité profonde entre le Seigneur et Spenta Manyu (*Yasna*, XLIII, 3). Ahura Mazda a laissé libre le choix de l'un et de l'autre comme il laisse libre le choix de tous les hommes.

Sceau de Darius Ier représentant le roi et le dieu Ahura Mazda
VIe-Ve siècles
Sceau cylindre

LE DISQUE AILÉ D'AHURA MAZDA
VERS 500 AVANT J.-C.
Céramique émaillée

Le Jugement dernier

Mais après la mort, l'homme passe en jugement. Son âme, appelée Fravarti, a été créée immortelle. Elle quitte le corps après trois jours. Elle gagne le pont Tchinvad (pont de l'empileur) où elle rencontre sa religion (la *daena*). S'il est juste ce sera sous les traits « d'une jeune fille belle, brillante, aux bras blancs, forte, bien bâtie, élancée, au corps glorieux, noble, de race riche, paraissant âgée de quinze ans, aussi jolie que les plus jolies des créatures ». S'il est impie, ce sera sous les traits « d'une fille effroyable, sale et malfaisante. » La première fait traverser l'âme du juste et l'accompagne jusqu'au paradis d'Ahura Mazda. La seconde rejette l'âme pécheresse dans les ténèbres. Mais lors de la rénovation finale la création entière ne survivra que sous une forme spirituelle. Ahura Mazda aura pitié des méchants, ordonnera de faire cesser leur supplice, leur accordera son pardon et les fera sortir de l'enfer. Angra Mainyu sera annihilé, aucune armée ne lui restera, son temps aura touché à sa fin.

Ahura Mazda et sa troupe. Ahura Mazda est entouré d'un conseil de six ministres, les Amchaspends, abstractions sans aucune réalité : Vohu-Manô, « la Bonne Pensée », Acha-Vahichta « la Meilleure Vertu », Khchathra-vairya, « l'Empire désiré », Spenta-Armaïti, « l'Abandon généreux », Haurvatât, « la Santé », Ameretât, « l'Immortalité ». Chacun d'entre eux est le protecteur de divers êtres, dans l'ordre : les animaux utiles, le feu, les métaux, la terre, les eaux et les plantes. Certains mois du calendrier, certains jours de la semaine, certaines fleurs leur sont spécialement consacrés.

GUERRIER MAÎTRISANT DEUX LIONS, SOUS LE DISQUE D'AHURA MAZDA, ENCADRÉ D'ARCHERS
VERS 400 AVANT J.-C.
Sceau cylindre

Anahita, la déesse perse

L'immaculée

Déesse de l'Aurore et de la Fécondité, elle est assimilée à l'indienne Sarasvati et aux babyloniennes Ishtar ou Inanna et parfois même aux grecques Aphrodite, Diane ou Minerve.

Il y a peu de place pour les divinités féminines dans le mazdéisme, Anahita est sans doute la seule véritable déesse iranienne. On l'appelle Ardva Sura Anahita, ce qui signifie : la Haute, la Puissante, l'Immaculée.

Le portrait que nous en fait l'*Avesta* est celui d'une jeune fille aux seins gonflés : « Elle porte la ceinture haute pour donner à sa poitrine plus de plénitude et de charme. » Elle est toute parée, couronnée d'étoiles, elle porte des fourrures de loutre, des brocarts et des bijoux. Elle est chaussée de sandales d'or (*Yasna*, V).

La déesse de la Fécondité

D'abord déesse des Eaux de rivières, elle l'est ensuite de tous les liquides purificateurs et fécondants : les rivières, les lacs, la mer, mais aussi le sperme, les sécrétions vaginales, le lait. « Elle est, dit Georges Dumézil, la grande rivière mythique, source commune d'où coulent continuellement toutes les eaux, toutes les rivières de la terre » (*Mythe et épopée*, I, page 104). Elle est « la sainte qui accroît l'énergie », « la sainte qui accroît les troupeaux », « la sainte qui accroît la richesse », « la sainte qui accroît la terre. »

Elle est aussi purificatrice : elle purifie le sperme des hommes et les matrices de toutes les femelles. Elle donne la force aux guerriers et le courage aux héros.

Avec la réforme de Zarathoustra, elle devient un génie de la prospérité collaborant à l'œuvre de création, combattant pour la justice et initiant les hommes aux rites religieux.

Le culte d'Anahita, souvent lié au culte de Mithra, s'est extrêmement développé dans tout le Moyen-Orient jusqu'en Turquie. Mais, portant tous les noms des déesses de l'Amour, il est difficile de distinguer son culte de celui d'Aphrodite, d'Astarté, d'Isthar, etc. On a retrouvé dans de très nombreuses régions des statuettes représentant des déesses. En l'absence d'indications précises, on ne peut dire de quelle déesse il s'agit.

Anat, sœur et épouse de Baal. « Anat arrive à sa demeure, la déesse se rend à son palais, mais elle n'est pas rassasiée d'avoir massacré dans la vallée, d'avoir combattu entre deux forteresses. Elle dispose des chaises pour les braves, dispose des tables pour les guerriers, des marchepieds pour les preux. En foule, elle les massacre. Elle contemple la bataille et elle se réjouit, Anat » (A. Caquot, M. Sznycer et A. Herdner, *Textes ougaritiques*, t. I : *Mythes et Légendes*, Paris, 1974).

INVESTITURE DE NARSEH, ROI SASSANIDE PAR LA DÉESSE ANAHITA, EN PRÉSENCE DE GRANDS DIGNITAIRES
FIN DU IIIe- DÉBUT DU IVe SIÈCLE APRÈS J.-C.
Bas relief

Le temple de Bichabour en Iran. Dans le temple de Bichabour, le culte d'Anahita est associé à celui du feu. Le temple a des murs hauts de 14 m faits de gros blocs appareillés avec des queues d'aronde en fer. Le temple comprend une salle de 14 m de côté, percée de quatre portes et entourés de quatre couloirs dotés d'un système de petits canaux d'adduction d'eau. Un long escalier permettait d'y descendre jusqu'à l'arrivée de l'eau.

Baal, le Cananéen

Le combattant

Baal, Bel ou encore Belos conquiert de haute lutte son palais, son domaine et ses pouvoirs de dieu de la Fertilité et de la Fécondité. Il est dans bien des civilisations le dieu suprême.

Baal est un jeune homme ou un « taurillon aux cornes fines », un combattant énergique. Roi des dieux, il a conquis cette dignité en s'attaquant à El, le dieu suprême, sur le mont Sapân. Il est « prince-seigneur de la terre ». Anat, sa sœur, et peut-être son amante, est inséparable de lui : c'est une déesse sanguinaire, toujours prête à massacrer. Si Baal, dieu de l'Orage, répand la pluie vivifiante, Anat sème la rosée et fait jaillir les sources de la terre nourricière. Le sang qu'elle aime tant est un ferment de fertilité. Tous les deux sont les responsables de la prospérité universelle des gens et des bêtes.

Les combats de Baal

Baal doit combattre pour obtenir la souveraineté. Yam, le dieu de la Mer, est son ennemi. Ils commencent par s'invectiver et s'injurier abondamment. Puis ils en viennent aux mains. Kothar, ou Koshar-wa-Hasis (« adroit et habile »), le dieu des Arts et des Techniques, a fabriqué pour Baal deux massues. C'est la seconde qui abattra Yam. Cette victoire sur le dieu de la Mer donne aux marins le courage de s'élancer sur les flots.

Il lui faut maintenant un palais comme en ont les autres dieux et, pour ce faire, l'autorisation d'El lui est nécessaire. Il demande donc à Kothar de confectionner des cadeaux qu'il offrira à Athirat, l'épouse du dieu, afin d'attirer sur lui sa bienveillance. Ainsi, il la persuade d'intervenir en sa faveur. Le palais couvrira 4 000 ha et sera édifié par Kothar, lui-même ; Anat y exercera, dès le jour de l'inauguration, ses talents de massacreuse.

Le dieu de la Fertilité

Un dernier combat l'oppose à Môt, le dieu de la Guerre et de la stérilité. De l'issue de cette lutte dépend un cycle de sept ans, soit de fertilité, soit de sécheresse. Ainsi, le succès de Baal se traduit par une abondance de récoltes et par la fécondité pour les humains comme pour les animaux. El se charge de maintenir l'équilibre entre les deux combattants et, chaque année, Baal se livre volontairement à la mort. Il tombe de son palais céleste et descend sur terre ;

BAAL
VERS 1300 AV. J.-C.
Statuette de bronze et or

Hadad, dieu de l'orage. Hadad, Haddou ou Adad est celui qui détruit ou qui fait pousser les plantes. Hadad est fils d'Anu ; dieu de l'Orage, il a la foudre pour symbole. Il est souvent comparé à un taureau sauvage et assimilé, en astrologie, à la constellation du Corbeau.

On l'invoque dans les malédictions pour le conjurer d'envoyer des pluies diluviennes sur les terres des méchants ou des ennemis. Mais il provoque aussi la fertilité agricole. Son culte s'est répandu dans tout le Moyen-Orient ; il y est confondu avec Baal, le Syrien, et Teshub, le Hourrite.

À G : BAAL BRANDISSANT UNE MASSUE.
IL TIENT UNE DOUBLE HACHE ET UN TAUREAU EN LAISSE
VERS 1800 AVANT J.-C.
Sceau cylindre ; serpentine

il remonte au ciel, porté par la déesse solaire, Shapash, et par Anat, la déesse des Sources. La mort et la résurrection de la vie végétale sont donc liées à Baal (A. Caquot, M. Sznycer et A. Herdner, *Textes ougaritiques*, t. I : *Mythes et Légendes*, Paris, 1974).
Baal a ses autels dans presque tout le Proche-Orient antique, jusqu'en Égypte et à Jérusalem, où les fidèles « remplissaient le temple (de Baal) d'un mur à l'autre » (le *Livre des Rois*, X, 21).

BAAL OU HADAD MONTÉ SUR UN TAUREAU.
VIIIe SIÈCLE AV. J.-C.
Bloc aménagé en stèle

BAAL AU FOUDRE
IIe MILLÉNAIRE AV. J.-C.
Stèle de Ras Shamra (Ougarit)

Tiamat, le chaos

La Mer originelle

Divinité primordiale, Tiamat représente les eaux salées en face d'Apsou, qui représente les eaux douces. Le couple de ces deux dieux engendre tous les autres dieux et la création entière.

Tiamat est la Mer. Elle en a les côtés capricieux : tantôt calme, tantôt coléreuse. Elle est la nature primordiale et indifférenciée qui possède en elle toute la force et la puissance de ce qui est sauvage. On dit qu'elle a quatre yeux et quatre oreilles pour expliquer qu'elle a une nature supérieure à tous les autres dieux. Le fantôme de Tiamat ressemble à un chameau, mais sans corne ni queue. Tiamat est un monstre, un *koubou* c'est-à-dire un fœtus, mais un fœtus de dimension cosmique, puisqu'elle est l'embryon du monde. Elle a pour époux Apsou, les eaux douces sur lesquelles repose le monde. « Lorsqu'en haut le ciel n'était pas nommé, qu'en bas la terre n'avait pas de nom, que le primordial Apsou de qui naîtront les dieux, la génitrice Tiamat qui les enfantera tous, mêlaient en un seul tout, leurs eaux [...] ni bancs de roseaux n'y étaient encore agglomérés, ni cannaies n'y étaient discernables. Alors que, des dieux, nul n'était encore apparu, qu'ils étaient ni appelés de noms, ni

Un objet de culte. La lutte des anciens dieux contre les jeunes dieux est essentielle à la construction du monde. Aussi la reproduit-on régulièrement dans les actes religieux ! Le nouvel an à Babylone est le moment le plus solennel de la vie religieuse parce qu'on y lit publiquement le *Poème de la création*, récit de la défaite de Tiamat et donc de la victoire du Soleil sur les forces de mort et du chaos que représentait la déesse. Cette manifestation a d'autant plus d'importance que, pour les Mésopotamiens, ce récit exprime une réalité concrète du moment, parce que, pour eux, dire c'est susciter la réalité.

TIAMAT, LA DÉESSE DE L'EAU SALÉE AVEC DEUX HÉROS.
200 ANS AVANT J.-C
Sceau cylindre, jaspe

lotis de destins, en Apsou-Tiamat des dieux furent produits » (*Enouma Elish* tablette I, 11). De Tiamat et d'Apsou naissent donc les premiers grands dieux : Lakhmou et Lakhamou, puis Anshar et Kishar, enfin Anou et les autres. Chaque génération l'emporte sur la précédente en entendement et en vigueur.
Mais les jeunes dieux pleins d'énergie font du bruit. Apsou, qui ne peut dormir, se met en colère : « Insupportable m'est leur conduite. De jour, je ne puis reposer ; de nuit, je ne puis dormir. Je veux les anéantir afin de mettre un terme à leurs agissements et que règne le silence » (*Enouma Elish*, tablette I, 37-39).
Tiamat patiente. Elle ne veut pas détruire ceux à qui elle a donné vie. Mais les paroles d'Apsou sont rapportées aux jeunes dieux et Ea, l'un d'entre eux, surprend Apsou, « lui ravit son éclat » et le met à mort. Ensuite, il engendre Marduk, le plus capable et le plus sage des dieux.

La guerre avec les jeunes dieux

Alors, Tiamat, poussée par les dieux anciens, change d'attitude et se fâche : « Faisons des monstres », des serpents monstrueux aux mâchoires impitoyables, des dragons furieux chargés d'éclat surnaturel, des chiens enragés. Elle crée ces bêtes féroces et les rend comme des dieux. Elle élève Kingu, le met à la tête de la troupe, en fait son époux, lui donnant ainsi la dignité suprême, et lui remet la tablette des destins.
Parmi les jeunes dieux, on cherche un champion pour s'opposer à Tiamat. Marduk est investi par l'assemblée des dieux. Il reçoit l'autorité suprême. Armé des quatre vents principaux qui déterminent l'espace et le temps, il monte sur son char et s'avance pour le combat. Il lance le vent mauvais au moment où Tiamat ouvre la bouche et elle ne peut plus la fermer. Il lui décoche une flèche qui lui perfore le ventre et lui transperce le cœur. Le reste de la troupe de monstres se débande. Kingu est mis au rang des dieux morts.
Marduk prend le cadavre de Tiamat, « le coupe en deux comme un poisson séché » (*Enouma Elish*, tablette IV, 137). D'une moitié, il fait la voûte céleste en lui enjoignant de ne pas laisser fuir les eaux. De l'autre, il fait la terre ferme : « Il place la tête et sur elle accumule une montagne ; des sources y sont ouvertes, l'eau vive s'y écoule. Dans ses yeux, il ouvre l'Euphrate et le Tigre, ses narines sont bouchées, il en fait des réserves d'eau. Sur ses seins, il accumule les montagnes lointaines » (*Enouma Elish*, tablette V).
L'*Enouma Elish* est le nom que donnaient les Mésopotamiens au *Poème de la création*. Il nous est parvenu plus ou moins complet dans des copies qui remontent au IXe siècle avant notre ère. Il s'agit d'un long poème en sept tablettes, qui provient de la plupart des grands centres religieux de Mésopotamie. On pense qu'il a été écrit entre le XIXe et XVIIe siècle avant J. C.

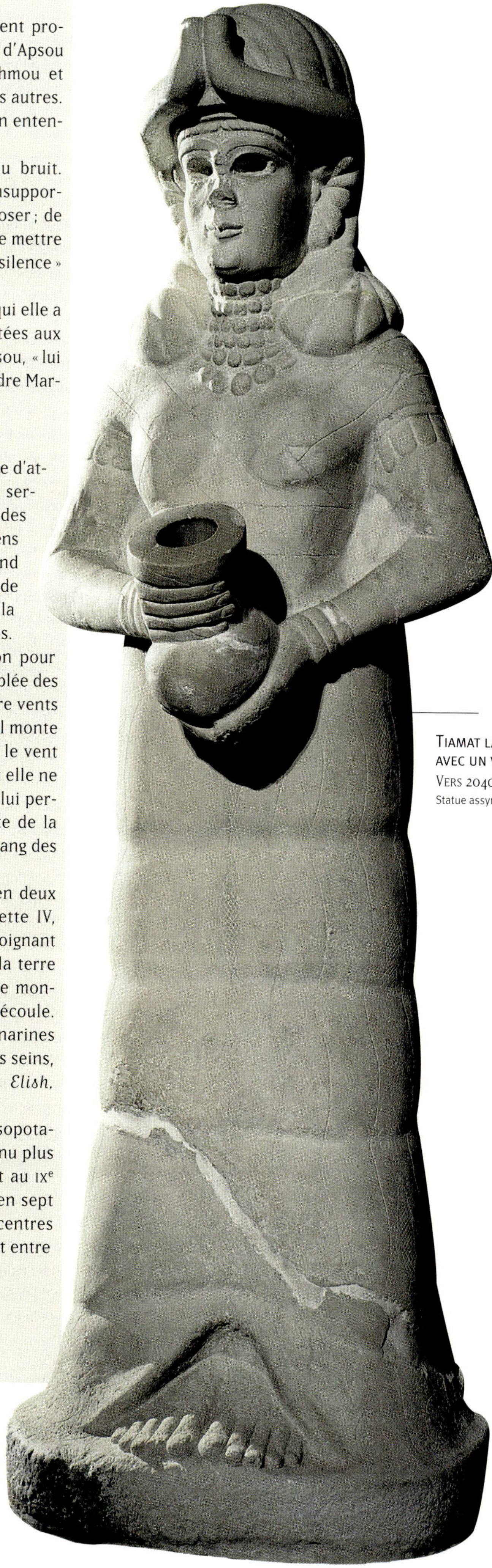

TIAMAT LA REINE DES EAUX AVEC UN VASE
VERS 2040-1870 AVANT J.-C.
Statue assyrienne, ronde-bosse

Anu, le souverain

Le roi juste mais lointain

An, Anum ou Anu n'intervient pratiquement jamais seul dans les affaires humaines ; il est le principal de la triade suprême, composée aussi d'Enlil et d'Éa, qui est responsable de la création du monde.

Dans la totalité aquatique des débuts du monde apparaît un premier couple divin, Apsou et Tiamat. Ensuite viennent d'autres couples, Lakhmou et Lakhamou, Anshar et Kishar. Puis naissent Enlil et Anu, le dieu du Ciel, *il shamê*, qui, à son tour, engendre Ea. Anu est le premier dans le temps et dans l'espace (*Enuma Elish*, I).

La triade

Mais avec Enlil et Ea, Anu forme la triade des grands dieux et leur œuvre est commune :
« Lorsque Anu, Enlil et Ea eurent une première idée du ciel et de la terre, ils trouvèrent un moyen habile de pourvoir à la subsistance des dieux : ils se préparèrent dans le pays, une demeure agréable, et les dieux s'installèrent dans cette demeure, leur temple principal. Puis ils remirent au roi le soin de leur assurer des revenus réguliers de choix et, pour le régal des dieux établirent l'obligation alimentaire ! Les dieux aimèrent cette demeure ! Ainsi instituèrent-ils leur mainmise sur ce qui est devenu le pays principal des hommes » (Jean Bottéro et Samuel Noah Kramer, *Lorsque les dieux faisaient les hommes*, Paris, 1989, page 492).
Dans la cour des dieux, Anu est le roi *sarru*. Les dieux se réfugient vers lui au moment du déluge, il fait comparaître Adapa, coupable d'avoir brisé les ailes du vent, et il recevra les plaintes d'Ishtar contre les insultes de Gilgamesh (*Gilgamesh*, VI).
Entre les trois grands dieux s'est fait une répartition du cosmos par sphères d'influence : « Ils ont jeté les dés et ils ont divisé ». À Anu échoit le ciel. Devant lui sont déposés couronnes et sceptres. De lui descendra la royauté terrestre (*Etana*, I). Dieu d'Uruk, c'est lui qui a remis la ville entre les mains de Rim-Sin de la dynastie de Larsa, c'est sur son ordre qu'il a creusé l'Euphrate, c'est par sa force qu'il conquiert les villes avoisinantes.
Le culte d'Anu ne se limitait pas à Uruk. Il avait des temples aussi à Deir, à Assur et à Adad.

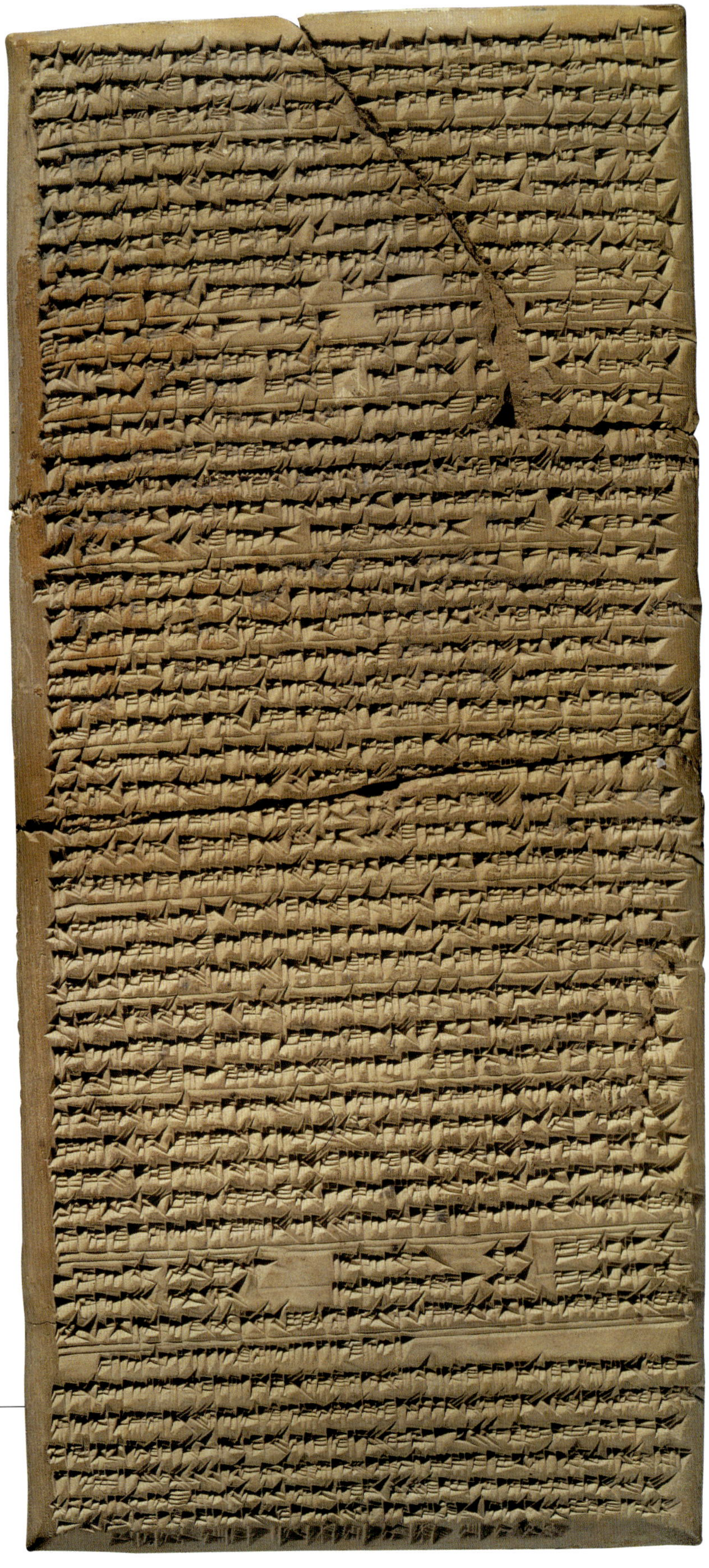

TABLETTES BABYLONIENNES : RITUEL DES SACRIFICES QUOTIDIENS D'URUK
ÉPOQUE SELEUCIDE ; IIe SIÈCLE AVANT J.-C.
Argile

Kumarbi, l'ancien

Le rival

Dernier souverain des dieux antiques, Kumarbi combat pour conquérir le pouvoir, mais il est lui-même détrôné par le jeune dieu Tesub. C'est l'un des multiples exemples de lutte pour le pouvoir, les jeunes l'emportant toujours sur les anciens.

Pendant neuf ans, Alalu occupe le trône divin ; « le puissant Anu se tient devant lui. [...] La neuvième année, Anu livre bataille à Alalu, le vainc [...] et s'assied sur le trône [...] Kumarbi, le puissant, lui présente sa nourriture et se prosterne à ses pieds. » Mais la rivalité naît entre le souverain et son serviteur : Anu ne peut plus supporter l'éclat de Kumarbi, il s'en dégage et « s'enfuit comme un oiseau vers le ciel. » Kumarbi le poursuit pour le précipiter du ciel, « il lui mord les genoux et avale sa virilité. » Kumarbi se réjouit. Anu se retourne et dit : « J'ai déposé en toi un lourd fardeau. Je t'ai imprégné de trois puissants dieux : Tesub, le dieu de l'Orage, celui du Fleuve, Aranzah (le Tigre) et le grand dieu Tashmishu. » Kumarbi crache. Le crachat tombe à terre, emportant la semence d'Anu, et de cette semence naissent les dieux annoncés. Alors, Kumarbi est détrôné au profit de Tesub, dieu de l'Orage (*La Royauté aux cieux*, II-V).

Kumarbi
Sumer ; vers 3200 avant J.-C.
Statuette en albâtre

La vengeance de Kumarbi

Kumarbi, déchu, complote contre le dieu de l'Orage. Il prend son bâton à la main, « chausse les vents à ses pieds comme sandales rapides, quitte sa ville et va vers une très grande pierre de trois milles (?) de longueur et un mille et demi (?) de largeur ». Il rêve de créer un monstre qui écrasera son rival. Il couche avec la pierre comme on le fait avec une femme. Le fils de Kumarbi et de la pierre vient au monde. Kumarbi lui donne le nom d'Ullikummi et il dit : « Qu'au Ciel il monte et assume la royauté. [...] Qu'il abatte le dieu de l'Orage, qu'il l'écrase comme on fait le sel, qu'il le foule au pied comme une fourmi. »
Bien que dieu déchu, Kumarbi ne sera pas rejeté parmi les dieux infernaux. Son culte se maintiendra longtemps dans les religions hourrite et hittite.

Tesub, dieu hourrite

L'orage

Avec Tesub se réalisent la fin du règne des dieux antiques et l'inauguration du règne des dieux nouveaux, au prix d'un combat longtemps incertain fait de violence et de ruses.

Dieu de l'Orage, Tesub a pour emblème le taureau et la massue. On le voit monté sur un bovidé et chevauchant sur la montagne, hache dans la main droite et foudre dans la main gauche. Ishtar est sa sœur, Hebat son épouse et Sarruma son fils.

Hebat possède toute une cour : y sont présentes Ishtar, Kubaba de Karkémish, Ishara, déesse de la Médecine, et d'autres déesses du Plaisir érotique, de la Guerre, de la Fertilité et de la Fécondité. Hebat est une reine et Tesub est le type même du souverain.

Les trois dieux terribles

Tesub est fils de Kumarbi ou d'Anu. En effet, au cours du combat entre Kumarbi et Anu pour la souveraineté du ciel, Kumarbi a avalé la virilité de son père et de cette virilité sont nés trois dieux, Tesub, Aranzah (le Tigre) et Tashmishu. Tesub est chargé par les autres jeunes dieux de détrôner Kumarbi : il y parvient et devient ainsi le dieu suprême *(La Royauté aux cieux)*.

Après sa déchéance, Kumarbi rumine sa vengeance. Il va faire la guerre à ses fils révoltés. Pour cela, il passe une nuit avec une grosse pierre et engendre un fils, Ullikummi, dont le corps est fait de diorite. Ullikummi grandit, grandit sans cesse. Il occupe peu à peu tout l'espace, écrase ce qui l'entoure, atteint la mer et la hauteur des temples.

Ullikummi

Il est confié aux Irshirra, déesses servantes de Kumarbi, qui le placent comme une flèche sur l'épaule droite d'Upelluri (le Monde). La pierre grandit, elle atteint la hauteur des temples et du *kuntarra* des cieux (la demeure des dieux). Alors, les jeunes dieux sont affolés. Tesub et Tashmishu « se prennent par la main ». Ils sortent du temple. Ishtar descend du ciel. Tesub regarde l'épouvantable diorite : « Ses bras lui en tombent » ; il se prépare au combat, convoque l'orage, les pluies et les vents ; il fait sortir l'éclair. Le combat a lieu, mais la force tranquille d'Ullikummi a raison des vociférations et des gesticulations du dieu de l'Orage.

Ullikummi grandit toujours ; il fait trembler le ciel et la terre ; il oblige Hebat à quitter son temple écrasé et à se réfugier au ciel ; il menace de destruction l'humanité entière, ce

Tesub, le dieu de l'Orage

IXe siècle avant J.-C

Stèle hittite

qui pourrait priver les dieux des sacrifices. Les tentatives d'Ishtar pour le séduire et d'Ashtabi pour l'anéantir sont des échecs.

Aussi Tesub retourne-t-il au combat. Ea, l'ami fidèle et le protecteur, a surpris Ullikummi et « lui a coupé les pieds » (c'est-à-dire lui a fait perdre ses bases). Tesub descend vers la mer, en brandissant le tonnerre, il engage un combat incertain, s'accroche courageusement et remporte la victoire.

Le culte de Tesub s'est répandu au début du IIe millénaire dans les pays de langue hourrite. On trouve ses sanctuaires dans l'Empire hittite, en Babylonie, à Sumer, depuis la côte syrienne jusqu'en Anatolie.

Il a été assimilé aux autres dieux de l'Orage, entre autres le Baal cananéen et l'Adad assyrien.

Un autre mythe, le *Mythe de Telepinou*, montre le dieu de l'Orage partant à la recherche de Telepinou, dieu de la végétation. La fuite de ce dernier avait privé le monde entier de nourriture. Il était donc urgent de le retrouver pour rendre la vie à la nature.

Tesub, le dieu qui fait les rois. « Dieu de l'orage pihassassi, mon seigneur, je n'étais qu'un mortel. Pourtant mon père était le prêtre de la déesse solaire d'Arinna et de tous les dieux. Mon père m'a engendré, mais toi, dieu de l'orage pihassassi, tu m'as enlevé à ma mère et tu m'as élevé. Tu m'as fait prêtre de la déesse solaire d'Arinna et de tous les dieux. Dans le pays hittite, tu m'as fait roi. » (Prière de Muwatalli, citée par H.C.Puech, *Dictionnaire des religions*, tome 1, Paris, 1970)

Le Taureau de Tesub
Vers 604-561 av. J.-C.
Porte d'Ishtar à Babylone ; bas relief en brique, émaillé

Enlil, le grand

Le seigneur à la parole fidèle

Deuxième de la triade après Anu et avant Enki et vrai détenteur du pouvoir souverain, Enlil est un dieu redoutable : ses décisions sont impératives, son autorité indiscutée, ses colères terribles. Il règne sur l'univers.

Enlil est le roi des dieux, le souverain universel. Il maintient par son pouvoir l'ordre du monde. Il dort sur sa montagne, assuré de sa puissance, et ne veut pas être dérangé. Ses colères sont terribles et ses décisions souvent cruelles. Il impose son autorité au mépris des personnes. C'est un dictateur fragile qui se retrouve nu et désemparé quand la couronne lui échappe.

Enlil et Ninlil

Ninlil est une jouvencelle, vierge, encore sous l'autorité de ses parents, mais aventureuse. Nunbarsegunu, sa mère, la prévient : « Ne prends pas de bain, jeune femme en la limpide voie d'eau, ne te promène pas le long du canal princier. Car le seigneur au regard luisant jetterait les yeux sur toi [...] il te pénétrerait, te baiserait, t'engrosserait d'une voluptueuse semence... » (*Enlil et Ninlil*, 10-20) Mais la jouvencelle n'obéit pas à sa génitrice. Elle rencontre Enlil sur la rive, puis aux portes de l'enfer, puis au fleuve d'enfer et même sur le fleuve et Ninlil, chaque fois engrossée, donne naissance à Sin, puis à Nergal, enfin à Embilulu.

Enlil et les Igigi

Enlil est le chef des Anunnaki, grands dieux dominants et... oisifs, qui vivent du labeur des Igigi. Les Igigi sont des dieux prolétaires qui travaillent comme le feront les êtres humains. Épuisés à la tâche, ils se révoltent et entreprennent de faire lever Enlil de son siège (*Atrahasis*, tablette I, 44) ; ils brûlent leurs outils et l'un d'eux va jusqu'à lui déclarer la guerre. Alors le souverain se réveille et réunit l'assemblée des dieux. Il commençe par pleurer, puis demande à Anu de reprendre le pouvoir et de le défendre puisqu'il est menacé par la guerre. Enfin il propose de convoquer devant les Anunnaki l'un des mutins pris au hasard et de le mettre à mort pour l'exemple ou bien de rechercher l'instigateur de la révolte et de le condamner. Anu et Ea sont plus plus conciliants. Ils ont entendu les plaintes des Igigi et savent qu'ils sont harassés par le travail. Ea propose la création d'un être vivant, l'homme, qui prendra une part des durs travaux nécessaires à la maintenance du monde et par le fait libérera de cette charge les Igigi. Les grands dieux donnent leur accord, car c'est à eux qu'appartient la décision finale.

Enlil et les hommes

Bientôt, la prospérité et le tapage des hommes, dont le nombre s'accroît sans cesse, indisposent Enlil. Il veut réduire leur importance, et leur envoie maladies et épidémies, souffrances et mort. Mais Ea, qui ne peut s'opposer directement au souverain universel, suggère des remèdes, envoie drogues et médicaments et permet la progression de l'humanité. C'est un échec pour Enlil. Dans son entête-

UN HÉROS ENTRE DEUX TAUREAUX ET AU DESSOUS L'AIGLE À TÊTE DE LION ENTRE DEUX SANGLIERS
VERS 2650 AVANT J.-C.
Bas-relief, stéatite, trouvé à Mari (auj. Syrie)

Le combat des chefs entrepris par Enlil mettait en cause tout le monde animal

ARCHERS ET CHARS DE GUERRE
VERS 900 AVANT J.-C.
Plaque de revêtement de porte ; bronze

ment à détruire ceux qui le dérangent, il invente la famine. Ea réussit une fois de plus à sauver les hommes. Enlil, furieux, décide alors d'en finir : il envoie le déluge et fait jurer aux dieux de ne point dévoiler l'ampleur de la catastrophe prévue. Ea ne se parjure pas, mais provoque un rêve prémonitoire à Atrahasis (rêver n'est point parler) : il lui donne les instructions pour construire une arche, et sauver ainsi chaque composant du monde.

Enlil et Anzu

Enlil a demandé au géant Anzu de notifier à chacun la charge qui lui est attribuée. Dans l'accomplissement de cette tâche, Anzu obtient peu à peu la confiance de son maître ; il entre dans son intimité au point que celui-ci lui permet d'assister à son bain. Mais, pour prendre son bain, Enlil dépose les insignes de son pouvoir, la tiare, le vêtement de sa divinité et la tablette des destins. Sans sa tiare, le dieu est désarmé. Anzu la lui vole et le monde se trouve livré au chaos. « Anzu a ravi la souveraineté d'Enlil et tout pouvoir est en friche. Le Père, leur souverain, Enlil est silencieux, le silence se répand, tout se tait. L'univers entier des Igigi est bouleversé. Le sanctuaire est dépouillé de sa splendeur » (*Tablette II*, lignes 1-5). Il faut l'intervention de Ninourta pour qu'Enlil retrouve son rang et les insignes du pouvoir.

L'*Atrahasis*. Le combat d'Enlil contre les Igigi est raconté dans une œuvre appelée *Atrahasis*. Il s'agit d'un poème composé de 1 200 vers rédigé en Babylonie vers le XVIIe siècle avant J. C. Les plus anciens manuscrits en notre possession datent du VIIe siècle avant J. C. Il reste que le texte conserve beaucoup de lacunes, d'autant plus qu'il semble bien qu'il n'y a jamais eu de texte définitif et que bien des copistes sont intervenus pour de nombreux changements. On remarque une parenté étroite entre le récit du déluge qu'il donne et celui de l'épopée de Gilgamesh. Sans doute était-ce là un élément important des traditions du Moyen-Orient dont nous avons aussi un écho dans l'Ancien Testament.

Nergal / Erra, le maître des Enfers

Le séducteur

Par orgueil, Nergal doit jouer de la séduction près d'Ereshkigal et devient dieu des Morts : il préside également à la guerre, aux épidémies et aux calamités qui lui apportent de nouveaux sujets.

Nergal est fils d'Enlil, le dieu du Ciel. Son père lui a donné les hommes et il fixe leur destin. Guerrier redoutable, il porte l'arc et les flèches. Son ambition est d'être le plus fort là où il est.
Orgueilleux, violent et impétueux, il est assimilé à un taureau sauvage. Il aime les catastrophes, les épidémies, la guerre. On le compare à un ouragan, à un déluge. La mort est son domaine, il la cherche, la provoque, la propage : il en fait son affaire personnelle.

La maîtrise des Enfers

Ereshkigal, fille d'Anu, s'est construit dans les Enfers un royaume indépendant et terrible. Les dieux eux-mêmes ne peuvent y pénétrer qu'en se dépouillant de leur dignité : de ce fait, ils deviennent sujets et prennent le risque d'y rester prisonniers.
Ainsi Ereshkigal s'est trop séparée de ses pairs pour participer au banquet céleste. Elle y envoie cependant un messager chargé de quérir sa part. Nergal refuse de s'asseoir à l'assemblée des dieux devant cet émissaire venu d'outre-tombe. Ereshkigal se fâche et réclame les excuses de l'insolent.
Nergal ne se dérobe pas. Il se rend aux Enfers, escorté de quatorze démons qui lui permettent de passer sans dom-

Ereshkigal. Elle a reçu, lors de la distribution des pouvoirs entre les dieux, le domaine de l'au-delà qui se trouve sous les eaux de l'Apsou et est entouré de sept hauts murs. Qui y entre doit à chaque porte retirer l'un de ses vêtements et, c'est complètement nu qu'il parvient dans la septième enceinte, nu physiquement et nu de pouvoirs, de prérogatives, de dignité. Il ressemble à un cadavre, ne peut plus se nourrir que de terre et se trouve enfermé dans une obscurité éternelle. Ereshkigal y assouvit un appétit sexuel insatiable. Elle ne sait résister à ses désirs et c'est ainsi qu'elle perd entre les mains de Nergal la maîtrise qu'elle détenait à elle seule sur l'au-delà. Mais ce monde qui est le sien est totalement séparé de l'autre monde. Pourtant elle s'y alimente des morts qui lui parviennent et, pour ce faire, elle envoie périodiquement dans l'autre monde son fidèle serviteur Namtar pour y répandre les soixante maladies. Condamnée à manger de l'argile et de l'eau boueuse, elle ne peut participer au banquet des dieux mais y délègue un serviteur et y impose ses conditions. Elle inspire à tous la plus grande crainte.

UN ORANT OFFRE UNE HERMINETTE À UN DIEU.
ÉPOQUE D'AGADÉ ; VERS 2200 AVANT J.-C.
Sceau cylindre ; serpentine

Le dieu du soleil destructeur attaque avec une torche les arbres qui symbolisent la divinité de la végétation

mage les sept portes du monde infernal. Arrivé devant la maîtresse des lieux, il se montre dans tout son éclat, courtois, aimable, amusant et docile. Il fait tant et si bien qu'il charme la belle, la séduit et, sans crier gare, revient chez lui. Ereshkigal ne l'entend pas ainsi. Abusée, elle veut punir l'infâme. Elle envoie une mission auprès d'Anu : elle exige que Nergal revienne afin d'être livré à la mort et menace le monde des plus grandes calamités si elle n'est pas satisfaite.

Nergal se rend donc de nouveau aux Enfers, mais cette fois sans espoir de retour. Cette situation stimule sa force et sa violence. S'il doit rester aux Enfers, ce sera en maître. Arrivé devant Ereshkigal, il la prend par les cheveux et la jette au sol. Celle-ci demande pitié et promet le mariage à son agresseur s'il la lâche et, avec le mariage, le pouvoir qu'elle détient sur les Enfers.

Nergal accepte le marché. De cruel, il devient tendre. Il prend dans ses bras la reine, il l'épouse et devient roi des Enfers. C'est un chef terrible, qui commande aux dieux infernaux et règne sur le peuple des morts, êtres crépusculaires, vêtus de plumes et se nourrissant de terre (*Nergal et Ereshkigal*).

Erra

On le voit ensuite sous le nom d'Erra, mari comblé, reposant dans le lit conjugal. Fatigué par le manque de sommeil, tenté par l'oisiveté, incapable de prendre une décision, il fait oublier sa présence et le monde vit dans un calme total. Hommes et animaux se multiplient d'une façon excessive. La nature ne peut fournir la nourriture à tout ce qui vit. C'est l'excès, le débordement, l'envahissement du monde.

Mais les Sibitti sont là. Dieux infernaux, fidèles serviteurs d'Erra, toujours prêts pour le combat, ils sont exaspérés par le silence. La vie citadine ne leur convient pas. Leurs armes sont couvertes de toiles d'araignées. Leurs poignards se rouillent à force de ne plus égorger. Ils veulent du mouvement, de la lutte, du carnage. Ils aspirent à la vie rude des campagnes et à la gloire de la victoire. Les Sibitti viennent secouer Erra et l'exhortent à lancer son cri de guerre.

Le dieu du Mal

À ce cri, les dieux et les hommes s'affolent ; les montagnes, la mer, les forêts sont bouleversées. Erra élabore un vaste projet de mort et de sang. Il veut déstabiliser le monde qui vit dans l'excès, renverser les habitudes, détruire les fondations, tuer le plus grand nombre et déranger l'ordre voulu par les dieux.

Rien ne sera possible s'il ne « fait lever de son siège » le dieu Marduk, protecteur de la cité. Erra agit par ruse. Il fait croire au dieu que seul, lui, Erra, saura redonner du lustre à sa statue depuis longtemps ternie (la statue du dieu dans le temple est le symbole de la royauté). Marduk ne veut pas, il se rappelle s'être déjà levé de son siège et avoir ainsi provoqué le déluge. Il voit le danger de son départ, mesure l'importance de ses responsabilités. Il hésite.

Erra en profite, il insiste, répond aux objections de Marduk, promet qu'il maintiendra solidement, lui-même, l'équilibre entre le Ciel et la Terre, qu'il empêchera les démons de monter des Enfers, qu'il fera garder le temple par les dieux Anu et Enlil, que rien ne sera changé, que tout vivra dans la paix et la prospérité.

NERGAL
Statue, porte de Ninive

Le culte de Nergal. Ce dieu féroce eut cependant un rayonnement cultuel assez remarquable : à Élam, il fait de l'ombre au dieu local Inshushinak. Vers 2300, il est adoré en haute Syrie. Puis il entre dans le panthéon officiel de Mari. Il apparaît ensuite en Assyrie. Les Palestiniens le confondent avec leur dieu de la peste Reshef. Il existe encore à Samarie et même au Pirée où l'on trouve une inscription signalant un de ses prêtres.

Marduk peu à peu se rassure. Enfin, il accepte, se lève et s'en va, rejoint le séjour des dieux et laisse Erra maître des lieux. Pendant quelque temps, celui-ci tient ses promesses et reste tranquille. Hommes et dieux profitent de la paix. Les événements continuent à suivre leur cours naturel. Puis Erra se déchaîne. Son projet est d'insuffler la haine entre les hommes pour qu'ils s'entretuent férocement. Alors les temples sont profanés, les lieux habités deviennent des déserts, les fripons ont accès aux palais des princes, le fils déteste son père, la mère déteste sa fille, le boiteux court plus vite que l'homme normalement constitué, les jeunes sont enterrés par les vieux, l'homme mange l'homme. Toutes les valeurs sont inversées et personne n'échappe à la mort. La sauvagerie règne. Erra, c'est la triomphe de la mort et la soif du sang. Le gouverneur, lui-même, est frappé d'aveuglement. Erra lui dicte sa conduite : « Dans cette ville où je t'envoie, toi, homme, ne crains pas dieu, ne redoute personne, que personne n'échappe à la mort, enfants au sein comme les autres, seront mis à mort, qu'on entasse les richesses des babyloniens comme si c'était des biens ennemis. » Mais tout a une fin. L'équipée destructrice est terminée. Erra regagne son temple et tout rentre dans l'ordre (*Épopée d'Erra*).

UN DIEU (NERGAL ?) PORTANT DANS CHAQUE MAIN UN SCEPTRE À TÊTE DE LION
IIIe MILLÉNAIRE AVANT J.-C.
Poterie

Les Sibitti. Petits démons de l'enfer, les Sibitti sont sept. Chacun a sa façon d'intervenir auprès des hommes : Idpa entre par la tête, Namtar entre par le cœur, Utuk entre par les yeux, Alal entre par la poitrine, Gigim s'empare des intestins, Telal empoigne les mains, Uruku, comme une larve géante, se nourrit du sang.

Les Sibitti ne sont pas toujours des démons. Dans le poème d'Erra ils sont appelés héros sans rivaux. Ce sont eux en effet qui ont tué Tiamat ce qui a permis le développement du monde. Mais les Sibitti ne peuvent rester tranquilles. Peu leur chaut la vie citadine, les palais, les bières douces. Il leur faut du mouvement, de la vie, des armes et des combats, des huttes pour habiter et l'eau des outres pour se désaltérer. Ils sont proches de la nature qu'ils bouleversent, transforment, renouvellent. Ils sont les artisans de tous les changements.

Nergal dieu des Enfers avec Cèrbère
Vers 150 avant J.-C.
Bas-relief, calcaire peint

Ninourta, le restaurateur du pouvoir

La guerre

Jeune guerrier, courageux et téméraire, Ninourta est institué le champion des dieux dans la lutte pour la reconquête du pouvoir volé par Anzu à son père Enlil. Il rétablit l'ordre dans l'univers.

Ninourta est le fils de Mah, ou Mami, « la déesse de toute forme », et d'Enlil le dieu souverain. Il est grand, fort, jeune, courageux, héroïque et reconnu comme tel par tous.

Le combat contre Anzu

Quand Anzu s'est emparé des attributs de la souveraineté, Enlil se retrouve nu, le monde est désorganisé. Les dieux se réunissent pour trouver un champion qui combattra Anzu. Mais les dieux pressentis se récusent.

Mah fait venir son fils, le glorieux Ninourta. Elle lui explique la stratégie à suivre : cacher ses beaux traits sous les apparences d'un démon, se plonger dans un brouillard épais afin que les flèches lancées surprennent l'adversaire. Ninourta gravit la montagne, entouré des sept vents mauvais, et arrive en présence d'Anzu. La situation paraît inversée : le dieu est sombre et enveloppé de brumes, le démon est plein de la lumière que lui donnent les tablettes du destin volées. Il lui dit : « Qui es-tu, jeune présomptueux ? Montre ton visage, fais-toi connaître. »

Ninourta dit les noms de ceux qui l'ont envoyé. Anzu grince des dents. L'obscurité tombe. Le champion des dieux lance ses flèches. Mais Anzu, détenteur du destin, crie : « Roseau qui viens vers moi, retourne à ta cannaie » (*le Mythe d'Anzu*, II, 60), et le roseau revient en arrière.

Ninourta envoie un messager raconter ce qui s'est passé. Enlil donne alors un conseil : « Lance les sept vents mauvais contre Anzu, qu'il soit pris dans la tempête, qu'il laisse retomber ses ailes, qu'il soit empêché de parler. À ce moment, coupe-lui les ailes et envoie tes flèches. »

Le seigneur « frissonne, tremble, mais marche vers la montagne » (*le Mythe d'Anzu*, II, 145). Il agit selon les instructions données. « La terreur qu'il inspire atterre les plus vaillants. Il trouble Anzu et lui tranche la gorge » (*ibid.* III, 20). De nouveau, les fonctions divines sont exercées par leurs détenteurs légitimes, les tablettes du destin sont remises entre les mains d'Enlil.

Le seigneur du cuivre

Ninourta est le champion de l'ordre contre le chaos, de la civilisation contre la vie sauvage. Son adversaire est alors Kur, la montagne cosmique informe. Celui-ci suscite une armée de pierres pour envahir le monde. Mais ne réussit pas à les enrôler toutes, d'autres pierres restent fidèles au dieu. Ninourta vient à bout des monstres ennemis et se souvient de ces alliés : il bénit ceux qui l'ont soutenu et maudit les autres. Ainsi, certaines pierres comme le lapis-lazuli et l'améthyste brillent par leur beauté et sont recherchées par les hommes pour des usages nobles, les autres sont quotidiennement foulées au pied.

Ninourta est aussi le *deus faber*, le dieu artisan, qui, à partir de la matière brute, fait les instruments de civilisation.

Les sept vents mauvais. Ce sont les imhullu. Il y en a sept : le vent mauvais, le tourbillon, l'ouragan, le vent quadruple, le vent septuple, le cyclone et le vent incomparable. Ils ont servi à anéantir Tiamat lors du combat primordial. Mais on dit qu'il y en a sept sur terre et sept au ciel. Ainsi ils seraient quatorze.

Il faut les rapprocher des sept esprits mauvais. Souvent les textes les confondent. Ce sont le premier, le vent du sud, le deuxième un dragon dont la bouche toujours ouverte ne peut être mesurée, le troisième un léopard, le quatrième le terrible Shibbu, le cinquième un loup furieux, le sixième un fou qui s'attaque aux dieux, le septième un épouvantable orage.

Ni mâle, ni femelle, n'ayant ni femme ni progéniture, ils ne sont accessibles ni à la prière ni à la supplication et ne connaissent ni ordre ni bonté. La caverne est leur maison. Ce sont essentiellement des esprits destructeurs.

GUDEA, LES MAINS JOINTES AU-DESSUS D'UN LIVRE SAINT DU TEMPLE DU DIEU NINGIRSU (OU NINOURTA ?)
SUMER ; VERS 2080-2060 AVANT J.-C.
Diorite

Gudea, le gouverneur de la Lagash, se présente ici devant la divinité, humble comme le plus modeste de ses sujets, confiant dans la justice de Ninourta.

Plaque de conjuration contre la maladie
Vers 750 avant J.-C
Plaque de bronze munie de deux attaches pour la suspendre près d'un malade

La Plaque est à quatre niveaux : en haut les emblèmes des divinités. En dessous des génies à tête de lion chassent les maladies. Au centre le malade couché sur son lit est entouré de deux divinités à tête de poisson. Enfin en bas, un démon agenouillé sur un cheval, lui-même porté sur une barque s'avance sur le fleuve infernal.

Enki / Ea, la sagesse

Le seigneur de la Terre

Organisateur de la vie sur terre, le prince Enki est celui qui décide des destins, donne la vie, crée la société et répond par la ruse, la fourberie ou l'intelligence à toutes les difficultés.

Enki apparaît sur une barque au fond du golfe Persique. Il s'installe dans les marais qui bordent le Tigre et l'Euphrate. Il domestique les lieux et y construit un temple tout de métal et de pierres rares ; on l'appelle la « maison de l'Abîme. » La ville d'Éridu se développe autour. Enki en est le dieu.

La vie du monde

Enki n'est pas le créateur. Il donne la vie et aménage le monde. Il vient du Dilmoun, cette terre d'où l'on ramène le cuivre. Là, il dort auprès de son épouse vierge. Elle l'appelle et lui demande l'eau nécessaire à la vie. Enki répond : « Le soleil dans une seule révolution t'amènera l'eau douce. Il fera pour toi jaillir l'eau dans ton vaste domaine. » Enki s'unit à Ningursag son épouse, puis à sa fille, enfin à sa petite-fille. Il est lui seul la source de toute la vie. Avant la dernière union, l'épouse, suggère que la petite-fille demande des fruits au dieu, et cette union est l'origine des plantes. Mais Enki oublie de donner leur destin aux plantes et se contente de les manger : geste insensé, contraire à sa nature de créateur, et qui le voue à un affaiblissement extrême. Le « regard de vie » que lui adresse son épouse le guérit.

Le civilisateur

« Dieu au vaste entendement », magicien et maître des techniques, il passe son temps à réparer les défaillances des autres dieux. Chacun de ses gestes, chacune de ses paroles apporte quelque chose à la civilisation. Sur son appel, le bétail et le grain sont sortis de la « colline sainte ».

Au cours d'un banquet, Ninmah met Enki au défi de trouver un emploi aux hommes manqués qu'elle a sortis du moule. Enki accepte le défi et trouve des solutions pour chacun d'eux : il donne à l'être faible et incapable d'effort la fonction d'officier du roi, à l'aveugle celle de poète, à la femme stérile celle de prostituée, etc. *(Enki et Ninmah).*

Les *mé*

Inanna est déesse d'Uruk, et elle voudrait bien, pour sa ville, ravir à Enki les *mé* qu'il détient : les *mé* sont les composants de la vie sociale et de la civilisation.

Ils sont innombrables et, parmi eux, il y a divinité, royauté, pastorat... ; prostitution, commerce sexuel, embrassement... ; famille rassemblée, travail obligatoire, dispute... ; supériorité, déshonneur... ; droiture, bonheur, faculté de donner conseil... ; réflexion, sens de la justice, enfin tout ce qui fait la supériorité d'Éridu.

Pour les voler, la déesse tente d'enivrer leur détenteur *(Inanna et Enki).* Mais, comme le feu, les *mé* peuvent se partager sans perdre de leur force, et Enki n'en voudra pas à sa voleuse. Il est le dieu intelligent, réfléchi et sensé par excellence.

Ea. Le très intelligent, le sage, le capable, l'omniscient Ea (ou Nudimmud) est chez les Akkadiens ce qu'est Enki chez les Sumériens. Il verse le sommeil sur son père Apsou, « il le dépouille de ses vêtements, lui enlève sa tiare, lui ravit son éclat et s'en revêt » (*Enouma Elish*, tablette I, 64-68). Ea est le père de Marduk, le plus sage de tous, qui reçoit d'Anu, le dieu suprême, une double essence divine.

Le rusé

Il intervient même en faveur d'Inanna et trouve une machine capable de séduire la terrible Ereshkigal, qui la tient prisonnière (*la Descente d'Inanna aux enfers*). Il défend l'humanité qu'Enlil veut décimer par la famine, l'épidémie ou le déluge. Il aide Atrahasis dans la construction de son arche (*Atrahasis*). Il trouve un champion pour combattre le géant Anzu, qui désorganise le monde et indique les ruses à utiliser dans la bataille (*Anzu*).
Enki réussit toutes ses entreprises, malgré les apparences. Il a recours à des manœuvres subtiles et quelque peu fourbes : ainsi Nergal, envoyé aux Enfers pour affronter la déesse Ereshkigal, devient l'époux de cette dernière et de la sorte « colonise » le séjour infernal, et Adapa, sur le conseil perfide du dieu, refuse l'immortalité mais garde son emploi auprès de lui.

LE DIEU DES FLOTS PARCOURT SON DOMAINE DANS UNE BARQUE
ÉPOQUE D'AGADÉ ; VERS 2200 AVANT J.-C.
Sceau-cylindre ; jaspe sanguin

SCÈNE DE JUGEMENT DONNÉ PAR ENKI
VERS 2200 AVANT J.-C.
Sceau-cylindre accadien

Marduk, dieu babylonien

Le souverain

Issu d'une nouvelle génération de dieux, Marduk devient, en même temps que le champion, le souverain universel et s'impose à tous les autres dieux ainsi qu'au monde entier.

Fils d'Ea et de Damkina, Marduk est dès sa naissance pourvu d'une double essence divine et d'un quadruple entendement. Son épouse est Zarpanitou, son fils Nabou, dieu des Scribes.

Marduk est le champion des dieux d'une nouvelle génération, qui représentent la vie, la civilisation, le progrès — les dieux primordiaux étant le chaos primitif, la nature inorganisée, la force brutale sans intelligence.

Marduk crée les vents et soulève la tempête. Les dieux premiers-nés peinent au vent et ruminent le mal dans leur cœur. Ils disent à Tiamat : « Venge Apsou, ton époux, et Moummou, qui fut mis aux fers. Marche au combat. »

« Tiamat revêt d'épouvante des dragons furieux et les charge d'éclat surnaturel [...] onze espèces elle créa » (*Enouma Elish*, tablette I, 135-140). Elle met Kingou à la tête de son armée. L'assemblée des dieux se réunit et propose à Marduk de les défendre. Celui-ci accepte à la condition d'obtenir le pouvoir suprême. « Au premier regard, la démarche de Kingou devient vacillante. Mais Tiamat se tient droite et ne détourne pas la tête. Tiamat et Marduk se ruent l'un contre l'autre. Le seigneur enveloppe son adversaire dans un filet et lance un vent mauvais. Tiamat ouvre la gueule pour l'engloutir. Le vent dilate son corps, son ventre est gonflé. Marduk lance une flèche qui lui déchire les entrailles et lui perce le cœur. Alors, il se dresse sur son cadavre. C'est la débandade. Il piétine les ennemis et Kingou est mis au rang des dieux morts » (*Enouma Elish*).

La création de l'homme

Marduk examine le cadavre. D'une moitié, il fait la voûte céleste ; il y construit le palais Eshara, qui est le Ciel, où Anu, Enlil et Ea ont leurs demeures. De l'autre moitié, il fait la Terre : il accumule les montagnes sur sa tête, ouvre dans ses yeux l'Euphrate et le Tigre, met sur son sein des collines opulentes et fonde les sanctuaires. À la vue de ces merveilles, les dieux sont dans l'admiration. « Je veux, dit Marduk, faire un réseau de sang, former une ossature pour produire une espèce d'êtres dont le nom sera : homme » (*Enouma Elish*, tablette VI, 1). Sur lui « reposera le service des dieux pour leur soulagement ».

Il prend Kingou, qui a fomenté la guerre, il lui tranche les veines et, de son sang, il crée l'humanité. Marduk reste le responsable de l'ordre dans le monde. Quand Erra, le dieu de la Mort, obtient par ruse que Marduk se lève de son siège, le monde est inversé, la lumière du soleil se change en ténèbres, les routes sont infestées de brigands, l'homme mange l'homme. L'ordre n'est rétabli que lorsque Marduk reprend sa place.

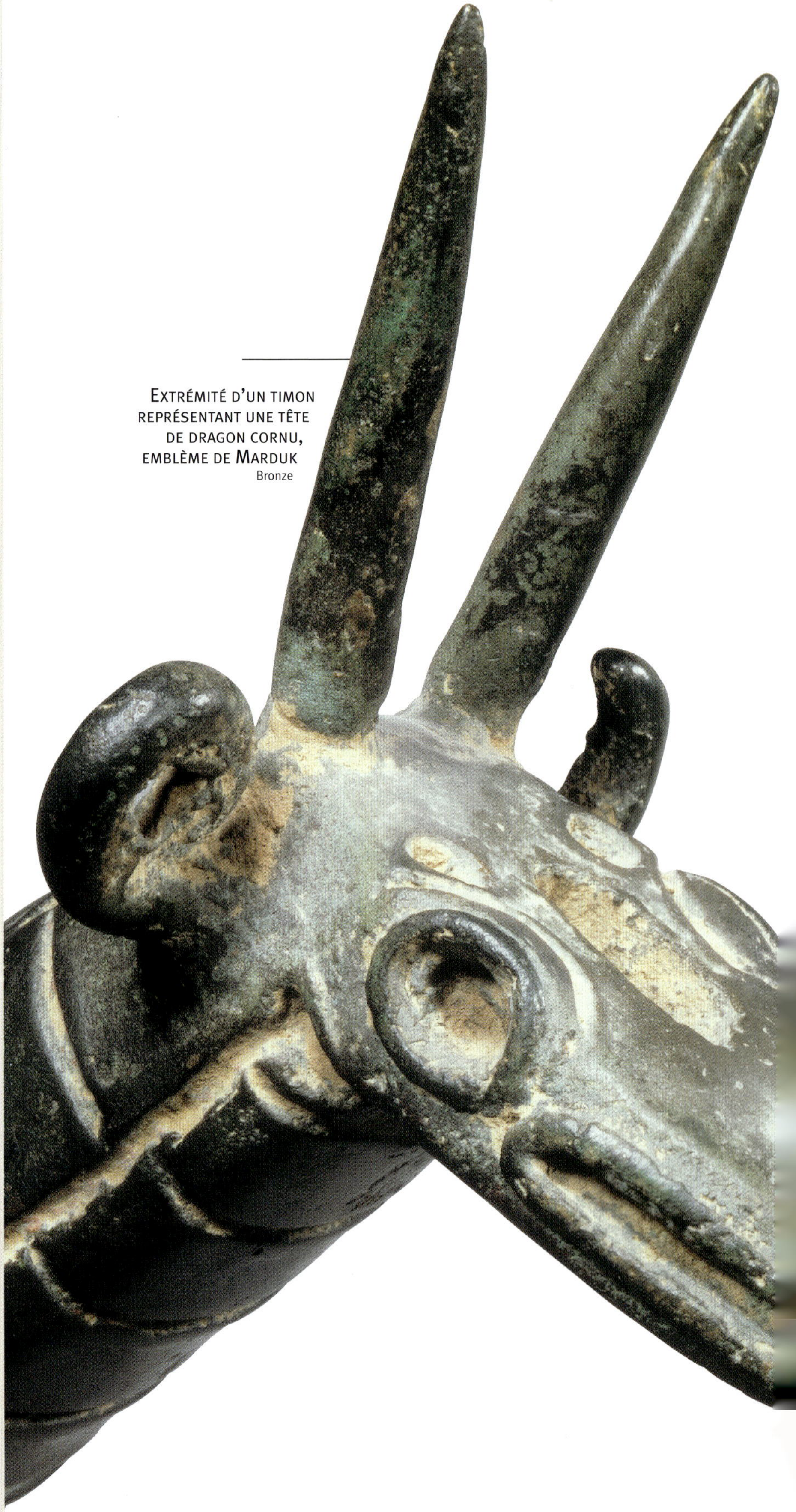

EXTRÉMITÉ D'UN TIMON REPRÉSENTANT UNE TÊTE DE DRAGON CORNU, EMBLÈME DE MARDUK
Bronze

Emblème (lion) sur la voie sacrée de Marduk vers la porte d'Ishtar à Babylone
Vers 604-561 avant J.-C.
Bas-relief ; brique vitrifiée, (détail)

Chaque année au nouvel an, est organisée sur la voie sacrée une grande procession de tous les dieux. Ils viennent se réunir dans le temple de Marduk pour lui rendre hommage, reconnaître la crainte qu'il leur inspire et attendre qu'il fixe leur destin pour l'année.

La gloire de Marduk

Le mérite et la gloire de Marduk sont reconnus par tous les grands dieux qui lui ont décerné cinquante titres dont chacun correspond à un privilège divin. Il fixe les destins et quand l'oiseau-tempête Zou dérobe les tablettes du destin, il s'élance à sa poursuite, l'atteint, lui fracasse le crâne et lui arrache son butin. Quand les *outoukkou* parviennent à cacher la lumière de la lune, il se met en chasse, met en fuite les coupables et redonne à l'astre de la nuit sa brillance naturelle.

« Quand il est en fureur, à sa colère ne résiste aucun dieu, devant le tranchant de son arme les dieux s'enfuient. Maître terrible, qui parmi les grands dieux n'a pas de rival ! » Tel est Mardouk.

Dieu de Babylone, il réside dans un temple appelé l'Esagil. Il est représenté avec de larges oreilles pour montrer son vaste entendement, et armé de l'arme coudée avec laquelle il a abattu Tiamat. C'est durant le règne d'Hammourabi que Marduk acquiert la prééminence sur les autres dieux sumériens.

Chaque année, au nouvel an, est organisée sur la voie sacrée une grande procession de tous les dieux. Ils viennent se réunir dans le temple de Marduk pour lui rendre hommage, reconnaître la crainte qu'il leur inspire et attendre qu'il fixe leur destin pour l'année.

Marduk et son scribe
Xe siècle avant J.-C.
Stèle en calcaire.

Adapa, le héros akkadien

Le sage

Parangon d'intelligence, il est l'un des sept Apkallu, envoyés extraordinaires d'Ea / Enki, le dieu organisateur de l'Univers, inventeur des hommes et fondateur de la vie civilisée.

Nombre d'hommes se sont installés en Chaldée. Ils y mènent une existence inculte, pareils à des bêtes. Un jour apparaît sur le rivage un monstre extraordinaire. Il s'appelle Oannès. Son corps est celui d'un énorme poisson, mais sous la tête de poisson est insérée une tête humaine, et ses pieds sont pareils à ceux d'un homme. Cet être passe ses jours parmi les hommes sans prendre aucune nourriture. Il leur apprend l'écriture, les sciences et les techniques, la fondation des villes, la construction des temples, la géométrie, la culture des céréales, la récolte des fruits. De lui vient toute la vie civilisée et l'on n'apprendra plus rien après lui. Au coucher du soleil, Oannès replonge dans la mer où il passe ses nuits. Oannès a pour autre nom Uanna, son surnom est Adapa.

Adapa est le personnage dont s'est servi Ea pour réaliser

Le puits de science. Adapa est resté dans la mémoire des habitants du Moyen-Orient comme celui qui savait tout. On le voit hanter l'ambition de tous les souverains régnants de l'Égypte à la Grèce. On dit qu'Assur-Nasirpal Ier, roi d'Assyrie de 883 à 859 avant J. C., assurait avoir des relations privilégiées avec Adapa qui lui aurait enseigné tout ce qui est nécessaire à la vie de son peuple.

ADAPA A APPRIS AUX HOMMES LA CULTURE ET LES A LIBÉRÉS DES ESPRITS MAUVAIS
VERS 883-859 AVANT J.-C.
Bas-relief de Nimrud

ses desseins concernant ciel et terre. Si Adapa est sage, c'est que le dieu dont il est le serviteur est sage et qu'il lui a appris tout ce qu'il sait lui-même. Ainsi, il a été l'instrument du progrès et de la civilisation des hommes dans le pays des Akkadiens au IIIe millénaire avant J.-C.

Génie ailé adorant l'arbre sacré
IXe siècle avant J.-C.
Bas-relief de Nimrud

La perte de l'immortalité

On retiendra surtout de lui sa soumission, pieds et poings liés, à son maître. Ne va-t-il pas jusqu'à délaisser l'immortalité par obéissance ? Il était majordome d'Ea dans son temple d'Eridu et il avait plaisir à pêcher de temps à autre dans le fleuve Amer (sans doute l'Euphrate). Un jour qu'il s'était éloigné du rivage, Shutu, le vent du Sud, fonça sur son embarcation, la bouscula et la fit basculer dans l'eau. Adapa réchappa du naufrage. Mais, pris d'une grande fureur, il s'attaqua à Shutu et lui coupa les ailes — car Shutu a, comme tous les dieux du Vent, la forme d'un oiseau —, et, pendant une semaine, le vent du Sud ne se fit pas entendre.

Anu, le dieu du Ciel de cette époque, s'étonna du silence et en demanda les raisons. Une fois renseigné, il exigea la comparution du coupable devant son tribunal. Au moment où Adapa allait partir, Ea le mit en garde : « Concilie-toi les portiers du Ciel et, quand tu seras en présence d'Anu, on t'offrira de la nourriture, n'en mange pas, on t'offrira de la boisson, n'en bois pas. Ce sont nourriture et boisson de mort. On t'offrira des vêtements, mets-les. On t'offrira de l'huile, oins-t'en. »

Adapa fit comme on lui avait dit : il s'accorda si bien avec Tamuz et Gishzida, les deux portiers du Ciel, qu'il fut reçu, non devant un tribunal, mais à la table d'Anu. Celui-ci fit présenter nourriture et boisson d'éternité. Il refusa, passant ainsi à côté de l'immortalité. Alors le dieu du Ciel ordonna de chasser loin de ses yeux Adapa le rebelle. Adapa se trouve ainsi victime des dissentiments des dieux.

Mais une autre version existe : Anu aurait dit : « Puisque Adapa, de race humaine, par ses propres moyens a brisé l'aile de Shutu, qu'il en soit comme suit : quelque maladie que Shutu aura mise dans le corps des hommes, avec lui, Adapa, Ninkarak (déesse de la Santé et de la Guérison) pourra les apaiser, qu'alors parte la maladie ! Mais sans lui, que survienne la fièvre glacée et que le malade d'un doux sommeil ne puisse reposer ! » Quel pouvoir !

Les Apkallu. On dit qu'ils sont sept, huit ou seize. Ce sont des êtres pleins d'éclat et de génie, intelligents et experts en tous domaines. Ils sont auprès des souverains, dieux ou hommes, des sortes de Premiers ministres, des vizirs entièrement soumis à leur maître : ils leur apportent le savoir et sont des instruments en leur pouvoir.

Ea est leur patron : il s'est servi d'eux pour introduire les commodités de la vie et de la culture chez les hommes. Il est lui-même l'Apkallu des dieux.

À l'époque séleucide (du IVe siècle ou Ier siècle avant J.-C.), on les appelle *Ummânu*. L'un d'entre eux aurait écrit *l'épopée d'Erra* et un autre, *l'épopée de Gilgamesh*.

Inanna, l'Amour et la Guerre

La Dame du Ciel

Déesse de l'amour libre et de la végétation, rusée, volontaire et revendicative, Inanna protège Uruk, apporte à sa ville la civilisation, mais elle est tellement avide de pouvoir qu'elle y risque sa vie.

Inanna est la patronne d'Uruk. Déesse de l'Amour et de la Guerre, elle commande à la vie et à la mort.
Elle est appelée Inanna parce qu'elle est la « Dame du Ciel » : *In* signifiant « Dame » et *An* signifiant « Ciel ». Elle est associée, tantôt comme épouse, tantôt comme fille, à Anu, le maître du domaine céleste et le patron de la ville d'Uruk. Mais dieu lointain, Anu laisse à Inanna la charge des affaires de sa cité.

La protectrice d'Uruk

Enki le démiurge est le possesseur des *mé*, c'est-à-dire de tout ce qui fait la civilisation. Il en fait profiter sa ville, Éridu, qui vit ainsi dans la prospérité. Inanna entreprend de les lui voler au profit de sa ville, Uruk. Elle l'invite à un banquet et parvient à l'enivrer. Elle peut ainsi commettre son larcin tandis qu'Enki s'abandonne à une douce somnolence. Le vol des *mé* n'en privera pas Éridu, mais désormais Uruk connaîtra le progrès et la civilisation *(Inanna et Enki)*.

Une curieuse histoire d'amour

Inanna épouse le berger Dumuzi, qui devient ainsi souverain de la cité. Elle est très amoureuse et le proclame haut et fort : « Je marche dans la joie ! [...] Mon seigneur est digne du giron sacré. » Son mariage, son bonheur, pourtant, ne l'empêchent pas d'être revendicative. Elle entreprend de descendre aux Enfers afin de prendre le pouvoir à sa sœur Ereshkigal, qui les gouverne. Elle réussit à passer les sept portes, mais à chacune d'elles elle doit enlever l'un de ses vêtements. Elle arrive devant sa sœur, complètement nue, dépourvue de pouvoir, inerte, comme morte.
Enlil, prévenu du malheur d'Inanna, envoie deux messagers apporter la « nourriture de vie » et l'« eau de vie ». Ils réussissent à ranimer « le cadavre qui pendait à un clou ».
Mais la loi qu'on impose alors à Inanna est stricte : si elle veut sortir des Enfers, elle doit se trouver un remplaçant. Escortée de démons, les *galla*, elle revient sur terre pour chercher celui ou celle qui prendra sa place. Elle va à Umma, à Bad-Tibira, et là les divinités tutélaires se jettent à ses pieds pour lui demander pitié. Sensible à leur

La combattante. « Inanna aux pouvoirs redoutables, toi qui répands la terreur, en chevauchant ces grands pouvoirs. Inanna toi qui brandis, par son manche sacré, l'ankara dont le sang t'éclabousse ! Toi qui t'emportes en d'énormes combats, qui pulvérises les boucliers et soulèves ouragans et tempêtes ! Altière souveraine Inanna, experte à déclencher les guerres, tu dévastes la Terre et conquiers les pays par tes flèches à la longue portée ! Ici et là-haut, tu rugis comme un fauve et frappes les populations ! Tel un aurochs gigantesque, tu t'es campée impatiente d'attaquer les contrées hostiles ! pareille à un formidable lion, de ta bouche écumante, tu as anéanti adversaires et rebelles » (*Victoire d'inanna sur l'Ebih* 1-10).

DÉPOSITION D'OFFRANDES DEVANT LA DÉESSE INNANA
VERS 2900 AV. J.-C.
Albâtre

frayeur, elle repart et se retrouve enfin dans sa ville d'Uruk. À Uruk, Dumuzi est assis sur son trône. Habillé richement, menant grande vie, il fait la fête et jouit du pouvoir comme si de rien n'était et sans être le moins du monde troublé par les tribulations qu'a connues Inanna. Celle-ci s'en aperçoit ; courroucée, elle fixe sur lui « l'œil de mort » et jette un cri : « Emportez-le ! » Alors, les démons se saisissent de lui, le torturent et l'emmènent pour prendre la place d'Inanna aux Enfers.

Inanna et Bilulu

La déesse n'est pourtant pas satisfaite de cette situation. Elle garde un amour profond pour son époux et l'on entend sa complainte : « Dans le désert, mon Dumuzi, j'élèverai ma complainte ! Ma complainte pour toi ! Je la ferai entendre jusque dans l'Arali infernal. » Désert et Enfers se trouvent alors confondus. Innana part rejoindre le cadavre de Dumuzi. Elle voit le troupeau de son époux conduit par Gigire, fils de Bilulu « l'ancienne, respectable matronne ». Gigire, individu solitaire, rusé et plein d'astuce a volé le troupeau comme il vole grains et gerbes et assomme les propriétaires. Il se tient en compagnie de Sirru-du-désert-venteux, « fils de personne et ami de personne ». Alors Inanna va dans le désert venteux, entre dans la caverne de Bilulu et la transforme en « outre-à-eau-fraîche ». Gigire devient démon et esprit du désert et il criera sans cesse : « Versez-en encore ! Épandez-en encore ! » comme pour désaltérer le cadavre resté dans le désert. Ainsi, dit le texte, fera-t-on revenir Dumuzi d'où il avait disparu.

Dumuzi et Gestinanna

Une autre version des faits parle de Gestinanna, la sœur de Dumuzi. Celle-ci, au moment de la descente aux Enfers de son frère vaque à sa parure. Pourtant elle entend l'appel à l'aide et comprend qu'on va le lui arracher. Alors elle rejette ses bijoux, supplie qu'on ne lui prenne pas son frère unique et propose de passer la moitié de l'année à sa place dans le royaume d'Ereshkigal. Belle opposition entre l'amante égoïste et lâche et la sœur courageuse et sincèrement attachée à son frère.

L'épopée d'Enmerkar. Enmerkar, roi d'Uruk, veut construire pour la déesse Inanna un temple plus magnifique que celui édifié par le seigneur d'Aratta. Mais ce dernier possède pierres et métaux précieux dont le premier a besoin et le met au défi de transporter du grain dans un récipient troué ; de porter un sceptre ni en bois, ni en métal, ni en pierre ; enfin, de trouver un champion portant un habit sans couleur connue. Avec l'aide d'Inanna, Enmerkar trouve les solutions : il transporte du grain germé qui ne passe pas par les trous du récipient, il porte un sceptre en roseau, enfin il habille son champion de laine écrue. Cette première joute par énigmes serait vieille de 5 000 ans.

Procession sacrificielle en l'honneur de la déesse Innana (taureau et porteurs d'offrandes)
Vers 2900 avant J.-C.
Albâtre

Sin, dieu de l'ordre cyclique

La Lune

Coiffé du croissant aux deux pointes relevées comme un esquif, Sin vogue sur les eaux dans les espaces célestes, apporte la lumière au monde et le destin aux dieux et aux hommes.

Sin s'appelle aussi Souen ou Nanna chez les Sumériens et Nannar chez les Akkadiens. Sin est assis sur un trône, une longue barbe retombant sur sa poitrine ; il tient de la main la hache, le sceptre et le bâton.

Sin est la Lune et le père de Shamash, le Soleil, son épouse est Ningal, la grande dame. La lumière de Sin est bienfaisante : elle guide les caravanes ; celle du Soleil est impitoyable : elle brûle et dessèche. Le croissant de lune ressemble à des cornes, et Sin est comparé à un jeune taureau dont la force augmente pendant toute la progression du mois.

Sin est continuellement en lutte contre les méchants. En éclairant le monde la nuit, il les empêche d'agir. Aussi les démons le combattent-ils. Un jour, ils ont réussi à faire disparaître Sin. Mais Marduk l'a défendu et a rétabli l'ordre.

Sin a des oracles ; ses prévisions lient les dieux autant que les hommes. L'éclipse est le signe le plus redoutable que donne Sin, puisque, alors, il se cache et annonce ainsi des catastrophes.

Le culte de Sin s'étend à partir d'Ur, en Babylonie, et de Harran, en Assyrie. Les plus hautes autorités s'y trouvent mêlées : la fille de Sargon, roi d'Akkad, devient l'épouse du dieu ; une des sœurs des rois de Larsa en est la grande prêtresse et un des frères d'Assurbanipal est grand pontife du temple d'Harran.

TRIADE PALMYRÉENNE : BAAL, MAÎTRE DES CIEUX ENTRE LE DIEU LUNE ET LE DIEU SOLEIL

Ier SIÈCLE, Bas-relief ; calcaire

LES EMBLÈMES DES DIEUX GARANTS DES CONTRATS : LE CROISSANT DE SIN, LE SOLEIL DE SHAMASH ET L'ÉTOILE D'ISHTAR

VERS 1188-1174 AVANT J.-C.

Bas-relief en pierre noire

Shamash, la lumière

Le Soleil

La lumière de Shamash resplendit dans le ciel, sur la terre et dans les enfers; il voit tout, entend tout, comprend tout. Il donne les lois et préside à la justice. Il préside à l'institution des lois d'Hammourabi.

Sur une tablette retrouvée à Sippar, on voit le dieu Shamash assis, portant une tiare à quadruple rang de cornes, un chignon, une grande barbe et revêtu d'une longue robe. Il tient à la main droite le bâton et le cercle. L'image qui le symbolise est le disque solaire se levant entre deux montagnes ou encore une simple roue à rayons.

Dieu de la Lumière

Fils du dieu Lune Sin et de Ningal, Shamash est le frère d'Ishtar, la déesse de l'Amour et de la Guerre. Il a pour épouse Aya, « la jeune femme ». Il donne la lumière à l'univers. Il voyage le jour dans le ciel, voit tout, inspecte tout, découvre tout, révèle les secrets, donne assistance à qui en a besoin, punit qui le mérite et récompense qui en est digne.

Les premières lois écrites connues, le code d'Hammourabi, ont été établies sous son autorité. Dieu de la Justice, il dicte ses volontés au roi de Babylone. Les serments sont faits en son nom. Shamash ne permet pas le mensonge. Deux petits dieux l'aident dans sa tâche : Girru, le dieu Feu, et Nusku, le dieu Lumière. Les prières qui lui sont adressées se situent entre la magie et la religion. Toujours présent, il répond à coup sûr, à la condition qu'on respecte des rites précis.

Son culte s'est concentré dans les villes de Larsa, au sud, et de Sippar, au centre. Dans ces deux villes, son temple s'appelle l'*Ebabbar* (la « maison brillante »).

Dieu omniscient, on jurait sur lui dans les procès comme on le fait aujourd'hui sur la Bible. Il présidait, avec Adad, à la divination.

LE DIEU SOLEIL SHAMASH SUR UNE CRÉATURE FABULEUSE, AVEC LES SYMBOLES DU DIEU DE LA LUNE ET DE LA DÉESSE ISHTAR

VERS VIIIe ET VIIe SIÈCLE AV. J.-C.

Bas-relief en plâtre

Gilgamesh, le héros de Sumer

La quête de l'immortalité

Roi tyrannique, voluptueux et cruel, puis aventurier intrépide, Gilgamesh illustre d'une façon dramatique la condition humaine cherchant à sortir de sa finitude.

Gilgamesh, fils de la déesse Ninsoun et d'un mortel, est roi d'Uruk. « Deux tiers en lui sont dieu et un tiers est humain ; la forme de son corps, les dieux eux-mêmes la parfirent et sa mère Ninsoun de surcroît le dota de beauté. Dans l'enclos d'Uruk, il fait montre d'une force aussi grande que celle d'un buffle portant haut la tête. Sans rival est le choc de ses armes » (*Épopée de Gilgamesh*, II, 3-15). Grand constructeur, il fait de sa ville une forteresse imprenable, entourée d'un mur de neuf kilomètres et demi flanqué de plus de neuf cents tours.

Enkidu

Enkidu est un despote cruel : toutes les femmes servent à son plaisir, tous les hommes à ses travaux. Ses sujets, écrasés par cette oppression, supplient les dieux de les libérer de leur bourreau ; ceux-ci décident alors de susciter un géant pour le combattre et le tuer.
Enkidu est le contraire de Gilgamesh. À demi sauvage, il tient plus de la bête que de l'homme. Le corps entièrement velu, il vit dans les grottes et les terrains incultes, parmi les fauves. Il ne connaît pas la civilisation et, doué d'une force colossale, il détruit tout sur son passage et cherche querelle à qui le rencontre.
Gilgamesh le voit d'abord en rêve, puis il apprend son existence par un chasseur embusqué qui l'a vu s'abreuver à une source. Il lui envoie une courtisane afin de le séduire : elle s'unit à lui pendant sept jours et sept nuits et parvient à en faire un homme. Enkidu la suit jusqu'en ville, où il apprend peu à peu la civilisation. Alors, il rencontre le roi. La confrontation est sévère, chacun veut l'emporter et affirmer ainsi sa suprématie. Gilgamesh, plus rusé, a le dessus, mais il se prend d'amitié pour son adversaire.

HUMBABA, DÉMON NU QUI GARDAIT LA FORÊT ET EST TUÉ PAR GILGAMESH ET ENKIDU
VERS 2000 AV. J.-C.
Bas-relief

GILGAMESH ET LA DÉPOUILLE D'UN LION
VERS 722-705 AV. J.-C.
Bas-relief

La mort d'Enkidu

Tous les deux partent abattre Huwawa, un monstre d'une puissance phénoménale qui crache le feu et tue par sa seule haleine. Ils le trouvent dans une forêt de cèdres fabuleuse dont il est le gardien et réussissent, après bien des péripéties, à lui donner la mort.

Au retour, Gilgamesh reçoit les avances de la déesse Ishtar, médusée par ses exploits. Mais, insolemment, il refuse, la traitant de « chaussure qui blesse le pied ». Ishtar, furieuse, crée alors un taureau céleste capable de le détruire, lui et toute sa cité.

Enkidu réussit à prendre la bête par la queue et Gilgamesh lui enfonce son épée entre le garrot et les cornes. Enkidu, enivré par la victoire, nargue la déesse et l'insulte sans retenue. Celle-ci se venge en le rendant malade ; il meurt après douze jours d'agonie.

Gilgamesh est inconsolable. Pendant sept jours et sept nuits, il pleure son ami, espérant ainsi le rendre à la vie. Après l'enterrement, Gilgamesh erre dans le désert, terrorisé par la perspective de la mort. Une idée lui vient à l'esprit : conquérir l'immortalité. Il sait qu'Utnapishtin, le seul qui ait survécu au déluge envoyé par les dieux, vit toujours, et il décide de le retrouver : alors commencent ses aventures.

L'HOMME-TAUREAU (MINOTAURE) ENKIDU MAINTENANT DEUX TAUREAUX ANDROCÉPHALES
SUMER
Pendeloque en or

Les épreuves

La porte du Soleil lui est ouverte par ses gardiens, les hommes-scorpions « dont la vue suffit à donner la mort » (*Épopée de Gilgamesh*, IX, II, 7), ceux-ci ayant discerné en lui la parcelle divine qu'il porte. Il chemine douze heures dans les ténèbres d'un souterrain, rencontre la nymphe Siduri, qui tente de le détourner de son projet, traverse les eaux de la mort et arrive enfin sur le rivage où vit Utnapishtin.

Utnapishtin lui demande de ne pas dormir pendant six jours et sept nuits afin de s'entraîner à l'immortalité. Mais Gilgamesh s'endort et ne se réveille qu'après la septième nuit. Alors il s'inquiète : « Que faire, Utnapishtin, où aller ? Un démon a pris possession de mon corps ; dans la chambre où je dors habite la mort, et où que j'aille, la mort est là ! » (*Épopée de Gilgamesh*, X, 6-9).

Utnapishtin lui révèle enfin où se trouve la plante de vie, appelée « le vieillard redevient jeune ». Gilgamesh va la chercher au fond de la mer, et prend le chemin du retour avec l'intention de la partager avec ses sujets. En cours de route, il s'arrête

LA DÉESSE NINSUN, MÈRE DE GILGAMESH
IIIe MILLÉNAIRE AVANT J.-C
Bas-relief ; stéatite

GILGAMESH AVEC DEUX
DEMI DIEUX (MINOTAURES)
SOUTENANT
LE DISQUE AILÉ DU CIEL
IXe SIÈCLE AVANT J.-C.
Bas-relief

pour prendre un bain à une source. Mais un serpent, attiré par le parfum de la plante magique, la mange. Gilgamesh est dépouillé de l'immortalité. Il revient à Uruk, se fait une raison et reprend sa vie d'autrefois.
« Lorsque les dieux firent les hommes, ils mirent la mort pour les hommes, ils gardèrent la vie pour eux. Toi, Gilgamesh, remplis ta panse, et, nuit et jour, réjouis-toi. Mets une fête en chaque jour, et nuit et jour, danse et t'ébats... Presse l'enfant qui prend ta main, que femme avec toi se réjouisse. Tel est le seul parti des hommes » *(Épopée de Gilgamesh)*.

Le roi Gilgamesh. Gilgamesh est le cinquième roi de la Ire dynastie d'Ourouk. On lui doit d'importants travaux hydrauliques. Il détourna les eaux à la périphérie de la ville et fit construire un mur de défense de 9 km de long. Celui-ci était flanqué de 900 tours semi-circulaires. La grandeur du constructeur n'a sans doute pas été pour rien dans la diffusion de son mythe.

Ishtar, déesse de l'Amour

L'amante passionnée

Étoile du matin, Ishtar est la guerre. Étoile du soir, elle est amour et volupté. Confondue avec Inanna, Astarté, Anat, et Aphrodite suivant les pays, elle reste partout la déesse de l'Amour.

Ishtar est toujours vierge, non par abstinence, mais parce qu'elle retrouve périodiquement sa virginité en se baignant dans un lac. Elle est toujours suivie de ses deux servantes musiciennes, Ninatta et Kulitta.
Elle est la sœur et la femme de Tammuz (le Dumuzi sumérien), qui, chaque année, meurt et descend aux Enfers et, chaque année, ressuscite et revient sur terre, accompagnant la végétation du printemps. Chaque année, on célèbre ainsi son deuil et son retour à la vie. Ézéchiel parle « des femmes assises sous le porche du temple de Yahweh et pleurant Tammuz » (Ézéchiel, VIII, 13).

Déesse de l'Amour

Grande amoureuse, Ishtar chante avec flamme son affection pour Tammuz. Elle aime aussi Gilgamesh, qui, connaissant bien sa vie déréglée, la repousse insolemment. Elle est la déesse de l'Amour, et ses temples sont des lieux de prostitution : chaque femme, à Babylone, doit en effet, au moins une fois dans sa vie, s'asseoir dans le temple et attendre qu'un étranger vienne, lui jette de l'argent et lui dise : « Je te somme au nom de la déesse. » Alors, elle suit cet homme et s'unit à lui (Hérodote, *Histoires*, I, 2).
Bienfaitrice, elle vient au secours de l'impuissance sexuelle. Sacrifices de moutons, émanations de parfums, libations de bière et mise au feu de figurines de cire ou de bois, étaient faits pour attirer son intervention.

Déesse de la Guerre

Guerrière farouche, Ishtar est cruelle et déterminée. Elle est représentée avec l'arc et le carquois et commande le combat. Elle fait la gloire de l'Assyrie et est responsable de la cruauté de ses rois : Assur-Nasirpal (883-859 av. J.-C.) est renommé pour la barbarie avec laquelle il traite les ennemis vaincus ; il les fait écorcher vifs ou leur fait couper les mains.

Astarté, ou Ashtart, déesse phénicienne, unit Aphrodite et Éros : elle est la séduction et le désordre érotique. Déesse de l'Amour, elle est honorée dans de nombreux pays de l'Orient. On trouve ses temples à Tyr, à Carthage et à Chypre. La Bible la dit « déesse sidonienne », car les rois de Sidon sont prêtres d'Astarté. Mais c'est aussi une déesse lascive, et il arrive que son culte comporte des rites orgiaques. Elle a été confondue parfois avec Anat, sœur et / ou amante de Baal, avec Athirat, épouse du dieu El, et enfin avec Inanna, la fille du dieu An.

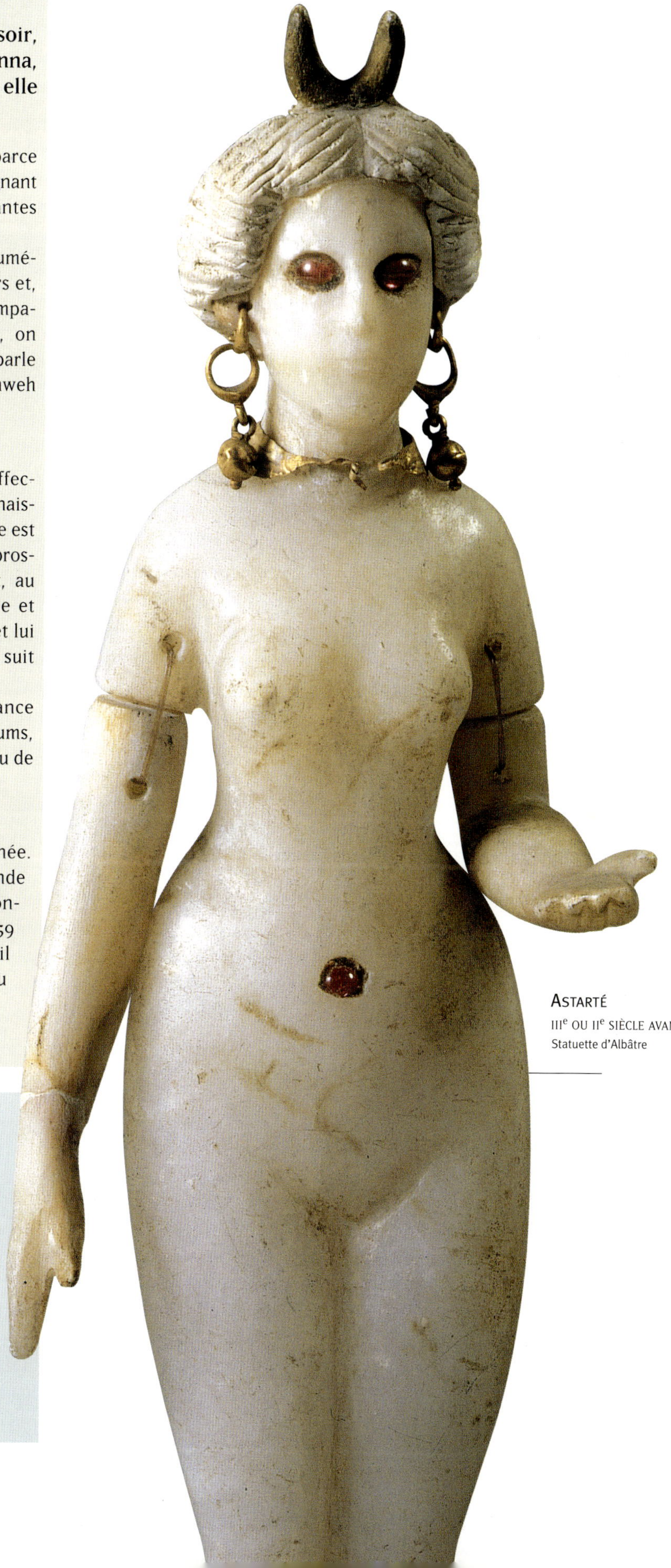

ASTARTÉ
IIIe OU IIe SIÈCLE AVANT J.-C.
Statuette d'Albâtre

Mythologie de l'Inde

Mythologie de l'Inde

Le barratage de l'océan de lait
Sculpture indienne

L'Inde est un continent à elle seule. Sa mythologie a la richesse, la variété, l'abondance des mythologies du monde entier. De plus, l'origine de ses mythes s'enfonce dans les temps les plus reculés de la préhistoire et ils sont formulés à travers une sorte de soubassement poétique qui cache une cohérence spirituelle profonde. Cette mythologie est née et s'est approfondie à travers de multiples et incessants échanges culturels entre des communautés sociales, ethniques et religieuses les plus diverses. Elle est transmise à travers un énorme fonds de récits traditionnels.

La naissance du monde

Des premiers *Vedas* dont l'origine remonteraient au XVe siècle avant notre ère et jusqu'aux derniers *Puranas* dont la rédaction pourrait dater du IVe ou du XVe siècle de notre ère, les récits se succèdent dans lesquels les principes abstraits prennent de plus en plus d'importance. Il n'y a donc pas un récit unique, mais plusieurs, et si chacun d'eux commence par les mots : « Au commencement... » Il s'agit le plus souvent d'un commencement relatif. « Comment du Non-être, l'être pourrait-il naître ? L'être seul, ô mon cher, existait au commencement, l'être unique, sans second » (*Chandogya Upanishad*, VI, 2.) L'origine du monde n'est pas, la plupart du temps, un acte de création mais un acte d'organisation d'un chaos en ordre universel. De plus, ces mythes d'origine comprennent une grande variété de métaphores pittoresques suggérées par les activités humaines.

Tantôt le monde est représenté comme sorti du corps d'un être anthropomorphique gigantesque, Purusha, qui est offert en sacrifice et découpé par les dieux, tantôt la création est attribuée à un démiurge, Prajapati, qui fait sortir successivement de lui-même tous les êtres : « Il a tiré les vaches de son ventre et de ses flancs ; les chevaux, les éléphants [...] de ses deux pieds. De ses poils naquirent les plantes, les fruits et les racines » (*Vishnu-purana*, I, 47-48). Parfois encore, l'univers ne se composerait au début que d'eau : « Au commencement en vérité, il n'y avait qu'eau, que liquide. Les eaux formèrent un désir : « En vérité comment pourrions-nous engendrer ? » Elles firent effort, accroissant leur ardeur interne et, tandis qu'elles accroissaient leur ardeur, en elle se forma un œuf d'or » (*Çatapatha-brahmana*, XI, 1-6). Et cet œuf d'or, est-il dit au chapitre premier du *Manavadharmaçastras*, « est revêtu de l'éclat du Soleil aux mille rayons ».

Plus tard, on parlera du sanglier qui plonge au fond des eaux et soulève la terre : « Il renfloua la Terre et la rétablit flottant sur l'Océan comme un grand navire. Ayant aplani la Terre, il l'orna de montagnes et la divisa en sept continents » (*Vishnu-purana*, I, 4, 45-50) Le sanglier est dit un avatar de Vishnu. Sans doute s'agit-il de première création ou d'une re-création après déluge. Le mythe du déluge est connu universellement. En Inde le *Çatapatha-brahmana* (I, 8, 1) et le *Bhagavata-purana* (VIII, 24, 7 sq.) le racontent. Il y dure cent ans et il est précédé de l'incendie cosmique. Tout est détruit. C'est un retour du monde au chaos initial sur lequel est couché Vishnu endormi, le réceptacle de toutes les créatures (*Vishnu-purana*, VI, 37-41).

Les dieux

À mesure que l'on passe du védisme à l'hindouisme, l'ensemble des dieux les plus anciens du panthéon védique se voit supplanté par la *Trimurti* composée des trois grands dieux : Brahma, créateur du cosmos, Vishnu, préservateur de l'univers et Shiva le destructeur.

D'après le *Rig Veda*, il y a trente-trois dieux védiques : onze habitent le ciel, onze la terre et onze les eaux. Ils sont conçus comme des êtres personnels ; ils se déplacent dans des chars brillants, mangent et boivent et n'ont pas besoin de dormir. Ils travaillent et n'accordent que difficilement leur amitié. On a dit que les dieux védiques représentaient les forces naturelles. Mais ils ne sont pas que cela, d'autant plus qu'on ne faisait pas une distinction très nette entre nature et non-nature. Les dieux védiques ont sûrement subi une longue évolution qui a accentué leurs différences.

On les connaît surtout par les hymnes du *Veda* qui leur sont adressés. Ce ne sont donc pas tellement des récits mythologiques en bonne et due forme mais des allusions à leurs actions passées ou présentes qui nous les rendent familiers.
Il reste donc à leur égard nombre de sous-entendus, de présupposés, de suppositions. Plus qu'une théologie, un climat cultuel rend compte de la religion védique.
Indra n'a sans doute été au départ que le dieu de l'Orage, puis il est devenu le dieu du Soleil, celui qui libère les eaux : il est à l'origine des fleuves. Varuna aurait pu être le dieu du Ciel qui, avec ses espions, les étoiles, surveille le monde. Il est parfois confondu avec le dieu indo-européen le Mithra d'Asie Mineure, avec qui il partage une certaine souveraineté, tout en lui étant parfois opposé.
Les dieux combattants sont les dieux dont on connaît bien les combats : Indra contre Vrtra, Rudra contre tout ce qui est vie.
Il est le destructeur. Mais l'on a peu de renseignements sur leur véritable histoire. Le fait que ces deux dieux importants ont survécu au passage à l'hindouisme permettra de réactiver ou de réinventer à leur sujet toute une histoire mythologique. Par opposition, les dieux de la Fécondité sont ceux qui favorisent d'une manière ou d'une autre la vie : la création, le feu, l'eau, etc.

Le char du Soleil
XVIIIe siècle
Miniature indienne

Ce qui caractérise l'hindouisme, postérieur, est une dévalorisation importante du panthéon védique : les soustractions et ajouts s'accompagnent d'une montée phénoménale de deux anciennes divinités Vishnu et Shiva — ce dernier souvent confondu avec le Rudra védique. Les trois dieux de la Trimurti hindoue atteignent chacun dans les différents lieux de culte le rang de divinité suprême. Mais surtout de grandes épopées souvent interminables raconteront leurs aventures ainsi que celles de leur progéniture, de leurs réincarnations, de leurs amis et de leurs ennemis. Ce seront, entre autres, les nombreux *Purana* et le *Mahabharata* pour Krishna. Quant à Rama, héros hindou considéré, lui aussi, comme une réincarnation de Vishnu, il aura sa propre épopée, le *Ramayana*.

Les dieux de l'Inde

Le Panthéon védique
Les anciens dieux de l'Inde

Les souverains :

Mithra, garant du contrat

Varuna, l'organisteur du monde

Les combattants :

Indra, l'éxubérance de la vie

Rudra, le destructeur

Les dieux de la fécondité :

Aditi, la mère des dieux

Agni, le feu

Purusha, le maître de l'immortalité

Sarasvati, le fleuve sacré

Soma, la boisson des immortels

Vishnu, le maître de l'espace

Yama, le premier homme

La Trimurti hindoue
Les trois grands dieux de l'hindouisme

Shiva-Rudra, bienfaisant et destructeur

son épouse **Durga**
ses fils **Ganesha** et **Skanda**
sa suite :
Kama et son épouse **Rati**

Vishnu, l'omniprésent

son épouse **Lakshmi**

ses avatars :
Matsya, le poisson
Kurma, la tortue
Varaha, le sanglier
Narasimha, l'homme – lion
Vamana, le nain
Parasurama
Rama et son épouse **Sita,** avatar de Lakshmi
Krishna et son épouse **Rukmini,** avatar de Lakshmi
Kalkin

sa suite :
Indra
Hanuman

Brahma, le créateur
son épouse **Sarasvati**

Varuna, symbole du paradis

L'ordre du monde

Souverain et magicien, Varuna règne sur le monde, sur les dieux et sur les hommes. Il embrasse de son regard les occupations de tous, lit les pensées secrètes, surveille toute activité.

L'un des plus grands dieux védiques, Varuna est associé à Mitra pour la souveraineté du monde. Il en est la rigidité, la force qui s'impose, alors que Mitra en est la bienveillance, l'aspect favorable aux hommes. On représente Varuna une corde à la main : il est celui qui lie, le maître des nœuds. Son animal préféré est la tortue, qui implique stabilité et assises solides.

Varuna a donné ses limites à la terre et au ciel, placé l'air au-dessus des arbres, façonné le sommet des montagnes, donné « le lait aux vaches, l'intelligence aux cœurs, le feu dans les eaux, le soleil au ciel et mit le Soma sur la montagne » (*Rig Veda*, V, 85, 1-2). Il donne la pluie et fait en sorte que l'eau s'écoule dans les rivières. Il est responsable de la fertilité et de la fécondité.

Ses pouvoirs

Varuna est le gardien du *rta*. Le *rta* est l'organisation du monde, avec ses règles et le déroulement régulier de ses manifestations. Le *rta* est une forme universelle qui s'impose à tous et à toutes choses. Il est la vérité, la réalité profonde en dehors de laquelle rien n'existe.

Le *rta*, c'est aussi l'ensemble des rites du sacrifice ; Varuna en surveille le déroulement scrupuleux. Dans le sacrifice, les autres dieux prennent ce qui est conforme, Varuna prend ce qui ne l'est pas et il assure la sanction des manquements au rite. Il détient donc la souveraineté spirituelle comme Indra détient la souveraineté temporelle.

Varuna réside au milieu du ciel. Sa couleur est le noir : on lui offre du grain d'orge noir ou un animal noir. Son domaine est la nuit et les eaux. Les étoiles sont ses mille yeux, il regarde en permanence les activités des hommes. Il est justicier et voit les fautes plus que les bonnes actions. Il punit tout écart à l'ordre du monde et tout dérèglement moral ou rituel.

Varuna est maître de la *maya*. La *maya* est le pouvoir de faire des choses merveilleuses, des miracles. Elle est une puissance créatrice qui dépasse les mots humains. Son action est parfois imprévue : elle suscite la panique dans l'armée ou provoque la folie chez les pêcheurs. La *maya* est souvent l'illusion, le changement apparent sans véritable réalité, mais un changement qui trompe, qui induit en erreur, qui fait souffrir. Varuna est thaumaturge et sorcier.

Le Bien et le Mal

Coléreux, violent et méchant, il provoque les tremblements de terre et envoie les maladies. Il produit le Mal et le distribue à travers le monde. Il est terrible, on en a peur. Nul ne peut espérer le faire fléchir.

Mais s'il donne le Mal, il peut aussi en délivrer. Il possède tous les remèdes et tous les bienfaits. Il donne la paix et la prospérité, il accorde le pardon et la santé.

VARUNA, DIEU DES OCÉANS
XVIIIe SIÈCLE
Ecole indienne. Gouache sur papier

Varuna est monté sur un monstre, le *makara*. Il est entouré des étoiles qui lui sont comme des yeux pour regarder le monde. Il tient à la main un fouet « qui rassemble toute sagesse. »

Purusha, l'être primordial

Le maître de l'immortalité

Le monde passé, le monde présent, le monde à venir, le monde entier est Purusha. Purusha est l'état latent de tout ce qui existe, mais en même temps il est indispensable à l'énergie qui se développe dans le monde.

Purusha est considéré comme un homme gigantesque qui recouvre toute la Terre et la dépasse. Il est immortel dans le ciel qui le compose aux trois quarts, le dernier quart étant l'ensemble des créatures mortelles. Il a mille cuisses, mille pieds, mille yeux, mille visages et mille têtes.
De Purusha naît la création individuelle : les hommes et les éléments de la nature sont les parties de son corps ; sa bouche devient les brahmanes, ses bras deviennent les nobles, ses cuisses deviennent les artisans, son œil devient le Soleil.

L'Univers

Purusha est pure immutabilité, pure spiritualité. Il est inqualifié et inqualifiable. Il ne pense, ne veut, n'agit, ni ne perçoit quoi que ce soit. Il est inactif par nature. Purusha est l'Univers, il pénètre et soutient tous les êtres. Il est unique, immuable et incommensurable. Il est l'origine et la fin. Il est l'être et le non-être.

Purusha et Prakriti

L'énergie propre de Purusha, la force de l'ascète et la sève des plantes, le courage du guerrier et la violence des orages, est représentée par sa parèdre (son épouse) Prakriti. C'est lui qui met en branle Prakriti et en même temps le processus évolutif du monde, cette évolution qui va du plus fin au plus grossier, du suprasensible au physique, de la conscience profonde à la matière. Mais cette évolution est illusion.
Purusha ne connaît pas la félicité, ni le pouvoir d'agir, ni la cause matérielle. Il ne participe ni aux joies, ni aux désirs, ni aux peines, ni aux sentiments. C'est en cela qu'il est vrai.

Atman et Purusha. « Quant à cet Atman, il ne s'exprime que par des négations : insaisissable car il ne peut être appréhendé ; indestructible car il ne peut être détruit ; sans attache car il n'est attaché à rien ; sans liens pour lui ni peur, ni aucune atteinte. [...] Mais celui qui, l'évitant, le repoussant, dépasse l'esprit, sur ce Purusha, qu'enseigne la doctrine ? » (*Aranyaka Upanishad*, livre III).

NAISSANCE DU CRÉPUSCULE APRÈS LE DÉLUGE SOUS LE REGARD DE BRAHMA
SECONDE MOITIÉ DU XVIIIe SIÈCLE
Miniature indienne de l'école du Pahari.

Purusha est assimilé à Brahma, le dieu à quatre têtes, l'ordonnateur du monde. De (Brahma) Purusha naît la Création : c'est lui qui met en branle le processus évolutif du monde.

Purusha, le principe spirituel. « Ce monde était inconnaissable... Alors, l'auguste Être existant par lui-même... développant cet univers sous la forme des grands éléments et autres, ayant déployé son énergie, cet Être que l'esprit seul peut percevoir, subtil, sans parties distinctes, éternel, renfermant en soi toutes les créatures, parut spontanément. [...] Il tira de son corps les diverses créatures... et de lui-même, il tira l'Esprit, renfermant en soi l'être et le non-être, et de l'Esprit, il tira le grand principe, l'Âme » (*Lois de Manou*).

Prajapati, l'être primordial

Le seigneur des êtres créés

Tout est compris dans Prajapati : il est l'Univers, le Temps et l'Autel du sacrifice. Il a créé le jour et la nuit, le printemps et l'été, la vie et la mort.

Prajapati joue le rôle de démiurge qui met de l'ordre dans l'unité non manifestée. Il est le trente-quatrième dieu à côté des trente-trois autres, les assemblant et faisant leur unité.

La création

Au commencement, il n'y a que l'eau. Les eaux accroissent leur ardeur interne et en elles un œuf apparaît. De cet œuf naît Prajapati, le maître des créatures et de la postérité. Il brise l'œuf. Il reste, durant une année, dans la coquille de l'œuf qui flotte çà et là.
Au cours de cette année, il dit « Bhûr », et la terre apparaît ; il dit « Bhuvar », et l'air apparaît ; il dit « Suvar », et le ciel apparaît. De ces cinq syllabes, il fait les cinq saisons. Prajapati se met debout. Il est né, âgé de mille années. « De même que l'on regarde au loin la rive opposée d'un fleuve, de même il contemple au loin la rive opposée de son âge » (*Çatapatha-brahmana*, XI, I, 6, 6).
De sa bouche, Prajapati conçoit les dieux, qui, sitôt créés, prennent possession du ciel. De son souffle intérieur, il crée les esprits mauvais, les Asuras, qui, sitôt créés, prennent possession de la terre : ce sont les ténèbres. Il donne l'existence aux hommes, aux mélodies, au Soleil. Prajapati crée par « émanation » : cela signifie peut-être « sudation » ou bien « émission séminale ».

Le sacrifice

Prajapati, en créant, se consume et connaît l'épuisement. « Après que Prajapati eut émis les êtres vivants, ses jointures ont été désarticulées. Or Prajapati représente l'année, et ses articulations sont les deux jonctions du jour et de la nuit, la lune pleine et la nouvelle lune et les commencements des saisons. Il était incapable de se relever avec ses articulations relâchées ; et les dieux le guérirent par le rituel de l'*agnihotra*, en lui raffermissant les articulations » (*Çatapatha- brahmana*, I, 6, 3, 35-36).
Le corps désarticulé de Prajapati est reconstitué par le sacrifice, lequel maintient le dieu vivant, c'est-à-dire le monde unifié et fertile. Le rite est nécessaire au déroulement du temps ; il en est comme la respiration. « Le soleil ne se lèverait pas si le prêtre, à l'aube, n'offrait l'oblation du feu » (*Çatapatha-brahmana*, II, 3, 1-5).
La célébration du rite est le pendant de l'acte créateur ; il réunit ce qui a été dispersé, restaure l'unité primitive, donne cohérence et structure au monde. Le sacrifice, constamment répété, permet à Prajapati de « poursuivre son œuvre créatrice » (*Çatapatha-brahmana*, X, I, 5, I).

PRAJAPATI EN BRAHMA, SEIGNEUR ET PÈRE DE TOUTES LES CRÉATURES
Sculpture indienne

Yama, le premier des mortels

Le roi des morts

Yama est le premier homme. Il est fils de Vivasvant, le Soleil, et est appelé Ymir en Europe du Nord et Yima ou Manu en Iran.

Yama a une sœur, Yami. Il s'est uni à elle pour créer l'humanité. En Inde, le cinquième jour de la fête des Lampes, les sœurs invitent leurs frères, elles les reçoivent à déjeuner, leur préparent un bon bain, les vénèrent. Ainsi est commémorée l'union du premier couple humain (*Rig Veda*, X, 10).

L'émissaire de la mort

Yama, le premier homme, se trouve être également le premier à connaître la mort. Il devient donc le chef des morts. C'est lui-même, ou l'un de ses serviteurs, qui vient chercher ceux qui ont consommé leur temps de vie.

Rien ne doit le distraire de cette tâche. Pourtant, on le voit un jour absorbé dans l'accomplissement de rites sacrificiels et il ne fait plus mourir aucun homme, si bien que l'espèce humaine s'accroît d'une façon démesurée. Les hommes font concurrence aux dieux. Il faut attendre la fin du sacrifice pour que la situation redevienne normale (*Mahabharata*, I, 1, 196).

LA COUR DE YAMA SOUVERAIN DES ENFERS
XVIe SIÈCLE
Détail d'une miniature, école de Chamba

YAMA, GARDIEN DE LA LOI
XIXe SIÈCLE
Sculpture tibétaine. Cuivre

À Yama. « Lui qui s'en est allé vers les grandes distances / et qui pour beaucoup a repéré le chemin, / le fils de Vivasvant, le rassembleur d'hommes, / Yama le roi, honore-le par l'oblation ! C'est Yama le premier qui a découvert l'accès, / ce pâturage qu'on ne nous enlèvera plus. / Les mortels une fois nés suivent leurs voies propres, / Là où s'en sont allés nos premiers pères » (*Rig Veda*, X, 34).

Indra, l'invincible

Force, Courage et Puissance

Modèle exemplaire des guerriers, Indra est l'un des principaux dieux des temps védiques et la personnification de l'exubérance de la vie.

Indra est un athlète. Il a une nuque puissante, une mâchoire d'or, une barbe lourde. Des bras musclés et des mains larges indiquent sa puissance. Sa vitalité se manifeste dans mille testicules et un gosier semblable à un fleuve. Il a un gigantesque appétit et une soif de Soma insatiable. Indra est un adulte jeune, violent, courageux. Il a l'intelligence et la sagesse de la maturité. C'est un seigneur magnanime et un homme d'action. Son char, tout en or, est tiré par deux chevaux. Sa massue de jet est pourvue de mille pointes. Il est le combattant suprême, le chef.

Puissance divine dans tout ce qu'elle a de positif, Indra donne la vie, la lumière ; il crée le bœuf et le cheval, donne le lait à la vache, féconde toutes les femelles et a de nombreuses aventures avec des mortelles. Il est le bienfaiteur du monde entier.

Indra combat les ennemis de ses fidèles, renverse le rebelle Pipru, détruit ses fortifications (*Rig Veda*, IV, 16, 13), précipite Cambara du haut de la montagne (*Rig Veda*, IV, 30, 14), chasse les bandes du brigand Varcin. Il lutte contre les bandits, les coléreux, les avares, les sorciers.

Le dieu « né pour tuer Vrtra »

Vrtra est un démon, fils de Tvastar. Il est le symbole de l'obstacle, de la fermeture. Foncièrement mauvais, il a fermé le grand espace entre le ciel et la terre (*Çatapatha-brahmana*, I, 1, 3-4). C'est un immense serpent sans pieds ni mains, couché sur la montagne, sûr de sa puissance, résistant à tout ce qui est vie, à tout ce qui bouge. Il arrête les eaux, celles des torrents, celles des fleuves et même celles du ciel. Il est le désordre universel.

Indra l'écrase avec sa massue, il lui enfonce son arme dans la nuque et lui fend la tête. Ainsi, il libère les eaux, lesquelles se précipitent dans la mer. Cette victoire est totale et, pour toujours, elle permet la création de l'aube, le lever du soleil, l'affermissement du ciel et de la terre (*Rig Veda*, I, 80, 4). L'ordre du monde est rétabli, la Terre redevient habitable.

Les Maruts

Dans son combat, il est accompagné des Maruts, jeunes, beaux et parés d'or, qui chantent sans cesse ses louanges, le fortifient et l'entourent lors du sacrifice. Puissants et redoutables, ces compagnons volent au-dessus des montagnes, faisant trembler le paysage. Ils donnent naissance aux vents, aux éclairs et à la pluie. Ils inspirent les artistes et sont bienfaisants pour tous ; ils produisent la nourriture, la richesse et favorisent la victoire.

Trita Aptia est également à ses côtés. Lui aussi est un combattant, il abat le tricéphale Vicvarupa, participe au combat contre le démon Vrtra, libère les vaches enfermées par le démon Vala et permet donc l'acquisition de la nourriture (*Rig Veda*, I, 187, 1).

INDRA, DIEU DE LA PLUIE ET ROI DES DIEUX, PREND L'APPARENCE D'UN AIGLE POUR TUER LE SERPENT VRTRA

PÉRIODE HOYSALA (XIIe-XIVe SIÈCLES)

Sculpture indienne ; haut-relief du temple de Hoysalesvara, Halebid

CHEVAL

PÉRIODE HOYSALA (XIIe-XIVe SIÈCLES)

peinture ; palais Jagmohan, Mysore

Le combat contre le démon Namuci

Namuci est un démon « qui ne lâche pas prise » Indra n'a pas tout de suite le dessus et est obligé de conclure avec son adversaire un accord en vertu duquel il ne pourra le tuer ni la nuit, ni le jour, ni avec quelque chose de sec, ni avec quelque chose d'humide.
Namuci, le rusé, plein de fiel, réussit à réduire Indra à l'impuissance en mélangeant de l'alcool au Soma et ainsi en le rendant ivre. Mais le dieu reçoit l'aide des Açvins et de la déesse Sarasvati, qui le délivrent de son ivresse. Alors, il surprend Namuci au crépuscule et le décapite avec de l'écume (*Rig Veda*, 14, 13).
Indra est un dieu indo-européen très ancien. Sa fonction essentielle de « briseur d'obstacle et de dieu de la Victoire » se retrouve dans l'*Indra* de l'*Avesta* iranien et dans le *Vahagn* arménien.

Un dieu védique

Indra est le dieu qui occupe la première place dans le panthéon védique, avec Mitra et Varuna. Par la suite, dans la religion hindouiste, son importance a beaucoup diminué face à Vishnu et Shiva. De chef des dieux régnant dans le « second » ciel, il devient un simple sujet de Vishnu, connaît la crainte et le désir et cesse peut-être même d'être immortel, puisque certains brahmanes et certains héros sont souvent plus valeureux que lui.

INDRA
VERS 1300-1500
Sculpture indienne

Les Açvins sont des dieux jumeaux, beaux et toujours jeunes. Sur un char doré et lumineux, ils font chaque jour le tour du ciel pour le bien de l'humanité. Ils sont thaumaturges et médecins. Ils rendent à Indra la force particulière qui lui avait été ravie par Namuci. On les a souvent comparés aux Dioscures, Castor et Pollux.

Rudra, le Rouge

Le destructeur

Dieu des tempêtes et des morts, Rudra est le terrible, le destructeur. Il disperse ses maléfices au milieu des hommes et des animaux.

Prajapati désire une progéniture. Il s'exerce à l'ascèse la plus sévère, s'échauffe et, de cet échauffement, cinq êtres naissent : ce sont Agni, le Feu ; Vayu, le Vent ; Aditya, le Soleil ; Candramas, la Lune, et Usas, l'Aurore. Usas se transforme en nymphe et se présente devant ses frères. Ceux-ci, tout excités, répandent de la semence. Prajapati recueille cette semence, et il en naît un être qui a mille yeux et mille pieds : c'est Rudra. Ainsi Rudra est né d'un inceste d'Usas et de ses frères (*Sadvimca-brahmana*, VI, 1, 3, 7-8).
D'autres traditions disent qu'il est né de Manyu, la fureur (*Sadvimca-brahmana*, 9, 1, 1-6), ou encore que, à la suite d'un inceste de Prajapati et de sa fille, les dieux cherchent à le punir et, pour ce faire, mettent ensemble tout ce que chacun a de plus terrible : cet assemblage produit Rudra, qui perce Prajapati d'une flèche (*Maitrayani-samhita*, IV, 2, 12).
Rudra épouse Rudrani, et ils s'unissent dans une longue étreinte. Les dieux s'inquiètent de l'enfant que cette union peut produire. Ils demandent à Rudra de ne pas procréer. Il accepte et garde désormais une abstinence sexuelle totale. La déesse est furieuse et condamne les dieux à n'avoir aucune progéniture. Seul Agni, qui est absent, sera épargné par cette malédiction (*Mahabharata*, XIII, 84-86).
Rudra habite sur terre. La montagne est son repaire. Il en descend, traverse les forêts et les champs, et va dans les endroits habités. Il vient dans les villages, mais préfère les lieux isolés où les hommes sont saisis d'angoisse à l'idée de le rencontrer.

Le dieu de l'Étrangeté

Les cheveux tressés, le ventre noir et le dos rouge, Rudra est habillé de peaux de bêtes et armé d'un arc et de flèches. C'est un chasseur. Il est le maître des bêtes de la forêt. Les « Rudras », Bhava et Carva, courent dans la nature comme des loups sauvages. Rudra n'a pas de rapports avec la vie civilisée. Il est rude et grossier. Les brigands et les voleurs sont ses amis. Il est le patron de tous ceux qui tuent, que ce soit par nécessité ou pour le plaisir.
Il est le grand destructeur. Les « Bruyantes, Dévastatrices, Sifflantes, Mangeuses de chair » (*Rig Veda*, IV, 19, 8) sont sous ses ordres. Il sème la maladie et la mort, attaque bêtes et hommes, manie le poison et l'éclair, répand la terreur autour de lui. C'est à lui que les dieux font appel pour l'exécution des basses œuvres.
Rudra est un marginal. Il aime ce qui n'est pas dans la norme, tous ceux qui ne vivent pas comme les autres ou même qui les combattent. Il apprécie les étrangers, les exclus, les réprouvés et ceux qui vivent seuls retirés du monde. C'est une puissance divine, sauvage, indomptée et dangereuse.

RUDRA ET SON ÉPOUSE
VERS 1660
École du Pahari ; croquis sur papier

Invocations à Rudra. Grâce aux remèdes donnés par toi, ô Rudra, très salutaires, puissé-je atteindre cent hivers ! Chasse loin de nous l'hostilité, chasse plus loin la détresse, chasse en tous sens les maladies ! Où est, Ô Rudra, ta main compatissante, remède et baume, celle qui écarte la malfaisance divine ? Regarde-moi avec indulgence, Ô Taureau ! Membres robustes, formes multiples, le brun redoutable s'est paré d'ors brillants. D'avec Rudra, maître du vaste monde, la nature d'Asura ne saurait être dissociée. (*Rig-Veda*, II, 33 trad. L. Renou)

Aussi est-il un dieu craint. On l'implore pour obtenir sa faveur et sa protection. On lui demande son amitié. De dieu destructeur, il devient alors Shiva, le dieu bienfaisant, et on lui offre des sacrifices. Il porte le nom de *Cambhu* (le Salutaire) ou de *Cankara* (le Bienfaisant). « Shiva est ton nom. Tu es un remède, une médecine pour la vache, le cheval et l'homme, le bonheur pour le bélier et la brebis » (*Vajasaneyi-samhita*, 3, 63). Lorsque le rite fit monter les dieux au ciel, Rudra se trouvait comme toujours à l'écart. Il s'aperçut qu'il était exclu et se mit à poursuivre les autres. Craignant de recevoir des coups, les dieux lui promirent un autre sacrifice. Mais tout avait été offert, il n'y avait plus que de maigres restes. On les lui dédia cependant et c'est pour cela qu'il est appelé *Vastavya*, le « dieu des restes » (*Sadvimca-brahmana*).

CHASSE AUX SANGLIERS
XVIe SIÈCLE
Détail d'une miniature

Rudra symbolise la vie sauvage ; il est le maître des animaux de la forêt : c'est un chasseur.

Les Rudras

On trouve fréquemment mentionné le nom de Rudra au pluriel. Les Rudras sont ses « fils » ou ses représentants. Ils sont souvent assimilés aux Maruts. Ils sont des milliers. Ils se trouvent partout dans les villes, sur les chemins, dans la mer, dans les rivières. Ils font régner la terreur.
Les Rudras sont en définitive les manifestations de Rudra. Les maladies, les catastrophes, les empoisonnements, les crimes lui sont attribués, et sa multiplication sous le terme de « Rudras » montre simplement son ubiquité.

Rudra-Shiva

Rudra est un dieu védique. Il est au milieu de puissances bienfaisantes telles que Mitra, Varuna, Indra, le destructeur et le colérique. Il joue souvent le rôle d'un démon. Plus tard dans l'hindouisme, il disparaît presque totalement au profit de Shiva, un nouveau venu, qui absorbe ses traits de dévastateur et de subversif, tout en gardant son propre caractère bienveillant. Rudra et Shiva sont un seul et même dieu.

BRAHMA ET SHIVA-RUDRA, LE DIEU NOIR
VERS 1750
Miniature ; école du Pahari

Aditi, la déesse sans limite

La bienfaisante

Les hymnes védiques la célèbrent comme porteuse de toutes les plantes, de tous les animaux et comme mère de tous les êtres. C'est un être fabuleux qu'on ne peut mettre dans aucune catégorie.

Déesse-mère, Aditi a donné naissance aux Adityas, originellement des serpents qui ont perdu leur peau et revêtu l'immortalité (*Pancavimsa Br.*, XXV, 15, 4). Ils sont devenus des dieux, *devas*, et même des dieux souverains. Parmi les Adityas, on compte Mitra, Varuna, Aryaman, le protecteur des Aryens, et Bhaga, qui assure la distribution des biens. Aditi est *rajaputra*, « celle dont les fils sont rois », *ugraputra*, « celle dont les fils sont forts » (*Rig Veda*, VIII, 56, 11), *suputra*, « celle aux bons fils » (*Rig Veda*, III, 4, 11), et même *suraputra*, « celle dont les fils sont des héros forts » (*Atharva Veda*, III, 8, 2). C'est la mère par excellence, et les femmes, pendant leur grossesse, portent sur elles l'amulette « qu'Aditi portait lorsqu'elle désirait un fils » (*Atharva Veda*, XI, 1, 1). Elle est ainsi protectrice des accouchements.

Une déesse à part

Aditi est la « Non-liée », la Libre. C'est le sens de son nom. En fait, c'est une déesse primordiale. « Aditi est le ciel, Aditi est l'atmosphère. Aditi est la mère, elle est le père, elle est le fils. Aditi est tous les dieux, les cinq races. Aditi est ce qui est né. Aditi est ce qui doit naître » (*Rig Veda*, I, 89, 10). Ses attributs sont suffisamment indéterminés pour laisser la place à une sorte de panthéisme. Alors que ses fils, les dieux souverains, ont une fonction dans la société divine ou l'univers, Aditi, elle, est *tout* à la fois ; elle est la somme, l'origine et la fin, et elle est, en même temps, les contraires. Elle est la divinité indifférenciée. Elle représente la largeur, l'étendue, la liberté.

Dans les sacrifices, elle n'est pas traitée comme les autres dieux, elle est extérieure au monde divin : elle reçoit la première et la dernière offrande ; ou, autre façon de l'honorer, elle ne reçoit rien : son ministère étant de répartir à chaque couple divin ce qui lui est destiné.

Son action

Aditi est la déesse qui permet l'épanouissement, elle libère de tout ce qui contraint, elle fait disparaître toute trace de péché, d'impureté, de souffrance, de maladie. Elle donne la bonne santé (*Rig Veda*, X, 100).

Adoptée par la tradition bouddhique, elle a été intégrée dans la légende. Ainsi, elle apporte son soutien à Bouddha et noie les armées de Mara, le tentateur, qui veut le distraire de sa méditation et l'empêcher ainsi d'atteindre à l'illumination.

Le culte

La Thaïlande, la Birmanie, le Laos et le Cambodge l'ont représentée comme une jeune femme qui tord sa chevelure des deux mains. De ses cheveux sort le fleuve, source de toutes les richesses. Elle y est appelée Dharani ou Brah Dharni.

SCÈNE D'ACCOUCHEMENT
XVIIIe SIÈCLE
Miniature indienne ; art Rajpoute

La déesse Aditi est la mère par excellence ; elle protège les femmes qui accouchent.

LA VICTOIRE DE BOUDDHA SUR L'ARMÉE DE MARA
VERS 1850
fresque ; Thaïlande

Aditi est adoptée par la tradition bouddhique ; ainsi elle offre son aide à Bouddha et noie les armées de Mara.

L'origine

« Au premier âge des dieux, du Non-être l'Être naquit. Alors les régions naquirent, issues de la Parturiente. Le monde naquit de la Parturiente. Du monde les régions naquirent. D'Aditi Daksa naquit. Et de Daksa Aditi. Car Aditi naquit, ô Daksa, elle qui est ta fille. Après elle les dieux naquirent, les bienheureux, les immortels apparentés » (*Rig Veda*, X, 72, 3-5).

Les Adityas (d'après Shri Aurobindo). « Ce ne sont pas des dieux mythiques, barbares [...] ce ne sont pas des allégories confuses de sauvages frappés d'étonnement. C'est l'objet de l'adoration d'hommes beaucoup plus civilisés intérieurement et doués d'une connaissance de soi beaucoup plus approfondie que nous-mêmes. [...] Ils naissent en haut dans la vérité divine comme créateurs des mondes et gardiens de la loi divine ; ils naissent ici-bas dans le monde et dans l'homme comme les puissances cosmiques et humaines de la Divinité. [...] Sans eux, l'âme de l'homme ne saurait distinguer sa droite de sa gauche, ce qui est devant de ce qui est derrière, les choses de sottise des choses de sagesse... » (« Hymns of Atris », dans *Aria*, oct. 1916, p. 182).

La Roue du Temps ou Roue du Samsara
XVIe siècle
Peinture

« Aditi est ce qui est né. Aditi est ce qui doit naître » (*Rig Veda*, I, 89, 10). C'est l'image même de la Roue du Samsara, illusration du cycle éternel : naissance, mort et renaissance.

Agni, dieu du Feu

Le soleil, l'éclair et le feu sacrificiel

Dieu du Feu aux temps védiques, il n'est pas un dieu parmi d'autres parce qu'il est pour tous les autres le médiateur et pour les hommes l'ordonnateur des rites, le feu du sacrifice.

Appelé Ignis chez les Romains, Ogni chez les Slaves, Ugnis chez les Lituaniens et Atar chez les Iraniens, il est *vaicvanara*, « celui qui appartient à tous les hommes ».

Agni est le feu sous toutes ses formes, dans le ciel où il apparaît en toute sa splendeur — le Soleil —, dans les bois où il surgit, dans les demeures où il réchauffe l'atmosphère. Il se manifeste aussi dans la chaleur de la colère et celle de la digestion. Toute flamme est Agni.

Le personnage

Agni éblouit de son éclat et éclaire tout ce qui l'approche. On parle de « ses cheveux de flamme » et de « sa mâchoire d'or ». Il est très vieux, puisque son origine se perd dans la nuit des temps, et simultanément il est jeune, puisqu'il possède la vigueur et la puissance de la jeunesse. Il est « dieu qui ne vieillit pas » *tanunapat*, « rejeton de lui-même » : le feu sort du feu. Il est immortel, invincible et dominateur. Il est un *rsi*, c'est-à-dire un sage, particulièrement doué d'intelligence et de clairvoyance. Il est savant, inspiré, sage et prudent. Il éveille les pensées des hommes et les conduit au Bien.

On le représente sous forme humaine mais avec trois têtes barbues. Il tient un rosaire d'une main et un pot de l'autre. Il est souvent monté sur un bélier appelé Vahana.

Son lien avec les eaux est fréquent. Le prêtre invoque souvent tous les Agnis qui sont dans les eaux (*Aitareya-brahmana*, VIII, 6). Il est vrai que les végétaux qui naissent dans l'eau sont la demeure d'Agni (*Rig Veda*, X, 91, 6), et lui-même survient au frottement d'une plante aquatique, la fleur de lotus (*Rig Veda*, VI, 16, 13). Il est appelé « Taureau des eaux » (*Rig Veda*, X, 21, 8), parce qu'il les rend fécondes. Il est aussi un enfant issu du fleuve qui engendre tous les êtres. C'est dans l'eau que naît le Soleil (*Rig Veda*, II, 35, 6).

Mataricvan, le Prométhée hindou, aurait apporté le feu du ciel. Il fut le premier homme aussi à faire un sacrifice. Mais il arrive souvent que *Mataricvan* soit tenu pour le nom caché du feu.

Agni est guide et protecteur des hommes : de son œil perçant, il voit les démons, il les chasse, il les brûle. Il défend contre la maladie. Il est « maître de la maison » (*grihaspati*). Il est le feu qu'ont allumé les ancêtres et qui ne s'éteint jamais.

Le sacrifice

Agni mord à pleines dents ce qu'il rencontre. Il a deux visages, l'un paisible, l'autre terrible : il donne la vie et la mort. Son pouvoir fait de lui l'intermédiaire nécessaire entre le terrestre et le céleste, le dieu auprès duquel « les offrandes se rassemblent ». Il est la « bouche des dieux », qui mange la part qui leur revient dans le sacrifice.

L'offrande qui lui est réservée est le bouc, symbole de puissance et de virilité, et c'est un enfant de lui que les dieux

Le salut à Agni, dieu Soleil
XVIIIe siècle
Miniature indienne

Bois de char sculpté avec l'effigie du dieu Agni
XVIIe siècle
Haut-relief

Femme Sati brûlant dans un feu
XVIIIe siècle
Miniature Kishangarm ; détail d'un manuscrit sur le *Ramayana*

Agni, le Feu sacrificiel. Quand son mari mourrait, la veuve devait traditionnellement se jeter dans un feu. Cette coutume a été combattue par de nombreux groupes en Inde.

veulent pour commander leur armée contre les Asuras, leurs ennemis (*Mahabharata*, III, 223 sq.).
Tout ce qui concerne le sacrifice le concerne : avec l'*Agnichayana*, il détermine la façon de fabriquer les briques destinées à la construction de l'autel ; avec l'*Agnishtoma*, il précise les rites concernant l'immolation du bouc ; avec l'*Agnâdhyeya*, il indique comment allumer le feu sacrificiel. Chaque matin et chaque soir depuis les temps immémoriaux, les hindous font l'*Agnihotra*, rite d'offrande au feu sacrificiel, qui consiste à verser du *ghî* (beurre clarifié) sur un feu pour l'entretenir tout en récitant les prières appropriées.

L'indispensable. « J'invoque Agni en tant que préposé au culte, dieu du sacrifice, officiant, oblateur conférant les trésors par excellence. Agni est digne d'être invoqué par les prophètes antiques ainsi que par ceux de maintenant : qu'il convoie les dieux ici ! Grâce à Agni, puisse le sacrifiant atteindre richesse et prospérité jour après jour, richesse et prospérité honorable, très abondante en hommes d'élite ! » (*Hymnes à Agni, Rig Veda*, I, 1sq. Trad. L. Renou).

Soma, la boisson des dieux

Le philtre d'immortalité

Boisson divinisée, équivalent de l'Haoma des anciens Perses, Soma est nécessaire à l'immortalité des dieux et aux sacrifices faits par les hommes.

Soma est le dieu Lune. Il apporte la fraîcheur des nuits et marque le rythme des jours et des mois. Il est surtout le nectar d'immortalité. « Dieu et boisson céleste » : le rapprochement peut surprendre et contredire certaines notions intellectuelles occidentales ; il marque surtout la valeur infinie d'une liqueur, élément essentiel du sacrifice.

La boisson du sacrifice

Le Soma est une boisson tirée d'une plante (venue du ciel) qui pousse dans les montagnes désertiques. Les rites d'élaboration du Soma sont fixés dans le moindre détail. Ils constituent la cérémonie principale de la religion.

La plante à partir de laquelle on fabrique le Soma est sans doute un champignon. Le premier stade de préparation consiste en une aspersion des tiges jusqu'à ce qu'elles se gonflent d'eau. Ensuite ont lieu un pressage et un nouveau lavage dans l'eau. Puis on pose les tiges sur des meules et on les frappe avec des pierres. Enfin, on récupère le jus et on le passe à travers un filtre de poils de mouton pour le clarifier.

Tout au long de ce travail, des poètes chantent. La poésie encourage les prêtres, accélère la décantation et rend le Soma plus puissant. En retour, le Soma donne l'inspiration et la ferveur aux poètes. Soma, rites et paroles sont intimement liés pour l'efficacité du sacrifice.

Le Soma est bu soit pur, soit mélangé de lait. Ses effets sont puissants : il agit sur la pensée et sur le corps ; il donne les idées, la vigueur intellectuelle, la force et le courage physique ; il guérit les malades et renforce la puissance sexuelle. C'est un élixir de vie.

Le Soma est la boisson des dieux : il leur donne force, splendeur, sécurité et en définitive immortalité. Bu par les dieux et par les hommes, il crée les liens d'amitié entre eux et est le cœur du sacrifice.

L'ivresse engendrée par le Soma n'est pas sans rapport avec les effets des hallucinogènes, mais l'objectif est tout autre. Il est l'intime union aux dieux et la communion avec l'univers. Le Soma n'est pas une boisson ordinaire, il est le cœur de l'univers.

L'origine du Soma

Le mythe d'origine du Soma mêle des notions apparemment sans rapport. Il donne une explication aux éléments essentiels du sacrifice : la boisson, la parole, la ferveur et l'offrande, ainsi

Musiciens et danseurs
vers 1550
Illustration pour le *Bhagavata Purana*

Indra, roi des dieux, oint par le dieu védique Soma
XVIIIe siècle
École indienne ; gouache sur papier

qu'aux différentes étapes de la cérémonie. Il fait intervenir les procédés les plus merveilleux : la boisson, on le sait, est un dieu, et les vers des poètes deviennent des oiseaux.
Dans les temps primordiaux, Soma est au ciel et les dieux sur terre. Ils désirent le faire venir au milieu d'eux et, pour ce faire, ils décident de créer deux êtres féminins, Kadru, la Terre, et Suparni, la Parole.
Kadru et Suparni sont opposées l'une à l'autre. Elles se mettent à faire une sorte de concours : c'est à celle qui verra le plus loin. Suparni voit un cheval blanc attaché à un poteau. Kadru voit le vent qui agite sa queue. Kadru a gagné, et, selon les règles qu'elles s'étaient elles-mêmes données, elle s'empare de l'âme de sa compagne.
Suparni peut cependant se racheter en allant, pour les dieux, chercher Soma dans le ciel. Suparni charge de cette tâche ses enfants, qui sont les formes métriques du *Veda*, formes que l'on appelle *jagati*, *tristubh* et *gayatri*.
Les formes métriques, pour accomplir leur mission, se changent en oiseaux. Les vers ont tous au départ quatre syllabes. La *jagati* part la première et s'envole. À mi-chemin, elle est fatiguée et ne peut retenir trois de ses syllabes, qui tombent. N'en ayant plus qu'une, elle ne peut aller jusqu'à Soma et revient, ne rapportant que la ferveur ascétique.
La *tristubh* part à son tour. Elle éprouve les mêmes difficultés, mais, prévenue par l'expérience de sa compagne, elle s'efforce de retenir ses syllabes et n'en perd qu'une. Malheureusement, elle s'est tout de même trop appauvrie, elle ne peut aller jusqu'à Soma et revient en rapportant la *daksina*, c'est-à-dire l'argent donné aux prêtres pour le sacrifice.
La troisième à partir est la *gayatri*. Plus douée et plus noble, elle parvient jusqu'au ciel en gardant toutes ses syllabes, effraie les gardiens et prend Soma dans ses pattes et son bec. Au retour, elle récupère les syllabes perdues par la *jagati* et la *tristubh*. Ainsi, elle prend la forme qu'elle a actuellement : elle est octosyllabique. C'est la forme de versification la plus parfaite, celle qui est utilisée dans les moments les plus importants du rite.
La *gayatri* a apporté dans sa patte de droite la pressée du matin, dans sa patte de gauche la pressée du midi et dans son bec la pressée du soir. Mais, comme cette dernière a été sucée au cours du voyage, elle n'est pas pure et doit être mélangée à du lait, à du beurre et à des victimes immolées pour être digne du sacrifice.
La *gayatri* se charge seule de la pressée du matin, et elle s'unit aux deux autres, plus faibles en raison de leurs aventures, pour les pressées du midi et du soir.

Le vol du Soma

Les aventures du Soma ne sont pourtant pas terminées : redevenu boisson, il est volé par le Gandharva, un démon. Les dieux, sachant que le Gandharva est amoureux fou des femmes, entreprennent donc de le tenter en lui envoyant Suparni, transformée en femme âgée d'un an et chargée de

LE DIEU LUNE
VERS 1700
Miniature ; école de Mewar, Rajasthan

Soma le dieu de la Lune dans son char tiré par une antilope projette des virtualités bienfaisantes attachées à l'astre : bonne santé, récoltes abondantes, etc.
La lune est ainsi associée à l'élixir de vie ; elle est la coupe de Soma, le calice d'ambroisie que boivent les dieux et qui s'emplit à nouveau de lui-même. Dans le yoga, le Soma est le nom donné à l'énergie sexuelle. La lune est donc la coupe de sperme maîtrisé et métamorphosé en énergie et qui représente la substance mentale.

récupérer le Soma. Celle-ci réussit dans sa mission. Mais le Gandharva n'est pas content ; il vient, lui aussi, et veut récupérer, au moins, Suparni. Or comment ferait-on le sacrifice sans Suparni, la Parole ? On décide qu'elle choisira elle-même son sort. Alors, le Gandharva et les dieux entreprennent de la séduire : le Gandharva lui récite la Parole sacrée du *Veda* ; les dieux, plus rusés, montrent la lyre. Suparni, la Parole, fait son choix : elle rejoint les dieux et reste définitivement avec eux (*Taittiriya-samhita*, VI, 1, 6, 1, sq.).
Les dieux et les hommes disposent désormais de la parole et du Soma. Les hommes le préparent, les dieux le boivent et, transformé en ambroisie par le rite, il les rend immortels.

Boire le Soma. « Nous avons bu le soma, nous sommes devenus immortels, nous sommes arrivés à la lumière, nous avons trouvé les dieux. Que peut nous faire à présent l'impiété ou la malice du mortel, Ô immortel. Sitôt bue, ô liqueur, sois bienfaisante à notre âme, indulgente comme un père pour un fils, comme un ami pour son ami, ô sage Soma qui te fais entendre au loin ! Prolonge Ô Soma, notre temps à vivre. » (*Rig-Veda*, VIII, 48, trad. L. Renou)

Le vol du Soma par un démon : l'aigle Garuda
Illustration tirée de Nanda Lal Bose, *Mythes des Hindous et des bouddhistres*, 1926

Kama, dieu de l'Amour

Né de lui-même

Kama est la personnification du désir, du plaisir sensuel et tout particulièrement sexuel. Son action détermine chez les êtres la loi du *samsâra*, la suite perpétuelle des naissances et des morts.

Sans doute le plus ancien des dieux, Kama a fait surgir dans l'esprit du Créateur le désir d'autres êtres. On lui donne différents noms : Dipaka (l'Allumeur) ; Gritsa (le Pénétrant) ; Mayi (le Trompeur) ; Mara (le Destructeur) ; Ragavrinta (le Chemin de la passion) ; Titha (le Feu). Son épouse est Rati (la Volupté).

Kama est un beau jeune homme, monté sur un perroquet, armé d'un arc fait de canne à sucre et de flèches faites de boutons de lotus. Sitôt né, il regarde autour de lui et se demande qui il va enflammer.

Le dieu « sans corps »

Kama est toujours prêt à provoquer l'amour, chez les hommes ou chez les dieux, comme on va le voir.

Sati ne peut supporter l'attitude méprisante de son père Daksa envers son époux Shiva. Elle se suicide en se jetant dans le feu. Shiva, choqué, se retire dans l'Himalaya et commence à se soumettre à la contemplation, à observer une continence totale et une ascèse profonde.

Une femme s'installe auprès de lui. C'est Parvati, la montagnarde. Elle est un peu en retrait, humble et respectueuse. En silence, elle prend la même position que lui, accomplit les mêmes exercices, suit les mêmes règles. Elle espère attirer son attention et gagner son amour. Sati, toujours amoureuse, s'est réincarnée en elle.

Pendant ce temps, le monde est menacé par Taraka, un démon à qui Brahma a accordé l'invulnérabilité. Seul, un rejeton de Shiva pourrait le terrasser. Mais comment faire, puisque le dieu se complaît dans une continence totale et qu'il ne daigne pas jeter un regard sur la femme qui se présente à lui ? Les dieux s'adressent à Kama. Celui-ci se rend auprès de Shiva avec son épouse Rati. Il trompe le « gardien de la porte », Nandin, en se transformant en une brise parfumée. Puis, reprenant sa forme habituelle, il guette le dieu, attend soixante millions d'années et envoie sa première flèche.

Shiva ouvre les yeux, voit Parvati et est rempli de désirs. Il comprend tout de suite que Kama l'a sorti de sa profonde méditation ; il le découvre et le réduit en cendres. Shiva se tourne alors vers Parvati et, admirant la pureté de son attitude, il lui promet d'accomplir son vœu le plus cher. Parvati répond : « Que Kama vive et chauffe le monde. » Kama vivra, mais sans corps. Cet épisode vaut à Kama le nom d'*Ananga*, « sans corps » — un comble pour le dieu du désir ! —, mais il explique aussi sa présence cachée et perpétuellement agissante dans le monde.

Shiva et Parvati s'unissent. Un fils, Kumara, leur naît, qui met à mort le démon (*Kumarasambhava*).

KAMA LANÇANT SES FLÈCHES D'AMOUR
XVIIe SIÈCLE
Miniature indienne, illustration du *Rasikapriya* ; Rajasthan

L'arc de Kama est fait de canne à sucre et les flèches de boutons de lotus.

Le « gardien de la porte ». La mythologie hindoue connaît un certain nombre de « gardiens de la porte » Leur mission est de protéger un secret contre les indiscrétions d'autrui. Ganesha et le taureau Nandin font partie de la suite de Shiva : le premier protège l'intimité de Parvati ; le second les relations sexuelles ou l'ascétisme de Shiva.

Brahma, l'incommensurable

Le seigneur de toutes les créatures

Premier de la Trimurti des Hindous, considéré comme un créateur, il est directeur du ciel, maître des horizons, des quatre *Vedas* et au-dessus et au-delà de toute dévotion et de tout culte.

Brahma est né de lui-même, ou même on le dit non-né. Il est issu de l'œuf originel du monde (*Mahabharata*, I, 1, 32), ou sorti des eaux (*ibid.*, XII, 166, 12). On l'assimile à Prajapati, Dhatar, l'ordonnateur du monde, Viçvakarman, la puissance divine créatrice du monde, Brihaspati, le chapelain des dieux, Hiranyagarbha, l'œuf primordial qui est à l'origine de toute la création, et Purusha. « Lorsque Brahma façonnait la création, naquirent les quatre classes d'êtres qui, commençant aux dieux, finissent aux êtres inanimés, en passant par les animaux et les hommes » (*Vishnu purana*, I, 26, 27-28).

Il règne avec splendeur dans un ciel qui lui est propre, un paradis auquel tous espèrent parvenir. Il forme avec Vishnu, le conservateur, et Shiva, le destructeur, ce qu'on appelle la Trimurti hindoue.

Brahma et Sarasvati

Brahma décide de créer. Et pour ce faire, il se divise en deux afin de former un couple. Sarasvati, ou Savitri, vient ainsi à l'existence. Elle est l'énergie féminine nécessaire à la fécondité de Brahma, mais elle se trouve être aussi comme sa fille. La création ne se fera qu'au prix d'un inceste.

Brahma tombe tout de suite amoureux de Sarasvati. Celle-ci, pour montrer son respect envers son père, tourne sans cesse autour de lui et Brahma, en voulant la suivre du regard, se voit pousser une nouvelle tête à droite, une autre derrière et une troisième à gauche. Brahma a maintenant quatre têtes et quatre têtes absorbées dans le désir que lui inspire Sarasvati (*Matsya-purana*, III, 30-41). On lui donne aussi quatre bras pour indiquer sa puissance. Il est souvent représenté monté sur une oie.

Brahma est créateur ; son fils Marici l'aide dans sa tâche. Kaçyapa, le fils de Marici, est le père des dieux, des hommes et des autres êtres. Brahma voyage beaucoup, il intervient souvent. Quand les dieux sont dans l'embarras, ils viennent lui demander conseil. Il est comme le « grand-père » *(pitamaha)*. Il donne des fonctions à chacun. Ainsi, il fait d'Indra le roi des dieux (*Mahabharata*, I, 212, 25). Brahma organise le monde, qui est pour lui comme un jour dans une vie. Il connaît l'avenir et a révélé les *Vedas* à l'humanité. Il a donné les règles du *karman*, norme de rétribution des actes, et il n'en démord jamais. Il est impartial, il institue les lois et les châtiments, crée la mort et est responsable de la destruction du monde.

Il n'est pas un dieu de la grâce et du don gratuit : on ne peut attendre aucune faveur de sa part. En conséquence, peu de prières lui sont adressées, peu de

Le Créateur. « Ce monde était obscurité, inconnaissable, sans rien de distinctif, échappant au raisonnement et à la perception, comme complètement dans le sommeil. Alors l'auguste être existant par lui-même, lui qui n'est pas développé, développant cet univers sous la forme des grands éléments et autres, ayant déployé son énergie, parut pour dissiper les ténèbres. Cet être que l'esprit seul peut percevoir, subtil, sans parties distinctes, éternel, renfermant en soi toutes les créatures, incompréhensible, parut spontanément. Voulant tirer de son corps les diverses créatures, il produisit d'abord par la pensée les eaux et y déposa sa semence. Cette semence devint un œuf d'or, aussi brillant que le soleil, dans lequel il naquit lui-même sous la forme de Brahma, le père originel de tous les mondes » (*Lois de Manou*, I, 5, 5).

LA BELLE SARASVATI
XIIe SIÈCLE
Sculpture indienne

Sarasvati, épouse et fille de Brahma.

temples lui sont consacrés. Il représente le destin intouchable, une loi d'airain inexorable qui s'applique quoi qu'on fasse. C'est un dieu lointain et fier.
Il est la personnification du *brahman*, l'être profond et mystérieux qui imprègne les choses, les hommes et les dieux, l'absolu qui est situé en leur cœur, qui les précède, les transcende et leur est en même temps immanent. Brahma évoque alors la réalité impersonnelle et neutre qui englobe tout.

Sarasvati, la Parole

. Sarasvati est une belle jeune femme blanche portant à la main le livre du *Veda*, un instrument de musique et un chapelet composé des lettres de l'alphabet. Elle est mère des Écritures, des Sciences et des Arts. Encore appelée Savitri, Gayatri, Brahmani, Satarupa, elle est née de Brahma. Sarasvati est liée à l'eau ; elle est la déesse du Fleuve sacré. Elle est présente dans le lieu le plus saint de l'Inde, au confluent du Gange, la rivière blanche, et du Yamuna, la rivière noire, mais elle n'y est visible que pour les initiés.

TÊTE DE BRAHMA AUX QUATRE VISAGES
FIN IXe OU DÉBUT DU Xe SIÈCLE
Sculpture kmere ; grès

SALUT D'UN ASCÈTE À BRAHMA, DIEU (À QUATRE TÊTES) DE LA CRÉATION
Miniature indienne

Shiva, le favorable

Le feu créateur

Shiva et Rudra sont sans doute deux facettes de la même divinité. Rudra est destructeur, Shiva bienfaisant. Shiva est appelé Mahâdeva (le Grand Dieu). C'est un dieu souverain, organisateur du monde. Il est dit aussi Bhairava (l'Effroyable), Hara (le Ravisseur), Kala (la Mort).

Représentant les ténèbres, Shiva a les yeux remplis de serpents, une ceinture faite de crânes, et est entouré de revenants et de vampires. On le voit portant en diadème un croissant de lune. Il a quatre bras : le premier tient une gazelle, le deuxième une hache, le troisième fait un geste d'apaisement, le quatrième un geste d'offrande. Shiva possède un troisième œil au milieu du front, avec lequel il foudroie tout ce qu'il regarde.

Il danse sur les lieux de crémation au milieu de diables. Il s'accompagne d'un petit tambour. La danse est censée représenter la construction et la destruction périodiques du monde (*Mahabharata*, XIII, 17, 50). C'est son aspect Rudra.

Shiva défend ses droits : on raconte qu'en raison de son aspect rebutant il n'a pas été invité au sacrifice de Daksa, père de Sati, sa femme. Furieux, il empêche l'accomplissement des rites tant qu'il n'a pas reçu réparation (*Mahabharata*, 12, 283 sq.).

Shiva est Yogesvara, « le Prince des ascètes ». On le voit en posture de méditation, couvert de cendres, la tresse s'enroulant sur le crâne. L'ascétisme est lié au renforcement de l'énergie et donc à la maîtrise des forces vitales.

Le mariage de Shiva

Shiva est un individu hirsute, sale, errant. Pourtant, Parvati, encore appelée Sati ou Uma, est amoureuse de lui. De plus, il ne lui donne qu'un enfant de façon normale, Kumara. Ganesha et Skanda sont obtenus par artifice. Il se désintéresse de l'union sexuelle, et cependant il a des maîtresses : sa propre sœur Manasa, Ganga (*Mahabharata*, 3, 109), et bien d'autres, qu'il prend de préférence dans les castes impures.

En face de ce goujat, Parvati est une épouse parfaite, une amoureuse folle qui lui passe tous ses caprices. Elle représente l'énergie du dieu, la puissance qui engendre, maintient et détruit. Parvati est aussi le prototype du dévot.

Le linga

Shiva est représenté par une pierre verticale de forme cylindrique sortant d'une cuvette presque plate et munie d'un versoir, le tout reposant sur un socle. On y voit habituellement un symbole du phallus émergeant d'un sexe féminin. Ce serait le sexe de Shiva tombé à la suite de la malédiction lancée par les sages de la forêt de Daruka parce que le dieu, déguisé en jeune et bel ascète nu, avait affolé leurs épouses.

Le *linga* représente surtout la maîtrise du monde : Vishnu et Brahma se la disputent. Pendant que l'un et l'autre échangent leurs arguments, apparaît un linga lumineux

SHIVA DANSANT
Bas-relief du temple de Colapuram, Inde

La danse est le symbole de la renaissance périodique du monde.

Shiva Umasahitamurti
XIIe-XIVe siècle
Sculpture en bronze

Le dieu et son épouse légitime Parvati (Sati) ; Parvati représente l'énergie de Shiva.

dont on ne voit ni la base ni le sommet. Brahma se transforme en oiseau pour aller en chercher le sommet. Vishnu se transforme en sanglier pour fouiller le sol et en trouver la base. Ils reviennent sans avoir rien trouvé. Alors apparaît Shiva à travers le linga fendu en losange et les deux autres dieux reconnaissent sa suprématie (*Shiva-purana*, 2, 5).

Une autre version dit que Brahma prétend avoir atteint le haut de la colonne ; il se met à insulter Shiva lors de son apparition. Alors, celui-ci, furieux, lui coupe une de ses cinq têtes. Mais il se trouve chargé d'un grand péché et il doit faire vœu de douze ans de mendicité.

Le linga est un objet de culte. Durant les cérémonies, il est aspergé d'eau, de lait ou d'huile, liquides qui sont recueillis dans la cuvette. Le linga représente le dieu dans les temples, ses effigies restant à l'extérieur.

La mise à mort de Kama

Shiva est méprisé par son beau-père, Daksa, ce qui entraîne le suicide de sa femme, Parvati (ou Sati). Après ce deuil, il décide de se retirer dans la montagne

Shiva, le créateur
Miniature indienne

Shiva est l'organisateur du monde : Le Gange sort de sa chevelure.

et de se plonger dans la méditation. Sati, réincarnée, s'installe auprès de lui et adopte la même vie.
Mais le monde a besoin de Shiva ; il est menacé par un terrible démon nommé Taraka, à qui Brahma a accordé l'invulnérabilité et que, seul, un fils de Shiva pourrait anéantir. Kama, le dieu de l'Amour, est appelé au secours. Il s'approche de Shiva, attend soixante millions d'années et envoie sa première flèche.
Shiva, furieux d'être dérangé, réduit de son troisième œil Kama en cendres. Puis il aperçoit Sati et se rend compte de la vie ascétique qu'elle mène. Il est rempli de désirs à son égard. Ils s'unissent et donnent naissance à Kumara, qui met à mort le démon Taraka (*Kumarasambhava*).

Les hauts faits

On connaît Shiva comme celui qui, pour sauver le monde vivant, avale le poison craché par le serpent Vasuki (*Mahabharata*, I, 18), celui qui détruit un éléphant dans lequel s'était caché un démon, celui qui sort du linga pour bousculer la mort qui voulait s'emparer de l'un de ses fidèles, celui qui détruit trois forteresses tenues par des démons (*Mahabharata*, VII, 202, 64).
Il défend ses dévots : ainsi, un jeune vacher utilise le lait de ses vaches pour asperger le linga qu'il a formé avec du sable. Son père arrive, se met en colère et bouscule de son pied le linga. Alors, Shiva apparaît et donne à l'enfant le poste de gardien de sa maison.
Il sait reconnaître la valeur de chacun : lors d'une chasse, Shiva et Arjuna tirent la même proie et, naturellement, le dieu et le héros revendiquent la propriété de la bête. Des injures, on en vient aux mains et un combat s'ensuit. Le dieu l'emporte, mais, reconnaissant la valeur de son adversaire, il lui abandonne ce qu'il désire.

Le taureau

La monture de Shiva est un taureau blanc, Nandin. Shiva lui-même est parfois invoqué comme un taureau, symbole de fécondité. Le taureau est le plus souvent représenté devant le temple, couché et tourné vers le sanctuaire.

Le culte

Shiva fait partie, avec Brahma et Vishnu, de la grande triade des dieux hindous. Mais, pour beaucoup de sectes, il est l'Être suprême, l'Absolu, la seule réalité qui se matérialise dans le monde. Il est celui qui agit, crée, maintient et anéantit le monde. L'ambivalence du dieu créateur et destructeur, symbole de la fécondité et de l'abstinence sexuelle, est à la base de sa personnalité.
Le culte qui lui est adressé consiste surtout à l'apaiser par des fleurs et des libations. Mais les observances sont nombreuses. Il faut, par exemple, se couvrir le corps de cendres, prononcer des formules magiques, participer à des processions, rire, chanter et danser.

Le yoga

Ces rites ont pour but de rendre l'homme insensible à la matière. Le yoga est une de ces pratiques, qui délivre des contraintes du monde en vue d'obtenir la réalisation parfaite de l'être. Shiva est pour beaucoup le yogi par excellence et ses dévots le prennent pour modèle. Mais le shivaïsme a aussi inspiré des pratiques populaires licencieuses.

Vache au-dessus du Ligam, l'aspergeant de son lait
Bas-relief

Un individu sans honneur. « Par quelle lubie as-tu pu t'enticher de ce garçon sans lignée, sans qualité, sans honneur, sans caste, sans père ni mère connus ? Il vit de mendicité, couche sur les lieux de crémation ; il danse nu comme les démons et les diables. Il s'adonne à la marijuana et aux hallucinogènes et s'enduit le corps de cendres. C'est un yogi hargneux au chignon natté qui déteste les plaisirs sexuels [...]
— Les femmes raisonnables écouteraient tes conseils. Pour moi, je ne suis qu'une folle, amoureuse d'un fou ! » (*Parvatimangal de Tulsi-Das*, 49 sq.).

Durga, la déesse

L'inaccessible

Épouse de Shiva et tueuse de buffles, Durga est la puissance d'action personnifiée du dieu, la partie féminine de lui-même.

Suivant les diverses traditions, Durga s'appelle Devi (la Déesse), Mahadevi (la Grande Déesse), Kali (la Noire), Uma (la Tranquille) ou encore Parvati (la Chaste Épouse).

« Durga est la mère des dieux, la puissance du désir, de l'action, de la connaissance ; elle donne le yoga [...], elle est la fille de Savitar (Savitri) et accorde les grâces, elle est l'avenir, le destin et le pouvoir de la mort à la fin du monde, la grande Mâyâ, l'impétueuse, qui tient un taureau en laisse, porte une pique et pratique l'abstinence » (*Saura-purana*, VIII, 14-22).

Durga est une déesse redoutable, puissance d'égarement en même temps que de salut, et guerrière qui se plaît dans les combats et le sang versé. Elle est à la fois créatrice et destructrice du monde.

Protectrice des tribus qui vivent de la chasse, elle se nourrit de viande crue.

Sa cour est composée des *yogini*, esprits maléfiques et jeteurs de sorts, de *vetala*, vampires, et de *bhuta*, esprits des hommes décédés de mort violente.

De son union avec Shiva, Durga a eu deux fils : Skanda, dont la vocation est le combat contre le démon Taraka, et Ganesha, le chef des armées célestes.

Quand Mahisa, le chef des démons, s'empare du monde, toutes les énergies des grands dieux s'incorporent en Durga : elle prend le trident de Shiva, le disque de Vishnu, la foudre d'Indra, et mène un combat qui dure neuf nuits. Durga tue le buffle dont Mahisa avait pris l'apparence (*Devi-mahatmya*).

Les tribus des Kolis et des Cabaras lui offrent du sang et des boissons enivrantes. D'autres l'honorent en lui sacrifiant des chèvres ou en accomplissant le suicide rituel.

LA DÉESSE EXTERMINATRICE CHEVAUCHANT UN LION
bas-relief du temple de Mahisha Mardini Mandapam

LA DÉESSE DURGA SUR LE CHAMP DE BATAILLE
XIXe SIÈCLE
Miniature indienne tirée du *Durga Charitra* ; gouache sur papier

Skanda, le jeune homme

Né par artifice

Considéré parfois comme dieu souverain, mais resté indéfiniment adolescent, Skanda est le chef des armées divines.

Skanda est fils de Shiva. Pour l'engendrer, Shiva est resté très longtemps en union avec la déesse. Déjà les dieux ont peur de celui qui, sortant de cette union, ne peut qu'être immensément fort et ils demandent à Shiva de s'abstenir de procréer. Shiva accepte et pratiquera désormais une complète abstinence sexuelle. Mais il est prévenu trop tard et un peu de semence tombe sur terre dans le feu. Agni, qui est le Feu, dépose en Ganga l'embryon fait de la semence de Shiva. Ganga, ainsi enceinte, ne peut supporter l'ardeur d'Agni et de Shiva qui se trouve en elle et elle abandonne l'embryon sur le mont Méru. Les Pléiades viennent l'allaiter.
Dès sa naissance, les dieux se précipitent pour le voir, effrayés par sa puissance. Ils pensent même le tuer tant il les remplit de crainte. Mais, en sa présence, ils ne peuvent qu'être impressionnés, ils se soumettent et demandent sa protection. Shiva lui-même vient à sa rencontre, il reconnaît son fils, et Skanda se met à ses ordres.
Skanda est un jeune homme beau, plein d'ardeur et de force. Son frère, Ganesha, est laid, gros et rusé. Ce que le premier obtient par son courage et sa volonté, le second l'obtient au moyen d'astuces. Au premier reviennent la guerre, la libération, les actions violentes ; au second, la paix, la bonne marche des affaires, le gouvernement. Skanda est tout désigné pour commander les armées des dieux.
Skanda a deux épouses : Valli, fille de la montagne et chasseresse, et Devasena, dont le nom signifie « armée des dieux ». Devasena est une jeune fille qu'Indra a rencontrée lors d'une de ses promenades. Elle était aux prises avec un Asura, un ennemi des dieux. Il l'a délivrée et elle lui a demandé comme une faveur de lui donner un mari. Indra lui donne Skanda pour époux.
Dès qu'il est en âge de prendre ses fonctions, les dieux informent Skanda qu'ils ont déjà été vaincus dans un combat avec les Asuras et que Taraka, le chef des ennemis, fait des ravages dans le monde. Skanda ne se fait pas prier, il part tout de suite au combat et tue Taraka de son arme infaillible, arme magique qui le rend invincible.

Le misogyne

Skanda est honoré à travers toute l'Inde. En raison de sa naissance, due tout entière au père, il est très antiféministe. Ses temples sont interdits aux femmes : il ne les aime pas et il les poursuit de sa colère, en les menaçant de fièvre puerpérale jusqu'au sixième jour de leurs couches. Il est aussi ravisseur d'enfants, bien qu'on le prie pour avoir des enfants. Les Pléiades, ses mères adoptives, l'aident dans ce travail de malfaisance. Des rites sont prévus pour les apaiser et détourner leurs malédictions.

SKANDA, DIEU DE LA GUERRE MONTE UN PAON
VIIe SIÈCLE.
Sculpture de l'époque préangkorienne ; grès

Skanda honoré sous le nom de Subrahmanya. « Sa statue est adorée partout dans les pagodes. Il a aussi des pagodes qui lui sont consacrées à lui seul et portent son nom. On lui attribue deux femmes dont l'une s'appelle Déwanéi, l'autre Walliaméi – celle-ci serait de la race des vanniers » (B. Ziegenbalg, *Ausführliche Beschreibung d. malabar. Heydenthums*, 1711, éd. W. Caland, Amsterdam, 1926, p. 45).

Ganesha, le dieu à tête d'éléphant

Le chef des troupes divines

Maître de l'intelligence, Ganesha est le patron des artistes et des écrivains, des voyageurs, des marchands et des voleurs.

Ganesha, ou Ganapati ou encore Ganpati, est le fils de Shiva et de Parvati et le frère de Skanda. Jeune, bien en chair, il porte une tête d'éléphant, est assis sur des coussins moelleux et tient en main un bol de riz dont il est très friand. Il se déplace sur un rat. Intelligent, il est chargé par Brahma de copier le *Mahabharata*.

Son origine est curieuse : Parvati était souvent surprise dans son bain par son mari. Mécontente, elle veut un « gardien de la porte », crée Ganesha avec les saletés résultant de ses ablutions et met son fils déjà jeune homme en sentinelle. Shiva veut forcer le passage. Ganesha l'en empêche. Mais Shiva crée une jolie femme, Maya (illusion magique), qui distrait le gardien, et il en profite pour lui couper la tête. Parvati est furieuse et exige qu'on rende la vie à son enfant. Shiva, qui s'y emploie, ne peut retrouver la tête coupée et lui met à la place celle d'un éléphant qui passait par là.

Ganesha et son frère Skanda sont toujours en concurrence : le premier est rusé, le second est fort. Quand ils veulent se marier, Shiva décide que le premier à le faire sera celui qui accomplira le plus rapidement le tour de la Terre. Skanda s'élance sans attendre. Ganesha salue d'abord ses parents en tournant sept fois autour d'eux. C'est là un rite védique qui correspond à sept tours de la Terre. Ganesha a donc gagné. Il reçoit alors deux femmes, Buddhi, l'intelligence, et Siddhi, la réussite.

Il est Vighnesvara, le maître des obstacles. Sa mission est la bonne marche des affaires terrestres. Il est producteur de richesses. Mais il est ambivalent : deux de ses mains apaisent, les deux autres portent des armes. Il suscite des obstacles à qui le néglige et les épargne aux autres. On l'invoque au commencement de toutes les entreprises.

Extrêmement populaire, Ganesha possède des temples à travers toute l'Inde. Végétarien, on lui offre des fleurs rouges, de petites brassées de vingt et un brins d'herbes et surtout des *modak*, petits-fours en forme de figue.

Un dieu politique

Ganesha est le dieu le plus xénophobe du panthéon hindou. Il a été l'inspirateur de la lutte contre les Anglais et de celle aujourd'hui contre l'islam.

GANESHA, LE DIEU À TÊTE D'ÉLÉPHANT
XIe SIÈCLE
Sculpture indienne

SARASVATI ET GANESHA
XVIIe SIÈCLE
Miniature indienne ; manuscrit de Mahratte

Vishnu, le bienveillant

La cause de l'existence

Un des grands dieux de l'Inde, Vishnu donne la stabilité au monde et possède mille noms et qualités. Il est le pendant et le complémentaire de Shiva.

Vishnu apparaît lors de la lutte entre Devas (êtres célestes) et Asuras (esprits suprêmes). Les uns et les autres veulent s'assurer la domination du monde. Les Asuras lancent un défi à leurs rivaux : ils accepteront de leur laisser ce que l'un des Devas pourra mesurer en trois pas. Vishnu, qui alors n'est qu'un nain, se propose comme champion de ses congénères et, en trois pas, il parcourt l'univers entier, terre, ciel et espace intermédiaire (*Çatapatha-brahmana*).

Ces trois pas de Vishnu marquent l'omniprésence du dieu, sa vocation à étendre indéfiniment son influence à travers le monde. Il est identifié au *Brahman*, la totalité de ce qui existe. Vishnu est le dieu de l'Espace, Shiva est le dieu du Temps.

Vishnu rayonne comme le soleil dont les bienfaits viennent du dieu. Il est à l'origine de la fertilité de la nature et de la fécondité des hommes.

Vishnu est devenu une divinité suprême. L'iconographie le représente endormi, entre deux créations, sur le serpent Sesa aux mille têtes. Son sommeil n'est pas inactivité, c'est un sommeil mystique : il médite sur le monde à venir et le prépare dans son esprit. Quand il se réveille, un lotus sort de son nombril ; il porte Brahma, qui est chargé de réaliser la nouvelle création (*Mahabharata*, III, 272).

La suite de Vishnu est composée de Garuda, l'aigle qui lui sert de monture, et de Hanuman, le roi des Singes. Certains objets lui sont associés : ce sont le disque, la conque, la massue, le lotus, parfois l'épée et l'arc.

Vishnu est parfois confondu avec Prajapati. L'un et l'autre sont assimilés au sacrifice ou à l'espace du sacrifice, l'un et l'autre sont au centre du monde, l'un et l'autre sont à la source de l'activité du monde, l'un et l'autre ont une action bienveillante à l'égard des hommes.

Lakshmi est l'épouse de Vishnu et le modèle de toutes les épouses. Elle est la déesse bienfaisante par excellence, l'énergie efficace du dieu, sa force en action. Bhumi, la Terre, est sa seconde épouse.

Sous le nom de Narayana, Vishnu apparaît comme un être rayonnant que trois personnages, Ekata, Dvita et Trita, contemplent après s'être prêtés à une dure ascèse. Ils sont aveuglés par l'éclat du dieu et n'entendent d'abord que les prières d'« hommes blancs » qui font leurs dévotions. Une voix enfin se fait entendre, la voix de Vishnu : elle dit que seule une *bhakti* (dévotion) exclusive envers Dieu amène l'homme à contempler l'Être suprême ; l'étude du *Veda*, la non-violence et le sacrifice, tout est vain, sauf cette *bhakti* (*Mahabharata*, XII, 236).

Vishnu est partout, il pénètre tout, il est le sauveur. Alors que Shiva est le maître, Vishnu est l'ami qui se met aux côtés des hommes. Il est le protecteur, et pourtant l'immutabilité et l'inactivité qui font partie de son être ne lui permettent pas d'intervenir directement dans les

Hymne à Vishnu. « Je vous conduis par l'acte pieux et par l'offrande, / ô Indra et Vishnu, jusqu'à l'autre bout de cette œuvre. / Agréez le sacrifice et donnez la richesse / nous conduisant au but par des chemins sûrs ; / vous qui êtes les pères de toutes les pensées, / ô Indra et Vishnou, cuves à Soma, / que les invocations récitées vous secondent / et les louanges chantées avec les hymnes... » (*Rig Veda*, VI, 69).

VISHNU REPOSE SUR L'OCÉAN PRIMORDIAL ET RÊVE LE MONDE : DE SON NOMBRIL SORT BRAHMA LE DIEU DE LA CRÉATION
XVIIIe SIÈCLE
Miniature indienne

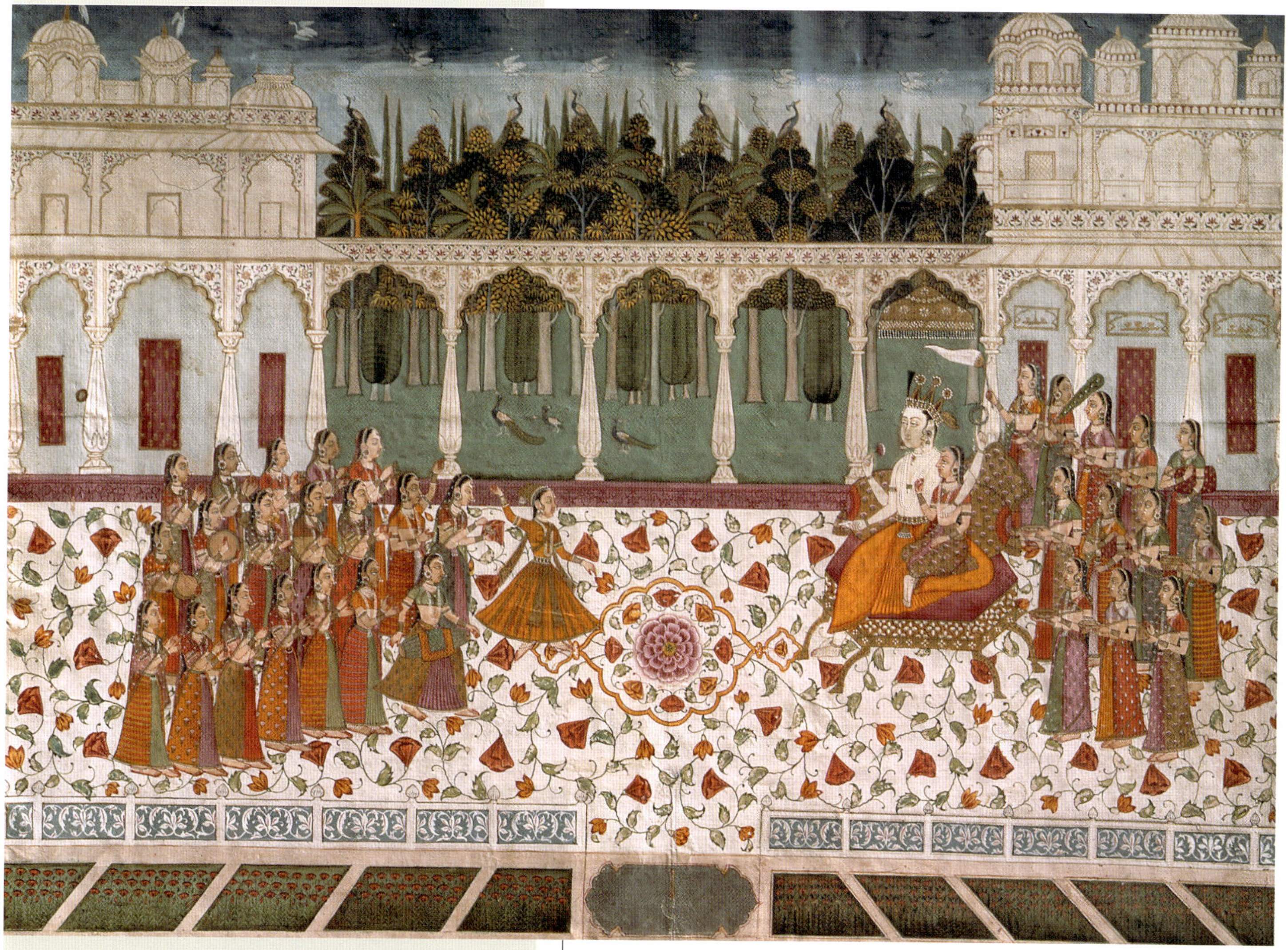

Visnu et Lakshmi avec leur cour
XVIIIe siècle
Miniatutre indienne

événements. Il le fait donc à travers de très nombreux avatars, ou réincarnations.
À chaque fois que le monde a besoin de lui, il apparaît sous la forme d'un héros qui, non seulement le représente, mais s'identifie à lui ou, dans des avatars secondaires, est pénétré de la force efficiente du dieu. L'avatar montre Vishnu comme le restaurateur de l'ordre, et est la manifestation de l'unité du dieu dans la multiplicité de la création.

Les avatars

Sous la forme d'un poisson, Vishnu sauve du déluge l'ancêtre des hommes, Manu, puis il va jusqu'au fond des océans rechercher l'Écriture sainte, le *Veda*, que le démon Hayagriva a dérobée à Brahma et qu'il y a déposée lors d'une grande crue (*Çatapatha-brahmana*, I, 8, 1).
Sous la forme d'une tortue, il vient au secours des Devas et des Asuras. Ceux-ci avaient entrepris de baratter la mer de lait pour obtenir l'*amrta*, l'assurance d'immortalité. À cette fin, ils utilisaient comme batteur le mont Mandara, mais ce batteur s'enfonçait dangereusement. Vishnu, transformé en tortue, servit de base solide et stable au mont Mandara (*Ramayana*, I).
Sous la forme d'un sanglier, il sauve la Terre alourdie par la présence de très nombreux démons. Vishnu plonge au fond des océans, pour prendre, dans ses défenses, la Terre qui s'y était enfoncée sous l'action du démon Hiranyaksa. Il lui redonne la place qu'elle n'aurait jamais dû quitter (*Çatapatha-brahmana*, XIV, 1,2, 11).

Vishnu tue le démon Kaltabha
XVIIIe siècle
Peinture

Sous la forme d'un homme lion, nommé Narasimha, il délivre le monde de Hiranyakaçipu, frère d'Hiranyaksa, qui menace les dieux. Hiranyakaçipu a reçu de Brahma le privilège de ne pouvoir être tué ni de jour, ni de nuit, ni par un homme, ni par un animal, ni à l'intérieur, ni à l'extérieur du palais. Vishnu intervient, en sortant d'un pilier du palais, au crépuscule, sous la forme d'un être mi-homme, mi-bête, et au moment où Hiranyakaçipu arrive pour sacrifier son fils Prahlada, fidèle de Vishnu, il l'abat.
Le cinquième avatar concerne le nain qui, en trois pas, parcourt l'univers (voir plus haut). Le sixième est Parasurama, qui extirpe du monde les *kshatriyas*. Le septième est Rama, qui met un terme aux méfaits des *ravanas*. Le huitième est Krishna, qui abat le cruel Kamsa. Le neuvième est Bouddha, qui est venu pour interdire les sacrifices sanglants. Et enfin, le dixième sera Kalkin, qui viendra à la fin du présent âge, sur un cheval blanc, pour punir les méchants et récompenser les bons.
Telle est la liste communément admise des avatars de Vishnu. Mais, en réalité, leur nombre est incalculable (*Bhagavata-purana*) et on ne les connaît pas tous.
Pour créer, stabiliser, mener, détruire et libérer le monde, Vishnu doit se scinder. Manifestations moins complètes que les avatars de la divinité, les *vyuhas* en sont néanmoins des émanations. Ce sont le frère, le fils et le petit-fils de Krishna, et sont appelées Samkarsana, Pradyumna et Aniruddha.
Vasudeva-Krishna possède les six qualités majeures de la divinité, c'est-à-dire le savoir, la force, la puissance, l'efficience, le rayonnement et la vigueur. Les *vyuhas* n'en possèdent que deux : à Samkarsana appartiennent le savoir et la force ; à Pradyumna, la puissance et la vigueur ; enfin, à Aniruddha, l'efficience et le rayonnement.

Lakshmi, l'énergie de Vishnu. Lakshmi vit dans un décor somptueux, fait d'étoffes précieuses, de bijoux, d'instruments de musique et d'animaux familiers. Elle est montée sur un paon, ou debout, sur une fleur de lotus. Elle est la beauté personnifiée.
Épouse de Vishnu, elle incarne la force et la puissance du grand dieu. Elle agit pendant que Vishnu sommeille, indifférent et impassible, sur son serpent. Lorsque Vishnu s'incarne en Rama, elle sort d'un sillon pour devenir son épouse. Elle est aussi Radha, la favorite de Krishna, autre avatar du dieu.
Bienfaitrice, elle distribue ses largesses sans dire pourquoi l'un est favorisé tandis que l'autre ne l'est pas. Elle est la fortune avec tout ce que celle-ci comporte d'aléatoire et d'injuste.
Quand le jeune marié amène sa femme dans sa maison, il y amène Lakshmi. L'épouse doit porter des bijoux et être habillée d'une robe comportant au moins un brocart d'or. L'or est le symbole de la déesse. Les bijoux sont le signe que Lakshmi est présente. Lakshmi est aussi appelée Shri, qui signifie « Splendeur ». Et, comme tout homme qui a réussi est censé être sous la protection de la déesse, on fait précéder son nom de Shri.

MATSYA, LE POISSON, PREMIER AVATAR DE VISHNU
XVIIe SIÈCLE
Miniature indienne

Le dieu tient dans ses mains les objets qui lui sont attribués : la conque, la massue, le lotus et le disque.

VISHNU ET SA FEMME LAKSHMI
XIe SIÈCLE
Sculpture de Khajuraho

श्रीगणेसाय १
श्रीगणेसाय २
श्रीगणेसाय ३
श्रीगणेसाय ४

Krishna, le Noir

L'avatar de Vishnu

Krishna, ou Krsna, est aimable enfant et guerrier impitoyable, adoré des bergères et inaccessible. Il est même parfois considéré comme l'avatar de toutes les divinités hindoues.

Krishna naît à Mathura, au nord d'Agra, à la fin du troisième âge du monde. Sa mère est Devaki et son père Vasudeva. Il a le teint sombre ; son nom signifie « le Noir ». Les maisons hindoues ont souvent une image de Krishna sous la forme d'un enfant volant du beurre ou d'un berger jouant de la flûte.

À cette époque, Kamsa, frère de Devaki, règne sur Mathura. Il sait, par un oracle, qu'un de ses neveux le fera mourir. En conséquence, il tient sa sœur prisonnière et tue les enfants qu'elle a. Le premier à lui échapper est Balarama. Puis vient Krishna. Pour qu'il soit épargné, on lui substitue, dès la naissance, la fille du berger Nanda et de Yasoda, née au même instant.

Doué d'une force et d'une intelligence exceptionnelles, Krishna se joue des ennemis placés sur son chemin. Lorsque Putana lui donne au sein un lait empoisonné, il en boit tant qu'il épuise la substance même de la vie de la démone. Il tue Trnavarta, qui voulait l'enlever dans les airs. Mais quand Kamsa entreprend de supprimer tous les enfants un peu exceptionnels de la région, Nanda l'emmène avec Balarama à Gokula, où ils se cachent pendant sept ans.

À Gokula, Krishna reste un enfant prodigieux. Il tue le monstre Baka, qui s'était présenté sous la forme d'une grue, de même qu'Arista, qui avait pris celle d'un buffle, et Kesin, qui avait pris celle d'un cheval. Il combat Kaliya, le roi des serpents, qui mettait son venin dans les eaux de la Yamuna ; il danse sur sa tête, mais, reconnaissant que Kaliya ne faisait que respecter les lois de son espèce, il lui accorde la vie sauve et l'envoie dans l'Océan.

Il est fêté chez les bergers et il les invite à remplacer les cérémonies en l'honneur d'Indra par des sacrifices offerts aux divinités des montagnes et des forêts. Le dieu se fâche, provoque un orage terrifiant, et Krishna doit protéger ses amis en tenant le mont Govardhana au-dessus de leurs têtes pour en faire une sorte de parasol. Indra reconnaît alors en Krishna un avatar de Vishnu.

Le grand amoureux

Il est choyé par les bergères, il danse avec elles et accompagne leurs chants avec sa flûte. Un jour qu'elles sont au bain, il leur cache leurs vêtements et les oblige ainsi à venir nues, une à une, les lui demander. Il épouse mille d'entre elles, mais sa favorite est Radha, « celle qui plaît » (*Gitagovinda*).

Puis, il tue Kamsa et devient le maître du royaume. Mais, très vite, il s'en éloigne et fonde la ville mythique de Dvaraka où les siens viennent le rejoindre. Il y épouse Rukmini- Lakshmi, la fille du roi des Vidarbha. Les fêtes de ces épousailles sont grandioses (*Bhagavata-purana*). Il s'installe ensuite dans une vie fastueuse avez ses seize mille cent femmes et ses cent quatre-vingt mille enfants, vie

KRISHNA LE JOUEUR DE FLÛTE
XVIIe SIÈCLE
Panneau d'un char de procession ; sculpture, teck

entrecoupée cependant de multiples combats contre les démons, d'un duel avec son cousin, le roi Ciçupala, et de la guerre des Bharata, sujet de l'immense poème appelé *Mahabharata*.

Krishna est plein de ruses. Dans le combat que se livrent Pandavas et Kauravas, les premiers ont en face d'eux un capitaine particulièrement invulnérable. Seule une nouvelle très affligeante peut endormir ses défenses. Krishna a l'idée de lui faire annoncer la mort de son fils, Asvatthaman, et, pour qu'il n'y ait pas mensonge, on donne le nom d'Asvatthaman à un éléphant mort. La ruse réussit et l'ennemi est tué (*Mahabharata*, VII, 8 694-8 892).

Le cocher d'Arjuna

Ensuite, Krishna s'incarne à nouveau dans la personne du cocher d'Arjuna, qui se bat dans les rangs des Pandavas. Très adroit à conduire le char, il est aussi l'ami, le conseiller, le soutien efficace de son maître. De longues conversations s'engagent entre eux. Arjuna y dit ses scrupules de conscience devant une guerre fratricide, ses hésitations, ses doutes. Krishna le libère de sa pathétique angoisse, fortifie son courage et lui dispense son enseignement.

Krishna est un sage, il ne combat pas. Pourtant, une fois, il s'avance au-devant de l'ennemi. Arjuna hésite, il a peur pour sa vie, il a des doutes sur le bien-fondé de la bataille.

KRISHNA ET RADHA
XVIIe SIÈCLE
Miniature indienne

Rhada « celle qui plait », la bergère belle comme une déesse a séduit le dieu.

BHISMA, FILS DU ROI SHANTANU ET DE LA DÉESSE DU FLEUVE GANGA PARTICIPE À LA BATAILLE CONTRE ARJUNA, CONDUIT PAR KRISHNA ; ARJUNA TUE BHISMA DE SA FLÈCHE
XVIIIe SIÈCLE
Art moghol ; gouache sur papier

Krishna prend sa place, descend du char et fait un pas, deux pas vers Bhisma, l'adversaire. Au dixième pas, Arjuna arrive et dit : « Cette charge est toute à moi, c'est moi qui tuerai », et il trouve l'énergie qui lui manquait (*Mahabharata*, VI, 2 597).

Quand l'ennemi détient l'arme absolue que l'on peut fabriquer avec n'importe quoi en soufflant dessus et en disant un mantra, Krishna est là, il prévient et conseille. Asvatthaman utilise l'arme absolue. Krishna pousse un cri et dit à Arjuna de lancer « l'arme qui désarme les armes ». Deux grands *rsi* s'interposent entre les deux armes. Ils demandent aux combattants de rappeler chacun leur trait. Arjuna, qui est pur, le fait sans difficulté, mais Asvatthaman, qui n'est pas pur, ne peut le faire ; il ne peut que le détourner et il l'envoie sur les enfants à naître des Pandavas.

Seul se trouve sauvé l'enfant qu'attend la belle-fille d'un Pandava, et Krishna le dit. Asvatthaman, furieux, veut viser aussi cet embryon. Il naîtra en effet mort-né. Mais Krishna, qui se révèle ici un grand dieu, le ressuscitera aussitôt et il sauvera ainsi la race. Dans la foulée, il condamne l'ennemi à une solitude de trois mille ans (*Mahabharata*, X, 729).

Une querelle au sein des Yadavas, son clan, déclenche une lutte furieuse où tous périssent. Krishna se retire alors dans la forêt et est atteint d'une flèche perdue. La blessure est au talon, son seul point vulnérable. Il en meurt et il monte au ciel des dieux, où il retrouve sa forme divine. Krishna est l'incarnation de Vishnu. Il est dieu suprême, objet de la dévotion que l'on appelle *bhakti*. La *bhakti*, comme le dit Jan Gonda dans *Les Religions de l'Inde*, est un abandon, un dévouement profond, une affection personnelle et passionnée, un besoin de s'unir à l'objet de son culte. L'amour des bergères pour Krishna est un modèle de cet attachement au dieu et les chants du *Gitagovinda* sont le « Cantique des Cantiques » de l'Inde.

Les textes. Les légendes concernant la vie de Krishna sont innombrables. Plusieurs ouvrages les racontent dans le détail. Ce sont le *Mahabharata*, le *Harivamsha*, le *Bhagavata-purana*, le *Vishnu-purana*, le *Gitagovinda* et bien d'autres. Krishna est devenu avec de nouvelles sectes religieuses, un dieu unique, créateur universel à qui l'on doit l'amour absolu et la pratique de la *bhakti* c'est-à-dire une dévotion suprême.

« Tu es ma parure, tu es ma vie, tu es pour moi le joyau de l'océan de l'existence. Sois-moi toujours favorable : c'est à quoi tend mon cœur suprêmement. [...]

Que scintille ton bouquet de diamants entre les rondeurs de tes seins ! Qu'il colore toute la zone de ton cœur ! Que résonne la ceinture sur l'épais méplat de tes hanches ! Qu'elle proclame les ordres de l'amour !

Tes pieds, décors des lotus de parterre, joie du cœur, ornement sur la scène du plaisir, dois-je faire en sorte, ô toi à la voix harmonieuse, qu'ils rougissent de volupté sous la laque fulgescente ? Pour détruire le poison amoureux, fixe sur ma tête les charmants rameaux de tes pieds. Il me consume, le feu cruel, meurtrier de la passion : puissent-ils abolir les ravages qu'elle a causés à mon amie ! » (*Gitagovinda*, Cantilène 19).

Krishna et Arjuna sur le char
XVIIe siècle
Miniature indienne

Le séducteur. « Bien qu'il ait défiguré notre sœur, nous ne pourrions le tuer car il n'a pas d'égal parmi les hommes, Ami ! Est-il quelqu'un avec un corps de chair qui puisse ne pas être attiré par sa forme ? Il était naturel pour les femmes, que tous leurs instincts portent vers la beauté du mâle, d'être séduites par lui. Mais comment expliquer que des hommes et non point des hommes ordinaires, mais des sages austères qui vivent dans la forêt, ayant renoncé à tous les désirs, soient si profondément troublés qu'ils ne pouvaient masquer leur excitation et suppliaient qu'il leur fut permis de toucher le dieu » (Karapâtri, Bhagavân, « Krishna aur unke parivara », dans *Siddhanta*, vol. V, 1943-1944, p. 134).

Une Gopi tente de séduire Krishna
XVIIe siècle
Illustration du *Rasikapriya* ; gouache sur papier

Rama, un avatar de Vishnu

Le prince parfait

Rama est la référence essentielle pour un bon gouvernement. Guerrier vertueux et pieux, il est accompagné de Sita, sa femme, de son frère Laksmana et du singe Hanuman

Mariage de Rama et de Sita
XXe siècle
Estampe en couleur

Le roi Dasaratha d'Ayodhya a trois épouses et aucun enfant. Il offre un sacrifice aux dieux pour obtenir une progéniture. Au cours de la cérémonie, un être extraordinaire apparaît et lui tend un bol de bouillie magique que doit consommer son épouse pour donner naissance à un fils. Ce roi offre la moitié du bol à Kausaalya, sa première épouse ; celle-ci met au monde Rama. Il offre les trois quarts de ce qui reste à Sumitra, sa deuxième épouse ; elle met au monde les jumeaux Laksmana et Satrughna. Enfin, il offre le reliquat à sa troisième épouse, Kaikeyi, qui met au monde Bharata.

Bharata est entièrement dévoué à Rama, et les jumeaux seront au service de l'un et de l'autre. Ces enfants forment une équipe unie de *kshatriyas* (princes) aux ordres de Rama. Tous sont peu ou prou, selon l'importance de la bouillie qui est à l'origine de leur naissance, des incarnations de Vishnu.

Rama et Visvamitra

Les *kshatriyas* sont devenus des adolescents quand Visvamitra arrive et demande au roi l'aide de son fils Rama pour le débarrasser des *raksasas* (démons) qui l'empêchent de terminer son sacrifice. Visvamitra prétend que seul Rama est capable de tuer les *raksasas*. Rama est autorisé à partir et, au cours du voyage, Visvamitra lui apprend des formules magiques destinées à le rendre invincible. Pourvu d'armes exceptionnelles, Rama n'a aucune peine à mettre hors d'état de nuire les *raksasas* qui opprimaient Visvamitra et à tuer Tataka, la mère de l'un d'entre eux.

Rama et son frère Laksmana continuent leur route vers Mithila. Dans cette ville, le roi Janaka possède l'arc de Shiva. Personne ne peut bander cet arc tant il faut de force, et Janaka a promis sa fille, Sita, à qui y parviendrait. Grâce aux moyens magiques mis entre ses mains par Visvamitra, Rama n'a aucune peine à tendre l'arc jusqu'à le briser. En conséquence, il reçoit Sita comme épouse, et ses frères, auréolés du même prestige, reçoivent aussi des épouses venant de la famille de Janaka.

Sur le chemin du retour, Rama rencontre Parasurama, le destructeur de

Rama et Lakshmana apprennent la mort de leur père
XVIIIe siècle
Illustration du *Ramayana* ; gouache sur papier

kshatriyas, qui le met au défi de bander un arc. Cette fois-ci, il s'agit de l'arc de Vishnu. Rama le tend sans difficulté ; Parasurama se reconnaît vaincu et salue en Rama un avatar de Vishnu lui-même.

L'exil

Rama, revenu au pays, se prépare à devenir prince héritier. Mais la reine Kaikeyi, la mère de Bharata, voudrait la royauté pour son fils. Elle rappelle à Dasaratha qu'elle lui a sauvé la vie et qu'il lui a promis alors la récompense de son choix. Elle demande que Rama soit exilé et que Bharata soit déclaré prince héritier. Le roi, lié par son serment, ne peut qu'accepter.

Rama se soumet de bonne grâce et part pour la forêt. Sita, en femme fidèle, le suit. En face de cette situation déchirante, Dasaratha meurt de chagrin et Bharata monte sur le trône. Mais il découvre en même temps les manœuvres de sa mère et refuse de régner. Il va chercher Rama pour le persuader de revenir. Rama refuse, le lien du serment n'étant pas dissous par la mort de celui qui l'a prêté. Bharata se contente donc d'administrer le pays au nom de Rama, absent.

L'enlèvement de Sita

Rama installe son ermitage à Pancavati et tous les *rsi* (sages) qui habitent autour recherchent sa protection. Surpanakha, sœur du *raksasa* Ravana, tombe amoureuse de lui. Elle se présente à lui dans ses plus beaux atours et lui promet toutes sortes de jouissances. Mais Rama est fidèle à Sita comme Sita est fidèle à Rama. Laksmana le libère de ces tentations en coupant nez et oreilles à la démone et Rama extermine les *raksasas* qui veulent la venger.

Surpanakha n'en reste pas là. Elle s'en va trouver son frère Ravana et lui vante si bien les charmes de Sita que Ravana éprouve le plus violent désir de la posséder. Il va à Pancavati, suscite un cerf tout doré qui attire les yeux de Sita et qui pousse Rama à le poursuivre. Pendant l'absence de celui-ci, Ravana enlève Sita en la tenant par les cheveux. Il l'emmène à Lanka et cherche chaque jour à la séduire. Il a en effet décidé de ne pas la prendre de force. Mais la vertu de Sita est à toute épreuve et il ne parviendra pas à ses fins.

Rama et Laksmana partent à la recherche de Sita. Ils rencontrent Hanuman, conseiller du roi Sugriva, qui a été dépossédé par son frère Valin à la fois de son royaume et de sa femme. Rama et Hanuman scellent un accord et décident de s'aider mutuellement. Hanuman a retrouvé les bijoux que Sita a laissé tomber durant son rapt.

Hanuman est le premier à parvenir à Lanka. Il ne se permet pas de délivrer Sita. Cet honneur revient de droit à Rama. Mais il prévient Ravana de sa fin prochaine. Le combat commence à l'arrivée de Rama et Lanka est détruite de fond en comble. Vibhisana, le frère de Ravana, qui avait pris parti pour Rama, est installé sur le trône. Sita est délivrée.

Rama dit alors à Sita : « Un doute plane sur ta conduite. Une femme qui séjourna dans la maison d'un autre, quel homme d'honneur et de bonne famille se laisserait égarer par la passion au point de la reprendre ? » (*Ramayana*, VI, 115, 17-20), et il l'envoie en exil dans la forêt. Mais on ne cesse de parler de la vertu de sa femme, et ses deux fils jumeaux, Kusa et Lava chaque jour l'implorent et affirment l'innocence de leur mère. « Ni dans ses paroles, ni dans son

L'INCENDIE DE LANKA PAR L'ARMÉE DES SINGES CONDUITE PAR HANUMAN
XVIIe SIÈCLE
Miniature indienne

Rama détruit l'armée des démons
XVIIIe siècle
Illustration du *Ramayana* ; gouache sur papier

cœur, ni dans son esprit, ni dans ses regards, ta vertueuse et belle épouse ne s'est montrée indigne de tes nobles sentiments » (*Ramayana*, VI, 118, 6). Rama se laisse convaincre et va la chercher. Mais Sita, retrouvant la terre qui l'a fait naître, supplie celle-ci de la reprendre. Alors, la terre s'ouvre et l'engloutit.
Rama ne peut supporter la perte de sa chère épouse. Il décide d'abandonner la royauté, se rend au bord de la Sarayu, fait une dernière prière pour les glorieux héros qui l'ont accompagné par affection (*Ramayana*, VII, 110, 17). Puis il entre dans les eaux avec toute sa suite et est reçu par Brahma, qui l'emmène au ciel, où il retrouve toute la gloire de sa nature divine.

Un être parfait

« Dans les malheurs d'autrui, Rama montre une sincère affliction et, dans toutes les fêtes, il se réjouit comme un père au sein de sa famille. Franc dans son langage, habile archer, plein d'égards pour la vieillesse, maître de ses sens, accompagnant ses paroles d'un sourire, s'appuyant de toute son âme sur le devoir, guide fidèle dans le bien, ne se plaisant pas aux récits médisants, discourant avec une éloquence égale à celle de Vacaspati ; avec ses beaux sourcils, ses yeux grands et couleur de cuivre, pareil à Vishnu en personne » (*Ramayana*, II, 2, 40-43).

Sita, la femme née du sillon. Sita est un avatar de Lakshmi. La naissance de Sita est exceptionnelle. Elle est sortie d'un sillon sous le soc du roi Janaka alors que celui-ci labourait son champ pour préparer l'aire du sacrifice. Elle est donc née de la terre sanctifiée. Le roi en fit immédiatement sa fille adoptive (*Ramayana*, I, 66,13).
Sita est devenue avec le temps une très jolie fille qui attire les regards des hommes. Janaka a promis de la donner pour épouse à celui qui parviendrait à tendre l'arc de Shiva qui est en sa possession. Il est persuadé qu'aucun homme ne réussira cet exploit et qu'ainsi il gardera sa fille pour lui seul. Rama, mis au défi, y parvient si bien qu'il brise l'arc. Janaka, lié par son serment, est obligé de donner sa fille en mariage à Rama. Les deux époux se vouent l'amour le plus total.
Sita est fidèle à son mari dans les pires circonstances, même quand son époux, persuadé qu'elle n'a pu que succomber à Ravana lors de son long enlèvement, la punit injustement et la soumet à l'épreuve du feu. Elle lui dit : « Si, malgré les preuves de mon amour durant notre cohabitation, fier prince, je suis encore une inconnue pour toi, c'est que ma perte est irrémédiable » (*Ramayana*, VI, 116, 10). Elle monte sans fléchir sur le bûcher, mais, le feu refusant de la brûler, elle sort victorieuse de la situation. Une autre séparation sera cependant nécessaire pour qu'elle soit reconnue définitivement innocente. Alors elle retournera à la terre qui l'a fait naître.

Hanuman, le surhomme

Le vainqueur des planètes

Hanuman est le maître de l'astuce, de l'adresse, de l'agilité physique. Il réalise des exploits extraordinaires au service de son maître Rama.

Hanuman, Anouma ou Maruti est fils d'Anjani, la guenon, et de Vayu, le dieu des Vents. Chef de l'armée des singes, c'est un surhomme d'une force extraordinaire, d'une intelligence subtile et d'un dévouement exemplaire. Proche de la nature, il combat sans arme, se servant de rochers et d'arbres déracinés. Il est végétarien, fidèle à ses amis et sans relations féminines.

Sitôt né, Hanuman est affamé et, voyant le Soleil, il le prend pour un fruit mûr. D'un bond, il s'élance vers lui et bouscule toutes les planètes sur son passage. Indra s'en émeut et lance contre lui sa massue. Le bébé tombe inconscient sur une haute montagne. Vayu ne l'entend pas ainsi. Voyant son fils mort, il se met en grève et le monde entier, privé de vent, manque de respiration et risque d'être étouffé. Les dieux, pris de panique, se précipitent sur l'enfant et lui rendent la vie. Indra lui laisse sa massue, Brahma lui promet l'invincibilité.

Le combat contre Ravana

Hanuman est l'allié de Rama, dont la femme, la belle et vertueuse Sita, a été enlevée par le démon Ravana et enfermée dans son palais à Lanka. D'un bond prodigieux, Hanuman atteint Lanka, découvre Sita et lui promet sa libération prochaine. Il annonce aussi à Ravana le désastre à venir. Puis il va rendre compte de sa mission auprès de Rama. La guerre éclate, Lanka est envahi et détruit de fond en comble. Ravana est tué et Sita, délivrée, retourne dans son royaume (*Ramayana*).

On comprend qu'avec de tels exploits, Hanuman soit le dieu des athlètes et des gymnastes. Protecteur, il détruit les rayons de la mort émis par les planètes.

HANUMAN ROI DES SINGES ET ALLIÉ DE RAMA
XVIIe SIÈCLE
Miniature indienne

Parasurama, le destructeur

Sixième avatar *de Vishnu*

Unissant la pureté religieuse et l'impureté du guerrier, Parasurama est un brahmane guerrier. Il aurait vaincu vingt et une générations de *kshatriyas*.

Kartavirya est un roi puissant. Il possède mille bras et un char céleste. Il impose son pouvoir aux dieux, aux *rsi* et à tous les êtres. Il se croit tout permis et va jusqu'à troubler l'intimité d'Indra et de son épouse. Alors, Vishnu et Indra tiennent conseil afin de mettre fin à cette situation et susciter un champion pour détruire les *kshatriyas* (guerriers) aussi impertinents que Kartavirya.

Le roi Gadhi a une fille, Satyavati, épouse du brahmane Rcika. Celui-ci prépare deux bouillies de riz, l'une pour sa femme, l'autre pour sa belle-mère, afin que la première donne naissance à un brahmane et la seconde à un *kshatriya*. Mais, à la suite d'une mauvaise manipulation, les bols se trouvent inversés, si bien que le fils de Satyavati, la femme du brahmane, aura la force d'un *kshatriya*, tandis que l'autre, fils d'un *kshatriya*, aura les qualités d'un brahmane.

Satyavati est effrayée de cette affaire et demande que la malédiction retombe plutôt sur son petit-fils. Jamadagni, son fils, se trouve donc être un pur brahmane. Il épouse Renuka, qui lui donne quatre purs brahmanes, et un cinquième fils, Rama ou Parasurama, qui, brahmane, possède les dons d'un *kshatriya*.

Renuka est l'épouse modèle d'un brahmane ascète. Cependant, un jour, à la rivière, elle voit un prince qui batifole avec ses femmes et s'attarde à regarder ce spectacle. Jamadagni soupçonne ce qui se passe et devient furieux. Il demande à ses fils de trancher la tête de leur mère en punition. Les quatre premiers fils, purs brahmanes, refusent, et leur père les foudroie de son regard. Parasurama, avec sa nature particulière, n'hésite pas et décapite sa mère.

Jamadagni, en reconnaissance, lui demande ce qu'il veut recevoir. Parasurama redevient brahmane pour demander la résurrection de sa mère et de ses frères.

La destruction de Kartavirya

La maison de Jamadagni est brillante et somptueuse, grâce à la vache qui fournit tout ce que l'on peut désirer. Le roi Kartavirya y est reçu avec tous les honneurs. Mais cette opulence le rend jaloux ; il demande à son hôte de lui donner sa vache. Parasurama entre dans une violente colère, coupe les mille bras de Kartavirya et le tue. Les fils de ce dernier vengent leur père en tuant Jamadagni. Alors, Parasurama décide de libérer le monde de tous les *kshatriyas*. En vingt et un combats, il accomplira cette tâche.

Après ce massacre, Parasurama verse le sang des victimes dans cinq trous et accomplit les cérémonies en l'honneur des ancêtres. Son grand-père lui apparaît et lui reproche tant de carnages. Alors, il offre un sacrifice à Indra et se retire sur le mont Mahendra (*Mahabharata*, III, 115-117).

Un guerrier brahmane. « Je suis un *kshatriya* ; or la force, *bala*, est la caractéristique, la règle propre, *svadharma*, de la classe guerrière, alors qu'elle n'appartient pas aux brahmanes, dont le devoir est l'effort intérieur, l'acquisition du calme et de la fermeté d'âme » (*Mahabharata*, 6649-6695).

Parasurama tuant le démon Kartavirya
XVIIIe siècle
Gouache sur papier

Visvamitra, l'ascète

Un des auteurs supposés du Veda

Kshatriya **(guerrier), Visvamitra veut se faire brahmane par une ascèse de plus en plus stricte, une performance particulièrement exceptionnelle tant le Brahmane et le *kshatriya* sont opposés.**

Visvamitra comprend qu'il ne pourra égaler le brahmane Vasistha que s'il devient lui-même brahmane. Il se retire donc dans la forêt et se met à pratiquer l'austérité. Au bout de mille ans, Brahma lui donne le titre de *rsi* royal. Mais, voulant créer un nouveau ciel, il épuise les mérites accumulés.

Il reprend ses austérités pendant mille ans. Brahma le refait *rsi*. Mais il tombe amoureux de la nymphe Menaka et vit dix ans avec elle. Le fruit de son ascèse est alors détruit irrémédiablement.

Visvamitra s'entête. Il se met entre les cinq feux en été et dans l'eau en hiver. Brahma le fait *maharsi* (super-*rsi*). Mais les dieux lui envoient la nymphe Rambha, et Visvamitra, flairant le piège, se met en colère et perd le bénéfice de ses efforts.

Alors, Visvamitra ne mange, ni ne respire pendant des centaines d'années. Il ne se laisse pas tenter et il devient enfin brahmane et l'égal de Vasistha (*Ramayana*, I).

Visvamitra et Rama

C'est Visvamitra qui allait pousser Rama sur le sentier de son destin. L'ascète rend visite à Dasaratha. « Sois le bienvenu, vénérable maître ! lui dit le roi, Ta renommée suffit à ouvrir mes portes. Mais quel est le motif de ton passage ? » « Depuis quelque temps, dit le sage, deux Raksasas nous tourmentent et rendent vains nos efforts. Leur nuisance est extrême et chaque jour ils s'enhardissent. Pour ces raisons j'ai besoin de ton fils, Rama. Qu'il soit notre protecteur. » Et Vasvamitra d'accompagner le garçon de quinze ans dans sa lutte contre les Raksasas. C'est le début des aventures de Rama.

Brahmane et *kshatriya*

Le brahmane est le prêtre détenteur du pouvoir religieux. Le *kshatriya* est le guerrier détenteur du pouvoir civil. Sur le plan spirituel, le *kshatriya* est soumis au brahmane ; sur le plan civil, le brahmane dépend du *kshatriya*.

Un ascète (yogi)
XVIIIe siècle
Miniature indienne

Vasvamitra accompagne le garçon de quinze ans Rama dans sa lutte contre les Raksasa
XVIIIe siècle
Illustration du *Ramayana* ; gouache sur papier

Mythologies chinoise

et mongole

Mythologies chinoise

P'AN-KOU, LE CRÉATEUR DU MONDE TIENT DANS SES MAINS LE SYMBOLE DU YIN ET DU YANG

Les forces du yin (obscurité, féminité, froid) et celles du yang (lumière, masculinité, chaleur), cohabitent à l'intérieur de l'œuf primordial contenant tout l'Univers.

Le monde céleste est comme le monde terrestre : l'Auguste de jade règne, il a des ministres, une administration puissante et pointilleuse, un personnel nombreux. Chacun est jugé sur ce qu'il fait. Des rapports sont transmis du bas au plus haut de l'échelle sociale. Des éloges et des blâmes sont distribués : avancement, rétrogradation et même destitution sont monnaie courante.

Les dieux ne sont pas immuables. Souvent de nouveaux dieux remplacent les anciens. Il faut dire que la plupart des dieux chinois sont d'origine humaine. Ce sont des hommes déifiés après leur mort. La ressemblance entre le ciel et la Terre va très loin, puisque l'on considère que le ciel possède neuf étages avec neuf portes superposées comme il y a neuf orifices dans le corps humain.

Le corps humain est un microcosme dont chaque élément correspond à un élément du macrocosme. La tête est le ciel, les pieds sont la Terre ; les membres correspondent aux quatre saisons et les articulations sont aussi nombreuses que les jours de l'année lunaire ; les yeux sont le Soleil et la Lune ; le souffle et le sang sont le vent et la pluie. Nous possédons cinq viscères comme il y a cinq éléments dans la nature : le foie correspond au bois, le cœur au feu, les poumons au métal, les reins à l'eau et la rate à la Terre.

Le dieu du village

Dans chaque village le dieu du Sol est représenté par un monticule, un arbre ou une pierre dressée. C'est à cet endroit que l'on annonce les événements, les travaux agricoles, les fêtes. Mais ce dieu, qui est à peine un dieu, n'a d'existence que par et pour le village. Il manifeste d'une certaine façon la présence d'un monde supérieur.

Un autre lieu est particulièrement important, c'est celui où se tiennent les fêtes qui réunissent plusieurs villages. À l'occasion du printemps et de l'automne, des semailles et des moissons, les paysans s'y réunissent pour vendre et acheter, mais aussi pour organiser des échanges de toutes sortes. Peut-être des orgies, mais aussi des joutes de chansons, des jeux, des compétitions de toutes sortes. Jeunes gens et jeunes filles s'y retrouvent, ce qui n'est pas la règle dans la vie de tous les jours où ils vivent séparés. Sans doute, les mariages s'y nouent ! Mais aussi, comme on s'y racontait des contes, comme ces récits étaient transmis de génération en génération, des histoires mythiques y sont nées.

La Création

Au tout début, il n'y a qu'un grand œuf où se mêlent le ciel et la Terre, l'obscurité et le chaos. De l'œuf primitif sort le premier être. Les Chinois racontent : « Au temps où le ciel et la Terre étaient un chaos ressemblant à un œuf, P'an-kou naquit dans celui-ci et y vécut pendant dix-huit mille années. » P'an-kou dort pendant dix-huit mille années. Quand il se réveille, il est surpris par l'obscurité et par une sensation d'étouffement, d'ennui. Il est pris d'une grande colère, ouvre ses mains immenses, soulève ses bras colossaux, donne un grand coup dans la paroi. Il y a un grand bruit de tonnerre, l'œuf se brise en deux. Tous les éléments figés depuis des milliers d'années se répandent en tous sens. « Le ciel et la Terre se constituent, les purs éléments yang forment le ciel, les grossiers éléments yin forment la Terre. Et P'an-kou, qui était au milieu, chaque jour se transformait neuf fois, tantôt dieu dans le ciel, tantôt saint sur la Terre » (d'après *la Naissance du monde*, Paris, 1959).

Le récit continue en disant comment P'an-kou est devenu l'ancêtre des dix mille êtres de l'univers : son souffle devient une brise printanière ; sa voix, un tonnerre secouant ciel et Terre ; son œil gauche, un soleil flamboyant ; son œil droit, une lune éclatante ; ses cheveux et sa barbe, une multitude d'étoiles ; ses membres et son corps, les cinq plus hautes montagnes ; son sang, des fleuves et des rivières au courant impétueux ; ses veines, des routes allant dans toutes les directions ; ses muscles des champs fertiles. Ses dents et ses os se transforment en perles. Les poils de sa peau se métamorphosent en prairies, sa sueur en rosée, etc. Un monde splendide est ainsi créé.

L'apparition de l'homme

Le soleil chauffe la Terre, la Lune illumine ses nuits. Les empereurs du ciel se succèdent et Nüwa vient à régner. Elle est d'une grande beauté et d'une grande sagesse. Elle a un corps de serpent et sa tête a les traits des humains. Elle rampe sur la Terre, hume les émanations du sol et constate qu'elles ont le parfum de la vie. Pourtant, il lui semble qu'il manque quelque chose, par exemple un être vivant, intelligent, apte à faire évoluer la nature, sinon la Terre restera morne et solitaire.

Nüwa se met à creuser et amasser un peu de cette terre jaune. Elle la pétrit et tire une tige restée dans cette terre. La pâte jaune s'ouvre et la tige se libère peu à peu. Suivant la tige, un être à tête d'homme et à corps de singe apparaît... Elle dresse ces objets les uns à côté des autres. Au bout d'un moment, elle est entourée d'une multitude de petits êtres qui se déplacent, marchent, parlent. Ils sont vifs et intelligents. Elle s'amuse à ce jeu et rassemble de plus en plus de boue. Bientôt, une foule des deux sexes danse et l'acclame joyeusement. Elle donne alors à ses créatures le nom d'« être debout », selon le sens qu'a en chinois le pictogramme signifiant « homme »

Nüwa imagine un grand projet : faire que les humains occupent toute la Terre. Elle travaille sans répit jusqu'à ce qu'elle soit brisée de fatigue et les êtres créés par Nüwa se dispersent aussitôt à travers le monde.

Quand elle est reposée, elle attache une pierre au bout d'une liane et la fait tournoyer dans le ciel. À chaque fois que la pierre touche la terre, elle projette des parcelles de boue en l'air. En retombant celles-ci se transforment en êtres vivants. Grâce à cette méthode, tous les coins du monde ont été habités par des hommes.

Les hommes

La société chinoise est ainsi composée des empereurs — on appellera tous les grands dieux « empereurs », au ciel et sur la Terre — et des petites gens qui peuvent devenir des héros et parfois même à leur tour empereurs. Il n'y a pas de rupture entre le plus bas rayon de l'échelle et le plus haut.

Un phénix
Bas-relief peint de Feng Huang, temple de Macao

Dragons dans un tourbillon d'eau
Peinture sur bois

Ils représentent les forces internes et externes maîtrisées ; leurs têtes ornées de cornes et de moustaches symbolisant le yang, et leurs écailles symbolisant le yin.

Fu Xi, le premier empereur

Un des « cinq Augustes de la haute Antiquité »

Fu Xi aurait eu quatre têtes, afin de surveiller les quatre directions. Il est une grande figure civilisatrice ayant enseigné au peuple la pêche au filet, l'élevage des animaux domestiques et l'écriture.

La naissance

Son origine est anecdotique : il y avait un fleuve appelé « fleuve de la Foudre » : tantôt il était calme, tantôt c'était un torrent impétueux et alors il inondait les maisons et faisait trembler toute la Terre. Le dieu de la Foudre, disait-on, était en colère. Cela arrivait plusieurs fois par an. Tout le monde savait qu'il fallait apaiser le dieu de la Foudre. Mais comment faire ? Alors intervient Hua Xu, une fille belle et intelligente. « Il faut aller au lac de la Foudre, dit-elle, et rencontrer le dieu qui fait tant de dégâts. » Et, malgré les réticences de ses vieux parents, elle part.

Hua Xu marche longtemps, se nourrit de fruits sauvages, boit l'eau du fleuve et arrive quelques mois après en vue du lac. L'eau y est très agitée, d'énormes vagues se précipitent sur elle. Un monstre à tête d'homme et à corps de dragon surgit du fond du lac. Hua Xu se cache derrière un arbre. Son corps est agité de violents tremblements. Une voix sort alors des profondeurs : « Que viens-tu faire dans ma demeure ? » D'un seul coup, elle se sent emportée dans le lac et se retrouve dans un confortable palais. « Je suis venue réclamer du calme, dit-elle. Les hommes ne sont pas heureux auprès du fleuve. Tu le transformes régulièrement en torrent et fais entendre une foudre effroyable. »

Le dieu de la Foudre admire le courage de la jeune fille et est ému de sa beauté. « Je veux bien, dit-il, quitter le lac pour le ciel, mais à la condition que tu m'épouses. » Hua Xu y consent et, peu après, met au monde un fils, Fu Xi.

Profitant de l'absence de son mari, elle met l'enfant dans un panier et le dépose sur le fleuve. Il est amené par le courant chez ses grands-parents. Ainsi, le père de la jeune fille peut élever son petit-fils.

Fu Xi, fils du dieu de la Foudre et de Hua Xu, grandit rapidement. Il se distingue par sa haute taille, son intelligence et sa bravoure. Et surtout il peut gravir l'échelle céleste, ce que personne d'autre ne peut faire.

Fu xi et Nü Gua

Fu xi a un corps de serpent. Il forme couple avec Nü Gua qui a aussi une queue de serpent. Les queues des deux personnages sont souvent entrelacées. On raconte qu'ils sont frère et sœur et très proches l'un de l'autre. Malgré cela, le jeune homme demande à la jeune fille de lui faire des enfants. Elle hésite, mais finit par accepter à la condition qu'il l'attrape. Aussi Fu Xi se lance à la poursuite de sa sœur. Ainsi furent inventés les rites du mariage.

Une autre version dit que, voulant se marier, ils entreprennent de demander l'autorisation aux dieux. Pour ce faire, ils escaladent chacun une montagne et, parvenus au sommet, allument un feu de joie. Les fumées de deux feux se mêlent et ils y voient le signe de la permission des dieux.

FU XI ET NÜ GUA (NUWA)
VERS 700-750
Encre et couleurs sur chanvre ; nécropole d'Astana, Turfan

Fu Xi forme un couple avec Nü Gua qui a aussi une queue de serpent. Les queues des deux personnages sont souvent entrelacées. On raconte qu'ils sont frère et sœur mais aussi mari et femme.

Les Huit Trigrammes

La légende dit que Fu Xi est à l'origine des huit trigrammes qui régissent l'ordre cosmique et représentent les différents aspects de l'univers en mouvement : le ciel, la terre, l'eau, le feu, la montagne, le tonnerre, le vent, le lac. « Jadis, dit le *Xici*, lorsque Fu Xi régnait en roi sur le monde, il leva les yeux pour contempler les configurations observables dans le Ciel, puis il les baissa pour observer les modèles sur la Terre. Il regarda attentivement les traces des oiseaux et des bêtes sauvages, en conformité avec les variations de la Terre. Ce qui était proche, il en jugeait à partir de lui-même ; ce qui était loin ; il en jugeait à partir des choses. C'est alors qu'il inventa les Huit Trigrammes, afin de pénétrer l'efficace des êtres numineux et de sérier la multiplicité des dix mille êtres » (*Xici*, B2).

D'autres disent qu'il n'a pas trouvé tout seul les trigrammes, mais qu'il les a trouvés inscrits sur la carapace d'une tortue lors d'une promenade sur les berges du fleuve Jaune.

L'EMPEREUR LÉGENDAIRE FU XI TENANT UN MOTIF YIN YANG
XVIIIe OU XIXe SIÈCLE
Aquarelle et encre sur papier

Savant réputé dans les choses du ciel comme dans celles de la terre, il lui est attribué les dispositions des huit trigrammes appelés l'arrangement de FuXi.

LEÏ KUNG, DIVINITÉ DU TONNERRE
1500
Sculpture polychrome

Les Kung Kung que Fu Xi a combattu. Ils sont mi-hommes, mi-oiseaux, à la tête simiesque et ont des pattes de poulet.

Les bienfaits de Fu Xi. Grâce à son intelligence, Fu Xi apporta d'innombrables contributions et fut l'auteur de nombreuses inventions. Ainsi, la toile d'araignée lui donna l'idée du filet de pêche, les feux de forêts lui donnèrent l'idée de cuire le gibier et l'évolution des saisons lui permirent d'inventer les trigrammes. Ceux-ci ne furent pas pour rien dans la victoire de Yu sur les eaux qui envahissaient la Chine. Plus tard le ministre Ji Cheng du roi Wen fut disgracié et jeté en prison. Il en profita pour étudier les huit trigrammes de Fu Xi et comprit beaucoup de choses en liaison avec sa propre aventure. Afin de transmettre sa compréhension des changements de la nature et de la société, il rédigea le *Livre des transformations* ou *Yi - King*, dont les 64 hexagrammes représentent toutes les situations possibles des êtres au cours des mutations de l'univers.

Houang-ti / Huangdi

L'Empereur jaune

L'un des cinq empereurs légendaires de Chine, patron des alchimistes, des médecins et des devins, Houang-ti a toujours marché dans la juste voie, il est l'un des pères du taoïsme.

La naissance de l'empereur est miraculeuse : sa mère Fubao, fécondée par un éclair sorti de la Grande Ourse, porte l'enfant pendant vingt-cinq mois. Dès qu'il vient au monde, il est divinement doué. Il sait parler dès les premiers jours.

Le souverain

Houang-ti est l'archétype du souverain. Il manie la lance et le bouclier, dresse les bêtes sauvages, et s'en sert pour soumettre les seigneurs de son entourage. Il fabrique un tambour qui s'entend au loin et impose le respect à tout l'empire.

Houang-ti est fondateur de civilisation, patron de l'alchimie, de la sexualité et de la médecine — il aurait écrit le livre de médecine appelé *Livre de Houang-ti*, « Médecine générale de l'Empereur jaune » ou, plus simplement, Nei Ching. Il est rédigé sous la forme d'un dialogue entre l'Empereur jaune et un fonctionnaire spécialiste de la médecine. Il se divise en deux parties : la première traite d'anatomie, de physiologie, de pathologie et de diagnostic ; la seconde traite de l'acupuncture. Il est basé sur les principes féminins (yin) et masculin (yang) et les cinq éléments (le métal, le bois, l'eau, le feu, la terre) qui expliquent le fonctionnement et l'interaction du corps avec les phénomènes naturels, des forces macrocosmiques et microcosmiques de l'univers, qui sont à l'œuvre à l'intérieur de chaque être humain.

Houang-ti est l'inventeur des chars, des bateaux et des maisons. Empereur modèle, il défend la civilisation agricole contre son ministre rebelle, Qiyou, inventeur de la guerre et des armes. Il conçoit la roue du chariot et celle du potier, découvre la « terre gonflante » magique destinée à retenir les eaux.

Le sage

Pendant que ses sujets vivaient dans le bonheur, Houang-ti réjouissait tous ses sens, mais sa sensibilité s'émoussa. Après trente années de règne, il se sentit amaigri et fatigué. Il se dit : « Si je ne suis pas capable de faire du bien à moi-même, comment serais-je capable d'en faire à tous les êtres ? » Sur ce, il abandonna les soucis du gouvernement, se retira dans un appartement écarté et s'appliqua, durant trois mois, à régler ses pensées et à brider son corps.

Un jour, il rêva qu'il se promenait dans le pays de Hoa-su-cheu. Dans ce pays, on ne saurait aller ni en barque ni en char ; seul le vol de l'âme y parvient : « Il n'y a pas de chef. Tout y marche spontanément. Le peuple n'a ni désir ni convoitise, mais son instinct naturel seulement. Personne n'y aime la vie, n'y redoute la mort ; chacun vit jusqu'à son terme. Pas d'amitiés et pas de haines. Pas de gains et pas de pertes. Pas d'intérêts et pas de craintes. »

LE DIEU DE LA GUERRE HOUANG-TI (KOUAN-TI)
DYNASTIE DES QING (XVIIIe SIÈCLE)
Céramique

En se réveillant, Houang-ti réunit ses ministres et leur indiqua la voie du tao : « Le tao ne peut être cherché par les sens. Je le connais, je l'ai trouvé, mais je ne peux vous le dire. » Pendant vingt-huit nouvelles années de règne, Houang-ti appliqua la méthode de laisser aller toutes choses, et l'empire devint prospère presque autant que le pays de Hoa-su-cheu. Alors, Houang-ti s'éleva dans le ciel comme un immortel. Le peuple le pleura pendant deux cents ans sans interruption (*Lie-tseu* [*Liezi*], II).

La recherche de l'immortalité

Houang-ti vint demander au maître de sagesse Koang-tch'eng comment se conduire et se conserver. Le maître lui répondit : « Quand on ne regarde rien, qu'on n'écoute rien, qu'on enveloppe son esprit de recueillement, le corps devient spontanément droit. Sois recueilli, sois détaché, ne fatigue pas ton corps, n'émeus pas tes instincts et tu pourras durer toujours » (*Tchouang-tseu* [*Zhuangzi*], XI).

Le sage gouvernement. « L'empire peut être gouverné comme je gouverne mes chevaux », dit le garçon. Houang-ti demande des explications et le garçon répond : « J'écarte de mes chevaux ce qui pourrait leur nuire : pour tout le reste, je les laisse faire. Je pense que dans le gouvernement des hommes, un empereur devrait se borner à cela. »

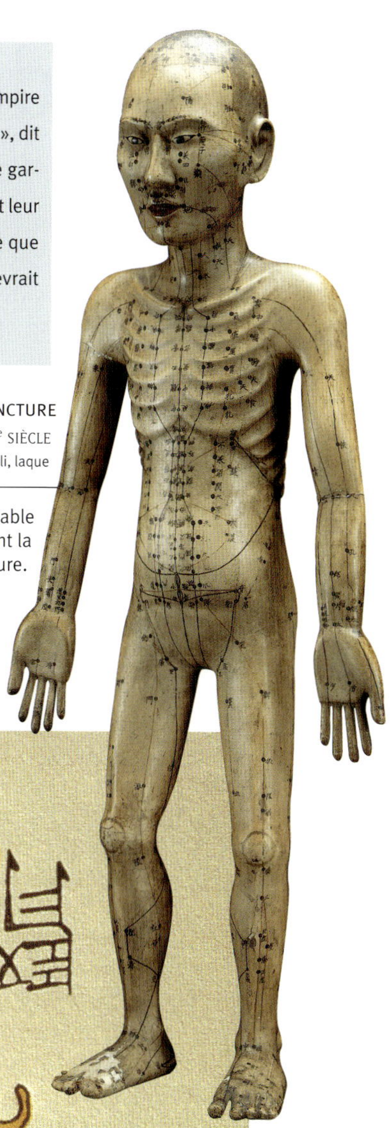

MANNEQUIN D'ACUPUNCTURE
XVIIIe SIÈCLE
Carton bouilli, laque

Illustration du *Livre de Houang-Ti*, véritable fondement de la médecine chinoise, dont la deuxième partie traite de l'acupuncture.

LES CINQ ÉLÉMENTS : LE BOIS, LE MÉTAL, L'EAU, LE FEU ET LA TERRE
peinture chinoise

Guan-di, le dieu de la Guerre

Un guerrier favorable à la paix.

Guan-di est aussi connu sous les noms de Guan-yun-chang, Guan-Gong, Kuan-yu, Kuan-Kung, Kuan-ti, Zhang-yun, Chang-yun, Chang-sheng, Zhang-sheng.

Guan-di est un géant à longue barbe, au visage écarlate, et aux sourcils faits de vers à soie. On le montre ou bien en armure près de son cheval et portant une hallebarde ou bien sans arme, frottant sa barbe d'une main et tenant de l'autre les classiques du confucianisme. Zhang était un marchand de soja. Il a changé son nom en Guan quand il est entré dans la carrière militaire. Il a servi dans l'armée à l'époque des trois royaumes. On dit qu'ayant perdu un bras lors d'un combat, il se prête à une opération chirurgicale destinée à le lui remettre en place. Mais les spectateurs n'en croient pas leurs yeux : pendant toute l'opération, il joue au solitaire, jeu que l'on peut jouer d'une main. Fait prisonnier, il se voit proposer par l'empereur ennemi de changer de camp ou de mourir. Il choisit de mourir et insulte les soldats félons. Finalement, il est exécuté.
On le vénère depuis le VIIe siècle. En 1594 un empereur Ming le déclare dieu de la Guerre, protecteur de la Chine et empereur. Il est admis à la même époque dans le panthéon taoïste.
Il est dieu de la Guerre, non parce qu'il veut la guerre mais parce qu'il s'oppose à tous ceux qui perturbent la paix. Dieu de la Guerre, il empêche qu'elle se déclenche, s'efforce d'éviter toutes les confrontations et minimise celles auxquelles il est mêlé. Il protège le royaume contre les ennemis extérieurs et les ennemis intérieurs.
Ses fonctions s'étendent aussi dans l'au-delà : il donne des informations sur les personnes décédées, fait des prophéties sur l'avenir et annonce les sanctions causées par les bonnes et les mauvaises actions. Enfin, il est vénéré comme dieu de la littérature parce qu'il aurait appris par cœur les classiques du confucianisme.
Il est invoqué particulièrement par les personnalités. Le gouvernement a permis la construction de nombreux temples à travers le royaume. Dans ces temples sont déposées les épées des exécuteurs publics.
Il a été intégré dans la tradition bouddhiste chinoise comme un général vertueux et courageux, loyal envers son pays, respectueux de ses parents, fidèle à ses amis. Il est invoqué aussi comme dieu de la Prospérité et sollicité dans les périodes de disette.

GUAN-DI, LE DIEU DE LA GUERRE, EN TENUE DE GÉNÉRAL REVÊTU D'UNE CUIRASSE
1800
Bois polychrome et doré

Représentation inspirée par la figure du général GuanYu (161-219), personnage devenu, au cours du temps, l'objet d'un véritable culte.

Guanyin, déesse de la Compassion

Le bodhisattva qui permet d'échapper aux périls

Guanyin, ou Kuan Yin, est la déesse de la Pitié ou de la Compassion du bouddhisme chinois. Elle est parfois représentée avec un enfant dans les bras, mais plus souvent sous les traits d'un bodhisattva à mille bras et mille yeux.

Guanyin est la troisième fille du roi Miao Zhong ; elle est censée vivre dans une montagne ou une île de la mer de Chine orientale. C'est elle qui a appris aux hommes à cultiver le riz, qu'elle rend sain en remplissant chaque grain de son lait. La déesse vient en aide à ceux qui en ont besoin, notamment les personnes menacées par les eaux, les démons, le feu et l'épée. On dit parfois qu'elle se poste sur une falaise battue par d'énormes vagues, et qu'elle vient au secours des victimes de naufrages en mer, symbole du samsara, le cycle perpétuel de l'existence terrestre. On raconte aussi qu'entrant dans les ordres contre la volonté de son père, celui-ci décide alors de la tuer. Mais Yanluo Wang, le seigneur de la Mort, apparaît et conduit Guanyin dans son royaume souterrain. Guanyin se met à soulager les damnés et transforme l'enfer en un paradis ! Yanluo Wang lui rend la liberté. Guanyin est réputée capable de libérer les prisonniers de leurs chaînes, de priver les serpents de leur venin, et d'anéantir la foudre. Elle sait guérir quasiment toutes les maladies.

La faiseuse de miracles

La seule formulation de son nom est capable de provoquer des miracles. « Si un homme vient à être précipité dans un grand feu par un être méchant qui veut le détruire, il n'a qu'à se souvenir d'Avalokitesvara [Guanyin], et le feu s'éteindra comme s'il était arrosé d'eau. Si un homme vient à tomber dans l'océan redoutable, qui est la demeure des Nâgas, des monstres marins et des Asuras, qu'il se souvienne d'Avalokitesvara qui est le roi des habitants des mers, et il n'enfoncera jamais dans l'eau. Si un homme vient à être précipité du haut du Méru par un être méchant qui voudrait le détruire, il n'y a qu'à se souvenir d'Avalokitesvara qui est semblable au Soleil, et il se soutiendra, sans tomber, au milieu du ciel. Si des montagnes de diamant viennent à se précipiter sur la tête d'un homme pour le détruire, qu'il se souvienne d'Avalokitesvara, et ces montagnes ne pourront lui enlever un poil du corps. Si un homme est entouré par une troupe d'ennemis, armés de leurs épées et ne songeant qu'à le détruire, il n'a qu'à se souvenir d'Avalokitesvara, pour qu'en un instant ses ennemis conçoivent en sa faveur des pensées de bienveillance. [...] Si un homme est environné de bêtes féroces et d'animaux sauvages, terribles, armés de défenses et d'ongles aigus, qu'il se souvienne d'Avalokitesvara, et ces animaux se disperseront aussitôt dans les dix points de l'espace. Si un homme se trouve entouré de reptiles d'un aspect terrible, lançant le poison par les yeux, et répandant autour d'eux un éclat semblable à la flamme, il n'aura qu'à se souvenir d'Avalokitesvara, et ces animaux seront dépouillés de leur poison » (*Sûtra de Guanyin*).

TÊTE DE LA DÉESSE GUANYIN, DÉESSE DE LA PITIÉ ET DE LA COMPASSION
XVIIIe SIÈCLE
Sculpture d'ivoire

Jiu Zhong Ba Xian

Les Huit Immortels

Au terme d'un long parcours consistant en une purification physique et spirituelle, les immortels célestes — il existe aussi des immortels terrestres — s'envolent et l'âme libérée s'évade du monde.

L'idéal en Chine ancienne est de vivre très longtemps et même de ne pas mourir. De nombreuses méthodes sont utilisées à cette fin : les unes sont spirituelles et relèvent surtout de l'ascèse, les autres sont physiques. On y trouve des techniques de méditation, des exercices de respiration ou de gymnastique, des principes d'hygiène et même des drogues dont l'effet magique est réputé infaillible.
Le « pays des gens qui ne meurent pas » est décrit dans le *Chan hai King*, ouvrage de géographie des IVe-IIIe siècles avant J. C., attribué parfois à Yu le Grand, mais que les historiens disent écrit par Tsou Yen. On y trouve un arbre d'immortalité et une source de longue vie. Les Immortels ou Sien-jen, qui y vivent ont une tête allongée et sont couverts de duvet. Leurs bras sont transformés en ailes et ils se déplacent au milieu des nuages. Ils sont brillants et chevauchent des dragons.
Il y a trois sortes d'immortels : ceux qui montent au ciel en plein jour dans une ascension pleine de lumière ; ceux qui restent sur Terre, séjournent dans la montagne, sans trace de vieillissement, et disposent de procédés magiques extraordinaires ; enfin, ceux qui vivent toutes les apparences de la mort et de l'ensevelissement, mais qui, en réalité, vont retrouver, avec leur corps, les autres immortels.

Les Jiu Zhong Ba Xian

Les « Huit Immortels ivres », ou Jiu Zhong Ba Xian, sont entrés dans la légende.
Li Tie-kuai apprit l'art de devenir immortel de la déesse Xi wang mu, la reine-mère de l'Occident. Il remit son corps à son disciple, lui demandant de le brûler s'il n'était pas revenu dans les sept jours. Mais, durant cette attente, le disciple eut un deuil dans sa famille et dut s'éloigner ; il incinéra donc le corps avant le délai fixé. Quand Li Tie-kuai revint, il ne trouva qu'un tas de cendres en place de son corps et se contenta de celui d'un mendiant.
Zhong Li-quan était maréchal d'empire. Un jour, pendant sa méditation, un mur de sa maison s'écroula. Dans la ruine se trouva une boîte de jade contenant des instructions pour devenir immortel. Il se conforma aux indications et une grue l'emporta au pays de l'Immortalité.
Lan Cai-he était une chanteuse des rues. Elle avait un pied chaussé et un pied nu. Un jour, elle fut trouvée ivre dans une auberge et disparut dans un nuage, laissant sur place ses vêtements et sa flûte.
Zhang Guo-lao était un ermite des monts du Shan. Pressé de venir à la cour de l'empereur, il mourut subitement devant la porte du temple de la femme jalouse. Son corps entrait en putréfaction quand il réapparut vivant et bien portant. Il montait une mule blanche qu'il pouvait, arrivé à destination, replier comme une feuille de papier et mettre dans un sac. Lorsqu'il en avait de nouveau

Un immortel jouant de la flûte au paradis
1850
Peinture

Il a dans sa poche le champignon sacré qui donne l'immortalité.

besoin, il l'aspergeait d'eau et l'animal était prêt à partir.
He Xian-gu était une femme qui vécut dans les monts de Nacre. Un esprit lui demanda dans un rêve de réduire en poudre une grosse pierre et d'acquérir ainsi l'immortalité. Elle le fit et s'aperçut peu à peu qu'elle n'avait plus besoin de manger.

Lu Dong-bin rencontra un dragon qui lui donna une épée magique lui permettant de se cacher dans les airs. Venu dans la capitale, Chang An, il apprit l'alchimie et les secrets de fabrication de l'élixir de vie. Il est le patron des lettrés et porte alors le nom de Patriarche Lu.

Han Xiang-zi était le neveu du grand homme d'État Han Yu. Il surpassa rapidement son maître et, emporté dans les branches de pêchers surnaturels, il en tomba et devint immortel durant la chute.

Cao Guo-jiu se retira dans la montagne pour vivre en ermite. Comme les sept immortels précédents occupaient sept des huit grottes des sphères supérieures ils choisirent, pour occuper la huitième, Cao Guo-jiu parce que son attitude avait été exemplaire.

L'un des huit immortels : Lu Dong-bin à cheval sur un monstre marin
1915
Illustration tirée de *Superstition en Chine*

He Xian gu (Ho Hsien ku), l'une des huit immortels
VIIe siècle
Peinture sur bois ; temple chinois de Penang, Malaysie

Les îles des Immortels. Ce sont cinq îles montagneuses : Daiyu, Yuanqiao, Fanghu, Yingzhou et Penglai. Les montagnes y sont si hautes que pour en atteindre le sommet, il faut marcher 15 000 kilomètres. Chaque sommet est constitué d'un grand plateau d'un périmètre de 5 000 kilomètres. Les cinq îles sont distantes chacune de 45 000 kilomètres. Quand on s'en approche on aperçoit parfois de magnifiques pavillons et de somptueux palais en or ou en jade. Sur les îles les oiseaux et les animaux sont d'une blancheur immaculée, les fleurs et les fruits sont comme nulle part ailleurs. Dans chaque île pousse un arbre des Merveilles. Ses fruits sont particulièrement savoureux et rendent immortel celui qui en mange. Les Immortels peuvent se déplacer dans les airs à la vitesse du vent. Un seul inconvénient, ces îles flottent au gré du vent. Ce sont cinq grands radeaux et les Immortels craignent de dériver vers l'Extrême-Occident, froid et sombre, où il n'y a ni soleil ni lune.

Yu le Grand

L'ingénieur

Démiurge, Yu est l'auteur de grands barrages destinés à prévenir les inondations, puis comme possesseur des terres, il arpente le monde d'ouest en est, du nord au sud, pour l'aménager.

Deux versions sont proposées pour la naissance de Yu : la première dit qu'il est sorti tout bêtement du ventre de son père au moment où celui-ci se métamorphosait en dragon ; la seconde est plus complexe : sa mère Xiuji voit une étoile filante traverser les Pléiades, elle en est fort impressionnée, frémit et rêve, la nuit suivante, qu'elle avale une perle divine ressemblant étrangement à une graine de nénuphar. C'est ainsi qu'elle conçut Yu. Dès lors, on dit qu'il est l'esprit de l'empereur Bai.

Les inondations

À l'époque des grandes inondations, la Terre ressemble à un océan, les cultures sont noyées, les maisons détruites. Nombre de gens, pour éviter l'eau, montent aux arbres ou s'éloignent dans les montagnes, mais ils meurent peu à peu de faim ou de froid. D'autres trouvent des abris dans des grottes, mais ils sont assaillis par les serpents chassés eux aussi par l'inondation.

Kouen, petit-fils de l'empereur céleste se dit : « Il faut que j'intervienne. » Il va voir son grand-père, mais celui-ci, très égoïste, refuse d'intervenir. Kouen sait que, pour dompter les eaux, il lui suffit d'utiliser la « terre gonflante. » Une toute petite partie de celle-ci peut permettre d'ériger des digues de plusieurs li (le li est une unité de mesure). Mais la « terre gonflante » est entre les mains de l'empereur. Il subvertit donc une tortue géante et la pousse à pratiquer une ouverture et à s'introduire dans le palais de l'empereur : elle vole la « terre gonflante » et la rapporte sur son dos. L'inondation est alors maîtrisée, les réfugiés rentrent chez eux et se remettent à cultiver la terre.

Mais l'empereur est mis au courant du larcin. Il rentre dans une violente colère et donne l'ordre à son gardien Zhu Rong de mettre Kouen à mort et de rapporter la « terre gonflante » au palais. L'inondation s'étend de nouveau.

La geste de Yu

Yu, fils de Kouen, est un être perspicace, serviable, capable et laborieux. Conscient que l'empereur céleste ne fera rien pour les hommes, il décide de maîtriser les eaux de ses propres mains.

Il ordonne à tous les seigneurs et aux cent familles de lever des hommes, procède à une division des terres et détermine les monts vénérables et les rivières nobles. L'équipe se dirige vers la région la plus sinistrée et réussit à dominer la puissance des eaux. Un autre secteur est alors choisi. Il s'agit de drainer les eaux vers la mer et de maîtriser les crues.

Yu réfléchit et estime qu'il n'arrivera à rien en allant seulement de régions en régions. Il faut d'abord faire des recherches sur la configuration et le relief de la Terre. Il ordonne à Da Zhang et à Shu Hai de mesurer les surfaces de la Terre : l'un marche d'est en ouest et calcule 200 033 500

LE PRINCE YU, FONDATEUR MYTHIQUE DE LA PREMIÈRE DYNASTIE DES XIA
VERS 1650
Peinture

Héros civilisateur, on lui attribue le fait d'avoir dompté les inondations du fleuve Jaune. Il est représenté dans la couleur qui sera exclusivement réservée aux empereurs

li et 75 pas, l'autre obtient le même chiffre du nord au sud. L'aménagement des eaux sur une si vaste étendue ne sera pas aisée, surtout que rivières et fleuves vont en tout sens et des abîmes s'ouvrent parfois à plus de 800 mètres.
A la tête d'une petite troupe, Yu chemine ainsi par monts et par vaux, bravant mille dangers.
En arrivant aux monts Tushan, il rencontre Nüjiao, une jeune fille belle et gracieuse, et il l'épouse.
Quatre jours après son mariage, il retourne sur le chantier et parcourt des régions où jamais jusqu'ici personne n'a mis les pieds. Un jour il rencontre Fu Xi qui lui donne la carte des huit trigrammes représentant le ciel, la Terre, le vent, le tonnerre, l'eau, le feu, la montagne et les lacs. Une autre fois Feng Yi, rencontré aussi par hasard, lui donne une carte hydrologique qui indique les directions des fleuves et leur débit. Alors Yu peut commencer l'aménagement des eaux.
Quatre ans ont passé depuis qu'il a quitté sa famille. Il passe devant chez lui et entend les imprécations de sa mère : « Le père est allé aménager les eaux. Il n'est pas rentré depuis quatre ans. C'est un imbécile. » Il entend aussi les pleurs d'un enfant. L'aménagement des eaux est une affaire importante, se dit-il. Je ne peux pas perdre du temps pour des affaires familiales. Et il part discrètement.
Muni d'une pioche et d'un panier, Yu ouvre le chantier sur lequel vont travailler des milliers de gens : des lacs sont creusés, des barrages édifiés, des ravins comblés. Des collines entières sont déplacées. La tortue géante transporte des tonnes de terre à elle seule. Le dragon Ying drague plusieurs fleuves en une seule journée. Yu exécute son œuvre en fonction des quatre saisons : il divise les neuf provinces, fait communiquer les neuf voies, endigue les neuf lacs, prend la mesure des neuf montagnes.
Six ans ont passé, il passe une nouvelle fois devant chez lui et entend sa mère dire : « Mon petit-fils, si jamais ton père ne te reconnaît pas, que feras-tu ? — Je le battrai », répond l'enfant. Puis il entend des rires. Ma famille va bien, se dit-il, pourquoi y aller ? Il retourne à son chantier.

Le pays des Nains

Un jour, fatigué de voyager, Yu se couche sur une plage et s'endort. Lorsqu'il se réveille, il aperçoit de petites créatures marchant autour de lui. Ce sont des nains de quelques centimètres de haut. Ils portent des vêtements et sont coiffés d'un bonnet.
Yu les observe sans bouger. Un groupe de nains grimpe sur ses bras et ses jambes : ils montent des chevaux pas plus grands que des grenouilles. Soudain il en est un qui s'approche de son nez, escalade ce qui pour lui est un promontoire et tente de planter un drapeau. Yu sent une démangeaison, éternue et se redresse. Tous les nains sont projetés à terre avec armes et bagages.
Yu apprend alors que les habitants de ce pays sont intelligents, honnêtes et habiles, ils savent fabriquer toutes sortes d'instruments. Leur pays est prospère.
L'ennemi mortel des nains est la grue blanche. À l'approche des moissons, lorsque les épis sont bien mûrs, des nuées de grues s'abattent sur le pays, mangent les récoltes laborieusement plantées et attaquent même les nains.

Le pays des Géants

Yu arrive à un endroit dit « le Creux de la Vague », situé non loin du lieu où le Soleil et la Lune se lèvent. Il va dans la direction d'une petite montagne. Mais après avoir fait une

YU HUANG, L'EMPEREUR DE JADE
1915
Peinture

Il a beaucoup d'autres surnoms. Il est considéré comme la divinité suprême en Chine

dizaine de li, il s'aperçoit que ce qu'il croyait être une montagne est en fait un palais. Il voit cinq ou six géants accroupis à discuter. Ces gens sont vraiment très grands, ils mesurent vingt-cinq mètres de haut. On dit qu'ils sont les descendants de dragons. D'ailleurs, le pays s'appelle le « pays des Frères Dragons ». Leurs voix résonnent comme un roulement de tambour. Yu s'en retourne et rencontre d'autres géants occupés à leurs activités journalières. Lorsqu'il lève la tête, il voit l'un d'eux arriver. Son pied allait le piétiner. Yu se jette en arrière et crie très fort. Le géant s'aperçoit alors de sa présence. Tous les autres se mettent bientôt autour de lui et l'écoutent. Yu explique alors ce qui l'amène.

Sur des centaines de kilomètres la montagne obstrue le fleuve Huanghe. Il faudrait des travaux énormes pour faire communiquer le fleuve et la mer. « Nous pouvons vous aider », disent, unanimes, les Géants.

Peu de temps après, ils arrivent à l'embouchure du Huanghe et, avec leurs longs bras et leurs mains puissantes, ils percent la montagne et rejettent toute la terre à la mer. Les eaux peuvent s'écouler librement à travers une sorte de porte qu'on appelle précisément « la Porte du Dragon ». Dix ans ont passé, Yu revient vers sa maison. Un jeune homme s'amuse à drainer l'eau des gouttières. « Avez-vous

LE DRAGON-CHEVAL, ESPRIT DU FLEUVE JAUNE, SORT DES EAUX ET RÉVÈLE À YU LE SECRET DES NOMBRES

VIIIe SIÈCLE

Manuscrit enluminé provenant de Touen-Houang

La Carte de Yu. Yu aurait reproduit une carte du monde sur neuf chaudrons de bronze, joyaux talismaniques de sa dynastie. Mais on ne les a pas retrouvés. Pourtant, certains documents prétendent s'en inspirer. Le plus célèbre est le *Tableau du fleuve (Hedu)*, sorte de diagramme emblématique qui représente le monde dans un carré magique. Le *Hedu* représente la conception de base de la cosmologie chinoise. Beaucoup de commentaires en ont été faits au cours de l'histoire de la Chine.

vu mon père ? demande-t-il, c'est Yu le grand, dites-lui qu'il vienne m'aider à drainer l'eau. — Ton père est en train d'aménager le pays. Il rentrera quand les eaux seront domptées », dit la mère. Yu, très content, se remet en route.
Des années après, Nüjiao, attend au pied de la montagne. Elle voit un homme venir au loin. Elle reconnaît son mari, épuisé, amaigri, les mains et les pieds couverts d'ampoules, les vêtements en lambeaux. Elle le presse de rentrer à la maison pour se reposer. « Non, lui dit-il, les travaux d'aménagement ne sont pas terminés. Des gens sont encore bloqués sur des buttes. » Et il repart sans se retourner. Des années passent, Yu va toujours du nord au sud, de l'est à l'ouest à la tête de ses travailleurs. Après treize ans, les eaux coulent des montagnes vers les plaines, les lacs vers les fleuves. Les plaines sont asséchées et les maisons reconstruites.

Le pas de Yu

Yu a tant travaillé sans rentrer chez lui se reposer que « ses mains n'avaient plus d'ongles et ses mollets plus de poils. Il contracta une hémiplégie. Son teint était devenu noir et l'un de ses pieds ne pouvait plus dépasser l'autre. On appela cela le pas de Yu ». Le pas de Yu est un pas de danse qui est, depuis très longtemps, en usage en Chine.
Yu est enfin retourné chez lui. Il devient empereur et confère le titre d'impératrice à sa femme.
Devenu dieu, Yu parcourt le monde pour l'aménager. Il le stabilise par cinq montagnes sacrées, aux quatre points cardinaux et au centre, puis il convoque les divinités des Grands Monts et des Grandes Rivières.
Yu est le premier empereur de la dynastie Xia.
Yu serait l'auteur mythique du *Chan-hai-King*, premier livre de géographie de la Chine.

RADEAUX CHARGÉS DE THÉ, AFFRONTANT DES FLEUVES INDOMPTÉS
XVIIIe SIÈCLE
Estampe coloriée

LA VIE À LA CAMPAGNE ET SUR LES CANAUX

Afin de combattre le phénomène des grandes inondations, Yu dirige des travaux gigantesques d'aménagement des eaux des fleuves. Il fait construire des digues, édifier des barrages et percer des canaux, rendant ainsi la vie plus tranquille.

Yi, l'archer céleste

Le Libérateur

Venu du ciel, bienfaiteur des hommes et séduit par la belle Chang E, il veut rester sur Terre mais perd l'immortalité par la perfidie d'un de ses disciples, jaloux de son art.

Dans les temps primordiaux, la déesse-Soleil Xihe a pour époux Ku, l'un des cinq empereurs célestes, De cette union naissent dix soleils que l'on représente habituellement par un élément naturel : le soleil, les nuages, l'eau, les rochers, le cerf, la tortue, la grue, le pin, le bambou et l'herbe. Ils habitent près du lac de Tanggu, où ils se baignent à longueur de journée dans la joie et la frivolité. Sur l'ordre de l'Empereur céleste, chaque soleil va à son tour éclairer le monde. Celui qui est ainsi désigné se lève au levant à l'aube, traverse le ciel et se couche au couchant le soir. Ainsi, tous les dix jours, chacun d'entre eux apporte lumière et chaleur aux hommes.

Les dix soleils

Mais le monde est beau avec ses montagnes altières, ses fleuves impétueux, ses forêts profondes, ses fleurs multicolores et ses champs aux récoltes abondantes. Il est beaucoup plus beau que le lac Tanggu qui devient, à longueur de temps, monotone. Et les soleils trouvent vite insupportable de rester constamment près du lac et de ne pouvoir qu'un jour sur dix faire le tour du monde.
Alors décision est prise, ils partent ce matin-ci tous ensemble. Mais la chaleur devient vite torride au sol : les champs sont brûlés, les arbres se dessèchent, les rivières n'ont plus d'eau, les hommes se réfugient dans les grottes et n'ont plus à manger.
L'empereur Yao, qui règne sur la Chine, demande aux soleils de se retirer immédiatement, mais ceux-ci n'écoutent pas et continuent à s'amuser. L'empereur Yao s'adresse alors à l'Empereur céleste et celui-ci appelle Yi, l'archer céleste, lui donne un arc rouge et dix flèches blanches et lui dit : « Châtie-les. »

Petite coupe en forme de calice sur pied.
Le décor représente un archer
Dynastie des Tang (618-907)
Orfèvrerie : argent serti d'or

Le libérateur

Yi prend l'arc et les flèches et descend sur Terre. Il défie du regard les dix soleils, saisit son arc et le bande. La flèche part comme une étoile filante. Le soleil touché se change en boule de feu et tombe. Les autres prennent la fuite. Mais Yi est plus rapide : les soleils tombent les uns après les autres. Au moment où il va tirer sa dixième flèche, l'empereur Yao retient son bras : « Nous ne pouvons pas vivre sans soleil, épargne le dernier. »
La température redevient normale. Les hommes sortent de leur abri, labourent la terre, moissonnent et construisent leur maison. La vie est redevenue paisible.
Yi allait repartir au ciel, mais on avait encore besoin de lui. Hebo, le démon des eaux, qui a la forme d'un dragon blanc,

provoque de grandes inondations, ravage les champs et détruit les maisons. Yi, caché derrière un grand saule, lui décoche une flèche dans l'œil gauche et le tue.

Il y a le monstre Yayu. Il ressemble à un bœuf, couvert de poils longs et rouges, avec un visage humain et des sabots de cheval. Son cri ressemble aux pleurs d'un enfant. Il possède une force prodigieuse, se déplace à la vitesse de l'éclair, pénètre la nuit dans les villages, détruit les maisons et dévore les habitants.

Yi décide de le tuer. Il traverse la montagne, parvient à une vallée pleine de crânes et d'ossements humains et attend le monstre caché derrière un arbre. Bientôt il voit Yayu couché sur une grande dalle de pierre, en train de dévorer ses victimes. Yi bande son arc, vise et lui décoche une flèche en plein visage. Yayu pousse un cri épouvantable et rend son dernier soupir

Il y a aussi le monstre Zuochi. Il possède des dents de deux mètres de long, dures comme du fer, tranchantes comme des sabres et une peau épaisse et dure comme une armure. Il vit dans l'eau, se jette sur les passants, les entraîne au fond de l'eau et les dévore tranquillement. Yi attend que Zuochi ouvre toute grande sa gueule et lui décoche une flèche qui s'enfonce profondément dans sa gorge. Le monstre meurt en poussant un râle de douleur.

Puis un autre monstre survient : c'est Jiuying. Il a neuf têtes, crache tantôt du feu, tantôt de l'eau. Blessé profondément et même une tête coupée, il continue à se jeter sur son agresseur. Yi doit alors être particulièrement performant. Il parvient à lui décocher en quelques secondes neuf flèches dans les neuf têtes. Jiuying n'a pas le temps de réagir et meurt sur-le-champ.

Au bord du lac Dongting, non loin de la rivière Xiong-shui, il y a encore Bashe, un python monstrueux capable d'avaler d'un seul coup un éléphant adulte. Il met alors trois ans pour digérer et recracher les os. Bashe est inabordable. Féroce, il sème la terreur partout sur son passage et avale tous les êtres vivants. Yi parvient à le tuer pendant qu'il digère ses victimes.

Dans les régions de l'Est, Yi apprend qu'un oiseau, Dafeng, cause de grands ravages. Ses ailes couvrent la moitié du ciel et leurs battements déchaînent orages et tempêtes. Dafeng est difficile à atteindre parce que, dès qu'il est blessé, il s'enfuit au loin jusqu'à son prochain raid meurtrier. Yi attache alors un fil à l'empenne de la flèche qu'il envoie sur l'oiseau et l'empêche de s'enfuir. Yi ramène Dafeng sur terre et le tue d'un coup d'épée.

On n'en finirait pas de raconter les exploits de Yi... il tue le sanglier géant Fengxi et le renard Fenghu.

Yi apporte un immense secours au peuple chinois. Son souvenir et la vénération dont il est l'objet se sont perpétués de génération en génération.

L'amour de Yi

Un jour, Yi aperçoit sur l'autre rive d'un ruisseau une jeune fille puisant de l'eau avec un tube de bambou. Il s'approche d'elle et lui demande à boire. La jeune fille le sert et devine qu'il est le héros Yi. Il apprend qu'elle s'appelle Chang E, que ses parents ont été tués par des animaux sauvages et qu'elle vit seule. Les deux jeunes gens tombent amoureux et se marient. Yi oublie complètement de retourner au ciel. Quand l'Empereur céleste le lui demande, il refuse et dès lors le ciel lui est interdit.

La bannière funéraire de Dame Daï
IIe siècle av. J.- C.
voir détail page suivante

La bannière funéraire de Dame Daï
IIe siècle av. J.-C.

Détail illustrant la légende de Yi et des dix soleils : Lorsque les dix soleils refusent de rentrer, l'Empereur céleste appelle Yi, l'archer, lui donne un arc rouge et dix flèches blanches et lui dit : « punis-les. » Mais Yi, en voyant les hommes morts ou en train de mourir de leurs brûlures, entre dans une telle colère qu'il tue neuf soleils. Chaque soleil touché se change en boule de feu et tombe : lorsqu'il atteint le sol les gens ne voient qu'un corbeau. Si grande est la colère de Yi qu'il faut lui rappeler qu'il doit laisser au moins un soleil dans le ciel.

Yi sait que la vie des êtres humains a ses limites. Un jour, il dit à sa femme que dans les monts Kunlun, à l'ouest, habite la reine-mère d'Occident et qu'elle possède une pilule d'immortalité. Il décide alors d'aller la chercher.
Pour atteindre la demeure de la reine-mère d'Occident, il faut traverser un grand nombre de montagnes escarpées, de forêts profondes et de déserts sauvages. Les deux derniers grands obstacles sont le fleuve aux Eaux Limpides et la montagne de Feu. Dans le premier l'eau, est si légère qu'une plume d'oie y serait tout de suite immergée. Quant aux flammes de la montagne de Feu, elles sont hautes d'une dizaine de mètres et la fumée rend impossible le passage. Après avoir chevauché longtemps, Yi arrive au bord du fleuve aux Eaux Limpides, trouve un bois absolument

insubmersible et en fait un canot. Il arrive au pied de la montagne de Feu. Il se protège avec la peau du monstre Jiuying qu'il avait emportée et, d'une seule traite, traverse la montagne.
La reine-mère d'Occident connaît la réputation de Yi et l'accueille avec respect. Elle lui donne la pilule d'immortalité, le prévenant qu'il y en a suffisamment pour lui et son épouse. Mais si l'un d'eux l'avale tout entière, il s'envolera immédiatement au ciel, ne pourra plus redescendre sur Terre et l'autre n'aura rien. Il faut qu'ils en prennent, tous deux ensemble, la moitié chacun. Elle lui donne aussi l'herbe magique Yao, qui rend belle et douce celle qui la sent.
Yi retrouve Chang E, lui raconte tout ce qui s'est passé et lui confie la pilule d'immortalité. Il lui explique qu'ils doivent se la partager pour partager l'immortalité qu'elle procure. Mais, lui faisant entièrement confiance, il propose de ne la prendre qu'un jour particulièrement festif.
Chang E met la pilule dans sa poche avec précaution. Puis, Yi lui donne l'herbe Yao comme un cadeau fait par la reine-mère d'Occident. Chang E est très touchée. Elle regarde, admire l'objet, puis le sent. Alors elle se métamorphose d'un seul coup et devient encore plus belle et plus douce qu'elle n'a jamais été.

La trahison de Feng Meng

Yi habite maintenant sur la Terre depuis longtemps. Beaucoup de jeunes viennent le voir pour l'entendre raconter ses exploits et apprendre le tir à l'arc. Parmi eux se trouve Feng Meng. C'est un bon archer, mais un homme prétentieux et jaloux. Il espère bien prendre la succession de Yi et devenir le meilleur archer du monde. Mais il apprend que son maître possède la pilule de l'immortalité. Aussi imagine-t-il un projet perfide.
Feng Meng profite de l'absence de Yi pour aller voir Chang E et lui demander la pilule. Il la menace de mort si elle ne lui donne pas. Chang E s'étonne de cette intrusion et de cette exigence : Yi n'est-il pas un bon maître et Feng Meng un disciple accompli ? Alors le « disciple accompli » dévoile tout ce qu'il a dans le cœur : si Yi ne meurt pas, jamais Feng Meng ne sera le maître. Chang E est rouge de colère. Mais Feng Meng est pressé et la menace de son arc. En quelques secondes Chang E repasse dans son esprit ce que Yi a fait, les épreuves qu'il a subies, les exploits qu'il a accomplis. Faudrait-il que tout cela ne serve à rien ? Chang E sort de sa poche la pilule, la tend à Feng Meng, puis rapidement la porte à sa bouche et l'avale.
D'un seul coup allégée, elle s'envole vers le ciel et décide de se réfugier dans l'astre le plus proche de son mari, la Lune. Depuis ce jour celle-ci brille d'un nouvel éclat.
À son retour Yi est rempli de colère. Il prend son arc et ses flèches et part à la recherche de Feng Meng. Mais celui-ci, caché dans un buisson, lui assène un violent coup de bâton sur la tête. Yi est mortellement blessé.
Mais Feng Meng est poursuivi par les amis de Yi, qui le prennent, l'attachent à un arbre et le transpercent de flèches. Quant à Chang E, elle continue à mener une vie solitaire et triste dans le palais lunaire.

Les éclipses solaires en Chine. Des traditions ont sans doute à voir avec le mythe de Yi l'archer. L'ancienne Chine observe un certain nombre de rites à l'occasion des éclipses du Soleil. D'abord, l'astrologue de l'Empereur est chargé d'annoncer le phénomène et aussitôt, la cour impériale doit jeûner. Puis, au moment précis de l'éclipse, des archers tirent des flèches vers le Soleil pour abattre le monstre qui est en train de le dévorer, tandis que l'Empereur lui-même frappe sur un tambour. La garde impériale, quant à elle, se tient en armes près de la Tour de la Rosée afin d'être prête à délivrer le Soleil.

MONTAGNES SUR LE LAC KARAKUL
CHINE, 1996

Yi se rend dans les monts Kunlun pour demander à la reine-mère d'Occident la pilule donnant l'immortalité.

Tengri, dieu mongol

L'être suprême

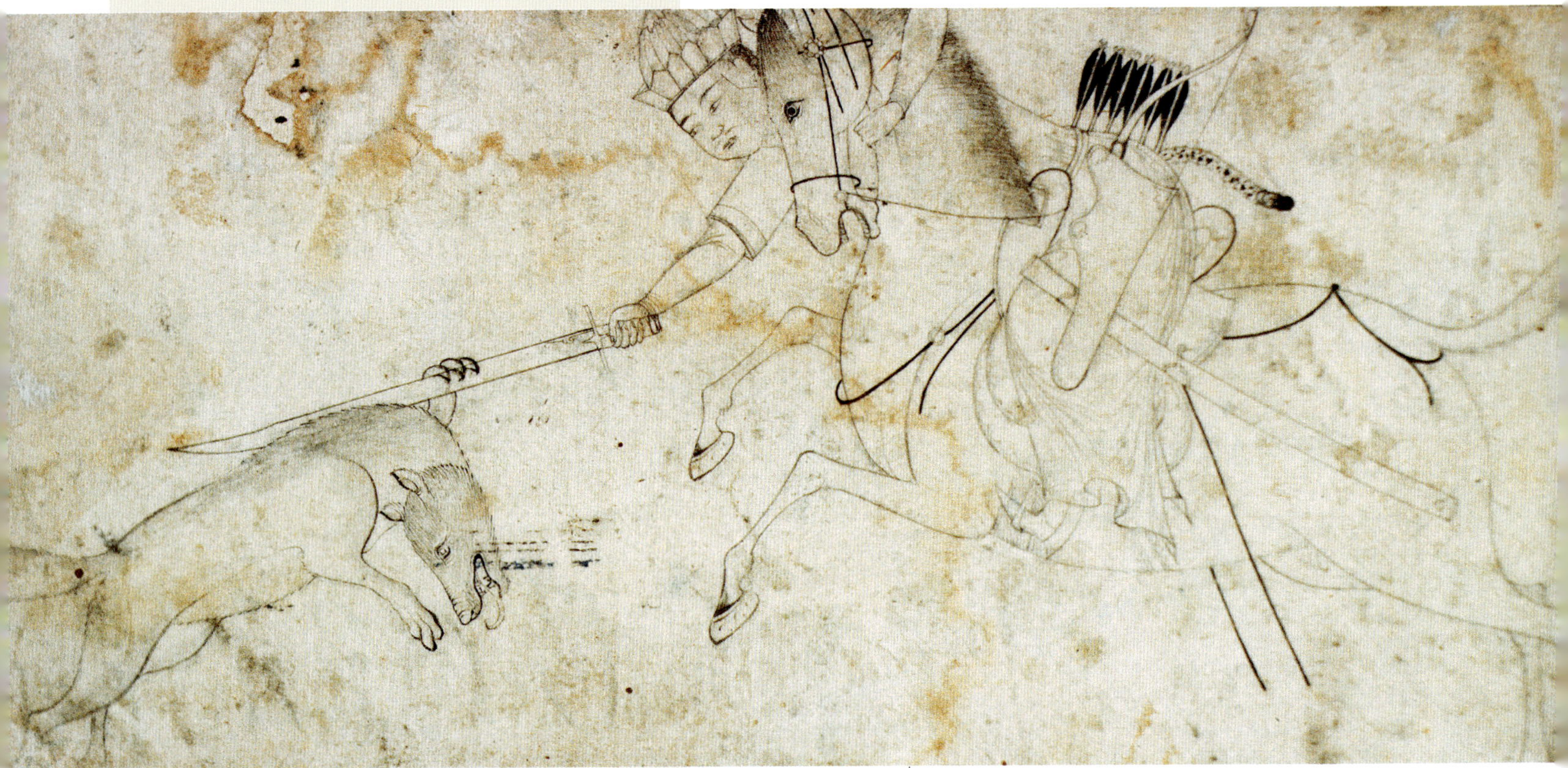

CAVALIER CHASSEUR DE LOUPS
XVe SIÈCLE

Le cheval est l'animal préféré de Tengri. Il est dit qu'il parcourt le monde à cheval arrangeant, réparant ce qui doit l'être, ou détruisant tout ce qui cause désordre ou malheur, comme par exemple le loup ennemi de l'homme.

Tengri, Od ou Odlek est le grand dieu du Ciel, le Temps personnifié. Dispensateur de la vie et de la chance, garant de l'ordre cosmique, social et politique.

D'après les transcriptions chinoises, Tengri est le plus ancien mot que l'on connaisse du turco-mongol. Dieu éternel, Tengri manifeste sa puissance dans l'ordre qu'il impose. On lui attribue les dispositions de la nature, l'organisation et les mouvements des astres, le gouvernement de l'Empire mongol. Il est dit grand et miséricordieux. Il manifeste sa colère par l'orage. Son peuple habite sous lui au centre de l'univers. Pourtant, on ne le dit jamais père mais empereur et, quand l'empire s'étend, c'est le nombre de ses sujets qui augmente.

Tengri agit de l'intérieur même des êtres ; il procure l'énergie qui leur est nécessaire et l'orientation qui est la meilleure pour eux et pour l'univers. Il est dispensateur de la chance et des richesses. On ne lui attribue pas ouvertement la Création, mais il assure le maintien et le bon fonctionnement du monde. Il fait délégation de son pouvoir à l'empereur, lequel est chargé de promulguer les décrets dont il est le véritable auteur.

Tengri est exigeant et punit sans pitié ceux qui lui désobéissent. Pour l'homme, la punition est la mort ; pour un peuple, c'est le génocide. Aucune rétribution, ni pour les bonnes actions ni pour les mauvaises, n'est concevable dans l'au-delà.

Tengri a un animal préféré, le cheval. On dit qu'il monte à cheval et va à travers le monde, réparant ce qui est cassé

Les mongols et le loup.

Pour que des hommes puissent toujours faire preuve de grandes valeurs guerrières, il leur faut un ancêtre prestigieux. Le loup qui fait régner la terreur peut en être un. Au cœur de la Mongolie, près de la rivière d'Orkhon, on a retrouvé une stèle dont les inscriptions datent du VIIIe siècle. Elles racontent l'origine des tribus mongoles : un enfant a été recueilli par une louve qui l'a nourri de son lait. Devenu adulte il s'unit à elle. De leur amour naissent dix garçons que la louve met bas dans une grotte. C'est l'origine d'un peuple fort, les T'ou-kiue, les premiers Turcs.

Une autre version parle d'un célèbre ancêtre Bortä-Tchino né de l'union d'un loup céleste, agent du Ciel et de la biche fauve, la Terre. Tous les peuples mongols ont gardé du loup le souvenir de l'ancêtre. Et quand la chasse les amène à abattre un loup, le chasseur lui fera hommage et détruira l'arme qui a porté le coup fatal : elle est maléfique.

SANCTUAIRE DE CHAMAN
Hohhot, Mongolie

et favorisant la paix. L'empereur, qui est son grand prêtre, organise dans certaines occasions, avec le peuple, le sacrifice d'un cheval. La victime est alors empalée sur une perche inclinée et sa dépouille est suspendue à un arbre. L'aigle aussi est distingué parce qu'il vole près du Ciel, qu'il est envoyé par le Ciel. Il est parmi les messagers de Tengri à côté d'autres messagers plus mystérieux tels des anges, des rayons de lumière, des filles éblouissantes ou des oiseaux bleus.

Des divinités associées

Les divinités inférieures sont également appelées *tengri*. Ce sont ses enfants ou ses envoyés : la terre, la montagne, l'eau, le feu, les arbres sont des tengri très liés à l'être suprême parce qu'ils possèdent une puissance qui est entièrement entre ses mains. Le soleil et la lune sont sans doute plus indépendants. Vénus est appelée « la virile » ; c'est une combattante qui chasse les autres étoiles à la fin de la nuit. Un culte est donc réservé aux astres : il se compose essentiellement de circumambulations, à l'image du mouvement apparent du ciel.

Certains peuples possèdent aussi une grande déesse, sans qu'on la dise parèdre de Tengri ; elle s'appelle Umaï et est la déesse de la Maternité, « la pure mère aux soixante-dix berceaux ». Elle porte d'innombrables tresses d'or, symbole de richesses.

Les chamans

« Les *tengri* de l'Ouest créèrent les hommes qui, dans les premiers temps, vécurent heureusement, ne connurent ni la maladie ni le chagrin. Mais voici que les hommes s'attirèrent la disgrâce des *tengri* de l'Est et se mirent à tomber malades et à mourir. Les *tengri* de l'Ouest s'effrayèrent du sort des hommes et se mirent à délibérer sur les moyens de leur venir en aide. On décida, pour aider les hommes à lutter contre les mauvais esprits, de leur donner un chaman et on choisit l'aigle pour cela » (Régis Boyer, *Les Religions de l'Europe du Nord*, Paris, 1974, p. 689).

Les chamans font le lien entre le monde inférieur et le monde supérieur. Leurs pratiques, qui mêlent magie, transes et extase, leur permettent d'entrer en communication avec les esprits sans en être dépendants. Leurs extases sont des montées vers le dieu du Ciel pour présenter les offrandes de la communauté, ou des descentes dans les régions souterraines pour chercher l'âme d'un malade ravie par des démons, ou bien accompagner celle d'un mort vers sa dernière demeure.

Masque de danse
Ulaanbaatar, Mongolie

Masque utilisé lors d'une cérémonie chamanique mongole. Les chamans font le lien entre le monde inférieur et le monde supérieur ; leurs pratiques mêlent danses, transes et magie.

Mythologie japonaise

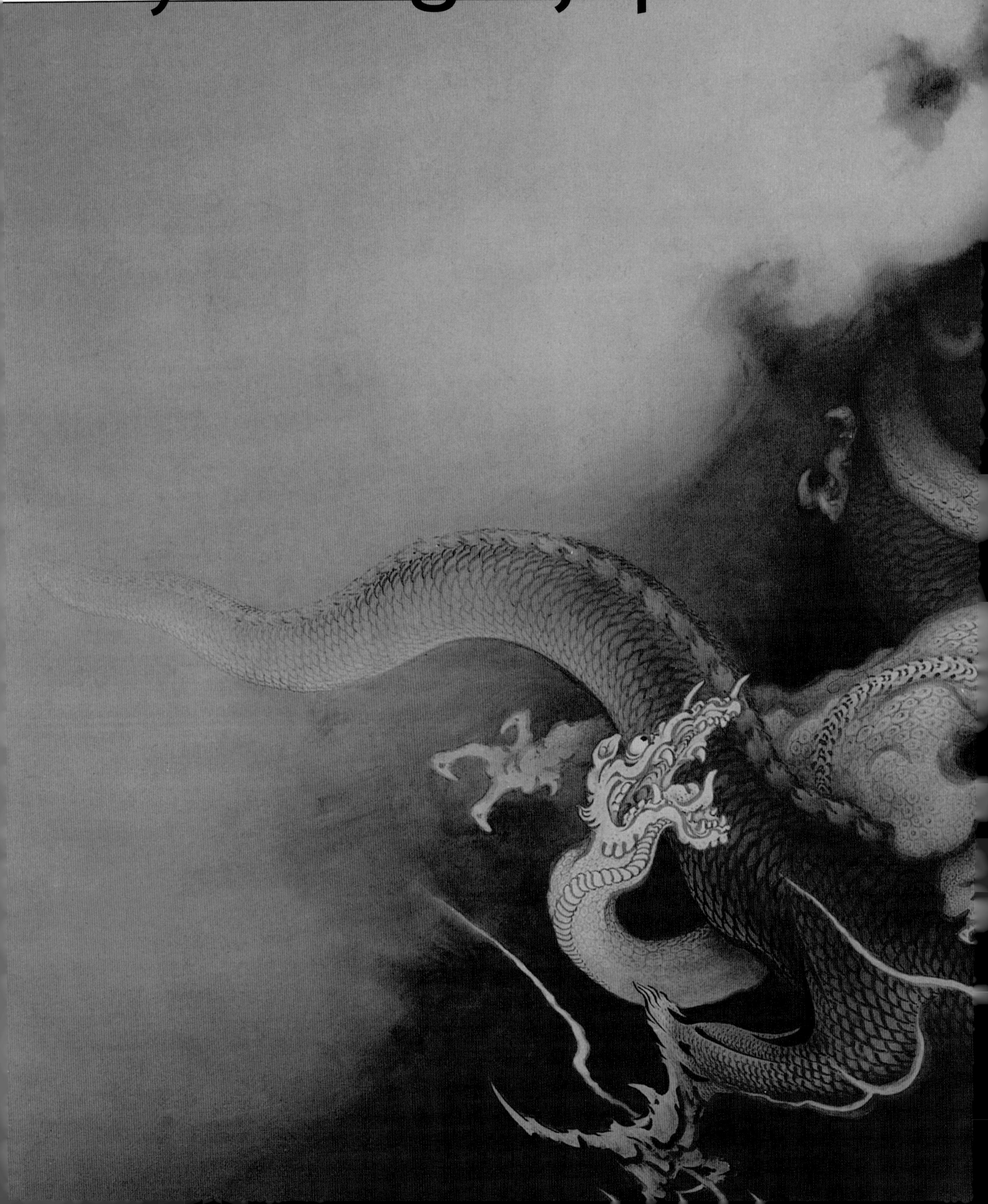

Mythologie japonaise

Au commencement, la Terre est jeune. Elle ressemble à « une tache d'huile qui flotte et dérive comme une méduse. De cette chose qui surgit, telle une pousse de roseau, naissent trois divinités, qui se cachent ». Le lieu est le Takamanohara, appelé encore les « hautes plaines célestes ». Le premier dieu est Amanominakanushi-no-Kami, ou « seigneur du milieu du ciel », les deux autres sont Takami-Musubi et Kami-Musubi. Puis viennent au monde des divinités secondaires,

Deux immortels
Époque Edo (fin du XVIIe siècle)
Statuettes : Céladon, biscuit

Umashiashikabihikoji-no-kami et Amanotokotachi-no-kami. En tout, cela fait cinq divinités célestes autonomes. Sept autres générations de dieux et de déesses célestes suivent. Tous se cachent sauf le dernier couple qui porte les noms d'Izanagi et d'Izanami qui créent le Japon.
Ainsi, dans les cosmogonies japonaises, pas de création *ex nihilo*, pas de premier instant du monde, même pas de chaos initial. Les dieux sortent d'eux mêmes à l'existence, comme par inadvertance et il faut huit générations avant que s'élabore un début d'organisation. Le seul objectif poursuivi est la fondation des îles du Japon par Izanagi et Izanami.

Les *kami*

Les Japonais, comme bien d'autres peuples, se sentent dominés par les forces de la nature. Ils attribuent donc à chacune d'elles une personnalité, une puissance, une sorte de divinité. Ce sont les *kami* : les hautes montagnes sont des *kami*, les grands et vieux arbres sont des *kami*, les fleuves sont des *kami* et même les hommes supérieurs sont des *kami*. Les *kami* sont « placés plus haut », on les respecte, on les vénère, on leur rend un culte.
Les *kami* ont un corps semblable à celui des hommes. Ils en ont les qualités et les défauts. On dit qu'ils possèdent deux âmes une bonne *(nigi-mi-tama)* et une mauvaise *(ara-mi-tama)*. Les *kami* réagissent conformément à l'influence de l'une ou de l'autre. Ils peuvent faire du bien et du mal, mais parmi eux il n'y a pas de *kami* essentiellement méchants. Leurs âmes peuvent d'ailleurs quitter leur corps et entrer dans un objet quelconque. Mais les *kami* japonais ne sont pas tout-puissants, ils ne savent pas toute chose, ne sont pas partout à la fois, et ne connaissent que ce qui est proche d'eux. Parfois, ils envoient des messagers pour se renseigner. On dit même qu'ils utilisent l'astrologie et la magie. Tout ce qui est grand et inexpliqué est *kami*. Ils sont donc très nombreux, quatre-vingts millions. « [...] Cette multitude de *kami* dont les textes classiques diront qu'ils sont *ya oyorozu* (huit cents myriades), autrement dit innombrables. Dans ces conditions, traduire *kami* par dieux est sans doute inadéquat. [...] Mieux vaudrait parler de *numina* à la manière romaine » (R. Sieffert, *Les Religions du Japon*, Paris, 1968, p. 12).

Les *kami* parmi nous

Les *kami* ancestraux ne sont autres que les ancêtres divinisés. On trouve aussi les *kami* des frontières, ceux d'un art, ceux des saisons, de la pluie, du beau temps et de l'orage, et même des *kami* étrangers. La liste n'est jamais close.
Il fut un temps où les arbres et les herbes parlaient (*Nibongi*, 2e mois, 16e année de l'empereur Kimmei). Les pierres elles-mêmes sont parfois de grandes divinités *(Kojiki)*. On leur adresse des prières et, en cas de sécheresse, on obtient d'elles la pluie *(Izumo Fudoki, Tatenui no Kôri)*. Les animaux, les rivières, les lacs et les mers sont objets de vénération. Ils sont des forces personnifiées, des êtres vivants, qui ont une action sur l'homme et s'imposent à lui. Ce sont des *kami*, auxquels on offre parfois des sacrifices humains (*Nibongi*, 10e mois de la 40e année de l'empereur Keiko). Le saké, boisson mystérieuse en raison de ses effets enivrants, est l'offrande préférée des *kami*.
Il y a donc, à travers le Japon, des sanctuaires, des temples. On les appelle des *jinja*. Ils n'ont que peu de contacts les uns avec les autres. Le shinto, qui est la religion du Japon, n'est pas une religion très réglementée : il ne connaît pas de Dieu suprême et le ciel n'est que le séjour des *kami*. Donc, pas ou peu de dogmes, pas ou peu de discipline : c'est une religion de pratiques. Dans les *jinja*, chaque année se célèbre la *matsuri*. Alors, l'effigie du *kami* local est portée triomphalement à travers la ville par des jeunes gens et des jeunes filles.
Les montagnes sont particulièrement vénérées : certaines sont les corps mêmes des divinités, comme le Miwayama ; d'autres sont les domiciles des dieux qui, de leurs sommets, envoient l'eau des sources. La divinité de la montagne, le *yama no kami*, se montre le plus souvent sous la forme d'un serpent, hideux et effrayant ; on lui donne le sexe féminin. Quand il descend dans les plaines, il devient *ta no kami*, la divinité des champs qui fait pousser les plantes.

Le mont Fuji, Toyokuni II, vers 1830-1835
Estampe tirée d'une série : *Huit vues de lieux célèbres*

Deux lieux de culte sont particulièrement prisés : l'un est le mont Fuji (Fuji Sama). Cette montagne culmine à 3 776 mètres. Son ascension est au shintoïsme, ce que le pèlerinage à La Mecque est pour un musulman. Tout Japonais doit au moins une fois dans sa vie faire l'ascension du mont Fuji. L'autre lieu est le temple d'Isé.
N'importe quoi peut être déclaré *kami*. On raconte qu'un certain Oube No Oshi dit que tel insecte est le dieu de l'Au-delà. Les gens le croient et se mettent à vénérer la bête ; ils la prient pour obtenir richesses et longue vie, et organisent en son honneur fêtes et cérémonies. Un lieu lui est consacré, des offrandes lui sont faites, elle est honorée de chants et de danses. Cela dure longtemps... jusqu'au moment où un homme sensé fait constater qu'il ne se passe rien et ridiculise Oube No Oshi (*Nibongi*, XII).

Les *kannushi*

Les *kannushi* sont gens puissants : maîtres ou possesseurs d'une divinité, ils parlent pour elle, agissent en son nom, exercent son autorité. Ils transmettent les prières aux *kami* et sont capables même de les faire agir. Le *Wei-chich* parle de la reine des Wa (Japonais), Pimiko, qui sait ensorceler le peuple. Elle ne se marie pas et n'apparaît que très rarement en public ; elle est l'intermédiaire entre le monde des esprits et la Terre des hommes. Son frère cadet exerce la réalité du pouvoir, mais sous son ordre. Pimiko est une *kannushi*.

Le ciel, la Terre, les Enfers

Il y a les *kami* du ciel, *Ama Tsu Kami*, et ceux de la Terre, *Kuni Tsu Kami* ; ces derniers sont les plus nombreux. Mais la distinction n'est pas très importante, car il n'est pas rare que les premiers descendent s'installer sur terre et que les seconds montent au ciel. Le ciel est désigné par le mot *Ama*. Ce n'est pas un endroit particulièrement inaccessible : un pont, *Ama no Hashidate*, permet aux *kami* de monter ou de descendre. On dit qu'un jour ce pont s'effondra et donna l'un des plus beaux paysages du Japon.
Le royaume des Morts, « pays des Ténèbres » (*Yomi tsu Kuni*), ou pays des Racines (*Ne no Kuni*), ou encore Pays profond (*Soko no Kuni*), possède deux entrées : la première est en pente douce et sinueuse, l'autre est une énorme cavité située au bord de la mer et qui s'enfonce tout droit dans la terre : on y jette toutes les souillures avec tous les péchés.
Le monde souterrain n'est pas désert. Il est composé de maisons et de palais, habité de démons mâles et femelles, *shiko-me* (les femmes laides) ou *hisa-me* (les femmes au front froncé).

Amaterasu, l'ancêtre de l'empereur

Déesse du Soleil et de la Lumière

Son nom signifie « celle qui brille au paradis ». Quand elle se cache dans une grotte, l'obscurité envahit le monde et facilite l'activité des dieux méchants ; quand elle se montre, la lumière envahit toutes choses et elle devient déesse de la Croissance et de la Fertilité.

Le présent n'est justifié que par le passé, le terrestre par le céleste : ainsi pensaient les Japonais du VIIIe siècle. L'autorité de l'empereur devait donc avoir une origine très ancienne et divine.

Son origine

Le *Kojiki* (*Notes sur les faits du passé*), le plus ancien livre japonais, nous rapporte qu'à l'origine il y avait cinq couples divins, dont le dernier fut celui d'Isanaki et de Izanami, un frère et une sœur. Isanaki est le dieu qui consolida la Terre et il est le père d'Amaterasu, la déesse du Soleil, de Tsuki-yomi, le dieu de la Lune, et de Susano-Wo, le dieu de la Mer. Ce dernier voulait refuser son domaine et rejoindre sa mère aux Enfers.

Les enfants des joyaux

Lassé de ses supplications, Isanaki chassa Susano-Wo du ciel. Mais celui-ci, avant de partir, voulut rendre visite à sa sœur Amaterasu. Il fit un tel bruit qu'elle prit peur et s'arma comme pour une guerre. Le frère et la sœur s'affrontèrent de part et d'autre de la rivière de la Tranquillité. Amaterasu brisa un sabre et trois déesses en naquirent. Susano-Wo suça les joyaux que lui avait présentés sa sœur : les dieux rizicoles et cinq dieux mâles apparurent. Les enfants du sabre étaient ceux de Susano-Wo et les enfants des joyaux, ceux d'Amaterasu. Alors Susano-Wo, pris d'une sorte de folie, brisa les digues, boucha l'écoulement des rizières et jeta un cheval écorché dans la résidence de sa sœur. Celle-ci, surprise, se donna la mort en se transperçant le sexe.

La résurrection

La déesse morte s'enferma dans une grotte et plongea du même coup le monde dans les ténèbres. Les dieux s'en inquiétèrent, cherchèrent des tours de magie pour faire resurgir la lumière : ils placèrent à l'entrée de la grotte un arbre sacré : « Ils arrachèrent une plante à feuillage permanent très luxuriante du mont Parfum-Céleste et attachèrent aux branches supérieures des *tama* recourbés, enfilés sur de longs fils ; aux branches moyennes, ils suspendirent un grand miroir et, aux branches inférieures, des étoffes végétales blanches et vertes. Majesté-Futodama prit ces objets comme offrandes sacrées et Majesté-Koyane-Céleste psalmodia, tandis que Kami-Masculin-à-la-Poigne-Puissante se tenait caché près de la porte de la grotte » (*Kojiki*, IV). La déesse Uzume se mit à exécuter une danse : portant à la main des rameaux de bambou nain, elle monta sur un baquet vide renversé, et commença ses mouvements. Puis, tout en se trémoussant à un rythme violent, elle dégrafa son vêtement, le baissa lentement, découvrit

Le temple d'Isé. Tout comme l'ascension du mont Fuji, il faut au moins une fois dans sa vie voir le temple d'Ise. Vu son état sacré, personne n'y entre. Seuls quelques très rares privilégiés (des invités d'honneur de l'empereur) ont pu s'approcher de la porte principale du temple... Ce temple est reconstruit tous les vingt ans. La première fois, en 690. La dernière ayant eu lieu en 1993. La reconstruction est nécessaire, selon le shintoïsme, pour purifier le temple (surtout après la mort de l'empereur). Les vingt ans sont la durée nécessaire pour avoir une nouvelle génération et pouvoir la former aux techniques millénaires de construction.

La construction monopolise toutes les attentions au Japon. À cet égard, une forêt est spécialement entretenue pour fournir les arbres qui sont abattus selon les mêmes rites religieux ancestraux et transportés à travers tous les villages, ce qui donne lieu à de grandes fêtes populaires.

Pour assurer une reconstruction à l'identique, les charpentiers se transmettent les secrets de construction de génération en génération.

Amaterasu survolant le mont Fuji
Utagawa Hiroshige, 1850
Estampe

sa poitrine et peu à peu se déshabilla jusqu'au sexe. À ce spectacle, les dieux éclatèrent de rire. Amaterasu, étonnée de ces rires, entrouvrit la porte de la grotte et vit son visage dans le miroir qu'on lui présentait. Encore plus intriguée, elle sortit de la grotte, qu'une divinité ferma derrière elle. La danse d'Uzume servira par la suite de modèle dans certains rites populaires : exécutée à la mort d'un individu, elle a pour but de le rappeler à la vie ; elle est aussi symbole de fertilité.

La descendance d'Amaterasu

Oshihomimi était un « enfant des joyaux ». Il sera le premier souverain du Japon. Son père est du domaine d'en bas pour trois raisons : d'abord, en raison de sa vocation, qui était d'être le dieu de la Mer ; ensuite, en raison de sa volonté, qui était de rejoindre sa mère aux enfers ; et enfin en raison de sa destinée, qui est d'être exilé sur la Terre. Susano-Wo se trouve être un médiateur. Amaterasu, que les empereurs du Japon invoqueront comme puissance tutélaire, est du domaine d'en haut, le domaine céleste.

Le culte

À Ise Jingu, dans l'île de Hondo, existe tout un ensemble de sanctuaires consacrés à Amaterasu.

À la fin de l'automne, la prêtresse, suivant des règles rituelles, fait des nœuds à des fibres de mûrier à papier. Ces nœuds symbolisent l'acte de création et cette pratique permet d'approcher la divinité et de s'approprier un peu de l'énergie céleste. Ce rite est accompagné de paroles magiques destinées à gagner l'aide divine, principalement une augmentation de la vitalité de l'empereur, descendant de la déesse, garant du renouvellement de la vie après la saison froide. Le culte est considéré comme l'expression de l'appartenance à la race japonaise. Le nouveau Premier ministre y rend compte habituellement de la formation de son gouvernement.

La coutume veut qu'on y reconstruise les temples (en bois) tous les vingt ans, et cela a déjà été fait soixante et une fois jusqu'en 1993. On y conserve le miroir qui symbolise la présence divine d'Amaterasu.

AMATERASU SORTANT DE LA GROTTE
YOSHITOSHI, 1882
Estampe

L'APPARITION D'AMATERASU
UTZGAWA KUNISADA
Gravure sur bois polychrome

Izanagi et Izanami, dieux de la Vie

Les créateurs

Frère et sœur, mari et femme, ils sont descendus du ciel le long d'un arc-en-ciel, le « pont flottant du ciel » pour créer et affermir le monde. Ils sont à l'origine des dieux et des hommes.

Les dieux leur donnent une lance ornée de pierres précieuses. Ils la plongent dans l'eau de la mer, la remuent un instant et la laissent se coaguler. Quand ils retirent l'arme, une goutte tombe de la pointe et forme l'île Onokoro, ce qui signifie « coagulée naturellement ». C'est la première terre ferme, la première des îles du Japon. Izanagi et Izanami y descendent et y construisent une maison et une grande colonne.

Les épousailles

Izanagi demande à sa sœur comment son corps est fait. Elle répond « qu'il y a un trou à un certain endroit ». Il dit que son corps possède « une excroissance au même endroit et qu'ils pourraient ajuster ces deux parties de leurs corps ». Alors Izanagi contourne la colonne par la droite et Izanami par la gauche. « Oh ! quel beau jeune homme ! » dit Izanami en se trouvant face à son compagnon. « Quelle belle jeune fille ! » dit Izanagi. Ainsi sont célébrées les premières cérémonies de mariage. Ils s'accouplent et donne naissance à un enfant difforme Hiruko : ses parents ne veulent pas le reconnaître. Ils le mettent dans une barque de joncs et le poussent à la dérive. La même situation se renouvelle plusieurs fois. C'est, disent les dieux après une consultation divinatoire, Izanami qui est responsable de la malformation des enfants. En effet, contrairement à l'usage, elle a parlé la première lors de la cérémonie nuptiale. Ils recommencent donc le rite et cette fois c'est Izanagi qui dit le premier : « Quelle belle jeune fille ! » Alors leurs enfants sont toutes les îles du Japon, les dieux des Vents et des Mers, des Arbres et de l'Eau. Le dernier de leurs enfants est Kaguzuchi, le dieu du Feu. En venant au monde, il brûle très sévèrement les entrailles de sa mère et lui cause de cruelles souffrances. De ses vomissements naissent encore de nombreux dieux, mais elle finit par mourir et descend aux Enfers.

Les Enfers

Izanagi, fou de désespoir, se lamente. De ses larmes naît la déesse du Ruisseau gémissant et, dans sa colère, il coupe la tête de son dernier-né. Puis il descend à Yomi dans les Enfers rechercher sa femme. Il la voit d'abord entourée d'ombres, la salue chaleureusement et lui demande de revenir avec lui. Ils décident d'en faire la demande aux dieux du Monde souterrain. Car Izanami a déjà mangé de la nourriture infernale. Elle le supplie surtout de ne pas la regarder. Plein de désir, il le fait pourtant, cassant la dent mâle de son peigne pour s'en faire une torche. Il la voit alors en putréfaction rongée par les vers et gardée par les huit tonnerres. Humiliée, Izanami veut se venger, envoie contre lui les Laides-Filles-des-Enfers. Izanagi se protège par mille procédés magiques. Elle lui envoie les huit dieux du Tonnerre et les guerriers des Enfers. Il réussit toujours

à s'échapper et à obstruer l'entrée de l'enfer par un énorme rocher. Elle est arrivée derrière le rocher. Ils finissent par s'entendre pour divorcer. Mais elle continue à le menacer de tuer chaque jour plus de mille personnes, il lui répond qu'alors il en fera naître mille cinq cents.

La purification

Souillé par son passage en enfer, Izanagi va dans l'île de Tsukushi pour se purifier à la rivière de Tachibane. Il jette son bâton et du bâton naît le Dieu-érigé-à-la-bifurcation-des-chemins. Il se défait de ses vêtements et chacun d'eux fait apparaître une divinité. De son bain dans la rivière naissent encore d'autres dieux, de son bain dans la mer naissent les dieux de la Mer. Enfin quand il se lave l'œil gauche, se manifeste Amaterasu, la déesse du Soleil, quand il se lave l'œil droit, se manifeste Tsuki-yomi, le dieu de la Lune, quand il se frotte le nez, se manifeste Susano-Wo, le dieu des Tempêtes.

Alors Izanagi donne son royaume en partage à ses trois derniers enfants : à Amaterasu, il donne un collier de perles et la souveraineté sur les Hautes Plaines célestes ; à Tsuki-yomi il donne les sphères de la nuit ; à Susano-Wo, il offre la suprématie sur l'Océan.

MEOTO-IWA (LES ROCHERS UNIS)
M.S. YAMASHITA, 1988
Péninsule d'Ise-Shima

Ces rochers, liés par des cordages, sont selon la légende la demeure d'Izanagi et Izanami.

IZANAGI ET IZANAMI CRÉENT LES ILES DU JAPON
EITAKU KOBAYASHI, 1885
Rouleau de soie suspendu ; encre noire et couleurs

LE PONT DU CIEL
UTAGAWA HIROSHIGE, 1850

Izanagi et Izanami sont descendus par « le pont du ciel » pour créer le monde.

Susano-Wo, dieu de l'orage

Frère d'Amaterasu

Doué d'une puissance extraordinaire, Susano-Wo a beaucoup de mal à se maîtriser, ce qui l'entraîne à se fâcher avec son père, le créateur, qui le chasse, et avec sa sœur Amaterasu, la déesse du soleil.

Fils d'Isagani, Susano-Wo refuse l'héritage que lui offre son père. Il ne veut pas régner sur les eaux mais se rendre au royaume de sa mère. Il annonce ainsi qu'il va prendre congé de sa sœur, Amaterasu, et entre en conflit avec elle. Celle-ci s'enferme alors dans la grotte rocheuse du ciel mettant le monde dans l'obscurité.

La déesse de la nourriture

Sa réputation est déjà faite et quand il ordonne à Ôgetsu, déesse de la Nourriture, de lui servir à manger. Contrairement à ses habitudes, elle ne lui donne que ce qui sort de sa bouche, de son nez et de son anus. Furieux de cette insulte, Susano-Wo la tue. Mais les fonctions de la déesse continueront à être assumées car de ses yeux jaillissent des grains de riz, de ses oreilles des grains de millet, de son sexe des épis de blé, de ses narines des haricots rouges et de son rectum des grains de soja.

Le dragon d'Izumo

Susano-Wo est inquiet de ce qui lui arrive, abandonné des siens, n'ayant pas de véritables fidèles, ne sachant jamais s'il fait bien ou s'il fait mal. Sans terre, sans pouvoir, sans privilège, sans bonne réputation, il n'est plus rien au pays des dieux. Il part à l'aventure, déguisé en homme. Il arrive à Izumo. Le pays semble abandonné : les maisons sont closes, personne n'est dans la rue. Il entend des sanglots proches. Intrigué, il entre dans une maison, l'épée au poing, prêt à se défendre. Il découvre deux vieillards en pleurs et une très belle jeune fille qui se nomme Kunisada. L'homme explique que cette fille est la dernière de ses huit filles. Les sept autres ont été dévorées l'une après l'autre par un dragon à huit têtes et à huit queues. Chaque année, il entre dans le village pour chercher sa proie. Le lendemain il doit venir chercher Kunisada.
Les paysans ne savent pas que le jeune cavalier qu'ils ont reçu est Susano-Wo, le dieu des Tempêtes. Celui-ci, touché par leur détresse et ébloui par la beauté de la jeune fille, est prêt à combattre le monstre. Il hésite cependant devant le

Susano, le dieu des tempêtes se préparant à tuer le dragon à huit têtes
Keisi, 1822

TÊTE DE DRAGON DÉCORANT LA PROUE D'UNE EMBARCATION JAPONAISE TRADITIONNELLE

danger, mais un rugissement venu du dehors lui rappelle l'urgence de sa décision. Il se détermine et affirme fermement : « Je défendrai la jeune fille même si je dois y laisser ma vie » et, aussitôt, il la métamorphose en peigne pour que le monstre ne puisse la trouver.
Il demande à être reçu pour la nuit, visite la ville, établit un plan de bataille et demande que tous les habitants de village se rassemblent. Susano-Wo exige qu'on lui obéisse sans réfléchir. Il ordonne qu'on abatte des arbres, qu'on mette des piquets tout autour du village et qu'on construise une gigantesque palissade. Les paysans se moquent. Ils savent bien que le dragon brûle tout sur son passage. Ce n'est pas une fortification en bois qui peut l'arrêter. Plus intrigants sont les huit trous que Susano-Wo fait creuser dans l'enceinte et devant chacun de ses trous il place une énorme jarre pleine de saké.
Le matin, le dragon arrive. Nombre de paysans s'enfuient, d'autres se cachent dans les maisons, les derniers, plus courageux ou plus curieux, surveillent. Le monstre voit la palissade et se prépare à la mettre en flamme. Mais en même temps il s'avise de l'odeur qui flotte dans l'air et s'approche au plus près, hume les bois, s'approche du premier trou, il y trouve juste la place d'y mettre le nez. Dans les huit trous, il passe ses huit têtes et chaque gueule d'une grande lampée, boit et vide en un instant la jarre qui se trouve devant. Gavé, il n'est plus maître de lui, vacille d'un côté et de l'autre, tremble de tous ses membres. Susano-Wo le surveille et, quand le monstre va enfin mettre le feu à la palissade, il le provoque au combat. Le dragon se moque de cet adversaire dont il va ne faire qu'une bouchée. Mais les têtes lui tournent. Il titube, n'a plus de réflexes. Ses coups trop lents sont facilement esquivés et Susano-Wo lui tranche l'une après l'autre ses huit têtes. Susano-Wo rend à Kusinada sa forme primitive, l'épouse et engendre de nombreux enfants, dont Ôkuninushi, dieu de la Médecine et de la Magie.

RAIJIN, LE DIEU DU TONNERRE
XIIIe SIÈCLE

Autre divinité associée à Susano-Wo, dieu de l'orage, le dieu du Tonnerre Raijin ; on le voit ici frappant sur des gongs provoquant ainsi le bruit caractéristique de sa fonction.

Ôkuninushi, la Médecine et la Magie

Fils ou beau-fils de Susano-Wo

Rusé, magicien et généreux, Ôkuninushi vit de nombreuses aventures, traverse de dures épreuves et s'en sort toujours victorieux.

LE GRAND TEMPLE D'IZUMO | On y pratique le culte d'Ôkuninushi.

Ôkuninushi a quatre-vingts demi-frères. Tous veulent épouser la même princesse nommée Yagami et s'en vont à Inaba, la province où habite la belle. Ils emmènent avec eux Ôkuninushi pour porter leurs bagages.
En chemin, ils rencontrent un lapin blanc, saigné à vif qui souffre terriblement. « Baigne-toi dans la mer, disent les frères, puis expose-toi au vent. Tu verras, tu seras guéri. » Le lapin fait ce qu'ils disent, mais l'eau salée creuse les plaies et ravive la douleur.
Ôkuninushi, qui porte les lourds fardeaux de ses frères, a pris du retard. Il arrive bientôt auprès du lapin. « Qu'est-ce qui t'arrive ? » lui dit-il. Et le lapin de raconter sa triste mésaventure : « Pour traverser la mer, j'ai demandé à des requins de se mettre l'un derrière l'autre afin de former une sorte de pont sur lequel je pouvais marcher. Les requins voulaient savoir s'ils étaient plus nombreux que les autres animaux marins et je promis de les compter en passant. En cours de route j'ai oublié de compter et leur ai avoué. Alors le requin sur lequel j'étais m'a étripé de la belle manière et laissé plus mort que vif. »

Ôkuninushi est rempli de pitié pour cette pauvre victime. Il lui dit d'aller se laver à l'embouchure du fleuve dans de l'eau douce et de se couvrir de pollen de jonc. Le lapin le fait et est guéri. C'est ainsi que Ôkuninushi devient le dieu de la Médecine. Alors le lapin dit à son sauveur : « Tu as fait une bonne action, tu seras récompensé. C'est toi qui épouseras la princesse Yagami. »

Les épreuves

Les frères d'Ôkuninushi sont très fâchés et essaient de le tuer. Ils se mettent à chauffer à blanc un immense rocher et le lui jettent du sommet d'une montagne. Il s'en saisit et est mortellement brûlé. Une autre fois ils tentent de l'empaler sur la fourche d'un arbre. Mais à chaque fois, sa mère intervient auprès de la déesse Kami-Musubi qui le ressuscite. Ôkuninushi devient un robuste jeune homme. Les frères sont toujours très en colère et, pour le soustraire à leurs maléfices, sa mère l'envoie au royaume souterrain, chez le dieu Susano-wo. Il y rencontre Suseri-Hime, fille du dieu, et c'est le coup de foudre. Les deux jeunes gens ne veulent plus être séparés. Susano-wo qui se rend compte qu'il est en train de perdre sa fille ne peut empêcher cette union. Mais il fait coucher Ôkuninushi dans une chambre pleine de serpents. Heureusement Suseri-Hime avait donné à son amoureux une écharpe magique qui l'a protégé. La nuit suivante, la chambre était pleine de scolopendres et de guêpes, mais une autre écharpe donnée par Suseri-Hime chasse les scolopendres et les guêpes. Ôkuninushi sort ainsi indemne de l'épreuve,
Alors, Susano-wo lance une flèche sifflante au milieu d'une immense prairie et envoie Ôkuninushi la chercher. Celui-ci part aussitôt et lorsque il est au milieu de la prairie, Susano-

Illustration (détail) tirée du *Plongeon du lapin*

wo met le feu aux herbes. Une souris indique à Ôkuninushi un trou où il peut se cacher et lui apporte la flèche. Ôkuninushi que l'on croyait mort est encore vainqueur.
Susano-wo a enfin confiance en lui et organise en son honneur un grand festin. Bientôt Susano-wo s'endort et Ôkuninushi en profite alors pour attacher les cheveux du dieu aux poutres de la maison. Il prend sa femme Suseri-Hime sur son dos, s'empare du sabre, de l'arc, des flèches et de la harpe du maître des lieux et s'en va. Malheureusement le son de la harpe provoque un tremblement de terre et réveille Susano-wo, qui en se levant emporte la maison avec lui. Mais avant que Susano-wo réussisse à détacher ses cheveux, Ôkuninushi est déjà loin. Il a dépassé la porte des Enfers que Susano-wo ne peut pas franchir. Alors celui-ci crie à Ôkuninushi ses conseils : « Utilise le sabre, l'arc et les flèches contre tes frères et tu vaincras et régneras sur le monde. Installe ton palais au pied de la montagne Ukaf. »
Un dieu, Sukuna-Bikona, fils de la déesse Kami-Musubi, aide Ôkuninushi à fortifier le pays où il s'est installé. Mais, un jour, Sukuna-Bikona se rend au cap Kumanu et disparaît. Ôkuninushi se retrouve seul. Alors le dieu Omiwa, qui est son protecteur, lui demande un temple sur le mont Mimoro. Ôkuninushi ne sera plus jamais seul.

La corde sacrée marquant l'entré du temple d'Izumo

Connue sous le nom de *nawa*, elle est célèbre pour ses dimensions impressionnantes.

Mythologie océanienne

Mythologie océanienne

Moaï de l'Île de Pâques

Les statues de pierre géantes de l'Île de Pâques. La couronne en tuf volcanique qui coiffe les statues représente les nœuds que les hommes faisaient de leurs longs cheveux. Quant aux yeux globuleux et perçants, ils sont faits de corail.

Alchéringa, le temps du rêve, est le terme utilisé par nombre d'Océaniens pour désigner les temps primordiaux. Au temps du rêve donc, il y a un œuf qui éclate et rend possible la création de l'univers. L'univers est habituellement né de l'union de deux dieux, pour certains c'est Po, le vide sombre, informe et inerte, et Ao, la lumière active, pour d'autres c'est Papa, la mère Terre, et Rangi, le père Ciel. Ce premier couple crée toute une série de dieux, Tawhiri, dieu des tempêtes, Haumia père des plantes sauvages, Tane père des forêts, Tangaroa, père des poissons et des reptiles, Rongo, père des nourritures cultivées et Tu, le premier homme. Mais ils sont tous enfermés entre leurs deux parents étroitement enlacés. C'est Tane qui réussit à les séparer en prenant appui sur la terre pour soulever avec ses pieds le ciel. Le couple primitif ne se résigne pourtant jamais à sa séparation : les soupirs de Papa se transforment en brume, tandis que les pleurs de Rangi donnent la rosée du matin. Tawhiri en est tout ému qui refuse cette violence faite à ses parents et veut les venger. Alors, il se met en colère et provoque de terribles tempêtes. Ses frères s'affolent. Tangaroa se réfugie dans la forêt où vivent maintenant les reptiles. Haumia et Rongo s'en vont sous terre d'où ils font sortir les plantes sauvages et cultivées. Seul Tu reste sur place : il se fabrique des abris pour se protéger, invente des outils pour survivre, exploite les produits de la terre et de la mer et mange le gibier qu'il chasse dans la forêt. Une autre version du mythe fait intervenir les grands ancêtres. Ils existent depuis toujours, mais sont assoupis dans un sommeil éternel, le temps du rêve. Ils se réveillent tout à coup et modèlent le monde en voyageant dans le pays. Ils façonnent les montagnes et les rivières, les plaines et les lacs. Ils ne créent pas le monde, ils se contentent de le transformer. Lorsqu'ils sont fatigués de leurs voyages, ils retombent dans leur sommeil d'origine, disparaissent dans le sol, se métamorphosent en arbres ou en rochers.

Variété des mythes

Les différentes régions de l'Océanie partagent souvent ces mêmes thèmes mythologiques. C'est que les indigènes ont colonisé progressivement le Pacifique sautant d'île en île et s'implantant dans les vallées intérieures. Ainsi Tangaroa, Tane, Rongo, Tu et bien d'autres se retrouvent dans un plus ou moins grand nombre d'îles. Ils portent le même nom ou un nom légèrement différent : Tangaroa devient en Micronésie Tabueriki (le maître sacré) ; Rongo ou Lono devient Rongala dans les Carolines (îles Fais), ou Mo-rogrog ou encore Ono dans les Marquises ; Tu devient Ku, à Hawaii. Mais à ces ressemblances se mêlent aussi de nombreuses différences.

Il en est ainsi pour la création de l'homme. Selon les Ata de Mindanao, il aurait été fait à partir de l'herbe ; pour les Igorot de Luçon, à partir de deux roseaux ; dans les Philippines, à partir de la crasse de la peau ; à Bornéo, à partir des excréments. Aux Célèbes, ils ont été sculptés dans la pierre ou encore dans le bois. Et, pour lui donner vie, les dieux utilisent soit l'incantation, soit le souffle, le vent, un fluide ou encore de la poudre de gingembre, et même du crachat. On raconte même en Australie du Sud que le créateur, après avoir donné sa forme au premier homme, le chatouilla afin de provoquer chez sa créature un grand éclat de rire, premier signe de vie.

Qui sont ces dieux ?

Ce sont des puissances surnaturelles d'essence essentiellement spirituelle. Il y a de grands dieux et des divinités secondaires appartenant à un lieu (montagne, volcan ou ravin), à une tribu et même à un moment de l'année. Normalement, les hommes ne les voient pas, mais ils peuvent prendre des formes sensibles dans certaines circonstances ou pour certains individus particulièrement doués. Pourtant, habituellement, ils n'ont pas en eux-mêmes une forme matérielle, ils l'empruntent à des êtres dans lesquels ils s'incarnent de façon plus ou moins durable.
La plupart des grands dieux de Polynésie sont, par exemple, anthropomorphes. D'autres sont des animaux : requins (Tahiti, Viti), serpents de mer, araignées de mer, crocodiles, anguilles, lézards, souris, grenouilles, mouches, papillons, sauterelles, oiseaux, etc. Kabo Mandalat, de Nouvelle-Calédonie, est un gigantesque bernard-l'ermite, aux pattes aussi grosses que des cocotiers. Certains dieux ont des aspects fantastiques : géant ou nain, peau blanche ou peau rouge. On en trouve un qui a des mains de bois, huit yeux, deux corps et quatre-vingts estomacs. Il arrive même que certaines divinités habitent des pierres ou même soient des pierres.

Uluru

Peut-être en est-il ainsi d'Uluru. Au cœur de l'Australie, Uluru est un rocher colossal de grès rose surgi du désert aride. La base du rocher et ses grottes sont ornées de multiples peintures rupestres. C'est le plus gros rocher à la surface de la terre. Sa circonférence est de 9,5 km, sa hauteur de 348 m. Il est situé à 400 km au sud d'Alice Springs et à 2 000 km au sud de Darwin. Il existe depuis environ 600 millions d'années !
Selon la direction de la lumière, ce monolithe passe du rouge au marron, et du carmin au violet. Il a un aspect envoûtant. C'est un miracle de la nature.
Au temps du rêve, le grand dieu Serpent passe par cette région désertique. L'air y est si chaud et la terre si sèche qu'aucune forme de vie, parmi toutes celles qu'il a créées, ne peut y survivre.
Le dieu Serpent a alors une idée géniale, comme peuvent en avoir des dieux : il va planter, au beau milieu de ce désert, une graine géante, d'où germera bientôt un arbre gigantesque.
Ainsi, pensa-t-il, l'arbre couvrira l'immense plaine de son feuillage et protégera la terre de son ombre. Une fois protégé des rayons ardents du soleil, le sol redeviendra fertile et d'autres arbres, des fleurs, des kangourous, des wallabies et des opossums pourront venir peupler la région. Et ce sera beau comme dans un rêve. Voilà donc qu'il crée cette fabuleuse graine, qu'il la place au beau milieu du désert. Puis il appelle alors l'eau du ciel, qui tombe en grandes trombes. Un vrai déluge !
Mais les dieux ont parfois des rêves qui dépassent d'un rien les limites de leur puissance. La graine est immense, et, au beau milieu du désert, il ne tombera jamais assez d'eau pour la faire germer. La plaine reste désespérément désertique et la graine stérile devient dure comme une pierre. Le dieu Serpent l'appelle Uluru et vient y habiter définitivement.
Aujourd'hui encore, quand il pleut sur Uluru, la vie semble suspendue à la renaissance du dieu. Et faire le tour d'Uluru, c'est revivre le temps du rêve.
Uluru est ainsi la demeure d'un dieu fondateur comme il y a en tant en Océanie à côté de nombreux héros plus hommes que dieux.

Rangi (le Ciel) et Papa (la Terre)
1850
Bois gravé avec incrustation de pierre ; Auckland

Tane

L'allumeur du ciel

Démiurge, Tane tient séparés le Ciel et la Terre et permet ainsi au monde d'exister, mais sépare ainsi ceux qui connaissent la mort et ceux qui ne la connaissent pas.

Tane est fils de Rangi, le Ciel, et de Papa, la Terre. Le Soleil, fixé sur le Ciel, risque de détruire les enfants de Papa. Tane se couche sur sa mère, puis, levant les pieds qu'il pose sur Rangi, il sépare le Ciel et la Terre et les maintient ainsi à distance.
Lors de cette séparation, certains des enfants de Rangi et de Papa sont restés accrochés au père ; ils ne doivent pas connaître la mort et vivront toujours. Les hommes sont ceux qui sont restés sur la mère ; eux connaîtront la mort.
Tane est le dieu des Forêts : les branches des arbres sont ses jambes ; le tronc, sa tête, et le bois des pirogues et des maisons, sa chair. Tane est ainsi la protection des hommes contre la colère de Rangi séparé de sa femme.
Tane a ramené du dixième ciel (celui du dieu suprême Io) les trois paniers contenant tout le savoir.

Trouver une femme

Tane veut une progéniture et, à cette fin, se met à la recherche de l'élément féminin. Il donne naissance aux oiseaux, aux arbres, aux plantes grimpantes et à l'arbre *rata*, aux insectes et aux reptiles.
Puis Tane trouve une femme. Certains disent que, l'ayant modelée avec du sable rouge, il l'a animée de son propre souffle. Mais il a du mal à engendrer avec elle ses enfants, tant il est maladroit. Il prétend d'abord user de la « maison de vie » (?), sans résultat ; puis des yeux de la femme : cela la fait pleurer ; puis de ses narines : cela lui donne du mucus ; puis de sa bouche : cela lui donne de la salive ; de ses oreilles : il n'obtient que de la cire ; de ses aisselles : de la transpiration. Enfin, il trouve la bonne ouverture et engendre une fille, Hine Ahu One, qu'il prend aussitôt pour épouse. Puis il engendre Hine Ahua Rangi, qu'il prend aussi pour épouse. Quand cette dernière demande qui est son père, Tane dit que c'est lui ; alors, elle s'enfuit, effrayée. Il part à sa recherche, découvre sa cachette et lui demande de revenir, mais elle refuse et devient la déesse de la Mort.
Tiki, le premier homme, est l'enfant de Tane et de Hine Ahua Rangi. Il sera l'ancêtre d'un nombre incalculable de mortels, de héros et de demi-dieux.

TANE, LE DIEU DES FORÊTS
XVIIIe SIÈCLE
Statuette maori ; Auckland

Yeux globuleux, assis, mains sur le ventre, le dieu paraît particulièrement solide.

L'origine du mal

Le dieu Tangaroa, qui s'est transformé en poisson, est l'ennemi de Tane. Certains des enfants de Tangaroa décident de ne pas suivre celui-ci dans l'océan et s'installent sur la terre ferme. Tane demande aux descendants de Tu-matanenga, son frère, le dieu des Hommes féroces, de faire des filets, de combattre avec leurs lances et leurs hameçons, et de tuer les enfants de Tangaroa. Depuis lors, les hommes mangent du poisson. Pour se venger, Tangaroa inonde la terre et détruit tout le rivage.
De cette guerre sont nés le malheur et la mort, car Tane et Tangaroa voulaient la destruction l'un de l'autre, et leurs querelles les amenaient à dévorer leurs ennemis.
Souvent, Tane est considéré comme le dieu du Bien, et Tangaroa comme le dieu du Mal.

Tane, l'organisateur du monde. « Que le ciel sacré ne soit pas couvert, le ciel sans nuage, le ciel clair. Sachez le contenu du panier de Tane, apporté là-bas pour orner son père (le Ciel), organisé en beauté, tout en haut Canopus, Rigel et Sirius (étoiles). Le panier a été vidé pour former le poisson du ciel (Voie lactée) étalé au loin en un bel arrangement » (E. Best, *The Maori*, Wellington, 1924).

KAURI
NOUVELLE ZÉLANDE

On appelle cet arbre Tane Mahuta, en l'honneur de Tane le père de la forêt. Il s'agit de l'arbre le plus massif de la forêt de Nouvelle Zélande. Il aurait 51 mètres de hauteur et 5 mètres de diamètre et serait âgé de près de quatre mille ans. Il se trouve au milieu d'une réserve de forêt appelé Waipoua qui s'étend sur 2 500 hectares et est plantée de kauri, une sorte de conifère d'Asie tropicale au bois jaune et à grain fin.

TANE ET SES DEUX FILS
Grande statue en bois d'1mètre 96

Qat

Le civilisateur

Homme des origines, Qat est l'organisateur de la vie et de la mort, du jour et de la nuit, des hommes et des animaux.

Qat, ou Ambat, est né d'un rocher qui se creusa en son milieu pour permettre sa venue au monde. Il a onze frères qui se nomment les Tagaro : parmi eux, il y a Tagaro Gilagilala, qui comprend tout et peut instruire les autres, et Tagaro Loloqong, qui ne sait rien et agit comme un fou. On dit que Qat les a tous les onze ramenés à la vie quand un esprit malin les avait fait disparaître.
Qat crée les choses à partir d'un monde préexistant. D'abord il fait des hommes et des cochons exactement semblables, mais ses frères le lui reprochent, alors il oblige les cochons à marcher à quatre pattes et les hommes à marcher droit.
Ensuite, il façonne la première femme avec des brindilles souples et, quand elle sourit, il s'aperçoit que c'est une femme vivante. Il s'amuse ainsi à réaliser la Création, mais, génial, il réussit tout ce qu'il entreprend. Il sculpte les corps des hommes et des femmes dans un arbre ; ensuite, il les cache pendant trois jours ; puis, pendant trois autres jours, il les met à la lumière et, en dansant au son du tambour, il leur donne la vie. Marawa, qui est plus son rival que son ennemi, trouvant intéressante la création de Qat et veut en faire autant. Il se met donc à sculpter des hommes, mais dans un autre bois, et il met les figurines ainsi faites dans la terre. Quand il veut les retirer, au bout de six jours, il les trouve complètement décomposées. On se demande si ce n'est pas ainsi que Marawa aurait inventé la mort, mais il existe une autre version de cette invention.
C'est Qat qui a introduit les oiseaux qui annoncent le lever du jour. Avant lui, il n'y avait que de la nuit. Mais il a d'abord découpé une portion de nuit avec un couteau en obsidienne puis il l'a marchandée au dieu de la nuit.

Assommoir à porc
Outil en bois ; Vanuatu

Le porc est très important dans la civilisation océanienne. Il a un grand rôle dans l'histoire de Qat

Pierre magique permettant l'acquisition des porcs
Linbul en Vanuatu

L'invention de la mort

Dans ces temps-là, en effet, les hommes ne meurent pas, leur peau seule se renouvelle. Mais cela n'est pas sans poser de problèmes. En effet, les terres ayant toujours les mêmes possesseurs, on y fait toujours les mêmes cultures, il n'y a pas de progrès, les choses ne changent pas.
Qat fait venir un homme du nom de Mate, lui promettant qu'il ne lui sera fait aucun mal. On l'allonge sur une pierre et on place sur lui un porc tué. Ensuite, on organise le repas funéraire. Au bout de cinq jours, Qat soulève ce qui était sur Mate. Il n'y a plus que des os. Mate doit partir, ou

Les morts. Pour les Océaniens en général, l'existence des morts est fonction de la mémoire des vivants. Mais il y a toujours un moment où les morts quittent cette existence quasi parallèle des vivants pour descendre dans les lieux inférieurs, lieux de l'oubli, les Enfers.

vers le monde souterrain, ou vers le monde supérieur. Tagaro Loloqong se met sur cette dernière voie, empêchant le passage, et Mate part donc vers le monde inférieur. C'est l'origine de la mort pour les hommes.

On dit que Qat dut aller jusqu'au pied du ciel pour trouver la nuit. Il échangea celle-ci contre un cochon et elle lui apprit à dormir quand elle était là et à la couper avec une lame d'obsidienne au petit matin pour faire paraître le jour. Autant de choses qu'il enseigna à ses frères.

Qat a une très jolie femme, et ses frères sont jaloux. Ils veulent la prendre et la tuer. Cette légende connaît plusieurs versions : ou bien Qat est toujours sauvé, grâce à son rival et néanmoins ami, Marawa, ou bien il meurt et son épouse se suicide de désespoir, en voyant du sang sur son peigne.

Qat serait parti en pirogue, très loin, sans doute au pays des Morts, emportant avec lui tous les espoirs des hommes. Mais on assure qu'il reviendra.

Pirogue de pierre
avec un Tiki en arrière-plan
Îsles Marquises

Qat est parti en pirogue au pays des Morts

Talisman Maori
Pierre verte

Il représente un Tiki et est traditionnellement porté en pendentif autour du cou.

Les sœurs Wawilak

Celles qui donnent la forme à la Terre

Elles viennent de très loin, créent la Terre et tout ce qu'elle contient en se déplaçant, et symbolisent le rôle de la femme qui, en se sacrifiant, donne vie et forme aux choses.

Les sœurs Wawilak sont des femmes puissantes. Elles viennent de la contrée du Wawalag, près de la rivière Roper. On dit qu'elles en sont parties parce qu'elles ont eu des relations incestueuses, l'une avec son père, l'autre avec son frère. L'aînée, Waimariwi, a déjà un petit enfant qu'elle porte dans les bras et est enceinte d'un autre. La cadette Boaliri vient juste d'atteindre la puberté. Elles voyagent à travers de nombreuses régions. La Terre prend forme sous leurs pas au fur et à mesure qu'elles avancent. Elles pointent leurs lances sur les bêtes et les choses. Elles leur donnent par ce geste un nom. Leur panier est rempli de pointes de flèches en pierre et pèse lourd. En chemin, elles ramassent des racines, et leurs deux chiennes les aident à attraper de petits animaux, auxquels elles donnent aussi des noms. Enfin, elles atteignent une grande mare. Fatiguées, elles s'arrêtent et déposent leurs effets.

Auprès de la mare

C'est alors que naît le second enfant de Waimariwi. Boaliri se met à faire du feu pour cuire les proies qu'elles ont tuées avec leurs lances et prépare le souper. Mais toute la nourriture saute du feu et tombe dans la mare : les racines, les lézards, les wallabies, tout y passe ! « Oh ! ma sœur, dit la cadette, il y a quelque chose qui ne va pas. Il y a peut-être un serpent ici ? » Mais il fait trop sombre pour partir. Un grand orage éclate, avec des éclairs, du tonnerre et une forte pluie. Elles lavent vite le nouveau-né. Mais du sang de l'accouchement et un peu du sang menstruel de la jeune sœur tombent dans la mare. Dans leur cabane, auprès du feu, elles dansent et chantent des chants sacrés pour apaiser l'orage. L'orage se calme.

Le serpent Yulunggul

Dans l'eau de la mare, le serpent Yulunggul sent le sang. Il se réveille, il se lève. Sa tête et son corps sortent de l'eau, il regarde autour de lui. Il fait nuit maintenant. Les sœurs Wawilak voient le serpent, il a un arc-en-ciel sur la tête. Pour s'étourdir, elles se remettent à danser toutes les deux et synchronisent ainsi l'écoulement de leur sang. Elles remuent leur corps gracieusement, battant des pieds, balançant leurs corps d'un côté sur l'autre, se tenant par la main. Le sang est partout, l'odeur du sang est partout, le sang qui s'écoule après la naissance et celui qui s'écoule parce qu'il n'y a pas de naissance. Les peintures rupestres de la région de Pilbara montrent la danse des deux femmes.

Le sang attire le serpent et sa gueule s'ouvre toute grande. Il sort alors de son trou. Il s'étire, se dresse, puis se baisse de nouveau. Il passe la tête dans la cabane. L'eau inonde le sol. Il s'enroule autour des sœurs et de leurs enfants. Et il avale tout : les sœurs, les chiennes, les enfants et les pointes de flèches. Tous dorment dans son ventre, quand

Un récipient à ossements servant aux cérémonies concernant les sœurs Wawilak
Djulwarak, xxe siècle
Bois évidé et peint ; Australie

Le mythe. L'ingestion des sœurs Wawilak et de leurs fils est revécu durant les rites d'initiation des adolescents Yolngu. Chaque phase du rite représente une mort symbolique avant une renaissance en tant qu'adulte. Toutes les cérémonies sont accompagnées de chansons qui décrivent dans le détail les épisodes du mythe.

Les femmes Yolngu jouent le rôle des sœurs. Plus tard dans la cérémonie, les hommes jouent le rôle du serpent, mais au lieu de manger les enfants, ils les emmènent dans la solitude d'un lieu sacré interdit aux femmes. Quand les jeunes reviennent, ils sont considérés comme ayant été vomis par le serpent.

une fourmi le pique. Il fait un bond et les vomit. Puis il ravale les sœurs. Il se dresse de nouveau, la tête dirigée vers le ciel. Tourné vers l'est, il s'adresse aux autres grands pythons qui vivent dans les lieux sacrés de la région. Au début, Yulunggul se ment à lui-même, puis il avoue : « J'ai mangé les deux Wawilak ! » Il se baisse et se retire, dans sa mare. Et c'est là qu'il est aujourd'hui avec les deux Wawilak dans cette eau sacrée.

Les soeurs Wawilak et leurs enfants sont mangés par le serpent Yulunggul
Daurangulili ; xxe siècle
Peinture sur écorce d'eucalyptus ; Australie

Rivières et palmiers nains créés par le Python Yulunggul lorsqu'il poursuit les deux sœurs Wawilak
Buranday, vers 1960
Peinture sur écorce d'eucalyptus ; Australie

Maui, le trickster

Le bienfaisant

Maui a choisi de mettre ses talents de magicien au service de l'humanité. Ainsi, il donne aux hommes la terre ferme, la lumière du jour et le feu, mais il échoue à leur fournir l'immortalité.

Maui est un héros civilisateur, un demi-dieu vivant à Hawaiiki. Il agit librement sans s'occuper ni de ce que pensent, ne ce que font les autres dieux. Il a donné ainsi ses propres règles à la civilisation, se moquant des tabous et des interdits. Il défend le faible contre le fort, le petit contre le grand, le pauvre contre le riche.

Maui naît avant terme et sa mère le jette dans l'Océan après l'avoir enveloppé dans une boucle de ses cheveux. Mais il est sauvé par le Soleil, ou Tama du Ciel, et retrouve finalement sa mère.

La terre ferme

Maui accompagne ses frères au cours d'une pêche en haute mer. Ils pêchent longtemps sans succès. Les frères se découragent et vont se coucher. Maui persévère et lance à nouveau sa ligne. À leur réveil, les frères remontent la ligne de Maui et comprennent, étonnés, que leur prise doit être énorme. La traction est bien trop forte pour qu'il s'agisse d'un simple poisson : « Ce n'est pas un poisson, disent-ils, c'est une île. » Sur ces entrefaites, le poisson brise la ligne et disparaît dans les flots. Mais la scène se reproduit : les frères peinent beaucoup, tirent et Maui réussit à agripper en partie le corps du poisson qui devient l'île Hawaiiki, ou Te-Ika-a-Maui, « le poisson de Maui ». La pirogue est alors soulevée jusqu'au sommet de la plus haute montagne de l'île, le mont Hikurangi, et l'hameçon de Maui est devenu la baie de Hawke. Les coups donnés par Maui au « poisson » sont à l'origine des nombreuses chaînes montagneuses de l'île du Nord actuelle. Maui pêche aussi l'île du Sud, qui est connue sous le nom de Te-Waka-a-Maui (le *waka* de Maui). L'île Stewart, tout en bas de la Nouvelle Zélande, porte le nom de Te-Puna-a-Maui (l'ancre de Maui) : c'est l'ancre qui a retenu le

bateau de Maui pendant qu'il tirait le poisson géant. Ainsi, Maui a créé la terre ferme, c'est-à-dire les îles, en les tirant du fond de la mer avec une ligne de pêche.

Le Soleil pris au filet

La mère de Maui manque de lumière pour confectionner ses *tapa* (vêtements d'écorce). Aussi demande-t-elle à son fils d'arrêter le Soleil. Le lendemain matin, Maui et ses frères se lèvent très tôt pour attraper le Soleil à la sortie de sa grotte (car il se couche dans une grotte). Ils utilisent des cordes en *kau-ko-mako* pour confectionner un filet, car cette plante ne brûle pas, et réussissent à emprisonner le Soleil. Maui frappe le Soleil avec la mâchoire magique de sa grand-mère. Celui-ci dit : « Arrêtez ! Que voulez-vous ? — Nous voulons que tu ailles plus doucement pour que le jour dure plus longtemps. — C'est d'accord si vous me relâchez. »
Et c'est ainsi que les Maoris eurent de grandes et belles journées.

La conquête du feu

Les hommes ne connaissent pas encore le feu. L'héroïne ancestrale Mahui-ike, qui vit aux Enfers, le garde pour elle. Par ruse, Maui l'amène à abandonner un à un ses ongles enflammés, sources du feu. Elle réussit cependant à en conserver un, qu'elle jette à terre et qui provoque un incendie monstrueux. Maui appelle alors la pluie, qui éteint le brasier. Mais Mahui-ike sauve quelques étincelles qu'elle jette dans les arbres. Dès lors, les hommes savent qu'ils peuvent utiliser le bois pour faire du feu.

L'immortalité

Le propre père de Maui lui affirme un jour pour plaisanter que, s'il pénétrait dans le corps de Hine-nui-te-po, la déesse géante des Enfers et de la Mort par son vagin et en ressortait par sa bouche, il deviendrait immortel.
Maui a retenu la leçon et, voyageant à travers le monde souterrain, il surprend la déesse en plein sommeil. Alors, il ordonne aux oiseaux, ses compagnons de route, de se taire, se déshabille et tente de pénétrer en elle. Il y réussit, parvient jusqu'au cœur, le prend en main et entreprend de sortir du piège. La situation est si hasardeuse qu'un oiseau éclate de rire. La déesse se réveille et tue le héros en le broyant dans son corps. Ainsi, à cause de la transgression de Maui, les humains ne pourront jamais devenir immortels.

Sculpture représentant Maui

Ses cheveux sont coiffés en chignon en référence à sa mère Taranga. Il est appelé souvent « Maui-tikitiki-a-Taranga ». Elle aurait couvé le foetus né prématurément dans son chignon avant de l'envoyer sur la mer. Caractéristique de la culture polynésienne, son visage porte des tatouages. Il est représenté en train de pêcher les îles de la Polynésie symbolisées par un poisson.

Atoll de Bora Bora

La plus belle des « iles » que Maui a tiré de la mer

Mythologie précolom

bienne

Mythologie précolom

La mythologie précolombienne est surtout connue par des textes aztèques du Mexique central et par le récit cosmogonique maya-quiche, transcrit dans le Popol Vuh. Pour les autres peuples, nous n'avons que des données fragmentaires, qui se réduisent à fort peu de chose. Ces récits, recueillis au XVIe siècle, sont des ensembles complexes et souvent contradictoires.
Le sol et le climat d'Amérique centrale réservent bien des surprises : sécheresses et inondations, cyclones et tremblements de terre peuvent ruiner les récoltes en un rien de temps. Aussi les esprits sont-ils marqués par l'obsession de la précarité cosmique. Sans doute est-ce l'origine du mythe des Quatre Soleils.

Le mythe des Quatre Soleils

Quatre Soleils ont précédé celui qui aujourd'hui est sur nos têtes. Quatre fois l'humanité a été détruite.
Au commencement est Ometecuhtli, un être duel qui s'est façonné lui-même. Il est à la fois mâle et femelle. Il engendre les quatre Tezcatlipoca : le Tezcatlipoca rouge à l'est, le bleu au sud, le blanc à l'ouest, enfin le noir au nord. Chacun d'eux correspond à un cataclysme qui marque sa propre fin. Le premier Tezcatlipoca dirige le premier Soleil que l'on nomme Jaguar ; il a duré 676 ans. La terre y est peuplée de géants, mais un jour le ciel s'effondre, le Soleil est enseveli, l'obscurité enveloppe les hommes qui sont dévorés par les jaguars. Le deuxième Soleil est emporté par un ouragan terrible. Le troisième est anéanti par le feu qui tombe du ciel et embrase la terre. Le quatrième se termine par un déluge qui dure cinquante-deux ans. Les montagnes sont submergées et les hommes transformés en poissons.
Le cinquième Soleil s'appelle mouvement : ainsi est notée son instabilité extrême. Il est le fruit de la réconciliation de Quetzalcoatl et de Tezcatlipoca. Ensemble, ils ont recréé le ciel et la terre. Quel dieu acceptera de devenir le Soleil ? Pour accomplir cette tâche, il faut se jeter dans le feu pour renaître en soleil. Tonatiuh essaie, mais échoue et devient la Lune, le second est Nanahuatzin, un dieu malingre, le dernier de tous. Il se jette dans le feu sans hésitation et devient le Soleil. Mais, rendu prétentieux par son exploit, il n'accepte de commencer sa course que si les dieux se sacrifient pour lui. Soleil et Lune immobiles dégagent une chaleur insupportable. Les dieux sont bien obligés d'accepter. Quetzalcoatl arrache le cœur des autres dieux.
Le Soleil commence sa course.
Les Aztèques font des sacrifices humains, parce qu'en reproduisant le sacrifice des dieux, ils permettent au Soleil de continuer sa course. L'humanité présente est née des os des morts remontés des enfers par Quetzalcoatl.

258

Le calendrier

Cette alternance imprévisible de destructions et de recréations du monde a donné, pour les Aztèques, une importance énorme au calendrier. Le calendrier n'a pas seulement pour but d'enregistrer le temps, il a l'ambition de le prévoir, de le dominer d'une certaine façon. Il est un instrument de divination. En fait il y a trois calendriers qui s'imbriquent l'un dans l'autre :
L'année solaire (xiuitl) comporte dix-huit mois de vingt jours auxquels on ajoute cinq jours néfastes appelés Nemomtoni ou Nemotémi pendant lesquels toute activité religieuse s'arrête.

SACRIFICES HUMAINS : LE PRÊTRE EXTRAIT LE CŒUR DE LA VICTIME AU MOYEN D'UN COUTEAU SACRIFICIEL
MILIEU DU XVIe SIÈCLE
Manuscrit du *Codex Boturini*

L'année vénusienne comporte cinq cent quatre-vingt-quatre jours. Les Aztèques donnent beaucoup d'importance à l'observation de Vénus. La période de rotation de Vénus autour du Soleil est de 584 jours. Quant à l'année divinatoire, elle comporte deux cent soixante jours. Il s'agit du tonalpoualli.
Dans le tonalpoualli, calendrier divinatoire, les jours sont désignés par l'association d'un symbole et d'un nombre : les nombres sont comptés de 1 à 13 ; les vingt symboles sont les suivants : crocodile, mort, singe, vautour, jaguar, pluie, lézard, eau, cerf, herbe, mouvement, vent, fleur, serpent, chien, aigle, roseau, silex, maison et lapin. L'association du symbole et du nombre s'effectue de la manière suivante. Le 1-crocodile est suivi du 2-mort puis du 3-singe. Après 13, on reprend le décompte des chiffres à partir de 1 tout en continuant dans la suite de la liste

des symboles. De cette manière le 13-fleur est suivi du 1-serpent. Lorsque la liste des symboles est épuisée, on la reprend au début et ainsi de suite. On peut imaginer deux roues qui tournent ensemble, l'une portant les chiffres de 1 à 13 et ayant donc 13 crans, l'autre portant les vingt symboles et ayant donc 20 crans. Chaque jour, la roue des chiffres passe d'un chiffre au suivant et la roue des symboles passe d'un symbole au suivant. Il existe ainsi deux cent soixante combinaisons possibles réparties en treize vingtaines ou vingt treizaines, comme on voudra. Mais il faut dix-huit mille neuf cent quatre-vingts jours pour que chiffre et symbole se retrouve les mêmes, soit 52 ans. C'est aussi le moment où le calendrier solaire se trouve en conformité avec le Tezcatlipoca. Ainsi, au bout de 52 ans, les années reprennent le même nom et les hommes qui atteignent cet âge entrent officiellement dans la vieillesse, ils sont dispensés de beaucoup d'obligations, exemptés de toute taxe et autorisés à boire du pulque, boisson fermentée à base d'agave.

La ligature des années

La fin du cycle des 52 années plonge les Aztèques dans le plus grand effroi. Car c'est le moment où les dieux peuvent rompre leur contrat et anéantir le monde. L'année précédente ils engrangent d'énormes quantités de nourriture et, le moment venu, les hommes procèdent à la re-création du temps dans une cérémonie dramatique, la « ligature des années ». Tous les feux sont éteints, nombre d'objets usuels sont jetés à l'eau. La vie s'arrête. La nuit, les prêtres se rendent en procession au sommet de la montagne Uixachtecatl. Les gens sont tous juchés sur les toits des maisons. Le cours des astres va-t-il être suspendu ? Le grand prêtre avec son bâton à feu, le tlequauitl, fait jaillir l'étincelle primordiale sur la poitrine d'un sacrifié. Déjà la flamme crépite. Le Feu nouveau est arrivé. Il est alors transmis, de torche en torche, à la cité, à l'ensemble de la vallée, à toutes les maisons. Le monde peut alors entrer dans un nouveau cycle. La ligature des années est accomplie. La fin du monde n'est pas pour cette fois.

LE CALENDRIER AZTÈQUE DIT PIERRE DU SOLEIL AVEC HIÉROGLYPHES DES JOURS, DES MOIS ET DES SOLEILS
ÉPOQUE POST CLASSIQUE

Itzamma, le lézard

Le créateur et le civilisateur de l'humanité

Avant d'être honoré comme dieu, Itzamma aurait été un chef prodigieux, inventeur des lois et organisateur de l'agriculture.

Itzamma, fils de Hunab Ku, a les traits d'un vieillard édenté aux joues tombantes, au nez proéminent et au menton en galoche. Il porte un signe qui signifie « obscurité » et un emblème qui représente une conque, signe de renaissance. Il est le seigneur du jour et de la nuit. Il a donné les noms des lieux, distribué les terres aux différentes tribus et établit des frontières précises. Il est invoqué spécialement par les Mayas de la presqu'île du Yucatán au Mexique. Inventeur de l'écriture hiéroglyphique, il est le dieu de la Connaissance

On ne sait pas bien les liens qu'il peut avoir avec Kinich Ahau, le dieu du Soleil. On dit que ce dernier n'est qu'un avatar d'Itzamma.

Son épouse est Ixchel, « notre mère », déesse Arc-en-Ciel. Souvent, un serpent se dresse sur sa tête et elle est entourée des symboles de la mort. Elle est représentée par la Lune et protège toutes les femmes, particulièrement au moment de l'accouchement. On en a fait la déesse de la Médecine, du Tissage et de la Divination.

Itzamma, dont le nom signifie « Maison de l'Iguane » apparaît parfois sous la forme d'un énorme serpent qui représente le ciel, et dont la bouche crache à la fois la pluie fécondante qui fertilise les terres et le déluge qui ravage le pays. C'est un dieu ambivalent, tantôt redoutable, tantôt bienveillant. Médecin, il enseigne son savoir aux guérisseurs, donne la santé aux malades et éloigne les épidémies. Il est l'objet d'un culte au début de chaque année : on brûle devant sa statue des boules de copal et on lui sacrifie un chien ou même une victime humaine. Le sacrifié est jeté du haut d'une pyramide sur un tas de pierres tranchantes. Une fois au sol, on lui arrache le cœur pour en faire l'offrande au dieu. Le temple est alors ouvert exceptionnellement aux femmes âgées qui, dans son enceinte, exécutent leur danse sacrée. Izamma est un dieu d'aristocrates. Les gouvernants s'en prétendent les représentants, se revêtent de ses attributs et se couvrent même le visage d'un masque reproduisant ses traits.

Tête du dieu Itzamma
VIIIe siècle
Stèle sculptée ; Honduras

Viracocha
XIIe siècle
Stèle sculptée

Viracocha. Le dieu suprême des Incas est Viracocha, principe de chaleur et de génération. Il a créé les premiers hommes. Mais, déçu par eux, il en transforme certains en statues de pierre et détruit les autres par le feu. Il crée de nouveau l'humanité, mais il accompagne cette création de celles du Soleil et de la Lune. Les nouveaux hommes vivent ainsi dans la lumière. Il se met alors à parcourir la Terre, il y modèle les montagnes et les plaines, trace les rivières, apprend aux habitants la culture, l'élevage et tout ce qu'il faut pour subvenir à leurs besoins et vivre dans la civilisation. Après avoir ainsi accompli sa mission, Viracocha se dirige vers la mer et disparaît à l'horizon. On attend toujours son retour. Il a son immense statue d'or dans le temple de Cuzco. Il est le protecteur particulier de l'empereur inca.

Xiuhtecuhtli, le feu

Celui qui réside dans « la pyramide de Turquoise »

Dieu de l'Équilibre, Xiuhtecuhtli est le feu, mais aussi ce qui l'éteint ; il est le siècle passé et le siècle nouveau, il permet le passage des guerriers de la Terre au ciel.

Xiuhtecuhtli (de *xiuhuitl*, « herbe » ou « année » et *tecuhtli*, « seigneur »), est le seigneur de l'herbe et de l'année, de l'agriculture et du temps, du lieu et de l'instant. Mais on l'appelle aussi Otontecuhtli ou Huehueteotl. Il est le vieux dieu, le seigneur de turquoise.
Vieillard barbu, ridé, voûté et édenté, Xiuhtecuhtli porte sur la tête un brasero dans lequel on brûle de l'encens. Il est le dieu du foyer, dieu des volcans et dieu du Soleil. On dit qu'il a les couleurs de la flamme, rouge, jaune et bleue. Il est le plus proche de Tonacatecuhtli, la divinité suprême qui siège au ciel. C'est avec lui qu'il a choisi le héros qui s'est jeté dans le brasier et est devenu le Soleil actuel. Xiuhtecuhtli est associé au piment, symbole de la force vitale. Son arbre est le pin, dont on fait les torches.
Dans une fête qui lui est consacrée, on met l'effigie de Xiuhtecuhtli au sommet d'un mât de cocagne rituel. Il emporte ainsi avec lui les âmes des guerriers dignes de peupler le séjour céleste du Soleil. Les danseurs évoquent les revenants, en s'enduisant le corps de suie et de charbon de bois, produits du feu.
Xiuhtecuhtli est honoré au cours de la fête de la « ligature de l'année ». Le « siècle » aztèque est de cinquante-deux ans. Au passage d'un siècle à l'autre, les dieux peuvent rompre leur contrat et le peuple est rempli de frayeur à la perspective de la fin du monde. Mais naît le feu nouveau. Les prêtres recueillent le feu précieux et chacun l'emporte dans sa demeure.

L'action sur les contraires

Xiuhtecuhtli, le plus ancien des dieux, a le pouvoir d'agir sur les contraires : il est la lumière dans les ténèbres, la chaleur dans le froid, le principe mâle dans les éléments féminins, la vie dans la mort. Les prêtres l'invoquaient en versant trois cruches pleines d'eau sur le grand feu de l'autel du temple.

LES DIEUX XIUHTECUHTLI ET ITZTAPALTOTEC
Enluminure ; manuscrit du *Codex Borbonicus* (Livre des prédictions)

Xipe Totec, notre seigneur l'écorché. Xipe Totec est le dieu du Renouveau printanier et de la Pluie nocturne bienfaisante. L'une des plus grandes fêtes mexicaines lui était consacrée. Elle marquait, en effet, le retour des floraisons du printemps, retour que l'on attribue au dieu.
Les cérémonies commençaient par des sacrifices humains. Les victimes étaient percées de flèches afin que leur sang inonde le sol comme une pluie fertilisante. Puis on leur arrachait le cœur et enfin on les écorchait. Certains malades de la peau, pour retrouver la santé, faisaient le vœu de porter la dépouille des suppliciés pendant vingt jours.
Un simulacre de combat suivait. Il opposait des guerriers confirmés à de jeunes élèves des écoles militaires qui avaient endossé, eux aussi, la peau encore chaude des sacrifiés. Ces jeunes élèves étaient des volontaires, désireux de faire acte de dévotion ou de se purifier de quelque faute publique.
Xipe Totec, peut-être en raison de ces dépouilles de couleur jaune portées par les pénitents, était le dieu des Orfèvres.

XIPE TOTEC, DIEU DU RENOUVEAU (DU PRINTEMPS), DES SEMAILLES ET DES PLANTES
XVe SIÈCLE
Pierre sculptée

Tlaloc, la pluie

Néfaste ou propice

Dieu des paysans, Tlaloc est « celui qui fait ruisseler les choses » et commande la fertilité.

Le dieu aztèque Tlaloc est représenté comme un homme peint en noir. Il a de grands yeux ronds entourés de cercles, qui sont souvent des serpents, et de longs crocs qui le rendent semblable à Chac, le dieu maya de la Pluie. Il porte un chapeau qui ressemble à un éventail. Près de lui figurent un instrument aratoire et une hache qui symbolise l'éclair. On le dit présent aux quatre points cardinaux. Tlaloc a deux compagnes : Uixtociuatl, la déesse des Eaux salées et de la Mer, et Chalchiutlicue, « Celle qui a une jupe de pierres précieuses », la déesse des Eaux douces. Cette dernière est la beauté et l'ardeur de la jeunesse.

Dieu de la Pluie, Tlaloc est considéré comme l'égal de Uitzilopochtli, le dieu du Soleil, aussi nécessaire que lui pour la fertilité des sols. Ils ont leurs sanctuaires respectifs au sommet du grand temple de Mexico : celui du Soleil est peint en blanc et rouge, celui de la Pluie en blanc et bleu, et leurs grands prêtres sont à égalité de rang et d'honneur.

Tlaloc habite au sommet des montagnes. Il y est entouré de nombreux petits dieux, les Tlaloques : sous ses ordres, ils distribuent soit la pluie qui fertilise les plantes, soit l'ouragan qui brise les cultures.

Tête du dieu de la pluie Tlaloc
Époque post classique
Sculpture

Le culte

Les prières qui lui sont adressées sont confiantes : on ne change pas les décisions du dieu, on s'y soumet ; mieux, on les accueille comme des bienfaits, quelles qu'elles soient : « Ô mon seigneur, prince sorcier, c'est à toi vraiment qu'appartient le maïs » (Bernardino de Sahagun, *Histoire générale des choses de la Nouvelle Espagne*, Codex de Florence, t. III, p. 208).

L'importance de Tlaloc se mesure au nombre de cérémonies qui lui étaient consacrées tout au long de l'année. Certains jours, ses prêtres se baignaient dans la lagune en poussant des cris semblables à ceux des animaux aquatiques et en agitant des cloches à brouillard. D'autres jours, on fabriquait en pâte d'amarante de petites idoles ; on les tuait symboliquement et on les mangeait. Enfin, d'autres fois encore, on sacrifiait par la noyade des enfants, le bien le plus précieux qu'un peuple attaché à sa descendance puisse posséder.

Dieu ambivalent, Tlaloc était remercié pour ses bienfaits et craint pour ses colères.

Il donne parfois la mort au moyen de la foudre, de la noyade ou de maladies liées à l'eau. Mais ses victimes ne sont pas incinérées comme les autres défunts ; elles sont enterrées avec un morceau de bois sec, et Tlaloc les reçoit dans son paradis, le Tlalocan, pays de verdure et de fruits, où ils connaissent une éternité bienheureuse — le bois sec qu'ils ont emporté reprenant vie et se couvrant de feuilles et de fleurs.

Chac, dieu maya de la Pluie. Chac est appelé aussi Ah Hoya (« Celui qui urine »), Ah Tzenul (« Celui qui donne des aliments à autrui ») ou Hopop Caan (« Celui qui allume le ciel »).

Deux yeux larges, un long nez relevé en trompette, deux crocs recourbés et une chevelure faite de nœuds très compliqués le caractérisent. Il vient des quatre directions de l'univers : à l'est, il est rouge ; au nord, blanc ; à l'ouest, noir ; au sud, jaune. Il suscite la foudre avec des haches de pierre et jette la pluie en renversant des calebasses pleines d'eau.

Chac est bienfaisant et ami des hommes. Il leur a appris les techniques de culture des végétaux et est le protecteur des champs de maïs. On l'implore pour obtenir la pluie au cours de cérémonies particulières : les hommes vont s'installer hors du village et se soumettent à une stricte observance du jeûne et de l'abstinence sexuelle.

Chac est un des dieux importants du panthéon maya. Il est assimilé au dieu Tlaloc des Aztèques. Son animal familier est la grenouille, parce qu'elle annonce la pluie par ses cris. Dans les représentations, on montre cet animal en train de cracher de l'eau.

Uitzilopochtli, le Soleil au zénith

Le colibri du Sud

Dieu de la Guerre et protecteur de la cité, Uitzilopochtli est le Soleil écrasant du midi. C'est le dieu principal de la capitale de l'Empire aztèque.

Uitzilopochtli est représenté avec un corps couvert de bandes bleues et jaunes, des plumes de colibri sur la jambe gauche, couronné de plumes, le visage noir et brandissant le *xiuhcoatl*, le serpent de turquoise ou de feu.

Sa naissance

Coatlicue, vieille déesse de la Terre, « celle qui a une jupe de serpents », est la mère de Coyolxauhqui, les Ténèbres nocturnes, et des quatre cents Méridionaux, divinités stellaires. Elle trouve sur son chemin une boule de plumes qu'elle met dans son corsage. Peu après, elle s'aperçoit qu'elle est enceinte. Ses enfants lui reprochent cette grossesse tardive et méditent de la tuer. Mais Uitzilopochtli sort tout armé du ventre de sa mère et massacre ses frères et sœurs comme le Soleil chasse les étoiles.

La fondation de la ville

On lui doit la fondation de Tenochtitlan qui deviendra Mexico. Sept tribus nahuas de la région du lac d'Aztlan sont conduites par leur chef Xolotl et guidées par Uitzilopochtli. Celui-ci leur a dit que son temple et sa cité doivent être construits au milieu de joncs sur une île rocheuse où l'on verrait un aigle dévorant un serpent. Xolotl et ses compagnons cherchent donc le signe promis par l'oracle. Quatre prêtres marchent devant la troupe. Ils portent une grande statue du dieu. Près des volcans Ixtaccihuatl et Popocatepetl, ils découvrent enfin, au milieu du lac Texcoco, un aigle perché sur un figuier de barbarie, tenant dans son bec un serpent. Alors, ils entreprennent d'assécher les marécages, de construire des jardins flottants, de dessiner des canaux, des rues et des places.

Uitzilopochtli est devenu l'autorité suprême. Il promet à sa ville la conquête de tous les peuples et qu'elle recevrait des tributs de pierres précieuses, de plumes de Quetzal, de corail et d'or. Devin, il parle aux prêtres, la nuit. Cruel, il arrache le cœur de ceux qui lui désobéissent. En son honneur sont organisées de grandes fêtes avec combats simulés, processions au pas de course, banquets et sacrifices. Au cours de ces cérémonies, les prêtres psalmodient : « Grâce à moi, le Soleil s'est levé. »

La ville de Tenochtitlan. Voici comment Cortés décrit la ville de Tenochtitlan : « Cette grande ville de Tenochtitlan est fondée sur une lagune, et, de la terre ferme au corps central de ladite cité, de quelque côté qu'on veuille y pénétrer, il y a deux lieues. Elle possède quatre entrées, toutes par une chaussée faite à la main, et large comme deux lances de cavaliers. La ville est grande comme Séville et Cordoue, ses rues, je parle des principales, sont fort larges et droites ; certaines de ces rues sont faites moitié de terre et moitié d'un canal, sur lesquels vont leurs canots ; toutes les rues, de loin en loin, s'ouvrent pour laisser l'eau passer de l'une à l'autre ; et sur chacune de ces ouvertures, dont certaines sont fort larges, il y a des ponts, aux piles larges et solides, dont certaines sont fort larges et bien bâties, tant que sur la plupart d'entre elles peuvent passer dix chevaux à la fois [...]. Elle a une autre grande place, large comme deux fois la ville de Salamanque, toute fermée de portiques, ou journellement achètent et vendent plus de soixante mille âmes ; où l'on trouve toute sorte de marchandises venues de toutes les provinces, ainsi que moult magasins de victuailles. »

UITZILOPOCHTLI, DIEU DE LA GUERRE
JULES DESPORTES ; XVIe SIÈCLE
Lithographie colorée pour l'*Histoire des Indes de la Nouvelle Espagne par Diego Duran*

Quetzalcoatl, le serpent à plumes

Le bienfaisant

Dieu de la Végétation, Quetzalcoatl est donc le dieu de la Terre et de l'Eau.

On représente Quetzalcoatl comme un homme barbu, portant un masque d'où sortent deux tuyaux pointés en avant, deux boucles d'oreille à pendentifs, un pectoral appelé « joyau du vent » et un chapeau conique. Il est fils du dieu du Soleil et de Coatlicue, l'une des cinq déesses de la Lune. On le considère comme le dieu de la Végétation, mais aussi comme le dieu du Vent.

Quetzalcoatl est la force de la vie. Il est allé, avec son jumeau Xolotl, dans le monde souterrain. Il y a trouvé les ossements des morts anciens, il les a rapportés, broyés et arrosés de son sang. Ces restes ont repris vie et donné naissance à l'humanité.

Dieu bienfaisant, il règne à Tula et refuse les sacrifices humains. Législateur et civilisateur, il donne à ses fidèles la culture du maïs, les arts, les techniques, la sculpture et l'écriture. Il leur apprend à mesurer le temps avec le calendrier et à découvrir le mouvement des étoiles. Il est à l'origine de la civilisation. Les étudiants sont mis sous sa protection.

Le roi de Tula

Roi de Tula, Quetzalcoatl apporte la paix et la prospérité. Un jour, Tezcatlipoca se présente ; il montre au roi l'ivresse que l'on peut obtenir de la consommation du *pulque,* utilise un miroir pour lui révéler son visage fripé et cherche à séduire sa fille. Il fait tant et si bien que Quetzalcoatl refuse de sortir de son palais, puis, finalement, se décide à prendre la route de l'exil. La méchanceté et les maléfices de l'intrus ont fait perdre le pouvoir au roi et la prospérité au pays.

Il se dirige vers l'est. Parvenu au bord de l'océan, il jeûne pendant quatre jours, se pare de ses plus beaux vêtements et fait préparer un bûcher. Puis il se jette dans le feu. Des oiseaux sortent des flammes et, au milieu d'eux, on voit le cœur du roi monter vers le ciel et se transformer en la planète Vénus. « Les anciens disent qu'il devint l'étoile qui apparaît à l'aube et pour cette raison ils l'appelaient le "seigneur de l'aube" » (*Annales de Cuauhtitlan*).

Quetzalcoatl est considéré comme l'un des principaux dieux des Aztèques. On lui offre des fleurs, de l'encens et du tabac. Pourtant, aucune des douze grandes fêtes annuelles ne lui est consacrée. Il possède un temple arrondi dans l'enceinte sacrée de Mexico et est particulièrement honoré à Cholula, où son sanctuaire se trouve placé au sommet de la plus grande pyramide du monde.

QUETZALCOATL, LE SERPENT À PLUMES
XVIe SIÈCLE
Enluminure ; manuscrit du *Codex Telleriano-Remensis*

Le dieu aztèque s'élève de terre en même temps que le lever du soleil et porte le collier du Soleil.

Tezcatlipoca, le miroir fumant

Le malfaisant

Dieu sorcier et maléfique, Tezcatlipoca donne au Mexique la coutume des sacrifices humains.

Tezcatlipoca est représenté sous forme humaine avec une bande de peinture noire lui traversant le visage et un miroir d'obsidienne lui remplaçant un pied. La légende dit qu'il a été mutilé par le crocodile mythique sur lequel est posée la Terre. On l'appelle aussi Yoalli Éhécatl (« Vent de nuit »), Yaotl (« Guerrier ») ou Telpochtli (« Jeune homme »). Dieu créateur, il règne sur le premier des quatre mondes détruits avant la création du monde actuel. Il a pour forme animale le jaguar.

Dieu omniprésent

Il est le dieu de la Grande Ourse et du Ciel nocturne. On l'honore également comme dieu de la Foudre. Avec son miroir, il voit tout, il connaît les actions et les pensées humaines. Il a le don d'ubiquité, mais reste habituellement invisible. Il est associé à Tlazolteotl, la déesse de la Luxure et de l'Amour illicite, qui recevait la confession des pécheurs une fois dans leur vie.

Il est le protecteur des jeunes gens et patronne les écoles militaires. Il protège aussi les esclaves et punit sévèrement les maîtres qui les maltraitent. Enfin, il récompense les bons en les faisant riches et heureux et châtie les méchants en les rendant pauvres et malades. C'est lui qui donne le nom de tout nouvel empereur.

Tezcatlipoca est un sorcier maléfique. Il s'attaque au bon Quetzalcoatl, le Serpent à plumes, hostile aux sacrifices humains.

Les sacrifices humains

Quand Tezcatlipoca prend le pouvoir, il institue les sacrifices humains. Au cours de la grande fête célébrée en son honneur, on choisit un beau jeune homme, qui est censé représenter le dieu. Il vit pendant un an dans un luxe princier avec quatre des plus belles jeunes filles de la ville. Il est servi et honoré comme un grand personnage.

Puis revient le jour de la fête : alors, le jeune homme monte les marches du temple en brisant tout ce qui lui a servi pendant son triomphe. Arrivé au sommet, il s'étend, le dos sur une pierre appelée *techcatl*. Quatre hommes le maintiennent, lui tenant bras et jambes, tandis qu'un prêtre, armé d'un couteau en silex, lui ouvre la poitrine et lui arrache le cœur, qu'il dépose dans une poterie.

LA DÉESSE TLAZOLTEOTL AVEC LE SERPENT, SYMBOLE DE LA SEXUALITÉ

XVIe SIÈCLE

Enluminure ; manuscrit du *Codex Fejervary-Mayer*

Tlazolteotl, l'amour charnel. Déesse de la Luxure, Tlazolteotl est aussi Tlaelquarni, c'est-à-dire « la Purificatrice ». Tlazolteotl est une jeune fille qui porte un masque de caoutchouc et, à son nez, un ornement en forme de croissant de lune. Des fuseaux sont insérés dans sa chevelure, montrant qu'elle est la patronne des fileuses. Responsable des infidélités conjugales, elle accorde, en même temps, le pardon. Les Aztèques se confessent à Tlazolteotl en la personne d'un prêtre. Mais ce rite est précédé de pénitences multiples. Le billet de confession permet d'authentifier l'acte accompli et de ne pas être comptable des conséquences judiciaires de ses fautes. Dommage qu'on ne puisse l'accomplir qu'une seule fois dans la vie ! Tlazolteotl est la patronne des bains de vapeur ou *temazcalli*, et déesse du Renouveau. À ce titre, on lui offre tous les ans un jeune homme : il est tué et écorché ; puis la statue de la déesse est recouverte de sa peau.

MASQUE DE TEZCATLIPOCA RECOUVRANT UN CRÂNE HUMAIN

Mosaïque : turquoise et pyrite

Mythologie africaine

et malgache

Mythologie africaine

L'Afrique a vu naître sans doute les premiers hommes il y a 3 à 4 millions d'années. Aujourd'hui, elle est habitée par une foule de peuples très divers. La mythologie africaine possède des thèmes qui sont communs à bon nombre de nations : on peut citer les mythes de la création accomplie par un démiurge qui disparaît une fois son œuvre achevée, le phénomène du serpent cosmique qui s'enroule autour de l'univers, l'existence des tricksters, ni hommes ni dieux mais participant de la nature de l'un et de l'autre, l'action des jumeaux primordiaux, la présence des esprits, etc.
Chaque peuple d'Afrique a élaboré son propre panthéon et les dieux nationaux sont souvent regroupés en familles. Mais les éléments de la nature ont une grande importance : l'océan pour ceux qui en sont proches, le Soleil, la Lune, la Terre, la vie, la mort pour tous, la forêt pour les habitants du Zaïre. L'exemple de la Terre est assez significatif. Déesse féminine, elle accorde ses faveurs à ceux qui la respectent et la vénèrent, mais elle peut se montrer impitoyable pour ceux qui la négligent.
Entre les esprits et les dieux, la distinction n'est pas toujours nette : les premiers sont censés vivre dans la nature, les forêts, les sources, les chemins, la mer. Les seconds sont d'un rang supérieur, et difficilement localisables. Mais il y a une sorte de dérive qui fait que les dieux prennent presque toujours des traits humains, épousent parfois des mortelles, engendrent des enfants et se métamorphosent même en animaux.
On ne s'en étonnera pas. L'univers est conçu comme un ensemble consistant qui va « du dieu créateur au tas d'ordures du village », comme dit Marcel Griaule. Pas de rupture, pas d'opposition ! Le monde, l'univers et la divinité font partie d'une même unité. La seule préoccupation est celle d'une harmonie, d'un ajustement de l'être humain au monde visible et invisible. Ainsi, tout est un problème d'alliance entre la nature et les hommes, entre les esprits et les hommes, entre les dieux et les hommes. Rien n'appartient à personne. La mort elle-même n'est pas une rupture totale, puisque les ancêtres font toujours partie du paysage.

Les mythes de création

Pour les Bakuba du Zaïre, Mbombo, le dieu blanc régnait sur la Terre qui n'était qu'une immense étendue d'eau plongée dans les ténèbres. Alors, il vomit le Soleil, la Lune et les étoiles, puis il vomit les animaux, les hommes et les autres créatures. Pour les Akan du Ghana, l'univers a été engendré par Nyame, une déesse mère identifiée à la Lune. Chez les Zoulous, l'esprit éternel donne l'ordre à la déesse mère Ma de se créer elle-même, puis de créer les étoiles, le Soleil et la Terre. Du sud de l'Algérie à Tombouctou, le premier objet créé aurait été un grand serpent, Minia. Les Bambara d'Afrique de l'Ouest ont concu l'un des mythes les plus complexes : le vide primordial, *fu*, a donné naissance au savoir, *gla gla zo*. Savoir et vide constituent alors la force créatrice de l'univers à partir duquel commence un processus mystique d'énergie libérée et rétractée. Ce processus aboutit à la formation de la conscience humaine, principe de l'univers.
Puis le *glan* ou vide originel se met à s'enrouler en deux spirales tournant en sens inverse l'une de l'autre : il donne naissance ainsi à quatre mondes. Une masse lourde tombe et devient la Terre ; une partie légère s'élève et devient le ciel, qui, en se répandant sur la Terre sous la forme de l'eau, permet l'éclosion de la vie : alors l'herbe et les animaux aquatiques apparaissent (d'après André Akoun, *Mythes et croyances du monde entier*, Paris, 1985 ; t. III, p. 35).
Plus simplement pour les Bantous du Rwanda, le dieu suprême, Imaana, crée à partir de rien, par la force de sa parole, son verbe, comme dans la Bible Yahweh crée en formant un souhait qui aussitôt se réalise : « Que la lumière soit... et la lumière fut » (*Genèse*, 1, 2). Ainsi nous avons en Afrique une variété très importante des modes de création.

PAIRE D'EDAN
Bronze patiné ; Yoruba, Nigéria

Il en est de même pour l'apparition de l'homme : il peut sortir d'un roseau (Thonga et Zoulou) ou d'un arbre (Herero, Bambara), il peut jaillir spontanément de la surface de la terre (Kouroumba, Tswana, Tallensi) ou encore descendre du ciel à l'aide d'une toile d'araignée (Kouroumba, Tallensi, Dogon). Il peut aussi être créé directement par un dieu (Négrilles du Gabon, Fon, Dogon, Kotoko). L'Afrique est assez grande et habitée par une telle multitude de peuples qu'on y trouve une infinité de versions de l'apparition de l'homme. Pourtant, celle-ci est toujours mise à part, manifestant moins son appartenance au monde vivant que sa spécificité.

L'immortalité

D'un bout à l'autre du continent africain, le Noir est convaincu de la supériorité de l'homme vis-à-vis de ce qui existe.
Et pourtant il connaît la mort. Beaucoup de mythes expliquent comment ce malheur lui est arrivé : un accident le plus souvent, un oubli, une négligence, mais rarement une désobéissance. Les Wafipa du Zaïre racontent que le jour où Dieu descendit sur Terre, le serpent salua sa venue, c'est pour cela que le serpent ne meurt pas, mais mue chaque année. Les Massaï de Tanzanie racontent que Dieu veut réserver aux hommes un destin très doux. Il choisit alors Le-eyo, un homme à qui il donne ce conseil : « Lorsque ton premier enfant sera pris par la mort, il faudra que tu dises cette formule : "L'homme meurt et revient ; la Lune meurt et ne revient pas". Ainsi il sera rappelé à la vie ». Mais Le-eyo oublie la consigne pour le premier enfant et, pour le deuxième la formule n'a plus d'efficacité. En Côte-d'Ivoire, les Bété racontent une autre histoire. Quand Dieu a créé les hommes, il leur a recommandé : « Ne vous éloignez pas de moi, sinon vous risquez de mourir. » Mais les hommes se sont établis loin de Dieu. Dieu décide un jour de leur adresser deux messages. Seul le premier se réalisera. Il charge un lézard d'aller dire aux hommes : « L'homme mourra et ce sera pour toujours », et un caméléon de déclarer : « Désormais, l'homme mourra, mais il reviendra à la vie. » Le lent caméléon arrive bien après le lézard. Les hommes seront donc mortels.
Ainsi le mythe africain donne aux thèmes les plus fondamentaux de l'existence, une forme narrative attrayante. Sans doute est-ce une façon d'adoucir ce que contient de douloureux la condition humaine sans trop déformer la réalité vécue. Il reste toujours que l'Africain garde le plus souvent un culte adressé aux dieux suprêmes, même s'ils sont appelés de noms différents selon les pays, non sans une certaine appréhension à l'égard de l'être intermédiaire appelé trickster, ni une grande admiration pour le premier homme qui est aussi le premier héros.

COUPLE ORIGINEL : FRÈRE ET SŒUR JUMEAUX DANS L'EDEN
Bois et métal ; art Dogon

Les figures d'ancêtres mythiques sont schématisées : les têtes présentent une forme semblable, les traits sont parallèles, réguliers, rigides comme pour manifester un caractère hiératique. Chaque année une cérémonie leur est dédiée.

Amma, le dieu créateur dogon

Lointain et immatériel

Dieu suprême, il habite les régions célestes, est à l'origine de toute la création, mais l'un de ses enfants s'échappe et amène le désordre, l'impureté, la nuit et la mort, un autre de ses enfants est sacrifié pour revivifier le monde.

Au début des temps, Amma crée la Terre et aussitôt s'unit à elle. Mais le clitoris de la Terre s'oppose au sexe mâle. Amma excise son épouse. Ils ont cependant un enfant, Ogo, puis des jumeaux, les Nommo. Ogo est sans partenaire, donc infécond : il introduit ainsi le désordre dans le monde. Il commet l'inceste avec sa mère. De cette union est issu le premier sang menstruel et naissent les génies de la brousse Yeban et Andoumboulou.

L'infiniment petit

Une autre version de la Création existe : le monde procède de la parole d'Amma qui suscite un infiniment petit, de la taille d'une graine de *fonio*, la plus petite des céréales. Cet infiniment petit s'enfle jusqu'à former *l'œuf primordial*. Une fois le processus de création déclenché, des êtres prennent conscience d'eux-mêmes et le mouvement s'amplifie. L'œuf contient deux placentas, renfermant chacun les germes de jumeaux. Ils doivent donner naissance à deux couples également jumeaux, prototypes de l'homme. Mais de l'une des moitiés de l'œuf sort, avant terme, un être mâle unique nommé Ogo. Celui-ci, pour posséder seul l'univers en formation, arrache un morceau de son placenta et vole huit des graines créées par Amma. Il descend dans l'espace vide à l'aide du morceau de placenta transformé en arche. Il veut fonder au plus vite un territoire où il puisse régner, mais il se rend compte très vite qu'il ne peut rien sans son âme jumelle. Il se hisse avec difficulté jusqu'au ciel pour retrouver le reste du placenta contenant son jumeau Yasigi, mais il est trop tard, Amma l'a déplacé et il ne peut jamais le retrouver, en dépit de toutes ses recherches. Il redescend donc sur Terre et commence à procréer dans son propre placenta (c'est-à-dire avec sa mère) et de cette union monstrueuse naissent des êtres solitaires, incomplets et imparfaits... des êtres masculins.

Le sacrifice du Nommo

Les Nommo sont les jumeaux de l'autre moitié de l'œuf. Pour rendre la Terre fertile, Amma sacrifie l'un des Nommo, le Nommo *semu*. Il en verse le sang et jette les parcelles de son corps sur le sol : celles-ci se transforment en quatre arbres. Puis Amma ressuscite le Nommo sous la forme d'un couple humain. Ainsi, l'homme est créé sans la participation de la Terre impure. Amma envoie sur Terre le second placenta. C'est une arche gigantesque au centre de laquelle se tiennent deux Nommo, qui arborent le costume et les instruments des forgerons. Quatre couples de Nommo, avatars des précédents, prennent position aux quatre points cardinaux et deviennent les ancêtres de l'humanité. L'arche incarne une nouvelle création, pure et sans tache, et la lumière et la pluie arrivent sur terre en même temps qu'elle. Les

MAISON D'AROU
Pays Dogon, Mali

Un sanctuaire de Binu. Le binu est une catégorie d'ancêtres mythiques n'ayant jamais connu la mort. Pour devenir prêtre, il faut être capable de communiquer avec le monde des esprits. La faculté de se mettre dans des états de transe peut être déterminant quant à la sélection d'un futur prêtre. Les sanctuaires du Binu sont décorés de reliefs et de peintures symboliques. Les façades portent souvent des traces blanches en l'honneur d'Amma le dieu suprême. Ce sont des libations de bouillie de mil faites à l'occasion de rites agraires qui doivent assurer la venue de la pluie, la fertilité du sol et des récoltes abondantes.

COUPLE D'ANCÊTRES
Sculpture en bois ; art dogon

Il s'agit une sorte d'arbre généalogique africain, une façon d'honorer les ancêtres comme fondateurs, initiateurs, pères de tous les vivants. Cette sculpture est utilisée comme fétiche porte-bonheur.

ancêtres apportent la « semence » de tout ce qui est vivant sur la Terre, les hommes, les animaux et les plantes.

La division du monde

Quand Ogo s'approche du ciel, Amma transforme le reste de placenta en Soleil brûlant. Alors, Ogo cherche à atteindre le Nommo ressuscité et réussit à prendre une parcelle de sa semence. Mais l'un des autres Nommo s'interpose et tranche de ses dents l'extrémité du sexe d'Ogo, reprend la semence dérobée et lui déchire la langue. La perte de la parole fit d'Ogo un renard pâle, appelé Yurugu. En circoncisant les hommes, on répète ce qu'on a fait à Ogo pour le séparer du principe spirituel dérobé. Toutefois, les méfaits de Yurugu ne purent jamais être effacés et la mort est considérée comme une conséquence de son impureté. Le monde est ainsi divisé en deux domaines : celui de Yurugu, qui comprend le désordre, l'impureté, la stérilité, la sécheresse, la nuit et la mort; celui de Nommo, qui comprend l'ordre, la pureté, la fertilité, l'humidité, le jour et la vie.

La Création

« Amma crée les étoiles en jetant dans l'espace des boulettes de terre ; il crée le Soleil et la Lune en modelant deux poteries blanches, l'une entourée d'une spirale de cuivre rouge, l'autre de cuivre blanc. Les Noirs sont nés au soleil, les Blancs sous la lune. D'un autre boudin de terre glaise, Amma donne forme à la Terre, qui est une femme [...] ; une fourmilière est son sexe, une termitière son clitoris. Dieu s'unit à elle en abattant le clitoris (première excision) et elle donne naissance au chacal » (cité dans L. V. Thomas, *Les Religions de l'Afrique noire*, Paris, 1969).

MASQUES ET DANSES AU PAYS DOGON

« La société des masques, c'est le monde entier. Et lorsqu'elle s'ébranle en place publique, elle danse la marche du monde, elle danse le système du monde. » (Marcel Griaule, *Dieu d'eau*, Paris, 1966)

Zanahary, dieu créateur Malgache

Le dieu « double »

Il est Zanahary, « dieu créateur Yan-hary », « dieu Soleil », « Celui qui modèle les pieds et les mains ». Il est Railanitra, « Père du ciel », il est Andriamanitra « le Roi parfumé ».

Zanahary est un dieu effrayant. Sa parole est foudre et tonnerre. Il est l'incorruptible par excellence, parfumé par opposition au cadavre, à la dépouille mortelle en décomposition et par conséquent malodorante.

Zanahary est à la fois père et mère. Il renferme les perfections de l'homme et de la femme, le principe actif du jaillissement de la vie et le principe passif de la continuité, de la permanence.

Mais Zanahary est négligent, il se laisse tromper par son double, le Zanahary d'en bas.

La Création

Au commencement, il y a deux Zanahary, celui d'en haut, Andriamanitra, et celui d'en bas. Le Zanahary d'en bas s'amuse à faire des figurines d'argile qui représentent des hommes, des femmes et des animaux. Mais il ne peut leur donner la vie. Le Zanahary d'en haut lui demande quelques-unes de ces statuettes en échange de la lumière du soleil. Le Zanahary d'en bas lui propose alors des pois-

Les tombes célèbres Mahafaly
Madagascar

On trouve des dizaines de mégalithes dans le Sud-Est de Madagascar. Ce sont des poteaux marqués d'entailles et supportant des sculptures représentant souvent des scènes de vie du mort enterré à cet endroit. C'est la manifestation de sa présence vivante auprès du dieu Zanahary.

Cérémonie de retournement des corps
Ambalamana, Madagascar

La Famahidana appelée « retournement des corps » est une tradition malgache. Pour les Malgaches, le corps du défunt est dans la tombe, mais son esprit resté vivant est en contact avec le dieu Zanahary. Chaque année, de juin à septembre, des tombeaux sont ouverts et les corps placés dans de nouvelles nattes. Il est fadhi (tabou) de mettre les corps en contact avec la terre, de prononcer leur nom, de les montrer du doigt. Les morts participent de la divinité de Zanahary.

sons ; l'autre veut des femmes. Ils se mettent d'accord et le Zanahary d'en haut donne la vie, mais celui d'en bas refuse de se séparer des femmes. Ils deviennent ennemis. Ainsi sont séparés le monde d'en haut et celui d'en bas.
Tous les étrangers sont un peu *zanahary*, parce que ce sont des êtres mystérieux, venus d'ailleurs, venus d'au-delà des mers, parce que l'on ne connaît pas leur famille, ni leur pays, ni leurs habitudes. Mais sont surtout *zanahary* les génies présents et opérants dans la nature, les esprits des sources, des rivières et des lacs, et aussi les grands personnages disparus qui sont censés toujours agir dans le monde des vivants et sont représentés par les fétiches.

L'origine de la mort et de la pluie

Le Zanahari d'en haut, Andriamanitra, envoie Ataokoloinona, son fils, sur la Terre pour voir comment sont les choses. Mais il fait tellement chaud qu'Ataokoloinona s'enfonce dans les entrailles de la Terre pour trouver un peu de fraîcheur et ne reparaît plus jamais.
Mortellement inquiet, Andriamanitra envoie des serviteurs pour retrouver le disparu. Ceux-ci prennent chacun des directions différentes et font un séjour pénible sur une terre sèche et brûlante où ne pousse aucune plante. Les recherches sont vaines et ils envoient des émissaires pour informer leur maître de l'inanité de leurs efforts. Aucun ne revient sur terre. C'est pour cela que les morts ne reviennent jamais. Donc aucune trace d'Ataokoloinona et aucune réponse d'Andriamanitra. Mais celui-ci, pour récompenser les hommes de leur constance à rechercher son fils, fait tomber la pluie pour rafraîchir la terre et permettre aux plantes de pousser.
Les serviteurs font souche sur la Terre et se multiplient.

La destinée

Andriamanitra, le Zanahari d'en haut, reste maître du destin de tous. Ainsi le manifeste le conte suivant : « Quatre hommes ne s'accordent pas : l'un porte une sagaie, poursuit toutes les choses vivantes qu'il voit, les attrape, les tue, les mange : c'est son affaire ; le deuxième tend des filets aux oiseaux et aux animaux, les attrape, les tue et tire les augures de leurs entrailles : c'est son affaire ; le troisième voit les choses qui brillent, le fer, l'argent, les fruits, il s'arrange une place et y demeure tout le jour : c'est son affaire ; le quatrième porte du fer et retourne la terre : c'est son affaire. Les quatre hommes décident de se rendre chez Dieu pour arranger leurs destinées et les accorder entre eux.
Dieu est occupé à battre son riz. "Lundi, je viendrai chez vous", dit-il. Et il donne une poignée de riz à chacun.
Le porteur de sagaie voit un chien sauvage, le poursuit et perd sa poignée de riz.
L'oiseleur attappe un hibou et le riz est emporté par le vent.
Le troisième voit un objet blanc, dépose son riz et ne le retrouve pas.
Le quatrième met le riz en terre et le perd.
Le lundi, Dieu vient et leur demande ce qu'ils ont fait de leur riz. Puis il leur dit : "Vous voyez, on ne peut changer la destinée que Dieu vous a donnée. L'un est chasseur, l'autre est sorcier, le troisième est marchand et le quatrième cultivateur. Chacun des hommes a son lot, chacun a ce qu'il aime". »

TOMBEAUX SAKALAVE : FIGURINE EN BOIS REPRÉSENTANT UN GARDIEN
Madagascar

Mawu-Lisa, les dieux jumeaux fon

Organisateurs du monde

Androgynes, jumeaux ou au moins frère et sœur, Mawu et Lisa sont à l'origine de la création et de la civilisation des hommes et arbitrent les rivalités de leurs enfants

Nana-Buluku, la grand-mère de l'univers, qui ne fait l'objet d'aucun culte, crée une première divinité appelée Mawu-Lisa. C'est un être androgyne ou encore un être formé de jumeaux l'un de sexe masculin, l'autre de sexe féminin. Mawu le principe féminin, est associé à la Lune, à la nuit, au repos, à la fertilité, à la douceur, au pardon, à la joie et à la maternité. Lisa, le principe masculin, est, quant à lui, associé au jour, au soleil, à la chaleur, à la force, au travail et, en règle générale, à tout ce que l'existence contient de pénible. Ensemble, ils assurent le rythme du jour et de la nuit en même temps que l'équilibre de la vie. Cependant, ils ne sont ni tout-puissants ni omniprésents. Au début Mawu et Lisa n'ont pas d'enfant. Mais, quand il y a une éclipse et que l'un d'eux est dans l'ombre de l'autre, ils vont ensemble et créent des enfants. Cette double divinité engendre donc tous les autres dieux et se trouve à la tête du panthéon le plus important, celui du ciel. Chacun des dieux se charge d'un domaine particulier de la nature ou de la culture. Ainsi, pour Age, c'est la brousse et les animaux qui l'habitent ; pour Loki les arbres et tous les remèdes extraits des racines, des écorces ou des feuilles, il est le dieu de la Médecine. Legba, le fils cadet de Mawu-Lisa, est le plus intelligent et le plus rusé. Il a partie liée avec Fa (le destin).

Mawu-Lisa crée l'univers grâce au serpent Da Ayido Hwedo. Au commencement, le serpent s'enroule autour d'une Terre informe, réunissant toutes choses ; il bouge en permanence et provoque le mouvement des corps célestes. Le peuple fon du Dahomey célèbre la création dans une semaine de quatre jours : le premier jour, Mawu-Lisa crée l'homme à partir de l'eau et de l'argile. Le deuxième jour, il rend la Terre habitable pour l'humanité, le troisième jour, les hommes reçoivent la vue, la parole et la compréhension du monde dans lequel ils vivent, le quatrième jour les hommes sont confrontés à la technologie. C'est là qu'intervient Gu, le forgeron céleste, fils de Mawu-Lisa. Lisa, le jumeau mâle, le fait descendre sur Terre pour apprendre aux hommes l'art de travailler le fer et de fabriquer des outils pour se nourrir, de se vêtir et de construire des abris. Il y a deux autres panthéons, celui de la Terre et celui du Tonnerre. Les trois panthéons parlent une langue différente, mais Legba les connaît toutes.

Le panthéon de la Terre, est désigné par le terme générique Sagbata, nom qui s'applique également au dieu suprême de ce panthéon, qui est aussi l'aîné des enfants de Mawu-Lisa. Un de ses frères cadets est androgyne et il est transféré au ciel, où il fonde le panthéon du Tonnerre, auquel il donne son nom : Sogbo. Dans la plupart des sociétés de l'Afrique occidentale, les frères aînés ont la priorité sur les cadets dans les affaires de succession et d'héritage.

PETITE BOÎTE EN MARBRE REPRÉSENTANT LES JUMEAUX FON
Bénin

La querelle

Sogbo désire obtenir le gouvernement de la Terre. Mais Mawu-Lisa lui préfère le fils aîné Sagbada. Celui-ci, en assemblant son héritage, ne parvient pas à empaqueter l'eau et le feu. Son frère jaloux retient l'eau et l'empêche de tomber sur la terre. Il espère ainsi que les hommes le réclameront comme souverain, lui qui empêche l'eau de tomber. Pendant ce temps, la canicule s'étend sur toute la Terre. Les hommes n'ont plus rien ni à manger ni à boire. Ils se plaignent auprès de Sagbada.
Mawu-Lisa est mis au courant de la situation et envoie Legba sur Terre. Celui-ci promet à Sagbada de tout arranger et, rentré au ciel, il envoie à Sagbada l'oiseau Otutu porteur du message suivant : « Allume un feu si grand que la fumée monte jusqu'au ciel » et il dit à l'oiseau de chanter sitôt le feu allumé.
Alors Legba se rend chez Mawu-Lisa. Il lui dit que le feu risque de tout consumer sur terre et dans le ciel. C'est pourquoi le créateur ordonne à Sogbo de faire tomber la pluie et décide que désormais la pluie serait désormais commandée depuis la terre, Otutu restant sur terre et devant se mettre à chanter chaque fois que le sol serait brûlant.

EBO OU GBO OU GU, DIEU DE LA GUERRE, FILS DE MAWU-LISA
Statue de fer du Bénin

Il porte des armes en guise de couronne. Le fait qu'il les porte sur la tête suggère que ce dieu peut prendre possession de ses adeptes. Parmi les dieux, il y a ceux qui se portent sur la tête (*ta vodun*) et ceux qui se portent sur l'épaule. Seuls les adeptes des *ta vodun* sont « pris de la tête » et connaissent les transes de la possession.

On peut aussi voir dans la « couronne » de Gu un *asin*, sorte d'autel métallique fiché en terre. On reconnaîtra sur cet autel toutes sortes d'objets de fer, dont des fers d'esclaves : Gu détient les clés de la violence ; ses adeptes en seront protégés.

Une clochette est accrochée à la couronne par une chaîne, c'est une *alingle*, clochette à battant interne utilisée par les *bokonon*, prêtres-devins du culte de Fa, le grand ancêtre des Orisha yoruba.

MAWU, L'UN DES JUMEAUX FON
Bois ; Bénin

Wak, le bon

Le créateur

Pour les Galla d'Éthiopie, Wak est le dieu suprême, le créateur, le bienfaiteur universel : il réside là-haut, dans les nuages, mais son action sur terre est constante.

Wak maintient la voûte des cieux à distance de la Terre et la couvre d'étoiles. Il est le bienfaiteur et ne saurait punir. Quand la Terre était plate, Wak demanda à l'homme de faire son cercueil et l'homme le fit et s'y enferma. Wak enfonça le cercueil en terre. Pendant sept ans, Wak fit pleuvoir une pluie de feu et les montagnes se formèrent. Puis Wak piétina l'endroit où était le cercueil et l'homme en sortit vivant. Il dit n'avoir dormi qu'un bref instant. C'est pourquoi l'homme est en état de veille la plus grande partie de la journée.
L'homme était fatigué de vivre seul. Wak prit un peu de son sang. Après quatre jours, le sang était devenu une fille que l'homme épousa. Il eut trente enfants. Mais, honteux d'avoir fait autant d'enfants, il en cacha quinze ; Wak en fit des animaux et des démons.

Prière à Wak. « [...] Fais que je passe en paix cette journée ! [...] Tu as préparé en paix le chemin que je suivrai aujourd'hui, fais que sur ce chemin, je marche droit. Si je parle, enlève de mes lèvres la calomnie ; si j'ai faim, arrache de moi le murmure ; si je suis dans l'abondance, détruis en moi l'orgueil ! » (prière des tribus éthiopiennes rapportée dans L. V. Thomas et H. Luneau, *Les Religions de l'Afrique noire*, Paris, 1969 p. 56).

Rouleau protecteur
Détail : Démone aux traits de Gorgone
XIXe – XXe siècle
Peinture sur parchemin ; Éthiopie

Modimo, le mystérieux. Originaire du Zimbabwe, Modimo est créateur. Il distribue les bonnes choses, apparaît à l'Est et appartient à l'élément « eau ». Il est en même temps destructeur, monstre effroyable, responsable de la sécheresse, de la grêle, des cyclones et des tremblements de terre. Il apparaît alors à l'ouest et appartient à l'élément « feu ». Modimo est ciel et lumière, terre et racine. Modimo est unique et singulier. Il est sans ancêtre et n'a ni passé ni futur. Il envahit toute la Création. Son nom est tabou et n'est prononcé que par des prêtres ou des devins. Modimo est invisible et inaccessible, il ne peut être atteint que par des êtres imparfaits, les ancêtres, appelés les Badimo. Mais ces derniers sont d'humeur changeante et, si on les oublie, ils deviennent très nuisibles. Les enfants, imparfaits, parce qu'incomplètement faits, parlent aussi avec Modimo.

Shango, le justicier

Le Tonnerre

Chaque tribu africaine a son dieu. Certains le nomment Obatala, d'autres Yansan, d'autres encore Ogun ou Shango. Shango est le dieu du Tonnerre et l'ancêtre des rois d'Oyo.

Shango est un être viril, violent et justicier : il châtie les méchants, les menteurs, les voleurs et les criminels. Son arme favorite est la foudre qui sert à punir : une maison, un arbre, une forêt qui en sont touchés deviennent interdits, le propriétaire est astreint à de lourdes amendes et doit apaiser la divinité par des sacrifices ; car il est forcément coupable.

Les pierres de foudre sont importantes dans le culte du dieu : considérées comme des objets sacrés ou des amulettes, elles sont déposées sur ses autels ; sur elles, on verse le sang des animaux sacrifiés pour leur redonner vigueur et efficacité.

Outre les sacrifices, le rituel comporte des danses et des transes au son d'une sorte de hochet fabriqué avec une calebasse allongée. On y agite la double hache, emblème de Shango. On y accomplit également des actes licencieux.

Shango a trois épouses : Oya, qui n'est autre que le fleuve Niger ; Oshun et Oba, qui sont deux autres rivières. On dit que Shango est l'ancêtre, le quatrième roi des Yoruba, maître du tonnerre et capable de faire jaillir le feu de son propre corps.

La divinisation de Shango

On raconte qu'à l'origine Shango était un roi cruel et ses sujets étaient très divisés : les uns voulaient le chasser, les autres lui gardaient toute leur confiance. Après bien des péripéties, ce furent les premiers qui l'emportèrent ; Shango quitta le pays et alla se pendre à un arbre.

Ses partisans, apprenant sa mort, allèrent à la recherche de son corps. Ils ne le trouvèrent point, mais aperçurent au pied d'un arbre — l'arbre de la pendaison — un trou d'où sortait une chaîne de fer. Ils en conclurent que Shango était devenu un dieu.

À cet emplacement, ils édifièrent un temple et organisèrent un culte avec des prêtres pour le célébrer. Toutefois, dieu pour certains, il n'était que le roi défunt pour les autres. Pendant un temps, les uns crièrent : « Le roi s'est pendu ! » ; les autres : « Le roi n'est pas mort ! » C'était la confusion totale jusqu'à ce que Shango se fît entendre : il envoya un orage terrible, qui détruisit les maisons de ses détracteurs. Alors, tous reconnurent que Shango était devenu dieu.

Le culte de Shango, originaire de la région du fleuve Niger, a été introduit au Brésil par les populations noires qui y furent déportées comme esclaves. Il a été quelque peu confondu avec saint Jérôme, mais le parallélisme ne tient probablement qu'à la présence auprès du saint d'un lion qui se trouve être également l'emblème des rois d'Oyo.

BÂTON DE CÉRÉMONIE OSHÉ SHANGO
Bois dur ocre, patiné de blanc ; Nago Yoruba Bénin

Eshu le trickster

Bienfaiteur et malfaisant

Ni dieu ni homme et peut-être un peu de l'un et de l'autre, il est considéré comme un messager divin, mais il est à la fois aimé et craint parce qu'il est parfois méchant, parfois généreux.

Les tricksters sont des héros civilisateurs d'un genre particulier. Dieux ou hommes ? Sans doute, ni l'un ni l'autre. Ils ont des affinités avec certains animaux : le coyote, le corbeau, le vison, le geai ou la pie, sous les traits desquels ils sont dépeints.

Ils sont perpétuellement à la recherche d'aventures et prêts à utiliser leurs pouvoirs magiques. Ne se souciant ni du bien ni du mal, ils compliquent la Création et sont à l'origine de la souffrance et de la joie, meurent et ressuscitent, sont capables de toutes les facéties, mais, un peu stupides, trompent et souvent sont trompés.

Eshu est un trickster connu des Yoruba d'Afrique occidentale. Il est nommé Elegba ou Legba au Bénin. Emmené avec les esclaves noirs au Nouveau Monde, il est appelé Eleggua à Cuba et Exu au Brésil. Son comportement ambivalent est significatif de la présence dans le monde du jour et de la nuit, de la lumière et de l'obscurité, de la cruauté et de la bonté, de la création et de la destruction. Mais, paradoxalement, il manifeste en même temps que la vie n'est pas simplement noire ou blanche, qu'il y a des nuances de gris et même toutes les couleurs de l'arc-en-ciel. Aussi prend-il plaisir à bousculer êtres et événements. Ainsi, il aide à faire un peu de place au chaos, à la beauté, à l'écoulement du plaisir, aux passions, et en définitive à toutes les épices de la vie. La magie d'Eshu réveille et apprend à vivre plus pleinement.

Eshu est un esprit qui rôde sur les places des marchés, les carrefours et les seuils des maisons. Il est dans tous les lieux de passage, de l'enfance à l'âge adulte, de l'amitié à l'inimitié, du désespoir au bonheur, de la naissance à la mort. Il est présent dès qu'il est question de changement et de transition. Il prend plaisir à observer et à manifester les forces et les faiblesses de l'homme, mais ne prend jamais de décision pour lui.

Avec les hommes

On raconte que, s'avisant de l'existence de deux très bons amis vivant côte à côte, il décide de les mettre à l'épreuve. Ces personnes cultivent des terrains séparés par un chemin. Eshu passe sur le chemin. Il porte un chapeau rouge d'un côté et blanc de l'autre et fixe sa pipe à l'arrière de sa tête. Plus tard, les deux amis parlent à un troisième de l'homme mystérieux au chapeau. Étonnamment, ils commencent à se quereller au sujet de la couleur du chapeau.

BÂTON DE CÉRÉMONIE AVEC LE DIEU ESHU
Statue Yoruba, bois patiné brun-rouge.

Cette statuette représente le dieu Eshu. La tête du dieu est coiffée d'un grand chapeau qui se projette loin vers l'arrière et est décorée de motifs géométriques caractéristiques. Les Yoruba vénèrent plusieurs dieux :
Olorun est le dieu suprême et créateur, à l'origine de tous les êtres. Il n'a pas d'attributs et ne reçoit aucun sacrifice, mais son existence n'est en aucune façon contestée. Il existe d'autres divinités appelées *orisha* : *Shango*, le dieu du Tonnerre et de la Foudre ; *Eshu*, est aussi mis au rang des dieux. Il est le magicien, le sorcier, le maître des forces du mal et de la magie. Il est capable de protéger les humains de tous les démons ; il y a aussi *Shopona*, le dieu de la vérole dont on a peur parce qu'il est capable de décimer la population et *Ogun*, le dieu du Fer et de la Guerre. Outre ces divinités, il y a des centaines d'autres *orisha*, et chaque famille en vénère au moins un et elle lui offre des animaux en sacrifice.

DANSES RITUELLES YORUBA
Bénin

Blanc ! Rouge ! La discussion s'envenime au sujet de la direction prise par le promeneur : à droite ! à gauche ! Chacun accuse l'autre de mentir. Ils en viennent rapidement aux coups, chacun voulant avoir raison contre l'autre. Le trickster Eshu rit sous cape et leur montre son chapeau, rouge d'un côté et blanc de l'autre. Se battre et ruiner une amitié de longue date pour une chose aussi ridicule que la couleur d'un chapeau n'est vraiment pas intelligent.

Avec le dieu suprême

Il joue avec les hommes, il joue aussi avec les dieux et même avec le dieu suprême. Ainsi, un jour, il dit à ce dernier que des voleurs ont décidé de dérober les ignames de son jardin. Puis, la nuit, s'introduisant dans la maison du créateur, il lui vole ses sandales, se les met aux pieds et prend les ignames. Comme il avait beaucoup plu, les empreintes des pieds sont très nettes. Le lendemain, le larcin est découvert. Mais, dit Eshu, le voleur sera identifié grâce aux empreintes. Tout le monde est alors rassemblé, mais aucun pied ne correspond aux empreintes. Eshu suggère que le dieu suprême les a pris dans son sommeil. Celui-ci voit qu'on lui a joué un tour et décide de quitter immédiatement le monde. Eshu est chargé de venir tous les soirs lui dire ce qui s'est passé dans la journée. Voilà comment Eshu devient le messager entre les hommes et le Dieu suprême.
Depuis ce jour Eshu communique les prières de l'humanité au dieu créateur et est honoré dans toutes les cérémonies. On place sa figure derrière la porte d'entrée de la maison avec un jouet pour représenter l'enfance et un bâton de marche pour représenter le vieil âge.

STATUETTE D'ESHU
Bois noirci, cuir et cuivre du Nigéria

Kintu, le premier homme

Le gendre du dieu Gulu

Venu du ciel ou né quelque part à la surface de la Terre, Kintu est considéré comme le premier ancêtre, celui qui passe victorieux à travers de multiples épreuves et épouse la fille du ciel.

Kintu est le premier homme et le grand ancêtre du peuple Baganda en Ouganda. Kintu vit seul sur terre. Il possède une vache. Il se nourrit du lait de sa vache dont il tire du beurre et du fromage. Un jour les fils du dieu Gulu, accompagnés de leur sœur Nambi, descendent du ciel et rencontrent Kintu. « Qui peut bien être cet homme ? Et d'où vient-il ? » Mais lui-même ne sait pas répondre à ces questions. Il ne laisse pourtant pas indifférente la jeune fille qui dit : « Kintu me plaît, je veux l'épouser » et, devant les réserves des frères, elle explique : « Kintu est un homme puisqu'il a construit sa maison, ce que ne font pas les animaux. Je vais demander à mon père. »

Les épreuves

Gulu, mis au courant de ces événements, considère Kintu trop pauvre et trop ignorant. Devant l'insistance de sa fille, il décide de mettre Kintu à l'épreuve.

D'abord il lui retire sa vache et Kintu est contraint de manger l'écorce des arbres ; mais Nambi vient le voir et l'emporte sur son dos au ciel où il trouve là quantité de nourriture. Gulu, alors, fait construire une maison dépourvue d'ouverture : Kintu y est enfermé avec une énorme quantité de bouillie de plantain, une centaine de carcasses de bétail et des calebasses remplies d'alcool de banane. Gulu affirme que si Kintu ne parvient pas à manger toute cette nourriture et à boire tout cet alcool, il devra être mis à mort. Dès que Kintu se trouve seul, il est profondément abattu et se met à prier. Alors il voit un grand trou se creuser dans le sol de la maison. Il y jette toute la nourriture et tout l'alcool et le trou se referme tout seul.

Gulu donne alors à Kintu une hache de cuivre, et lui donne l'ordre de s'en servir pour débiter une certaine roche. Kintu s'aperçoit alors que la roche est fendue et il peut facilement en faire des éclats.

La quatrième épreuve exigée de Kintu est de remplir un pot d'eau avec de la rosée. Tout en désespérant de trouver la façon de le remplir, Kintu soulève le pot et le trouve déjà plein. On lui dit ensuite qu'il doit reconnaître sa vache dans le troupeau appartenant à Gulu. Il y a en tout 20 000 bêtes. Mais une guêpe s'approche de lui et lui bourdonne à l'oreille que la vache sur laquelle elle se posera sera la sienne. Lorsque le premier troupeau défile, la guêpe ne bouge pas, de même pour le deuxième, mais quand le troisième s'approche, la guêpe prend son vol et vient se poser sur les cornes de l'une des vaches. Kintu dit alors : « C'est ma vache. » La guêpe se pose ensuite sur les cornes d'une génisse et Kintu de s'écrier :

« C'est un petit de ma vache », et il reconnut de la même façon toutes les bêtes qui lui appartenaient.

Gulu reconnaît alors la valeur de Kintu et accepte le mariage. Il envoie ensuite Kintu et Nambi vivre sur la Terre

ARMES BALUBA SUR TISSU
Congo Belge

en leur donnant un poulet, un plant de banane, des graines et des tubercules et en précisant qu'ils ne doivent pas rebrousser chemin, même s'ils ont oublié quelque chose.

La perte de l'immortalité

Pourtant à mi-chemin, ils s'aperçoivent qu'ils ont oublié le grain pour nourrir le poulet. Nambi veut revenir sur ses pas : elle est capable de faire le voyage aller et retour. Kintu essaie de l'en dissuader. En effet Walumbe (ou Mort), qui était absent au moment des épreuves de Kintu, sera de retour. Il voudra les suivre. Nambi s'entête. Quand Nambi rattrape Kintu, Mort son frère la suit. Il élit domicile auprès du couple. Depuis ce temps, tous les hommes sur Terre sont mortels.
Le couple a trois enfants. Un jour Walumbe demande à une des petites filles de faire la cuisine. Kintu s'y oppose. Walumbe menace alors de tuer les enfants. Kintu tient bon et les enfants tombent malades et meurent. À la demande de Gulu, l'un de ses fils Kaikuzi tente de capturer Walumbe, mais n'y parvient pas. Kintu décide alors de faire tellement d'enfants que la mort n'en viendra jamais à bout.

La perte de l'immortalité, un thème constant de la mythologie africaine. Dans un mythe des Dinka du Soudan méridional, Dieu donne un Jour un seul grain de millet au couple Garang et Abuk pour subvenir à leurs besoins. Mais l'avide Abuk veut planter davantage de grains. La divinité courroucée envoie un oiseau bleu couper la corde qui relie le ciel et la terre. Depuis ce temps, les humains doivent travailler dur pour se nourrir et souffrent de maladies et de mort. Pour les pasteurs *nuer* du Soudan méridional, il existait aussi une corde qui reliait le ciel et la terre et toute personne âgée qui y montait redevenait jeune. Mais le créateur avait donné des instructions pour qu'ils ne puissent pas retourner sur terre. Or un jour la hyène redescend et coupe la corde. La partie supérieure de la corde est alors aspirée vers le ciel et il n'y a alors plus de possibilité pour les êtres humains de monter. Depuis ce jour, ils vieillissent et meurent.
Pour les Kuba du Zaïre, le créateur Mboom a neuf enfants, tous appelés Woot. La mort survient quand les enfants Woot se mettent à s'entretuer.

Peinture rupestre représentant des bovins
Domboshana National Park du Zimbabwe

Mythologie celtique

Mythologie celtique

La civilisation celte s'étend de la mer du Nord à la mer Caspienne. Cette région a connu de nombreux mouvements de populations au cours des siècles. L'unité des Celtes tient essentiellement au fait qu'ils parlaient des dialectes dérivés d'un même rameau linguistique. Leur mythologie reste très obscure et n'a été connue que partiellement après les invasions romaines et la christianisation.

Les druides et l'écriture

Aucun récit, aucun texte d'aucune sorte ne nous sont parvenus directement de la Gaule. Les druides, nous dit César, bannirent l'usage de l'écriture. En fait ils en faisaient un usage purement interne. Il y a, derrière cette interdiction, toute une philosophie. L'écriture met un terme à l'évolution des choses, elle les fixe, leur donne une forme définitive. Rien ici qui convienne à la notion de la divinité telle que la concevaient les druides. Les druides, pour des raisons de mystères à conserver, ont fait exactement le contraire de ce qu'ont fait la plupart des autres religions. Ces dernières font de la permanence de l'écriture une sorte de preuve de la préexistence divine, une sorte de moule dans lequel peuvent s'enfermer les croyances. Ne vont-elles pas, ces dernières, jusqu'à considérer les écritures saintes (Bible, Coran, védas notamment), comme directement inspirées par les dieux et même parfois écrites par Dieu ou les dieux. Peut-être les druides étaient-ils plus respectueux à la fois des croyants et des êtres auxquels on peut et doit croire.

Du côté des Celtes, donc, pas de textes, sinon brefs et plus ou moins ambigus, ou pour le moins privés. Des monuments, oui : des pierres debout (menhirs), des pierres horizontales (dolmens), des cromlechs ou alignements dont la signification reste douteuse.

L'invasion romaine

Voilà ce que trouvent les Romains en envahissant le pays. Mais ils ont aussi vécu avec les traditions vivantes du pays et ont très vite ramené à leurs propres croyances celles qu'ils trouvaient. L'artifice est parfois grossier. Ainsi Lucien de Samosate dit : « Les Celtes appellent Hercule : Ogmios, et le représentent sous une forme singulière. C'est un vieillard très avancé, dont le devant de la tête est chauve, les cheveux qui lui restent sont tout à fait blancs. La peau est rugueuse, brûlée jusqu'à être tannée comme celle des vieux marins, on pourrait le prendre pour un Charon ou un Japhet, des demeures souterraines du Tartare, pour tout enfin plutôt qu'Hercule » (*Discours*, I, 7) Et César de dire : « Ils honorent Mercure comme le plus grand des dieux. Ce sont ses statues qui sont les plus nombreuses. Ils le considèrent comme l'inventeur de tous les arts, le guide sur les routes et dans les voyages. Ils pensent qu'il a le plus grand pouvoir pour tout ce qui concerne l'argent et le commerce. Après lui viennent Apollon, Mars, Jupiter et Minerve. Ils ont à leur sujet à peu près la même idée que les autres nations : Apollon chasse les maladies, Minerve enseigne les rudiments de l'art et des métiers, Jupiter a l'empire du ciel, Mars régit les guerres » (*Guerre des Gaules*, VI, 17)

Ainsi par un rapprochement quelque peu fantaisiste, on a fait : de Lugh, Mercure ; de Bélénus (ou Belenos), Apollon ; de Taranis, Jupiter ; de Teutatès, Mars, etc. Mais jamais Lugh n'a été dieu du Commerce, ni Taranis un chef des dieux. La mythologie celtique est beaucoup plus désorganisée que celle des Romains. Chez les Celtes, pas de hiérarchie, pas de fonction bien définie, pas de modèle de beauté. Aussi l'*interpretatio romana* (l'interprétation romaine) est loin de donner un reflet exact de la religion celtique. Du fait du courage extraordinaire des guerriers celtes dans les combats, les Romains ont conclu qu'ils ne craignaient pas la mort et donc qu'ils étaient persuadés de l'existence d'un au-delà bénéfique. Est-ce exact ? Il semble, d'après une autre source d'information, celle qui nous vient d'Irlande et du pays de Galles, que les Celtes ne croyaient pas à un monde à part pour les dieux. Le monde des hommes et le monde des dieux s'interpénètrent. Primitivement, même, les dieux vivaient comme les humains dans des habitations construites sur le sol. Dans le monde souterrain des tertres, des dolmens, vivaient non seulement les dieux, les déesses, mais aussi les fées, les génies, les korrigans et aussi... les défunts qui ainsi allaient rejoindre les divinités dans un monde meilleur.

Ce que l'on sait des dieux gaulois est ainsi assez fragmentaire. Ésus apparaît sur un relief du pilier des bateliers de Lutèce (musée de Cluny) : habillé en bûcheron, il est en train d'ébrancher un arbre de la forêt où se cache le taureau aux trois grues. Sur une stèle gallo-romaine de Trèves, il abat un grand arbre au moyen d'une cognée. Il est surtout connu par les

PIERRE DE JUPITER REPRÉSENTANT UN TAUREAU AUX TROIS GRUES
14-37 APRÈS J.-C.
Sculpture

CHEVAL À TÊTE HUMAINE PORTANT UN COLLIER GAULOIS
Ier SIÈCLE AVANT J.-C.
Pièce de monnaie celtique probablement en usage en Armorique

sacrifices sanglants dont on l'honorait. La victime blessée était pendue à un arbre jusqu'à ce qu'elle soit complètement exsangue. Teutatès, Taranis et Ésus sont les trois grands dieux cruels de la Gaule. Mais il est d'autres dieux, plus pacifiques : Smertrios, par exemple, est un dieu pourvoyeur de richesses que l'on vénère comme un protecteur, celui qui tient les ennemis en respect et en impose par sa force, force qui l'a fait assimiler à Hercule ; Cernunnos, le vieillard, est le dieu de l'Abondance ; Bélénus, le brillant, est le dieu de la Médecine ; Ogmios est le dieu de l'Éloquence.

L'Irlande et le pays de Galles

L'Irlande a échappé à la romanisation. Elle n'a pas échappé à la christianisation. Bien lui en prit au moins pour la transmission de sa mythologie. Leurs chefs religieux n'avaient, semble-t-il, pas les mêmes préventions contre l'écriture que les druides gaulois. Il y avait, en effet, des textes, écrits probablement sur écorce dans une écriture originale appelée l'ogham. Les seuls autres exemples de cette écriture existent sur des monuments de pierre. L'ensemble a été réuni et compilé à partir du VIIe siècle par des scribes chrétiens. C'est à travers ces textes récupérés, traduits et retranscrits par les moines que nous avons un aperçu des légendes les plus anciennes. Certes, elles n'ont sans doute pas gardé leur pureté originelle. Les Chrétiens, qui combattaient les « superstitions » fermement établies dans les pays qu'ils évangélisaient, ont le plus souvent tronqué et mis au goût du jour les récits qu'ils trouvaient. Ceux-ci ont été rassemblés artificiellement autour de quatre cycles : celui des Tuatha De Danann (tribu de la déesse Dana), le cycle de l'Ulster, celui de Finn, celui des Rois. Le premier de ces cycles a pu être considéré comme une sorte de récit cosmogonique. En effet, il relate, à travers un certain nombre d'invasions, le combat entre les forces de lumière, les Tuatha De Danann, contre les forces des ténèbres, les Fomoiré. Les premiers sont d'une grande beauté, disposent d'une très grande force et de pouvoirs magiques exceptionnels, les seconds sont des monstres dont le seul but est de renverser l'ordre établi.
Les textes du pays de Galles sont probablement plus récents. Ils ont été regroupés dans un ensemble qu'on appelle les Mabinogion. Enfin, dans un certain nombre de récits et de poèmes gallois, on trouve le personnage du roi Arthur, roi breton dont les aventures ont inspiré des romans médiévaux.
Sans parvenir à une reconstitution achevée de la mythologie celtique, on peut reconnaître les grands dieux que sont Dagda, Teutatès et quelques autres, les protecteurs dont le plus bel exemple est Épona la déesse des chevaux, les guerriers qui ont combattu pour la conservation de l'ordre établi et enfin les nobles qui ont sans doute inspiré l'idéal de chevalerie du Moyen Âge.

PILIER DES NAUTES : ÉSUS COUPANT LES BRANCHES D'UN ARBRE
14-37 APRÈS J.-C
Sculpture

Dagda

Le dieu bon

Appelé également Eochaid, Ollathir, Ruadh Rofhessa et Mog Ruith, « serviteur de la roue », le dieu irlandais Dagda est l'équivalent celte du Jupiter gaulois Taranis.

Il est représenté comme un homme rustique vêtu d'une tunique à capuchon. Il est ventripotent, glouton et débordant de sexualité. Il traîne une énorme massue montée sur roues. Cette massue est si lourde qu'elle doit être portée par huit hommes au moins et peut écraser d'un seul coup jusqu'à neuf hommes. Il est « le tout-puissant au grand savoir » et possède un chaudron d'abondance ou de résurrection. Dagda a donc le double pouvoir sur la mort et sur la vie. Il règne sur le monde souterrain, accessible par la mer, sous le nom de son avatar, Manannann, maître des mers et de l'au-delà (Manawyddan au pays de Galles). Il est enfin le dieu musicien détenteur d'une harpe magique qui joue toute seule les trois airs merveilleux de l'Irlande : l'air du sommeil, l'air du rire et l'air de la tristesse. Il est le dieu de l'Amitié, le maître de la science.

Il est le « bon dieu ». C'est la signification même de Dagda, mais cela ne veut pas dire miséricordieux, généreux, cela signifie habile, adroit dans toutes les activités. Il aurait pourtant été malheureux en affaire et dépossédé de son château « l'hôtel de la Boyne » par son propre fils Oengus : celui-ci, en effet, lui demanda, un jour, de lui prêter sa demeure pour « un jour et une nuit ». Mais Dagda ne prit pas garde que ces deux termes signifient en fait l'éternité et Oengus garda la possession du château.

Il est un puissant combattant et l'amant de Morrigane, la déesse de la Guerre. Les os de ses ennemis devenaient des « grêlons sous les sabots d'un cheval » lorsqu'il les frappait de sa massue. Il conduit les Tuatha De Danann sur le champ de bataille. Mais, juste avant la seconde bataille de Magh Tuireadh, il va dans le camp des Fomoirés, ses ennemis. Ceux-ci préparent alors à son intention un porridge fait de lait, de farine, de graisse, de cochon et de chèvre en quantité suffisante pour rassasier cinquante hommes et lui ordonnent sous peine de mort de tout manger. Dagda mange tout de bon cœur en se servant d'une louche en bois « si énorme qu'un homme et une femme peuvent coucher dedans ». Cette épreuve transforme temporairement Dadga en vieil homme obèse, mais cela ne l'empêche pas de séduire l'une des filles des Fomoirés, qui lui promet d'aider les Tuatha De Danann par sa magie.

GÉANT DU CERNE ABBAS CENSÉ REPRÉSENTER DAGDA ET SON ÉNORME MASSUE
IIe SIÈCLE

SUCELLUS LE DIEU AU MAILLET
IIe SIÈCLE APRÈS J.-C.
Sculpture de bronze

Sucellus le bon frappeur. Barbu, dans la force de l'âge, Sucellus est représenté avec la tunique, le capuchon et les bottes. Il porte une peau de loup sur la tête, tient à la main gauche une longue massue-sceptre et dans la main droite un vase pansu. Un maillet, comparable à celui du dieu irlandais Dagda, semble être la marque de souveraineté.

Le vase pansu montre qu'il est dispensateur de nourritures. C'est un bienfaiteur associé à la nature généreuse. César en fait un dieu national, le père de la race gauloise (César, *Guerre des Gaules*, VI, 17-18).

L'épouse de Sucellus est Nantosuelta, la déesse rivière. Principe de fécondité, elle tient à la main une corne d'abondance. On la voit aussi porter une petite maison ronde : cela veut sans doute manifester que la femme est l'âme du foyer.

Sucellus a été souvent assimilé à Sylvain, le dieu des Forêts, lui aussi dispensateur de biens.

Teutatès, le guerrier

Le père du peuple

Dieu protecteur de la tribu, Teutatès, ou Toutatis, est un dieu cruel entre tous.

Teutatès est un dieu guerrier ; il est comparé tantôt à Mars, tantôt à Mercure. Peut-être est-ce lui qui est représenté sur un bas-relief du pilier de Mavilly (Côte-d'Or) : il est armé à la romaine, près de lui se dresse un serpent à tête de bélier et se tient debout une déesse guerrière dont le sein gauche est nu. L'une de ses statues en bronze, haute de quarante mètres se trouvait dans le temple de Mercure arverne édifié au sommet du puy de Dôme.
Son culte est reconnu par des inscriptions latines retrouvées en Grande-Bretagne, en Allemagne et à Rome. Son souvenir se perpétue dans les noms de lieu tels que Mercurey, Mercueil, Mercœur, Mirecourt, Montmartre, etc. Il a souvent été assimilé à Ogmios, le dieu de l'Éloquence, parce que ce dernier porte massue, arc et carquois, mais aussi parce que, dans la pensée celtique, le chef de guerre est, avant tout, celui qui sait entraîner ses troupes par la parole et qui écrit l'Histoire, où la guerre tient une place prépondérante.
Comme tous les dieux tribaux, il protège les serments : on jure en disant : « Au dieu auquel jure ma tribu. » D'ailleurs son nom, Teutatès ou Toutatis, signifie « peuple », « tribu », « nation ».

Bain de mort ou d'immortalité

Teutatès est un dieu cruel : on sait, par les *Scholies bernoises* de Lucain, qu'il exigeait des sacrifices humains : les victimes étaient plongées dans une cuve d'eau jusqu'à ce qu'elles soient noyées. Cette scène est représentée aussi sur le chaudron de Gundestrup (Danemark). Mais on a pu l'interpréter comme un bain d'immortalité que le dieu de la Guerre donnerait à ses guerriers.
Comment ne pas penser aussi aux trois cuves d'eau froide dans lesquelles le héros Cu Chulainn est plongé pour le guérir de sa folie meurtrière ? Serait-ce alors un bain curatif ?

SACRIFICES HUMAINS AU DIEU TEUTATES
Ier SIÈCLE
Chaudron de Gundestrup

Le prêtre jette la tête la première un homme dans un récipient, peut-être un sacrifice par noyade.

LE DIEU TARANIS. LA ROUE SYMBOLISE LES RICHESSES
Ier SIÈCLE, Chaudron de Gundestrup

Taranis, le Tonnerre. À la fois terrifiant et sublime, Taranis fait peur avec les roulements du tonnerre et la soudaineté des éclairs. Sans prévenir, il provoque les ravages de la foudre et des inondations, mais, en même temps, il procure la pluie bienfaisante qui alimente le sol et fait pousser les moissons. On le représente comme un homme dans la force de l'âge, barbu et tenant une grande roue (chaudron de Gundestrup, Danemark). Cette roue symbolise sans doute la foudre et les roulements du tonnerre. On le voit aussi à cheval, surmontant un géant à queue de serpent comme pour exprimer sa domination. Mais son assimilation à Jupiter et la victoire de celui-ci sur les Géants est peut-être l'explication de cette iconographie. Cruel, Taranis exige des sacrifices humains : on enferme les victimes dans des cages de bois auxquelles on met le feu ou bien on lui offre des têtes coupées. On trouve des traces de son culte en Gaule, ainsi qu'en Allemagne, en Hongrie, en Yougoslavie et en Grande-Bretagne.

Cernunnos, le dieu aux bois de cerf

Le maître des animaux sauvages

Le nom Cernunnos ou Carnunnos, Cernunnus signifie « le cornu ». C'est le dieu de la Virilité, des Richesses, des Forêts, des Animaux, de la Régénération de la vie.

Sa nature est essentiellement terrienne. Il est représenté âgé, il a les oreilles et les bois d'un cerf, et porte un torque, sorte de collier gaulois. Il est souvent accompagné d'un serpent à tête de bélier et d'un cerf. Il porte une corne d'abondance ou un bol et déverse du grain ou des pièces de monnaie. Il est un dieu de l'Abondance.

Sur un chaudron d'argent doré trouvé à Gundestrup, au Danemark, il est figuré assis en tailleur, entouré d'un grand cerf, de deux taureaux, de deux lions et de deux loups, alors que non loin un enfant chevauche un dauphin. Ainsi, Cernunnos apparaît comme le maître des animaux sauvages, terrestres et aquatiques.

Sans doute manifeste-t-il la force, la puissance et la pérennité (symbolisée par la ramure).

Le généreux

Cernunnos est assimilé à Gwynn au pays de Galles et à Herne le chasseur en Angleterre. L'un et l'autre sont célèbres pour leur « chasse sauvage » : ils sortent de la forêt accompagnés de leur meute de chiens pendant la saison de chasse hivernale. On a longtemps cru qu'entendre la voix de Herne, qui ressemble au brame du cerf, présageait d'une mort certaine.

Comme la vie, le dieu connaît une nature cyclique : il apparaît au solstice d'hiver, se marie à Beltane (au commencement de l'été) et meurt au solstice d'été. Puis à Samhain il sort des Enfers pour se lancer dans sa chasse sauvage.

Chez les Celtes, parmi lesquels il était très populaire, les druides ont largement encouragé l'adoration de Cernunnos, qui devint un obstacle sérieux à la diffusion du christianisme.

Certaines stèles romaines provenant de Dacie (Roumanie) l'assimilent à Jupiter, le maître du ciel.

Cernunnos a laissé des traces dans le paysage français : Cernune, Cernone, Kernone (VIIe siècle) sont devenus Sanon, affluent de la Moselle. Des villes portent son nom, comme Cernay, dans le Haut-Rhin, et Cernay-la-Ville, dans les Yvelines.

Les cornes de Cernunnos. Les bois du cerf tombent en février, commencent à repousser au printemps et grandissent jusqu'en automne. Sa ramure compte un andouiller de plus chaque année. Il possède ainsi son plus bel ornement au moment où il féconde les femelles. Cernunnos symbolise ainsi la fécondité et le renouvellement régulier de la vie.

LE DIEU CORNU GAULOIS CERNUNNOS
Ier SIÈCLE
Chaudron de Gundestrup

Le dieu de la végétation est assis en tailleur. Il tient d'une main un serpent à tête de bélier et de l'autre un collier.

Épona, la déesse des chevaux

La protectrice des chevaux

Le nom lui même d'Épona indique le caractère particulier de la déesse, celui de protecteur des chevaux. *Epo* signifie « cheval » et *ona* est un suffixe qui signifie l'appartenance.

Faut-il accepter pour vraie l'explication de sa naissance donnée par Agésilaos, roi de Sparte : « Fluvius Stella n'aimait pas la compagnie des femmes, il s'accoupla à une jument et quand celle-ci parvint à son terme, elle mit au monde une belle petite fille à qui on donna le nom d'Épona » ?
Épona serait restée célibataire.
Épona figure sur d'innombrables représentations, de la Gaule à l'Afrique du Nord en passant par l'Angleterre, l'Allemagne, la Suisse et l'Italie : stèles de Luxeuil, Perthes, Bagé-la-Ville, Fontaine-les-Chalons, Allerey, Épinal, Trèves, Coutern (Luxembourg) et bien d'autres. Elle est sur un cheval, seule ou accompagnée d'une petite fille ou d'un poulain. Parfois, elle est couchée, à moitié nue, le bras gauche prenant appui sur l'encolure du cheval.
La grande majorité des monuments représentant la déesse gauloise est en pierre, peu d'images sont en bronze (comme celle de Loïsa). Les dimensions sont toujours modestes et on n'y voit aucune inscription, comme si Épona était suffisamment connue. Les stèles se trouvent le plus souvent près des campements militaires. On sait combien la cavalerie gauloise a surpris les légions romaines lors de la conquête. C'est la patronne des cavaliers civils ou militaires, des voyageurs et, par extension, de ceux qui sont en route vers l'au-delà. Sur quelques stèles au moins, on évoque le voyage de l'âme vers l'outre-tombe.

Une grande reine

On voit parfois en Épona une déesse de la fécondité, parce qu'on trouve auprès de ses statues une corne d'abondance ou une corbeille de fruits. Elle est identifiée à Rhiannon, dont le nom vient d'un mot celtique, *Rigantona*, qui signifie « la grande reine ». Il s'agit d'une déesse qui apparaît dans le *Mabinogi de Pwyll*. Elle y est une cavalière particulièrement habile : quand elle fait galoper son cheval, il est impossible de la rattraper. Rhiannon a pour maris successivement Pwyll et Manawyddan.
Épona est une des rares déesses gauloises admises dans le calendrier romain : elle y a gardé son identité propre.

EPONA MONTÉE EN AMAZONE SUR SON CHEVAL
IIe-IIIe SIÈCLE
Sculpture de bronze

Rosmerta, la grande pourvoyeuse.
Femme adulte, debout, drapée dans une longue robe, portant une corne d'abondance et une patère, telle nous est représentée la déesse Rosmerta dans les rares monuments qui nous signalent son culte.
Souvent associée, sous l'occupation romaine, à Mercure, le dieu des Échanges, des Voyages et du Commerce, on la voit parfois porter le caducée comme lui, et elle l'accompagne dans beaucoup de ses représentations. Rosmerta est invoquée pour obtenir la fertilité, la fécondité et tout ce qui est nécessaire à une vie meilleure. Elle est chargée des distributions de biens et procure le profit matériel, le bien-être et la prospérité. Rosmerta est parfois qualifiée de reine (inscription découverte récemment à Lezoux, Puy-de-Dôme). Cela signifie soit qu'elle fut une divinité souveraine, soit qu'elle fut associée au culte de l'empereur.

Ogmios, le Celte

L'éloquence

Grâce à un lien magique, Ogmios attire les hommes par les oreilles. C'est l'éloquence et tous les pouvoirs de la parole personnifiés.

Ogmios est un vieillard tout ridé, vêtu d'une peau de lion ; il porte massue, arc et carquois. Il tire des foules considérables d'hommes attachés aux oreilles par une chaînette d'or dont l'extrémité passe par la langue percée du dieu. « En dépit de leurs faibles liens, ils n'essaient pas de fuir, bien que cela leur soit facile ; loin de résister, de se raidir et de se renverser en arrière, ils suivent tous, gais et contents, leur conducteur, le couvrant de louanges, cherchant tous à l'atteindre et, en voulant le devancer, desserrent la corde comme s'ils étaient étonnés de se voir délivrés. Ce qui me parut le plus singulier, je vais vous le dire immédiatement. Le peintre, qui ne savait où placer le début des chaînes — car la main droite tient déjà la massue et la gauche l'arc —, a perforé le bout de la langue et la fait attirer les hommes qui suivent ; le dieu se retourne vers eux en souriant » (Lucien de Samosate). Cet écrivain grec s'étonne que l'éloquence soit représentée par un vieillard. Il reçoit cette explication d'un celte qu'il rencontre : « L'esprit des jeunes gens est flottant, mais la vieillesse s'exprime plus sagement que la jeunesse. »

La parole rituelle

Ogmios est l'éloquence sûre de son pouvoir, le dieu qui, par magie, attire ses fidèles. Il est aussi symbole de la puissance de la parole rituelle qui unit le monde des hommes et le monde des dieux. C'est en son nom que l'on profère les bénédictions en faveur des amis et les malédictions contre les ennemis. Il est l'expression de la pensée qui régit la marche de l'humanité où la guerre prend une grande place.

En Irlande, on l'appelle Ogma. Il est l'inventeur de l'*ogam*, ensemble de signes magiques dont la force est si grande qu'elle peut paralyser l'adversaire.

Magicien, il l'est aussi dans la guerre, par les encouragements qu'il donne aux guerriers, mais aussi par sa vigueur physique. Il lui arrive d'être tué, mais il réapparaît un peu plus loin dans le récit, tout aussi vaillant. Il participe efficacement à la bataille de Mag Tured. On dit qu'il mène les hommes à la mort. Mais n'est-ce pas la norme à laquelle personne n'échappe ?

Assimilé à Héraclès, dont la force est extraordinaire, Ogmios est plus le dieu de l'exploit et du combat singulier que celui de la guerre.

ÉCRITURE EN OGHAM, ÉCRITURE SECRÈTE AINSI APPELÉE EN RAISON DE OGMIOS, DIEU DE L'ÉLOQUENCE
Pierre de d'Ogham près de Coliaste, Comté de Kerry, Irlande

Cu Chulainn, le guerrier suprême

Le magicien du combat

Cu Chulainn est l'objet d'un phénomène extraordinaire : quand la fureur de la lutte tombe sur lui, il devient une machinerie aveugle et impitoyable.

Cu Chulainn est fils de Dechtine, sœur du roi Conchobar, et de Sualtaim. On le dit aussi celui du dieu Lugh, qui est toujours auprès de lui dans les combats et parfois même le remplace. Il est élevé par sa tante Findchoem, mais quatre autres personnages participent à son éducation : Sencha, le pacifique, qui arbitre les conflits ; Blai, l'hospitalier, qui soutient les hommes d'Irlande jusque dans leurs pillages et défend leur honneur ; Fergus, le courageux, qui les protège contre tous les maux ; Amargein, le vieux poète, qui a l'estime de tous pour son éloquence et sa sagesse.

Le guerrier

Âgé de sept ans, Cu Chulainn entend le druide Cathbad dire que le jeune homme qui prendrait les armes ce jour-là aurait une vie courte et une gloire éternelle. Il se précipite chez le roi pour lui demander des armes.

Exempté de la malédiction de Macha qui empêchait le roi et les guerriers d'Ulaid — le royaume de Conchobar — de prendre part à la guerre, il arrête à lui seul la marche des ennemis ligués contre son pays. À mains nues, il tue le chien sauvage de Culann. Il défie au combat les fils de Nechta Scène qui ont décimé l'armée d'Ulaid et les tue tous les trois, le rusé qui sait esquiver les coups, le champion qui ne peut être atteint que par surprise, le rapide qui va sur l'eau aussi vite qu'une hirondelle.

Inoffensif dans la vie quotidienne, Cu Chulainn devient fou à la guerre, et ne peut se libérer de cette fureur. Rentré au pays, il menace tous ceux qui l'approchent. Des filles nues vont au-devant de lui pour calmer sa démence et on le plonge dans trois cuves d'eau froide afin de lui permettre de reprendre ses esprits.

Le séducteur

Ses aventures amoureuses sont légion : il tente de séduire Emer, la fille de Forgall, Uathach (« terrible »), la fille de la guerrière Scathach et Aife (« belle »), l'adversaire d'Uathach au combat. Il vit un grand amour avec la déesse Fand.

Il est finalement vaincu par la reine Medbh. Pris dans un piège, on l'oblige à manger de la chair de chien, ce qui lui est particulièrement interdit. Cette transgression en entraîne beaucoup d'autres, et il est tué par Lugaid, le fils d'une de ses victimes.

LA MORT DE CU CHULAINN
JOHN YUNGE-BATEMAN ; XXe SIÈCLE
Peinture sur papier

Le héros est pris dans un piège par son ennemi et perd son sang.

Lugh, le polytechnicien

Le libérateur

Dieu exceptionnel, Lugh est « hors fonction » parce qu'il les assume toutes : il est bon chasseur, bon musicien, bon organisateur et, en définitive, bon roi.

Lugh est fils de Delbaeth, qui est un Fomoiré, ou génie malfaisant, et d'Éri. Guerrier, sage, magicien, musicien, maître de toutes les techniques, il est le chef des Tuatha De Danann. Les Fomoirés, êtres horribles et exécrés, occupent l'Irlande et oppriment ses habitants. Le roi des Tuatha De Danann, Nuada, a perdu un bras au cours d'un combat. Cette infirmité le rend inapte à régner. Les Tuatha De Danann, afin de se concilier les bonnes grâces des occupants, élisent comme roi le Fomoiré Bres. Mais Bres se révèle un mauvais roi, qui exploite ses sujets.
Après un certain temps, on oblige Bres à restituer le pouvoir et le dieu médecin Diancecht, « à la longue prise », fabrique pour Nuada la prothèse d'un bras d'argent ayant toutes les qualités d'un bras naturel. D'abord apeuré, Bres s'enfuit chez son père, le roi des Fomoirés, puis recrute une immense armée et envahit l'Irlande.

Roi pendant treize jours

Se présente alors un jeune et brillant guerrier, Lugh. Il prétend détenir toutes les capacités et il le prouve : à la harpe, il joue les trois airs de la musique irlandaise ; il remet à sa place la pierre de Fal que ne pouvaient déplacer que quatre-vingts bœufs ; enfin, il gagne un tournoi d'échecs contre le roi. Celui-ci le proclame sage entre les sages, lui donne le trône pendant treize jours et le charge d'organiser le combat contre les Fomoirés.
Lugh distribue les rôles : les druides lieront les eaux au détriment des Fomoirés, les sorciers jetteront un sort aux ennemis, les artisans fabriqueront les armes, les champions mèneront la lutte, les médecins soigneront les blessés... Tout est si bien mis en ordre que les Fomoirés sont vaincus, et Bres fait prisonnier. On lui laisse la vie sauve à la condition qu'il donne les secrets de la prospérité.
Lugh participe peu au combat. Trop précieux en raison de ses compétences, il reste au-dessus de la mêlée. Parcourant les deux camps, il prononce « la malédiction suprême », provoquant ainsi la victoire. Seule une action d'éclat est à son actif : d'un coup de fronde, il perce l'œil de Balor au regard paralysant, et dont la paupière ne pouvait être soulevée que par un crochet.
Une autre version du même texte montre la rivalité entre Nuada et Lugh. Ce dernier est attaché à un pilier par le roi, qui veut garder pour lui la gloire du combat. Mais Lugh brise ses chaînes et remporte la lutte à lui seul ou presque (*Cath Maighe Tuireadh*).

Llud, roi de l'île de Bretagne

Lugh a été confondu avec Llud, roi de l'île de Bretagne. Celui-ci est bâtisseur et guerrier. Trois fléaux désolent son royaume : des envahisseurs apparaissent, qui entendent toute conversation à travers l'île ; chaque 1er mai, deux dragons terribles se livrent un duel et poussent des cris tels que les êtres vivants, hommes et animaux, sont pris de stu-

LE BARDE
BENJAMIN WEST (1738-1820)
Peinture

Lugh sait chanter les trois airs de la musique irlandaise

Lugh est Mercure pour César. « Celui des dieux que les Gaulois vénèrent le plus est Mercure. Il y a de nombreuses images de lui : ils font de lui l'inventeur de tous les arts, le guide des voyageurs, ils lui attribuent le pouvoir suprême dans les questions d'argent et de commerce. » (César, *De Bello Gallico*, VI, 17) Souvent le mercure gaulois est un dieu à trois têtes, l'une regarde en face, une autre à droite, une autre à gauche. Le regard du dieu embrasse la totalité du monde.

peur et stérilisés ; enfin, un magicien vient voler nuitamment les provisions de bouche que le roi peut entasser. Lorsqu'il est venu à bout de ces trois fléaux, il se trouve muni de trois avantages : il détient une drogue magique suffisamment puissante pour triompher de tout envahisseur plus savant que lui ; les deux dragons morts se révèlent être un talisman contre les ennemis ; puis le voleur, dompté, restitue l'énorme quantité de provisions volées (*Cyfranc Llydd a Llevelis*).

Le culte de Lugh s'est répandu bien au-delà de l'Irlande. En témoignent les villes de Lyon (Lugdunum, « citadelle de Lug »), Laon (Aisne), Laudun (Gard), Loudun (Vienne), etc. À Lyon, le dieu a été honoré sur la colline de Fourvière.

LA COLLINE DE TARA SUR LAQUELLE ÉTAIENT PROCLAMÉS LES ROI SUPRÊMES DE L'IRLANDE GAÉLIQUE

Dernières décennies avant J.-C.

LUGH, DIEU DU SOLEIL

Lugh participe au tournoi d'échec organisé par le roi Nuada et gagne la partie. Nuada lui donne alors la place d'honneur à sa cour.

L'Assemblée de Tailtiu. Tailtiu fut la nourrice de Lugh et elle fit construire par des otages la forteresse de Tara. Elle demanda à son mari de défricher la forêt de Cupan pour qu'on tînt une assemblée autour de son tombeau. Puis elle mourût aux calendes d'août en divinité qui assure la pérennité et le bien être de son peuple. C'est Lugh qui fonda l'assemblée de Tailtiu en commémoration de celle-ci. Elle a lieu le 1er août et consiste en jeux, en chants et en musique.

Pwyll, le sage

L'époux de la déesse

De mille épreuves, Pwyll sort toujours vainqueur. Sa grande disponibilité lui permet de conquérir le pouvoir et, fruste chez lui, il acquiert la courtoisie naturelle au royaume voisin du sien.

Pwyll est prince de Dyfed. Il chasse le cerf et, un jour, en prend un déjà terrassé par des chiens. Ces chiens sont ceux d'Arawn, roi d'Annwvyn. Par conséquent, le cerf appartient de droit au roi. On reproche à Pwyll sa discourtoisie.
Pour se racheter, Pwyll propose ses services pour abattre Hafgan, l'ennemi permanent d'Arawn. Arawn accepte et il convient avec Pwyll qu'ils échangeront pendant un an leurs rôles, Pwyll allant régner sur Annwvyn et Arawn se chargeant de la principauté de Dyfed. Pwyll tue Hafgan d'un seul coup de lance (la condition pour le tuer est qu'il n'y ait qu'un seul coup) et rend le royaume à son légitime possesseur.

L'apprentissage de la courtoisie

Pwyll doit apprendre les bonnes manières qui sont habituelles à la cour d'Annwvyn. Lorsqu'il revient dans son domaine, il trouve ses sujets habitués à un souverain courtois, aimable et généreux, et ils entendent que cela ne change pas. Pwyll devient ce qu'on attend de lui, et les deux souverains maintiennent leur amitié en échangeant de très nombreux présents.
« À partir de ce moment, ils s'appliquèrent à consolider leur amitié ; ils s'envoyèrent chevaux, chiens de chasse, faucons, tous les objets précieux que chacun d'eux croyait propres à faire plaisir à l'autre. À la suite de son séjour à Annwvyn, comme il y avait gouverné avec tant de succès et réuni en un les deux royaumes le même jour, la qualification de prince de Dyfed pour Pwyll fut laissée de côté et on ne l'appela plus désormais que Pwyll, chef d'Annwvyn » (*Les Mabinogion. Contes bardiques gallois*, trad. Joseph Loth, Paris, 1979, p. 7).

Rhiannon

Pwyll, lors d'une promenade, voit une belle jeune femme montée sur un cheval blanc. Il hâte le pas pour la rattraper, mais elle se dérobe sans avoir l'air de se presser. Alors, Pwyll cesse de la poursuivre et l'appelle. Elle s'approche et révèle qu'elle est Rhiannon, fille de Heveidd Hen, et qu'elle a refusé le prétendant prévu pour elle, par amour pour Pwyll. Celui-ci l'épouse.
Après un festin, Pwyll promet imprudemment à un solliciteur de lui accorder ce qu'il demandera. Le solliciteur se trouve être Gwawl, l'ancien prétendant de Rhiannon et il demande évidemment la main de la déesse. Avant d'être emmenée, Rhiannon remet à Pwyll un sac à provisions magique. Quand la noce arrive et au cours du repas Pwyll, déguisé en mendiant, se présente avec son sac. Il demande qu'on le remplisse de nourriture, mais plus on le remplit, plus il semble vide. Pwyll explique alors qu'il ne sera jamais rempli si Gwawl lui-même n'y entre pour fouler la nourriture qu'on y a déversée. Mais sitôt Gwawl dans le sac, Pwyll tire les cordons et voilà

DEUX HOMMES AU COMBAT
IXe SIÈCLE
Panneau d'un traîneau ; bois, art viking

RHIANNON, LA CAVALIÈRE PARTICULIÈREMENT RAPIDE
MAURICE COCKRILL (NÉ EN 1936)
Huile sur toile

l'homme enfermé. Il suffit alors de le bâtonner jusqu'à ce qu'il crie grâce et accepte de rendre Rhiannon. Rhiannon met au monde un fils. Mais celui-ci disparaît une nuit sans que l'on sache comment. Les gardiennes de l'enfant, pour se disculper, font croire à un crime commis par la mère. Celle-ci est punie ; elle doit se tenir assise près de la porte d'entrée du palais, raconter son crime aux gens de passage et les porter sur son dos.
Pendant ce temps, un phénomène semblable se produit chez Teyrnon, un vassal de Pwyll : chaque année, sa jument met bas un poulain dont personne ne retrouve la trace. Teyrnon fait alors le guet, coupe le bras du ravisseur et le poursuit, mais le perd dans l'obscurité. Lorsqu'il revient, il trouve à la porte de son écurie Pryderi, le fils disparu de Rhiannon. La sauvegarde du poulain entraîne le retour de l'enfant. Pryderi est rendu à ses parents légitimes (*Le Mabinogi de Pwyll*).

Pryderi

Quand Rhiannon devient veuve, Pryderi lui fait épouser son meilleur ami, Manawyddan.
Un jour que Pryderi et son beau-père sont à la chasse au sanglier, ils se trouvent en face d'une forteresse qu'ils n'avaient jamais vue auparavant. Pryderi y entre sans appréhension et y reste si longtemps que sa mère s'inquiète et va le chercher. Alors le château disparaît et avec lui tous ceux qui y étaient entrés. C'était une vengeance de Llwyt pour l'affront fait à Gwawl. Maître de Pryderi et de Rhiannon, il oblige le premier à porter à son cou les marteaux de la porte et la seconde à ceindre le sien des licous des ânes. Manawyddan inventera de nombreuses ruses pour délivrer sa femme et son beau fils.

Casque de guerrier
625-630 après J.-C.
Bronze et fer

Tristan et Yseult

L'amour invincible

Tristan et Yseult, unis dans un amour indestructible, quoique coupable et illégitime, sont entraînés dans de cruelles aventures dans lesquelles ils prouvent leur loyalisme.

Tristan est fils du roi de Léonois et de Blanchefleur, sœur du roi Marc. Son père meurt peu avant sa naissance et sa mère en le mettant au monde. Il est élevé par Gorvenal, qui lui apprend à manier la lance et l'épée, à secourir les faibles et à détester la félonie. Il passe peu à peu maître dans le jeu de la harpe et l'art du veneur.

Yseult est fille du roi d'Irlande. Elle est blonde, jeune et belle. La Cornouaille, où règne le roi Marc, oncle de Tristan, est liée par un traité à l'Irlande. En vertu de ce traité, la Cornouaille doit livrer trois cents jeunes gens et trois cents jeunes filles à l'Irlande. Le roi d'Irlande accepte cependant que cette obligation ne soit pas remplie si un champion bat en combat singulier le géant Morholt, son beau-frère.

La blessure

Tristan accepte le défi et vainc Morholt, mais il est blessé : un épieu empoisonné l'a atteint. Déclaré inguérissable, il est abandonné sur une barque pour attendre la mort.

La barque aborde aux rivages d'Irlande et Tristan, qui ne se fait pas reconnaître, est amené au palais et guéri par un enchantement de la reine magicienne. Il avoue son identité à Yseult, qu'il rencontre ici pour la première fois. Celle-ci lui voue alors une haine féroce en raison du meurtre de son oncle Morholt. Peu après, il retourne chez le roi Marc en Cornouaille.

Le philtre d'amour

Marc décide d'épouser Yseult aux boucles d'or et envoie Tristan la chercher dans le pays d'Irlande. Le contrat est vite conclu et la reine laisse partir sa fille, mais la magicienne confie à la servante Brangien, qui accompagne la jeune fille, un philtre d'amour qu'elle doit donner à boire aux époux le soir des noces. Brangien cache dans le bateau le hanap contenant le philtre.

Au cours du retour, alors que le soleil donne toute sa chaleur, Tristan et Yseult, réunis sur le pont, éprouvent le besoin de boire. Ils découvrent le hanap et se désaltèrent ensemble à son contenu. « Ce n'était pas du vin, c'était la passion, c'était l'âpre joie et l'angoisse sans fin, et la mort. Yseult but à longs traits, puis le tendit à Tristan qui le vida » (*Tristan et Yseult*, chap. 4). Le mal est fait : désormais, un amour indissoluble les lie l'un à l'autre. Ils arrivent en Cornouaille et les noces prévues sont célébrées. Mais, le soir venu, Brangien, pour réparer sa faute, prend la place d'Yseult dans le lit de Marc, tandis que la reine va retrouver Tristan. La félonie des amants n'est pas tout de suite connue de Marc, qui trouve en Tristan un chevalier fidèle et en Yseult une reine qui honore sa cour. Les choses ne pouvaient durer ainsi. Des barons jalousent la position prééminente de Tristan. Ils viennent voir Marc

TRISTAN SE BAT EN DUEL
1200-1299
Enluminure

Champion du roi Marc, Tristan affronte et tue le géant Morholt, beau-frère du roi d'Irlande.

Le nom de Tristan. « Son nom de Tristan vient de triste. Ce nom correspondait bien à son cas et lui convenait en tout point. Vérifions-le par l'histoire : voyons en quelle tristesse sa mère la mit au monde ; voyons comment il fut tôt accablé sous le faix des malheurs et des tourments ; voyons quelle triste vie lui fut donnée à vivre ; voyons la triste mort qui acheva toutes ces cruelles douleurs par une fin surpassant toute mort, plus amère que toute tristesse. Quiconque a jamais lu ce conte sait bien que ce nom s'accordait avec sa vie : il était exactement tel qu'il était nommé et se nommait exactement tel qu'il était : Tristan » (Gottfried de Strasbourg, *Tristan*, Göppingen, 1980).

et lui disent : « Sache donc que Tristan aime la reine : c'est la vérité prouvée et déjà l'on en dit maintes paroles » (*Tristan et Yseult*, chap. 6).

La séparation

Le roi, voulant avoir des preuves, épie Tristan et épie la reine. Mais Brangien s'en aperçoit et prévient les amants. Alors, ne pouvant chasser le soupçon, Marc demande à Tristan de quitter le château. Celui-ci, toujours amoureux, ne peut partir bien loin. Il s'installe dans la maison d'un bourgeois et « languit, torturé par la fièvre, plus blessé que naguère, au jour où l'épieu de Morholt avait empoisonné son corps » (*Tristan et Yseult*, chap. 6).

Les ruses des amants sont inépuisables ; ils réussissent à se rejoindre, malgré la surveillance des félons, dans le verger derrière le château. Dénoncés de nouveau par le méchant nain Frocin, ils sont condamnés l'un et l'autre à être brûlés vifs. Mais encore une fois la chance leur sourit. Tristan réussit à s'échapper et vient chercher Yseult au moment où on l'emmène au bûcher. Ils s'enfuient tous les deux.

Tristan et Yseult se retrouvent dans la forêt, où ils mènent une vie misérable. « Ils errent et rarement osent revenir le soir au gîte de la veille. Ils ne mangent que la chair des fauves et regrettent le goût du sel », mais « ils s'aiment et ne souffrent pas » (*Tristan et Yseult*, chap. 9).

Le roi les recherche et les découvre un soir : ils sont endormis l'un près de l'autre. Il tire son épée, mais remarque « que leurs bouches ne se touchent pas et qu'une épée nue sépare leurs corps » (*Tristan et Yseult*, chap. 9). Alors, pris de pitié, il met sa propre épée à la place de celle de Tristan, remet un anneau au doigt d'Yseult et s'en va plein de tristesse.

Tristan amène Yseult au roi Marc
1200-1299
Enluminure

Tristan et Yseult boivent la potion magique
1200-1299
Enluminure

Les amants, touchés par tant de générosité, s'en reviennent à la cour. Marc consent à reprendre Yseult, mais non à garder Tristan. Celui-ci part en exil vers la Bretagne, où il essaie d'oublier Yseult aux boucles d'or dans les bras d'Yseult aux blanches mains, la fille du duc Hoël, qu'il épouse.

La mort

L'amour fait fi des séparations. Tristan ne peut s'unir à Yseult aux blanches mains et reste fidèle à son premier amour. Au cours d'un combat, il est blessé d'un coup de lance empoisonnée. Les médecins viennent en nombre, mais nul ne sait guérir du venin et l'état de Tristan ne fait qu'empirer. Il sent que sa vie se perd, il comprend qu'il va mourir.

Alors, se redressant, il dit à son fidèle compagnon Kaherdin : « Je voudrais revoir une dernière fois Yseult la blonde », et Kaherdin décide de partir chercher la bien-aimée. Il est

convenu que, s'il réussit à la ramener, il hissera la voile blanche et, s'il échoue, la voile noire. Pour le malheur des amants, Yseult aux blanches mains, l'épouse délaissée, a entendu la conversation. Au premier vent, Kaherdin prend la mer.

Yseult la blonde est mise au courant de l'état de santé de son amant ; elle n'hésite pas à venir lui apporter le réconfort de sa présence. Tristan, chaque jour, demande que l'on épie la mer et, quand Yseult aux blanches mains annonce l'arrivée de la nef de Kaherdin, elle ment et dit que la voile est noire. « Je ne puis, dit Tristan, retenir ma vie », et il rend l'âme. Quand Yseult la blonde arrive, elle apprend le malheur, monte au palais, s'allonge auprès de Tristan, corps contre corps, bouche contre bouche, et rend aussi l'âme. On dit qu'Yseult aux blanches mains fait enterrer Tristan et Yseult dans deux tombes aménagées de part et d'autre d'une grande église afin de les maintenir séparés jusque dans la mort. Mais un arbre pousse sur chacune des deux tombes : ils s'élèvent si haut, l'un vers l'autre, qu'ils finissent par entrelacer leurs ramures au-dessus du toit de l'église. Rien ne vient à bout du philtre magique.

Le roi Marc surprend Tristan et Yseult en forêt
1200-1299
Enluminure

Afin de préserver la pureté de leur amour, les deux amants dorment une épée placée entre eux. C'est pourquoi le roi Marc se résout à les épargner.

Épilogue de Tristan et Yseult. « Seigneurs, les bons trouvères d'antan, Béroul et Thomas, et Monseigneur Eilhart et maître Gottfried, ont conté ce conte pour tous ceux qui aiment, non pour les autres. Ils vous mandent par moi leur salut. Ils saluent ceux qui sont pensifs et ceux qui sont heureux, les mécontents et les désireux, ceux qui sont joyeux et ceux qui sont troublés, tous les amants. Puissent-ils trouver ici consolation contre l'inconstance, contre l'injustice, contre le dépit, contre la peine, contre tous les maux d'amour ! » (Jean Bédier)

La Mort de Tristan et d'Yseult
1200-1299
Enluminure

Croyant ne pas revoir Yseult la blonde, Tristan blessé et trompé par Yseult aux blanches mains, se laisse mourir. Lorsque Yseult la blonde arrive, elle s'allonge auprès de lui, l'enlace et meurt à son tour.

Finn Mac Cumail, guerrier et savant

Le chef de bande

Héros mythique, Finn réunit les qualités d'un homme exceptionnel et les talents d'un être qui vient d'un autre monde.

Finn Mac Cumail est le fils de Cumail et le père d'Ossian. Guerrier redoutable, il venge son père tué dans un combat et reconstitue la troupe des Fianna.

Il s'appelait Deimné. Il est allé s'instruire auprès de Finégas, un vieux sage qui vit sur les bords de la Boyne. Lorsqu'il arrive, Finégas vient juste de pêcher Fintan, le saumon de la connaissance, saumon magique que l'on peut manger sans lui ôter la vie. Le sage confie alors la cuisson du saumon à Deimné en lui interdisant d'en manger la moindre parcelle. Mais, en le tournant sur le gril, une cloque sur la peau du poisson a crevé et a brûlé le pouce de Deimné. Apprenant cela, le vieux sage dit au jeune homme : « Eh bien tu ne seras plus Deimné, mais Finn, et c'est à Finn qu'est destiné le Saumon de la connaissance. » Finn mange donc le poisson et désormais à chaque fois qu'il porte le pouce à sa dent de sagesse, toutes choses lui sont révélées.

Finn et Grainné

Finn, déjà d'un âge fort avancé, veut épouser la belle Grainné qui ne l'aime pas. Au cours de la cérémonie du mariage, la jeune femme verse dans le vin de Finn et de ses guerriers un puissant narcotique. Elle veut s'enfuir avec celui qu'elle aime, à savoir le neveu de Finn, Diarmaid O'Duibhne. Diarmaid commence par se récuser. Mais Grainné est une magicienne et le menace d'un geis. Un geis est un interdit magique qu'on ne peut transgresser sans déchaîner les pires catastrophes. Diarmaid n'a pas le choix. Diarmaid et Grainné s'enfuient donc doucement, et lorsque Grainné est fatiguée, Diarmaid la porte dans ses bras.

Quand Finn se réveille, il remarque la disparition des jeunes gens et lance les Fianna à leur recherche. La quête durera sept ans, car les hommes de Finn choisissent la fidélité à leur camarade Diarmaid et protègent sa fuite. Pour en finir, Finn paraît se résigner à perdre Grainné, mais continue à la désirer secrètement et fait semblant d'être amical. Il invite Diarmaid à une chasse au sanglier. Au cours de celle-ci, le jeune homme est transpercé par les défenses d'un sanglier surnaturel. Il supplie alors Finn de lui apporter de l'eau pour éteindre une soif intolérable. Finn met ses mains en coupe, apporte de l'eau du ruisseau, mais la laisse échapper entre ses doigts. Il retourne en chercher et fait de même. La troisième fois, il apporte réellement l'eau. Mais il est trop tard, Diarmaid est mort. Finn, désormais sans ennemi, force Grainné à l'épouser.

Les Fianna sont une troupe d'élite « composée de beaux jeunes hommes » : force prodigieuse, intelligence, ruse, fidélité, mépris de l'argent, indifférence devant la mort, respect de la femme et de l'ennemi vaincu, telles sont leurs qualités. Ils doivent donner ce qu'on leur demande, même si c'est un bien précieux. Ce sont des seigneurs. Pour être reçu comme Fian, il faut avoir passé une série d'épreuves. D'abord placé dans un trou au sol d'où n'émerge que le buste, le candidat doit, avec l'aide d'un bouclier et d'une baguette de noisetier, se défendre des javelots que lui lancent neuf guerriers placés à une distance de six sillons. Si un seul javelot le touche, il est éliminé. Ensuite, il doit courir nu à travers la forêt, poursuivi par trois guerriers ; s'il est rattrapé ou si une tresse de sa chevelure est dérangée, il est éliminé. Enfin, il doit passer en courant au-dessus d'une barre placée à la hauteur de son front et sous une barre placée à hauteur de son genou. Cette troupe d'élite est partout chez elle. La place forte de Finn Mac Cumail est Almu, dans le sud de l'Irlande, mais il aime les régions incultes et sauvages. Il y chasse le cerf et le loup, pêche le saumon et vit de ses captures.

Ossian, fils de Mac Cumail fait venir les fantômes au son de la harpe sur les bords du Lora
François Gérard (1770-1837) ; 1801
Huile sur toile

Le roi Arthur

Souverain de l'Occident médiéval

LES CHEVALIERS DE LA TABLE RONDE VOIENT APPARAÎTRE LE SAINT GRAAL
1300-1399
Le *Livre de Messire Lancelot du Lac*, miniature sur velin

Prouesses et courtoisie, conquêtes et service de l'Église sont ce qui faisait vibrer la cour du roi Arthur (ou Artus) et les chevaliers de la Table ronde.

Fils d'Uter Pendragon, roi de Bretagne, et d'Ygerne, femme du duc de Cornouailles, Arthur manifeste l'union des deux peuples « qui s'entendaient parler d'une rive à l'autre » de la Manche (Gaufrey de Monmouth, *Historia regum Britanniae*, 1137).

Le roi-chevalier

Arthur est élevé par Merlin l'Enchanteur et couronné à l'âge de quinze ans. Armé d'Excalibur, son épée magique, il expurge son pays des monstres et des géants, chasse les envahisseurs, conquiert le continent, arrive à Rome et va même jusqu'en Palestine, d'où il rapporte la Croix du Christ.

Le roi trahi

Mais c'est aussi un roi trompé : la reine Guenièvre accepte les hommages courtois de Lancelot du Lac, et son neveu Mordret profite de son absence pour lui ravir la couronne. Il poursuit l'un et l'autre de sa vengeance et est blessé à mort, en l'an 542, en guerroyant contre l'usurpateur. C'est la fin du royaume de Logres. « Le grand roi a échangé son existence contre une autre » (Thomas Malory, *La Mort d'Arthur*, 1470).
Morgane et les fées l'emportent sur une nef dans l'île d'Avallon, d'où il reviendra un jour pour délivrer son peuple.

Les chevaliers de la Table ronde. Arthur tient sa cour au château de Caerléon, dans le pays de Galles. Prouesses et savoir-vivre y sont les maîtres mots. Il a fondé l'ordre des chevaliers de la Table ronde afin qu'il n'y ait pas de problèmes de préséance entre les chevaliers. Ceux-ci sont des convives égaux qui, chacun de leur côté, partent en quête d'aventures respectant par-dessus tout le code de la chevalerie, à savoir l'honneur, la fraternité d'armes, la protection des faibles et de l'Église. À leur retour, ils se retrouvent au château de Joyeuse-Garde et y racontent leurs exploits. Car « aux grandes fêtes, le roi ne s'assied point à son haut manger avant qu'une aventure fût advenue en sa maison » (*Le Saint Graal*, rédigé par Jacques Boulenger, Paris, 1923).
La quête du Graal est leur hantise. Le Graal est une mystérieuse coupe, celle dans laquelle Pilate s'est lavé les mains, la même ou une autre que celle qui a servi à la Sainte Cène, le Jeudi saint, ou dans laquelle Joseph d'Arimathie a recueilli quelques gouttes du sang du Christ. Cette quête ne peut être entreprise que par un chevalier sans reproche. Seul Galaad, le fils de Lancelot, s'en est trouvé digne. Il est « le vrai chevalier, le désiré, le promis, sorti du haut lignage du roi Salomon et de Joseph d'Arimathie, celui qui mènera à bien la quête du saint Graal et achèvera les temps aventureux » (*Le Saint Graal*).

Mythologie de l'Europe

du Nord et du Centre

Mythologie de l'Europe

Nous connaissons les mythes du nord de l'Europe surtout à partir de deux textes islandais, les *Edda* : l'*Edda poétique* date probablement du XIe siècle. Il serait dû à Saemund le Sage qui inventoria le fonds commun scandinave et transcrivit les aventures des dieux et des héros en trente-cinq poèmes : c'est une histoire du monde où sont évoqués les combats des dieux contre les puissances du Mal. L'*Edda en prose* a été compilée au début du XIIIe siècle par un historien islandais, Snorri Sturluson. On y trouve la grande division des dieux entre les Ases et les Vanes.

Les Ases et les Vanes

Les Vanes, sans doute dieux des indigènes, ont sous leur patronage la fertilité des plantes et la fécondité des bêtes et des hommes ; ils sont près du peuple : ce sont essentiellement Njordr, Freyr et Freyja. Les Ases sont probablement les dieux des envahisseurs, dieux de la Guerre, aristocrates et souverains : ce sont Tyr, Odin, Thor, Heimdallr, Balder et Loki.
Le mythe rapporte une guerre entre les Ases et les Vanes avec de nombreuses péripéties, guerre suivie d'une réconciliation (*Ynglinga Saga*, 1). Aussi, par la suite, est-il difficile de préciser les attributions des deux familles et parfois même de les distinguer.

La cosmogonie

À l'origine, il n'y a ni sable, ni vagues glacées, mais le Chaos c'est-à-dire un gouffre insondable appelé Ginnungagap. La Terre n'existe pas, non plus que le ciel qui aujourd'hui la recouvre. Nulle part l'herbe ne pousse. Seul, un abîme béant s'étend à travers l'espace. Dans ce gouffre, au nord, le Niflheim, est le monde des ténèbres fait de glace et de givre, au sud le Muspellheim, le monde de Muspel, est fait de feu et de chaleur. Dans Niflheim, coule une source d'où sortent les rivières originelles. À l'endroit où le froid du nord rencontre la chaleur du sud, retentit une déflagration, des couches épaisses de givre se constituent, remplissent en partie l'abîme et la vie apparaît sous la forme d'un géant, Ymir, et d'une vache, Authumla pour le nourrir. Il arrive une fois à Ymir, pendant son sommeil, d'être tout baigné de sueur ; sous son bras gauche naissent alors un homme et une femme, géants comme lui. Ymir est le père des géants. C'est ensuite seulement qu'apparaît Buri, l'ancêtre du grand dieu Odin et de ses deux frères.
Odin tue le géant Ymir, le porte au milieu de Ginnungagap et fait de son corps le monde : son sang devient la mer et les lacs, sa chair la Terre, ses os les montagnes, ses dents et sa mâchoire les rochers, son crâne le ciel soutenu à chacune de ses extrémités par un nain. Le feu, les flammes, les étincelles du Muspellheim sont alors placés au-dessus du Ginnungagap et deviennent les étoiles et les planètes : « Il est dit dans les anciens poèmes de sagesse que c'est depuis ce temps-là qu'on distingue le jour de la nuit et qu'on compte le temps par années. [...] Plus loin vers l'intérieur de la terre, ils bâtirent une forteresse autour de leur domaine pour se défendre des géants. Pour cette forteresse ils employèrent les cils d'Ymir, et ils appelèrent la forteresse Midgard. Ils prirent aussi sa cervelle et la jetèrent en l'air et ils en firent les nuages » (*Gylfaginning*, 7-8).

Le frêne Yggdrasil

Dans un autre texte, le monde est dépeint comme un arbre immense, le frêne Yggdrasil. Ses racines plongent au plus profond du gouffre de Ginnungagap, la première racine est près de la source bruissante de la rivière primitive, la deuxième se trouve au pays des géants là où coule la fontaine de Mimir dans laquelle réside toute sagesse, la troisième serait curieusement au ciel, près de la fontaine de la plus sage des Nornes. Chaque jour, les Nornes y puisent de l'eau, dont elles arrosent le frêne Yggdrasil pour l'empêcher de se dessécher et de pourrir. Car Yggdrasil, c'est le monde et les Nornes font le destin du monde. Elles sont trois : Urdr, qui représente le passé, Verdandi le présent, et Skuld l'avenir. Elles décident, sans raison ni appel,

L'ARBRE DU MONDE ET LE LOUP FENRIR
XVIIe SIÈCLE
Ecole islandaise

À gauche, le loup Fenrir enchaîné par les dieux. Il restera ligoté jusqu'au cataclysme final du Ragnarok. À droite Yggdrasil, l'arbre cosmique qui soutient les neuf mondes scandinaves.

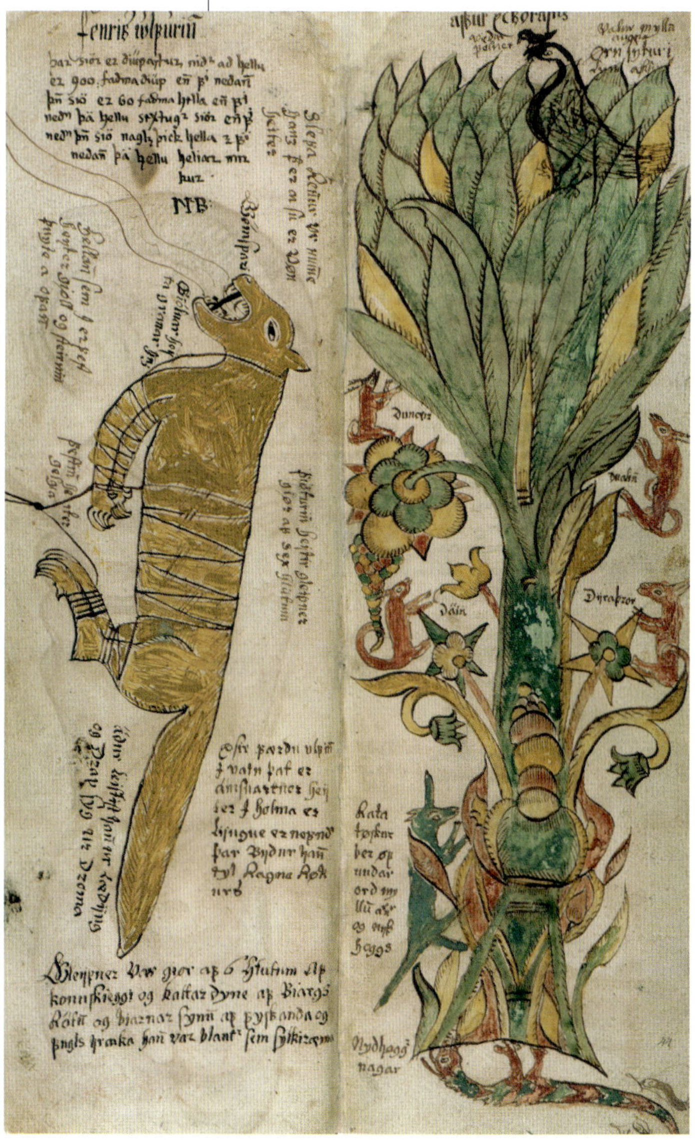

du Nord et du Centre

du sort des hommes et des dieux. « On ne peut survivre d'un soir à la sentence des Nornes » (*Hamdismal*, strophe 30). Elles distribuent autant le bien que le mal. « Des décrets d'Urdr nul ne juge, fussent-ils à tort rendus » (*Fjölvinnsmal*, strophe 47). Les Nornes apparaissent dès la naissance de l'enfant sous la forme des Dises, ou Disir : elles déterminent la force, l'intelligence, la chance qui seront attachées au nouveau-né. Elles forgent ainsi le destin de chaque individu, de chaque clan, de chaque nation. Au pied de l'Yggdrasil, elles décident du destin du monde.
La frondaison toujours verte d'Yggdrasil s'élève au plus haut du ciel. Sur la branche la plus haute, un coq d'or est perché. Il surveille l'horizon, prévient les dieux quand les géants se préparent à attaquer. Dans les branches paît la chèvre Heidrun, qui dispense aux guerriers d'Odin non pas du lait mais de l'hydromel. Un écureuil agile parcourt le tronc de haut en bas et transmet les messages entre le coq d'or, au sommet, et le serpent, qui mange les racines de l'arbre. Un cerf se nourrit aux branches et de ses cornes jaillissent de puissantes rivières.
Sous le frêne s'étend le lieu consacré où, chaque jour, les dieux se réunissent pour rendre la justice.

Le Crépuscule des dieux

Des démons malveillants essaient de détruire le frêne Yggdrasil. Le serpent Nidhogg est tapi sous la troisième racine et la ronge constamment. Quatre cerfs broutent toutes les jeunes pousses. Mais, près de là, le cor du dieu Heimdallr est caché. Un jour il retentira pour annoncer le combat suprême des Ases.

LE COMBAT ENTRE LE DIEU AU MARTEAU TYR ET LE LOUP FENRIR
VIe SIÈCLE
Plaque de bronze

Les dieux nordiques

Nom (Parèdre)	**Fonction**	**Symbole**
Balder	la beauté et la bonté	
Bragi (Idunn)	la poésie	
Freyja (Odhr)	l'amour et la volupté	le chat
Freyr (Gerd)	la fécondité	le verrat
Frigg (Odin)	la fécondité	
Heimdallr	le premier né	
Idunn (Bragi)	la jouvencelle éternelle	les pommes d'or
Loki (Sigyn)	le mal	
Njordr (Skadi)	la fertilité	
Nornes	le destin	
Odhr (Freyja)	la fureur sacrée	
Odin (Jord)	le savoir magique et	le corbeau
(Frigg)	l'habileté technique	le loup
(Rind)		
Thor (Sif)	la guerre et le tonnerre	le bouc
Tyr	la guerre et la justice	
Valkyries	les anges du combat	

Le jour où les dieux torturent Gullveig, l'envoyée des Vanes, pour lui arracher son or, le jour où ils refusent ce qu'ils ont promis au constructeur de leur forteresse, alors tous les serments, tous les traités sont anéantis. Des présages sinistres apparaissent : le monde connaît un effroyable hiver, les frères attaquent leurs frères, les enfants leur père. Les hommes ne sont plus que des loups entre eux. Au bord du ciel, Heimdallr se fait voler son épée. Le loup Fenrir s'échappe en faisant trembler la terre entière. Le frêne Yggdrasil est ébranlé de la racine au faîte. Des montagnes s'écroulent. La voûte du ciel éclate en deux, des flammes jaillissent de partout.
Le combat final a lieu dans le champ Vigrid, qui mesure mille lieues sur chacun de ses quatre côtés. Odin, coiffé de son casque d'or, la lance Gungnir à la main s'élance à la tête des guerriers. Il se précipite sur le loup Fenrir, mais la gueule du monstre l'engloutit sur-le-champ. Première victime de la lutte gigantesque ! De son marteau terrible, Thor écrase le crâne de l'ennemi qui expire aussitôt. Mais il a respiré tant de venin qu'il s'affaiblit à chaque pas, puis il tombe mort sur le sol. Les grands dieux sont morts. Les hommes sont abandonnés. Les étoiles se détachent du ciel. L'univers n'est plus qu'un brasier. Les mers et les fleuves débordent. La terre s'enfonce dans la mer.
Est-ce la fin absolue ? Non. « Le temps va ramener l'ordre des anciens jours [...] la terre sortira de la mer et elle sera verte et belle, et les champs porteront des fruits sans avoir été ensemencés » (*Gylfaginning*, 52). Tout va recommencer. Des débris du monde ancien naît un monde nouveau. Des montagnes s'élèvent de nouveau, où l'eau se précipite en cataractes chantantes. Telle est l'histoire des grands dieux nordiques.

Odin, le dieu aux corbeaux

La fureur

Maître de la sagesse et des sciences occultes, Odin est le dieu des poètes, des sages, des extatiques et des guerriers.

Odin, Odhinn, Wotan ou Woden est un grand vieillard barbu et borgne, plié en deux, vêtu d'un vieux manteau aux multiples couleurs et coiffé d'un chapeau à larges bords. Il porte un anneau d'or, Draupnir, d'où sort, toutes les neuf nuits, un nouvel anneau aussi beau que le premier. Il est armé d'une lance du nom de Gungnir. Son cheval, Sleipnir, a huit pattes : il galope tant sur terre que dans l'air et sur l'océan.

Les « Trois Terres »

Trois femmes lui sont attribuées : Jord, la Terre des origines ; Frigg, la Terre habitée ; Rind, la Terre redevenue inculte. Frigg est la préférée. Elle s'assoit avec Odin sur le haut siège, Hlidskjalf, d'où l'on peut contempler l'univers entier.
Odin est Rafnagud, le « dieu aux corbeaux ». Deux corbeaux sont sur ses épaules. Ce sont Huginn et Munninn, qui s'envolent à travers le monde pour voir et écouter ce qui s'y passe. Ils reviennent ensuite lui dire dans le creux de l'oreille ce qu'ils savent. Odin est ainsi le détenteur de tout savoir.
Fougueux, il ne se nourrit que de vin et représente les forces incontrôlables et frénétiques qui s'emparent de l'amant au moment de l'orgasme, du poète en pleine improvisation, du prêtre dans ses transes et du guerrier sauvage au plus fort du combat. Il est la puissance de l'instinct, l'excès de la rage qui donne des forces surhumaines. Mais il est aussi l'inventeur des runes, écriture sacrée qui permet de fixer la pensée et de la transmettre.

Le père des guerriers morts

Retors et cynique, il inspire la fourberie qui trompe l'ennemi et donne la victoire, il sait rendre l'adversaire aveugle et le paralyser de frayeur. Il aime les intrépides, et les choisit sur le champ de bataille pour une mort glorieuse et les emmène dans son Walhalla ou Valhöll où ils vivent joyeux, à festoyer et à se battre sans dommage. Il est Valfadir, le « père des tués ».

Le dieu cruel et souverain

Faisant fi de la souffrance, il l'accepte pour lui-même, et la provoque chez autrui sans l'ombre d'une émotion. Il est cruel, et friand de sacrifices humains, particulièrement de sacrifices de rois.
Odin est souverain. « Il est le premier et le plus vieux des Ases ; il règne sur toutes choses, et, bien que les autres dieux soient puissants, ils le servent tous, comme des enfants servent leur père » (*Gylfaginning*, 19).

Une frénésie de savoir

Odin veut tout connaître, tout savoir. Il s'arrête auprès de la fontaine de Mimir. On dit que cette source donne la sagesse absolue. Aussi demande-t-il à la gardienne de lui donner une gorgée de cette eau. « Que me donneras-tu en

Odin le premier des dieux Ases
XXe siècle
Lithographie, d'après une peinture de Max Koch (1859-1930)

Heimdallr, le veilleur des dieux. Heimdallr est né de neuf mères. Il habite Himinbjorg (mont du Ciel). Il voit tout et ne ferme jamais l'œil ; il écoute tout et entend pousser l'herbe dans les champs et la laine sur le dos des moutons. Pour ces qualités, il est le gardien du séjour des dieux. Heimdallr guette au pied de l'arc-en-ciel qui conduit les hommes aux dieux. Heimdallr est responsable de la société des hommes. Il est venu incognito sur la terre sous le nom de Rigr. Il est accueilli par un premier couple nommé Bisaïeul-Bisaïeule : il passe trois nuits dans le lit conjugal et engendre un fils qui est nommé « Esclave ». Puis il se rend chez un autre couple, Aïeul-Aïeule, et y engendre « Paysan libre ». Enfin, chez Père-Mère, il engendre « Noble ». Cette fois, il n'abandonne pas l'enfant, s'occupe de son éducation, et celui-ci devient roi : il est à l'origine des classes de la société *(Rigsthula)*.

échange ? », lui dit la femme. Odin est prêt à tout pour atteindre son but. Il donne donc un œil. Ainsi, Odin restera borgne (*Gylfaginning*, 8).

Lors du banquet concluant la guerre entre les Ases et les Vanes, les dieux crachent, chacun à son tour, dans un récipient. De ce crachat rituel sort un être d'une étonnante sagesse nommé Kvasir. Celui-ci s'en va enseigner la sagesse aux hommes. Quand il arrive chez deux nains, Fjalar et Galar, ceux-ci le tuent et font couler son sang. De celui-ci, additionné au miel, ils font l'hydromel, boisson magique qui donne à celui qui la boit le talent de poète et de savant. Après bien des péripéties, l'hydromel se retrouve entre les mains du géant Suttung, qui en confie la garde à sa fille Gunnlöd. Odin arrive au lieu où neuf esclaves de Suttung fauchent le foin. Il leur propose d'affûter leurs faux. Étonnés du résultat, les esclaves veulent s'emparer de la pierre à affûter. Odin la jette en l'air et ils s'y prennent de telle sorte qu'ils se décapitent mutuellement avec leur faux. Odin, alors, s'offre à exécuter le travail des neuf hommes et demande en paiement une lampée d'hydromel. Suttung refuse. Aussitôt, Odin perce la montagne, se transforme en serpent pour s'insinuer dans le trou et arrive près de Gunnlöd. Il couche trois nuits avec elle et elle lui promet trois lampées d'hydromel. En trois lampées, il vide les trois flacons. Puis il se transforme en aigle et s'envole le plus vite qu'il peut. Quand les Ases voient l'aigle arriver, ils avancent des cuves et Odin y recrache l'hydromel. Une partie lui échappe par derrière. Il n'en est pas fait grand cas ; c'est le lot des poètes de pacotille (*Skaldskaparmal*, 1).

Le bateau d'Odin qui transporte au Walhalla les âmes des Viking morts au combat
IX-XIe siècle
Pierre runique

Deux guerriers, l'un porte un casque à cornes, l'autre un masque de loup, dansent pour Odin
VIe siècle
Plaque de bronze

Thor, le dieu au marteau

Le défenseur

Doué d'une force inimaginable, Thor est un dieu familier, toujours prêt à jouer des tours.

Thor, ou Donar, est fils d'Odin et de Jord, la Terre sauvage. Dieu d'âge mûr, à la barbe rousse, aux épaules larges, aux muscles noueux, au ventre plat, il est guerrier, ennemi des géants et défenseur des hommes. Il est armé du marteau Mjöllnir, qui est semblable au tonnerre et qui a la particularité de revenir automatiquement entre les mains de celui qui l'envoie, d'une ceinture magique qui double la force de celui qui la porte et de gants de fer. Par la possession de ces armes, il est le garant de la souveraineté des dieux Ases et leur défenseur.

Thor et les géants

Les relations de Thor avec les géants sont ambiguës : il les combat, mais trouve malgré tout parmi eux des complices. Ainsi, un jour, Loki le convainc de ne pas prendre ses armes pour aller affronter le géant Geirröd. Mais Thor est prévenu par la géante Grid, à qui il a rendu visite, et celle-ci lui prête la ceinture et les gants qui sont en sa possession, ainsi qu'un bâton nommé Gridstav.

Lorsque Thor arrive chez Geirröd, il est prié de s'asseoir, mais, aussitôt, il sent sa chaise se soulever et il a juste le temps de saisir son bâton pour éviter que sa tête ne cogne la poutre fermière. Puis, il se fait très lourd sur son siège et redescend rapidement, cassant le dos des filles de Geirröd venues assister au combat.

Alors, Geirröd prend un bloc de feu incandescent et le jette sur Thor. Mais Thor l'attrape dans ses gants de fer et le renvoie à l'expéditeur : le bloc de feu traverse « le pilier, Geirröd, le mur et s'enfonce profondément dans le sol » (*Skaldskaparmal*, 18).

Thor va à la pêche avec le géant Hymir, mais ils ne sont pas d'accord : Thor veut aller très loin au large, Hymir ne veut pas s'éloigner ; sans oser le dire, il a peur du serpent de Midgard que Thor veut pêcher. À cette fin, celui-ci a emporté comme appât la tête du plus gros bœuf rencontré. Le serpent est vite pris à l'hameçon et tire très fort. « Thor revêt sa force d'Ase, s'arc-boute si bien qu'il passe les deux pieds à travers le fond du bateau. »

Hymir change de couleur, et, au moment où Thor saisit son marteau, le géant s'empare du couteau et tranche d'un coup la ligne de Thor. Le serpent sombre dans la mer. Alors, Thor se fâche et frappe le géant sur l'oreille (*Hymiskvida*).

Thor déguisé en femme

Thor est désordonné. Un jour, son marteau est volé. La souveraineté des Ases est mise en péril. Loki, le rusé,

La maison de Thor. « Thor est le plus fort de tous les dieux et les hommes. Son domaine s'appelle Thrudvang et sa maison Bilskirnir. Dans sa maison il y a cinq cent quarante portes. C'est la plus grande que l'on sache [...] Thor a deux boucs qui s'appellent Tanngnjost et Tanngrisnir. Il a un char dans lequel il voyage et les deux boucs tirent le char : c'est pourquoi il est appelé Ökuthorr. » (*Gylfaginning* chap. 20)

LE DIEU THOR ET SON MARTEAU
VERS 1000
Petite Statue de bronze

Les Géants vivent dans les montagnes du bout du monde, l'Utgard *(le jardin du dehors)*. Ce sont les iqtnar, les forces primitives : les tempêtes, les avalanches, les séismes, les éruptions volcaniques, les raz de marée. Ils sont confinés sous terre ou sous la mer. Les géants sont souvent les ennemis des dieux : Hrungnir est l'un des plus imposants et puissants de sa race. Son aspect est rebutant : il possède une tête faite de pierre et son cœur est un bloc de roche aux bords acérés. Mais il y a bien des sortes de géants : Les Jötun sont seulement de gros mangeurs. Ce sont les ogres de nos contes. Les Thurses sont énormes et avancent lentement. Ils représentent les glaciers, les montagnes. Ils sont très dangereux. Les Trolls sont aussi, à l'origine, des géants, laids et hostiles. Le rôle des géantes est plus ambigu. Ainsi Grid figure la paix, le droit d'asile.

MOULE POUR UN MARTEAU DE THOR ET UNE CROIX CHRÉTIENNE (REPRÉSENTÉS À COTÉ)
Xe SIÈCLE
Stéatite

Le forgeron local pouvait laisser, au Xe siècle, le choix à ses clients entre les deux symboles religieux.

découvre vite qui a commis le larcin. Il rencontre donc Thrym, le voleur, qui lui dit : « J'ai de Thor caché le marteau à huit milles dessous terre ; nul homme ne le recouvrera si l'on ne me remet Freyja pour femme » (*Thrymskvida*, 8). Freyja est déjà mariée et refuse d'être vendue ainsi comme une prostituée. Alors, Heimdallr a cette idée lumineuse : « Attachons sur la tête de Thor le voile de la mariée » (*Thrymskvida*, 15), et qu'il aille, ainsi déguisé, voir Thrym. Sitôt dit, sitôt fait. Thor se trouve introduit chez Thrym déguisé en Freyja. Celui-ci s'étonne bien de voir sa promise s'empiffrer à elle seule d'un bœuf, de huit saumons et de trois mesures d'hydromel ; mais Loki explique qu'elle n'a pas mangé depuis huit jours. Il a peur de la férocité de ses yeux ; mais Loki explique qu'elle n'a pas dormi huit nuits durant.
Vient le moment des cadeaux. On apporte le marteau à la fiancée et Freyja, redevenue Thor, se lève et abat Thrym, toute sa famille et toute sa suite.

Thor et Hrungnir

En l'absence de Thor, Odin a invité le géant Hrungnir à boire. Freyja va le servir, quand Thor arrive. Il demande qui a permis à des géants pervers de s'asseoir et de boire dans la halle des Ases. On lui dit que c'est Odin. « Tu te repentiras de cette invitation », dit Thor à Hrungnir, et rendez-vous est pris à Jötunheim pour un duel.
Thor apparaît dans sa fureur d'Ase. Il jette son marteau sur Hrungnir. Celui-ci prend des deux mains sa massue de silex et la jette contre Thor. Le marteau et la massue se rencontrent en vol, la massue éclate. « Un morceau tombe à terre, il en résulte une montagne de silex » (*Skaldskaparmal*, 17). L'autre morceau rebondit sur la tête de Thor, qui en tombe à plat ventre. Le marteau atteint le crâne de Hrungnir et le met en pièces.
Mais Hrungnir est tombé sur Thor, de sorte que le cou de celui-ci est pris sous la jambe du géant. Tous les Ases tentent de libérer Thor, sans succès. Magni, fils de Thor, arrive et y parvient sans difficulté. Thor reconnaît que son fils « sera sûrement un vaillant homme » (*Skaldskaparmal*, 17).

THOR
D'après Max Koch, vers 1905
Affiche

Loki, le retors

Le désordre

Fourberie, désordre, malveillance et perversité, tels sont les traits de caractère de Loki.

Loki est fils de Laufey et de Farbauti, un couple de géants, constitutif du monde primitif. Extrêmement beau et séduisant, il a cependant engendré les monstres les plus horribles : Hel, la déesse hideuse, gardienne de l'empire des morts, dont le corps est mi-noir, mi-bleu, et Fenrir, le grand esprit mauvais.

L'amoral

Loki n'a aucun sens moral. Il met ses prodigieux talents aussi bien au service du bien que du mal. Il n'a pas d'ami, pas de but à atteindre, pas de cause à défendre. Rien ne lui semble interdit. Il est « mauvais d'esprit et très instable dans ses mœurs » (*Gylfaginning*, 32). Il est voleur, adultère et meurtrier.

Magicien, Loki a le pouvoir de se métamorphoser : il devient jument pour séduire l'étalon qui participe à la construction de l'Asgard, faucon pour enlever Idunn, mouche pour voler le collier de Freyja, sorcier pour empêcher Balder de sortir de chez Hel, phoque pour lutter contre Heimdallr.

L'enlèvement d'Idunn

Un jour, Thor, Loki et Hoenir voyagent. Ils sont à court de vivres, voient un troupeau de bœufs, en tuent un et le mettent à cuire dans une fosse. Le géant Thjazi, apparaissant sous la forme d'un aigle, exige d'avoir sa part du festin et s'empare des plus beaux morceaux. Loki, furieux, lui assène un grand coup de bâton, lequel reste fiché sur le dos de l'aigle et collé aux mains de Loki. L'aigle prend son vol et Loki reste attaché à lui.

Loki supplie son ravisseur de le détacher. Thjazi accepte à la condition qu'il promette de faire sortir Idunn, la femme de Bragi, dieu de la Poésie, de l'Asgard, la forteresse des dieux, avec ses pommes de jouvence. Loki, libéré, attire Idunn dans une forêt en lui disant qu'il a trouvé des pommes merveilleuses qu'il voudrait comparer aux siennes. Alors, Thjazi, ayant à nouveau pris la forme d'un aigle, arrive et s'empare d'Idunn.

Mais les Ases pâtissent de la disparition d'Idunn. Ils deviennent bientôt âgés et grisonnants. Ils découvrent la responsabilité de Loki et exigent de lui qu'il rende la déesse. Celui-ci demande que Freyja lui prête la forme d'un faucon. Ainsi affublé, il profite de l'absence de Thjazi pour enlever Idunn.

Le géant se fâche et se précipite à la recherche de la déesse. Il parvient à l'Asgard après l'arrivée de Loki. Les Ases ont préparé des faix de copeaux, y mettent le feu et brûlent ainsi les ailes de l'aigle. Skadi, la fille de Thjazi, veut venger son père. Les Ases lui offrent des compensa-

ORNEMENTATION DE PROUE
VERS 850

Les animaux agrippés rappellent les méfaits de Loki.

Fenrir est le fils de Loki et de la géante Angerboda. C'est le loup dévoreur, la bête féroce. Bien que capturé par les dieux et emprisonné à Asgard, il est enchaîné avec une entrave magique spéciale fabriquée par les nains à partir de racines de montagne et de bave d'oiseau. Pourtant Fenrir refusa de se mettre ce lien autour du cou à moins qu'un dieu mette sa main dans sa gueule pour montrer que c'était inoffensif. Seul Tyr, dieu de la guerre a le courage de le faire et il y perdit la main. Fenrir fut alors attaché à un rocher avec une épée dans la gueule pour l'empêcher de mordre. Au moment du Ragnarök, la fin du monde, il ouvre la gueule si grand que la mâchoire inférieure touche le sol quand la mâchoire supérieure touche le ciel.

Tyr est courageux, à l'occasion téméraire. Prêt à tous les combats, il en respecte les règles et décide le plus souvent de la victoire. On l'invoque au départ à la guerre. Il est aussi juriste. Il préside au *thing*, c'est-à-dire à l'assemblée où se règlent les litiges et où se fixent les règles des combats. Tyr est manchot depuis que Fenrir lui a enlevé un bras.

tions, elle demande en gage de conciliation ce qu'elle les juge incapables de réaliser : la faire rire. C'est ne pas connaître Loki : celui-ci se livre à de telles pitreries qu'elle éclate de rire, et la paix est conclue (*Skaldskaparmal*, 1).

Le pari

Un autre jour, Loki a malicieusement coupé les cheveux de Sif, l'épouse de Thor. Celui-ci se met en colère et l'abattrait sur place si Loki ne promettait d'obtenir pour Sif une chevelure d'or. Loki fait fabriquer par les nains une chevelure devant pousser ferme dès qu'elle sera sur la tête de Sif, puis un bateau appelé Skidhbladnir, qui aura le vent en poupe dès que la voile sera hissée, et enfin une lance appelée Gungnir, qui ne peut jamais s'arrêter quand on s'en sert pour frapper.

Il fait le pari sur sa vie que le nain Brokk ne fabriquera pas d'objets aussi précieux. Brokk fabrique alors un verrat qui court dans les airs et sur l'eau, nuit et jour, plus vite que n'importe quel cheval, et un marteau avec lequel on peut assener des coups aussi puissants qu'on le veut, sans que le manche branle.

Les Ases décrètent que le marteau est le plus précieux de tous ces objets et déclarent le nain vainqueur. Loki offre de payer une rançon pour avoir la vie sauve, mais le nain ne l'entend pas ainsi et veut lui couper la tête. « La tête, oui, dit Loki, mais pas le cou. » Alors, le nain perce les lèvres de sa victime et lui coud la bouche, mais Loki déchire les trous de couture (*Skaldskaparmal*, 33).

Loki vient provoquer les dieux assemblés pour un banquet. Un à un, il les outrage, les insulte et leur dit leurs vérités. Chacun d'eux tente de répondre et d'arrêter le flot d'injures. Rien n'y fait. Thor sort alors son puissant marteau et menace Loki de l'abattre sur lui. Celui-ci s'adresse à Thor : « Devant toi seul, je sortirai. Car je sais que tu frapperas » (*Lokasenna*).

Le châtiment

Loki en a vraiment trop fait. Les dieux se liguent contre lui. Ils le poursuivent jusque dans la cascade où il s'est transformé en saumon. Ils fabriquent un filet, le prennent et le transportent dans une grotte.

Les dieux l'enchaînent sur des pierres tranchantes avec les intestins de son fils et un bassin de venin dégoutte constamment sur lui. Loki tressaille et la terre tremble. (*Gylfaginning*, 49).

LOKI ET LE GÉANT THRYM QUI AVAIT VOLÉ LE MARTEAU DE THOR
FRANZ STASSEN ; VERS 1900
Manuscrit du Edda ; dessin à laplume

LOKI
VERS 1000
Pierre gravée ; Danemark

Le dieu est représenté la bouche cousue. En effet, pour le punir d'avoir cherché à les duper, les nains lui ont infligé ce châtiment.

Freyr, le plus beau des dieux

Dieu de l'Abondance

Divinité de la Fécondité et de la Fertilité, Freyr préside aux amours, aux richesses et aux orgies.

Freyr est fils de Njordr et frère de Freyja. « Clair et brillant », il personnifie l'essence même de la beauté. Il habite Alfheimr et possède un bateau merveilleux, Skidhbladnir, « qui peut se replier comme un mouchoir et s'emporter dans la poche ».

Jamais personne ne pourra le haïr : tel est le privilège qu'il reçoit à sa naissance. Dieu de la Paix, Freyr ne pense qu'à délier les mains de ceux qui sont attachés, qu'à faire des présents. Jamais il ne fait pleurer.

Freyr, un jour, s'assoit dans Hlidskjalf, le siège sacré d'Odin. De là, il voit, dans le monde des géants, une belle fille, Gerd, en conçoit de grands désirs et devient tout triste. Il demande à Skirnir, son écuyer, d'aller la demander en mariage et lui confie son cheval et son épée. Mais Gerd ne se laisse acheter ni par les présents ni par les menaces. Seule la magie la fait fléchir et elle dit au messager : « Barri s'appelle le lieu où tous les deux nous savons un bosquet paisible : dans neuf nuits, c'est là qu'au fils de Njordr, Gerd concédera l'amour » (*Skirnisför*, 39).

Marié à Gerd (la Terre), Freyr crée l'abondance et dispense les richesses. Il apporte la pluie et le soleil, juste ce qu'il faut pour faire pousser les récoltes. Succédant à Njordr, il s'installe à Uppsala, y érige un grand temple, y affectant tous ses revenus, terres et biens meubles. « Il est d'autant plus vénéré que, sous son règne, le peuple est plus fortuné qu'auparavant, en fait de paix et de bonnes saisons » (*Ynglinga Saga*, 10). Quand il meurt, on le porte en secret dans le tertre, et on ne le dit à personne. Les tributs lui étant toujours remis, on les verse dans le tertre, « l'or par une fenêtre, l'argent par une autre, et la monnaie de cuivre par la troisième. Alors les bonnes saisons et la paix se maintiennent. » (*Ynglinga Saga*, X).

Freyr est un des grands dieux des Vikings. Dieu de l'acte sexuel, il est représenté par un phallus de cheval quand toute la famille lui fait des incantations (*Völsa Thattr*). Ce sont les femmes surtout qui l'honorent et qui défilent en procession.

Freyja, la grande magicienne.

Appelée aussi Vanadis, Vanabrudh (fiancée des Vanes) ou encore Gefn et Gefjun, Freyja est fille de Njordr et sœur de Freyr. Montée sur son char tiré par des chats, « elle est si belle que tous les ornements sont dénommés d'après elle » (*Gylfaginning*, 34). Elle est l'épouse d'Odhr (« Fureur sacrée »), un dieu qui, périodiquement, disparaît si longtemps qu'on le croit mort, et Freyja verse pour lui des larmes faites d'or rouge.

Freyja est maîtresse du *sejdhr,* science magique qui a essentiellement pour but de connaître l'avenir et les destinées des hommes, de provoquer la fertilité des saisons et la fécondité des êtres. Elle est liée au culte des morts, dépositaires de la sagesse et protecteurs des vivants. « Où qu'elle aille au combat, elle reçoit la moitié de ceux qui tombent, et Odin l'autre moitié » (*Gylfaginning*, 23). Elle revêt la forme d'un faucon pour aller d'un monde à l'autre.

Freyja est déesse de l'Amour, de la Volupté, et sa personnalité possède un caractère licencieux et lascif que l'on retrouve dans le culte qui lui est adressé.

FREYR LE DIEU ITHYPHALLIQUE DE LA FERTILITÉ
VERS 1000
Sculpture en bronze

Njordr, le rivage fertile.

Dieu des origines et dieu de la Terre, Njordr est le père de Freyr et de Freyja. Son domaine est le bord de mer, là où l'on pêche : il est donc fournisseur de nourriture et de prospérité. Njordr a épousé Skadi, dont le domaine est la montagne. Mais Njordr ne peut supporter le hurlement des loups, ni Skadi les criailleries des mouettes. Chacun se trouve mal à l'aise dans le territoire de l'autre et revient dans le sien la plus grande partie de l'année. Njordr succède à Odin. Les Sviar l'appellent leur seigneur. Sous son règne, il y a « une parfaite paix et toutes sortes de si grandes bonnes années que les Sviar croient que Njordr commande aux bonnes saisons et à la richesse des hommes » (*Ynglinga Saga*, 9). Njordr est confondu avec Nerthus, déesse dont le nom signifie « Terre mère ». On la célèbre dans le bois sacré d'une île.

Valkyries, les anges des combats

Compagnes et messagères d'Odin

Les Valkyries, anges des combats, choisissent ceux qui seront gratifiés d'une mort glorieuse.

Au service du dieu de la Guerre, les Valkyries sont des jeunes filles, blondes aux yeux bleus et à la longue chevelure. Elles parcourent les champs de bataille, au milieu des éclairs et du tonnerre. Elles sont cuirassées et armées de la longue lance et du bouclier, casque d'or sur la tête. On dit qu'elles sont des créatures-oiseaux.
On en dénombre une quarantaine dans l'ensemble de la littérature nordique. Certaines sont combattantes, comme Gunn (« Bataille »), Hild (« Combat »), Hrist (« Secoueuse d'armes »), Baudihillie (« Règle bataille »), Hladgunnr (« Bataille au lacet »). D'autres sont plutôt magiciennes, comme Göndul (« Habile au maniement de la baguette magique »), Göll (« Hurlement terrifiant »), Herfjoturr (« Qui paralyse par les liens magiques ») et Mist (« Torpeur »). Elles sont souveraines et déesses de la Fécondité.

La mort glorieuse

Les Valkyries sont expertes en fait d'honneur. Elles savent comment mener un combat, comment se couvrir de gloire, comment obtenir la victoire. Elles décident du camp qui l'emportera. Leur nom est significatif : *kjora*, qui a donné « kyries », signifie « choix » et *val* signifie « mort » : elles choisissent, au nom d'Odin, les braves qui tomberont.
Sont-elles des vierges tout au service du dieu ou des amantes qui prennent dans la mêlée leurs compagnons de plaisir ? Toujours est-il qu'elles distribuent la mort, non comme une punition, mais comme une récompense. Elles sont plus ou moins confondues avec les Nornes, déesses du Destin : l'une d'elles, Skuld, se trouve être aussi la troisième Norne.
Elles emmènent les combattants tués dans la gloire et les conduisent dans le Valhöll, séjour des bienheureux, réservé aux héros d'élite. Ils y deviennent des einherjar et passent leur temps en batailles sans blessure ni mort, en ripailles et en beuveries. Les Valkyries sont devenues leurs servantes : elles leur présentent des mets faits de la chair de sanglier Saehrimnir et versent l'hydromel dans leurs coupes.

Le Valhöll

Les Nordiques distinguent deux sortes de morts : les uns périssent de mort naturelle et se retrouvent dans le sombre empire de la déesse des Enfers, Hel ; les seconds, choisis par les Valkyries, meurent au combat. Après leur mort, ils sont conduits dans le Valhöll (Walhalla), demeure d'Odin, le palais aux six cent quarante portes et dont les poutres sont faites de lances et les tuiles de boucliers. Ils y attendent la bataille de la fin du monde, le Ragnarök, à laquelle ils participeront aux côtés des dieux.

Une Valkyrie
Peter Nicolai Arbo, 1865
Huile sur toile

Le Code d'honneur. Il est établi par Sigrdifa, une Valkyrie, pour les Einherjars, les guerriers :

Le serment ne peut être trahi.

Celui qui cherche, trouve, obtient la connaissance et parfois le pouvoir.

Les aïeux sont à respecter. Il ne faut jamais oublier leur héritage et leur origine.

Il faut se méfier des femmes belles, envoûtantes et charmantes. Mieux vaut ne pas se laisser troubler ni par leurs paroles, ni par leurs baisers.

La bière est sacrée pour ses vertus, son abus est impie.

La coutume est le droit le plus précieux.

On doit accompagner les mourants qui ont péri de noyades ou de maladies mais plus encore ceux dont le fil des Nornes a été tranché par l'épée ou le fer.

Il faut savoir accueillir l'hôte mais ne point lui accorder sa confiance ni ses secrets.

Sventovit et les dieux slaves

Tous dieux suprêmes

La multiplicité des noms de dieux, construits sur le même modèle, cache sans doute diverses dimensions d'une même divinité.

Sventovit signifie « énergie » ; Iarovit, « fureur » ; Porevit, « puissance » ; Rujevit, « rut ». Mais l'aspect des dieux représentés par ces noms diffère aussi : Porevit a quatre ou cinq visages, Rujevit en a sept et Triglav, le dieu poméranien, en a trois.

La statue de Sventovit à Rügen, haute de huit mètres, a quatre cous et quatre têtes : deux regardent devant, deux derrière. Mais, lorsqu'on est en face de lui, il semble regarder à droite et à gauche. Il tient dans la main droite une trompe et dans la gauche un arc, les bras reposant le long du corps. Il est revêtu d'une tunique (Saxo Grammaticus, *Gesta Danorum*).

Sventovit est dieu de la Fertilité, de la Fécondité et du Destin. Il possède un cheval qui est gardé dans son temple. On dit qu'il le monte la nuit alors que, le jour, seul son grand prêtre a le privilège de le chevaucher. Ce cheval a le don de divination : on le fait passer entre deux lances fixées au sol et, suivant son attitude, on découvre le sens de l'oracle qu'il veut signifier.

Rod, Perun et Svarog

Rod est d'abord le dieu des Laboureurs, mais aussi dieu universel, dieu du Ciel, de la Foudre et de la Pluie et même créateur du monde et de la vie : il a fait l'homme, constitué la famille et assemblé la nation. Il est « assis dans les airs » et lance de petits morceaux (de quoi ?) qui donnent naissance aux enfants.

Rod est par la suite détrôné par Perun. Ce dernier a une tête en argent et des moustaches en or. Il arrive au printemps pour donner la pluie, fertiliser la terre, chasser les nuages et faire briller le soleil. On dit cependant qu'il ne manque pas de détruire, au moyen de la grêle, les champs des méchants.

Le culte de Perun s'est étendu dans tout le pays slave, de la Tchécoslovaquie à l'Italie du Nord.

Mais à travers ces dieux, les Slaves croient à un dieu unique, si terrible et si lointain qu'il est même interdit de prononcer son nom. Svarog est sans doute le dernier avatar de ce *deus otiosus*, rendu plus « présent » par l'insignifiance des dieux intermédiaires. Son nom signifie « lier ». Dieu du Feu, il a les qualités du forgeron qui lie les métaux par le feu. Il est magicien et devin.

Svarog (ou Svarizic) a été honoré dans de nombreuses villes, Rethra, Stettin (Szczecin), Wolin, Wolgast, Gützkow, Kiel. Les prêtres procédaient en son honneur à des sacrifices d'animaux domestiques, et parfois d'hommes.

Tête en bois représentant Sventovit, le dieu à quatre faces

Un témoignage. « Ils (Les Slaves) considèrent qu'un seul dieu, le créateur de l'éclair, est le maître du monde ; ils lui offrent en sacrifice des bœufs et autres animaux [...] Ils rendent aussi un culte aux fleuves, aux nymphes et à d'autres esprits, et à tous ils font des offrandes. » (Procope de Césarée, fin du ve siècle)

Des déesses slaves. Les slaves connaissent nombre de déesses : Giva, déesse de la vie, Morena déesse de la mort, Lada déesse de l'amour et sa fille Lélia, toujours belle et jeune. Chez eux, les destins sont filés par les équivalents des Parques romaines et des Moires grecques. Dès la naissance, trois jeunes filles, les Soudénitsas, décident de la vie de l'enfant, la plus jeune choisit ses qualités, la cadette ses défauts physiques, l'aînée sa mort. Ensuite, deux autres déesses suivront les événements en filant le destin de chacun : le fil de Sretcha correspond aux événements heureux, celui de Nesretcha correspond aux malheurs. La mort correspondra à la rupture de ce dernier fil.

Anges et démons

Beaucoup d'êtres intermédiaires interviennent dans les mythologies. Ils sont situés entre les dieux et les hommes par leur nature, leurs modes d'action, leurs qualités ou défauts et leurs pouvoirs. L'existence des uns est affirmée dans des textes considérés comme sacrés : ce sont les anges et les démons.

Les anges

L'Ancien Testament les appelle *beney* 'elohim « fils de Dieu » (*Job*, I, 6), *beney 'elim*, « êtres appartenant au monde divin » (*Psaumes*, 29, 20), « saints » (*Psaumes*, 89, 6), « fils du Très Haut » (*Psaumes*, 82, 6). Ce sont de purs esprits qui accompagnent les hommes tout au long de leur vie.
La Cour céleste est composée des « neuf chœurs des anges » divisés en trois séries : les séraphins, les chérubins et les trônes ; les dominations, les vertus et les puissances ; les principautés, les archanges et les anges. Les premiers ont pour fonction de louer et d'adorer Dieu ; ils constituent l'ordre le plus élevé dans la hiérarchie. Les derniers ont celle d'assister le cours des astres, des nations et des personnes (Denys l'Aréopagite, *Les Hiérarchies célestes*).

Raphaël, Michel, Gabriel et les autres

D'ailleurs, l'affirmation de Raphaël (« Dieu guérit ») sur ses fonctions est claire : « Je suis Raphaël, l'un des sept anges qui se tiennent toujours prêts à pénétrer auprès de la Gloire du Seigneur » (*Tobie*, 12, 15).
On ne peut plus claire aussi la fonction de Michel (« Qui est comme Dieu »), l'*Énoch* éthiopien (XX, 5) le met devant le trône de Dieu. Il est le chef des armées célestes (*Assomption de Moïse*, X, 2), le prince des lumières (Règle de la communauté de Qumran, XVII, 6). Mais celui qui apparaît le plus souvent, en vertu de sa mission, est Gabriel. Il annonce à Daniel la venue des temps messianiques (*Daniel*, 8, 19), à Zacharie la naissance de Jean-Baptiste (*Luc*, I, 19), à Marie la naissance de Jésus (*Luc*, I, 24 sq.).
À ces trois grands, le livre d'*Hénoch* et le livre d'*Esdras* ajoutent Uriel, qui est préposé aux luminaires et remplit aussi les fonctions de justicier, Raguel, Sarakiel, Jérémiel, etc.

Gabriel, 'Izrâ'il et les autres

Le Coran parle des anges, comme il parle des démons et des djinns : « Louange à Dieu, créateur des Cieux et de la Terre, qui prend pour messagers les Anges, pourvus de deux, de trois ou de quatre ailes » (*Coran*, XXXV, 1). Gabriel, l'ange des annonces, y tient une grande place. Mais il connaît aussi 'Izrâ'il, l'ange de la mort, ainsi que Munkar et Nakir, les anges qui redressent le mort dans sa tombe pour l'interroger sur sa foi.

Les démons

Personnalisation de toutes les puissances maléfiques, les démons ont revêtu les visages des dieux étrangers : c'est Béelzéboul, l'ancien dieu guérisseur d'Eqrôn pour Israël (*Rois* I, I, 2 sqq.), ou Lilith (*Isaïe*, XXXIV, 14), ou encore Asmodée (*Tobie*, III, 8). Le récit de la Création lui donne la forme du serpent, reptile fuyant et sournois dont le venin est particulièrement redouté. Pour le Pseudo-Denys (l'Aréopagite), les démons sont les anges révoltés contre Dieu et déchus. Satan est leur chef. On l'appelle aussi Lucifer (« porteur de lumière »), nom qu'il avait avant sa déchéance.

Les *shayâtîn* sont les démons de l'Islam. Iblis (Satan) est leur chef ; il a refusé de se prosterner devant Adam après que Dieu l'eut créé de l'argile. Les *shayâtîn* se reproduisent rapidement, comme le feu qui est le fond de leur nature. Ils circulent dans chacun de nous comme le sang dans nos veines. Ils posent leur tête semblable à celle du serpent sur le cœur de l'homme. L'action du *shaytân* (singulier de shayâtîn) est permanente. Il séduit, trompe, égare, fait des promesses fallacieuses. Son but est de détourner l'homme de Dieu. Il prend l'apparence d'animaux, le cheval, le chameau, voire de monstres. Les *shayâtîn* sont souvent confondus avec les djinns.

Les démons babyloniens sont les enfants de la Terre et du Ciel. Ils ne peuvent être reconnus ni par les dieux ni par les hommes, car ils sont entourés d'un halo qui les rend invisibles. Ils sont sales et puants, détruisent la force sexuelle de l'homme, pénètrent partout subrepticement, tels des serpents, enlèvent l'épouse à son mari, séparent le fils du père. Le démon Alû s'écroule sur l'homme et l'écrase ; Gallû tue les gens sans pitié ; Namtar « saisit l'homme par les cheveux » ; la démone Lamastu s'attaque aux bébés dans le sein de leur mère ; Pazuzu fait trembler les montagnes.

Les *kouei* chinois sont des êtres répugnants, de grandes dimensions, au visage noir ou vert, portant de grandes dents longues et aiguisées, couverts de poils très longs sur toute la figure. Ils errent dans les lieux corrompus et les ordures, se changent en démons de l'eau et entrent dans la respiration des hommes pour introduire en eux des matières nuisibles et mortelles. Les maladies, les accidents et les catastrophes sont leurs œuvres. Il convient de les apaiser par des exorcismes et des sacrifices. Rarement, cependant, ils deviennent favorables aux humains. Ils sont l'incarnation des *p'o*, esprits mauvais qui investissent les cadavres quand ces derniers sont libérés de leurs âmes supérieures. On les confond souvent avec les esprits des morts, surtout de ceux qui sont décédés par accident, suicide ou meurtre.
Tch'e-yeou est un démon célèbre. Il a un corps d'homme, des pieds de taureau, quatre yeux et six mains. Sa tête est faite de cuivre et son front de fer. Il a inventé les armes et se plaît à la guerre. Dans la légende, il combattit longtemps Houang-ti, l'empereur jaune, mais fut vaincu par lui. On en a fait une image pour inspirer la terreur.

Les *raksava* représentent pour l'Inde toutes les forces hostiles. Ils ont tantôt des formes horribles, tantôt des allures séduisantes. On dit qu'ils pénètrent les cadavres abandonnés, qu'ils en mangent la chair, et les animent ensuite à leur guise pour répandre le mal autour d'eux.

Étroitement liés aux montagnes, les *tengu* japonais surgissent subitement, ils ensorcellent les êtres humains, possèdent des pouvoirs magiques, changent d'apparence, volent et peuvent se rendre invisibles. Ils enlèvent les enfants, sèment la discorde, font s'écrouler les bâtiments, troublent les cérémonies religieuses et même incendient les temples. Ils sont habituellement représentés sous forme d'oiseaux aux griffes puissantes.

Autres êtres intermédiaires

Les autres êtres intermédiaires apppartiennent aux fantasmes humains et au merveilleux de la littérature populaire.

Les *djinns* de l'islam ont été créés à partir du feu par Allah ; ce sont des êtres invisibles, doués d'intelligence. Ils habitent le désert, les ruines, les cimetières. Ils vivent, comme les hommes, en tribus, se marient et font des enfants, contractent des alliances et se déclarent la guerre. Pourtant, point d'égalité avec les hommes. Ils ne sont pas limités par un corps, ont le don de se déplacer très rapidement et même d'être partout, d'« écouter aux portes du ciel » (*Coran*, XV, 18). Ils errent la nuit à la faveur de l'obscurité et prennent tantôt les apparences de monstres laids, tantôt celles, plus sympathiques, d'animaux familiers comme le cheval ou le chien. Mais leur attachement à la terre leur fait préférer la forme d'animaux rampants.
Leurs relations avec les hommes sont étroites. Ils sont capables d'amitié et savent être reconnaissants envers ceux qui leur font du bien. On leur attribue les faits inexplicables, et ils donnent l'inspiration aux poètes, le talent aux musiciens et le discernement aux devins. On trouve chez eux croyants et incroyants, car le prophète a été envoyé aussi pour eux.

Les *nats* de Birmanie ou les *neq* du Pakistan sont divisés en trente-sept variétés, strictement hiérarchisées, mais cette hiérarchie est différente selon les régions et les légendes. La plupart d'entre eux ont une origine inconnue, mais l'opinion commune fait des nats d'anciens êtres humains morts injustement de façon violente : ainsi, certains sont des hommes dont on a fait les gardiens d'un lieu en les enterrant vivants sur place. Ils sont invisibles, mais peuvent apparaître sous forme humaine ou animale. Ils sont bons ou mauvais et on leur adresse un culte pour obtenir leur aide ou se protéger de leurs méfaits.

Les *trolls* font partie du mythe scandinave. Ce sont des esprits malins, nains ou géants coiffés de sapins. Ils habitent les montagnes ou les forêts et se tiennent habituellement sous terre.

Les *fantômes* sont les manifestations des morts dans la vie des vivants. Leurs apparences peuvent être très diverses, depuis la forme précise du mort, avec son visage et sa voix, jusqu'à l'ombre recouverte d'un drap blanc. Les phénomènes qu'ils provoquent sont légion : maisons hantées, esprits frappeurs, « larves » animées, bruits sans cause ou jets de pierres.
D'après Allan Kardec (1804-1869), qui a étudié très précisément ce phénomène, le fantôme serait le périsprit, enveloppe fluidique qui fait le lien durant la vie entre le corps et l'âme. À la mort, l'âme se dégagerait lentement de la matière et, pendant cette période de changement, le périsprit pourrait apparaître et même déplacer des objets. Le spiritisme — ainsi appelle-t-on la théorie d'Allan Kardec — se développe beaucoup au cours du XIXe siècle. De grandes réunions sont organisées, des tentatives ont lieu pour communiquer avec les fantômes, des tables tournent ou s'agitent, des révélations sont faites, des messages transmis. Des personnalités, comme Victor Hugo, Conan Doyle et le savant Charles Henry, s'adonnent à ces pratiques.

Les *fées* sont le plus souvent de jeunes et jolies femmes, toutes brillantes de lumière, portant une abondante chevelure, vêtues d'une robe longue et tenant à la main la baguette magique, instrument de leur pouvoir. La pierre aux Fées, la roche aux Fées, le pont des Fées, et autres noms semblables, indiquent le passage des fées. Elles sont sensibles et ombrageuses. Elles savent rendre service aux hommes, leur font parfois de grands bienfaits, mais y mettent le plus souvent une condition, et, si celle-ci n'est pas respectée, elles disparaissent. Parmi beaucoup d'autres fées, signalons les Margot-la-Fée de Bretagne, qui détiennent un pouvoir surnaturel et ont apporté les dolmens pour cacher l'entrée de leurs demeures, et les Martes ou Martines qui vivent dans les rochers du Berry et du Bourbonnais : grandes femmes brunes, pourvues de seins énormes, elles courent après les passants pour se faire têter.

Les *follets* ou les *lutins* sont considérés comme de petits êtres, mais ils peuvent se grandir, prendre l'aspect d'un animal ou d'une brise. Bienfaisants, ils aident au ménage, lavent la vaisselle et cirent les meubles. Malveillants, ils guettent le passant pour le jeter dans le fossé ou éparpillent le grain au moment de la moisson. Ils portent de nombreux noms suivant les régions : ces ceulai, chandelottes, culards, fallots, flambes, lanternottes suivent les voyageurs particulièrement pendant les nuits qui précèdent Noël ; ils sont gobelins en Normandie, dracs en Aquitaine, servans en Dauphiné, fadets dans le Berry, korrigans en Bretagne, drays dans le Forez, pacolets dans le Morvan, fades dans la Beauce, fouletô en Bourgogne et foulots dans la Nièvre.

Les *loups-garous* sont des hommes, un peu sorciers, qui la nuit, se transforment en loups, mènent une vie errante, franchissent haies, fossés et étangs, n'ont peur ni des bâtons, ni des couteaux, ni des coups de feu. Ils sont, pendant la journée, des gens tout à fait ordinaires.
On devient loup-garou par un pacte contracté avec le diable, par naissance (notamment naissance hors mariage) ou encore à la suite d'un crime non confessé. On connaît les loups-garous depuis des temps fort anciens : Virgile et saint Augustin en ont parlé, et, chez les Slaves se célébrait jadis le culte du loup, signe de la crainte qu'inspiraient ces bêtes.

Les *succubes* sont des démons femelles qui, la nuit, viennent s'unir à certains hommes, tandis que les incubes, démons masculins, violent les femmes. On dit que les incubes se servent de la semence que l'homme perd durant son sommeil pour fertiliser leurs victimes.

Les *vampires* sont des morts qui sortent de leur tombe pour attaquer les vivants, dont ils boivent le sang ou mangent la chair. On reconnaît les dépouilles des vampires au fait qu'ils sont bien conservés et qu'ils ont les lèvres rouges. Pour se protéger d'eux, on leur plante un pieu dans le cœur.

Les *zombis* sont des morts-vivants qui agissent en purs automates sous les ordres de ceux qui les ont « dévorés », accomplissant, sans hésitation ni scrupule, les crimes qui leur sont dictés. En effet, des sorciers particulièrement malfaisants, par des rites propres à voler l'âme d'autrui, en deviennent maîtres. On dit qu'ils les ont « dévorés. »

Bibliographie

Ouvrages généraux

Henri-Charles Puech (sous la dir. de), *Histoire des religions*, 3 vol., La Pléiade, 1970.
Mircea Eliade, *Histoire des croyances et des idées religieuses*, 3 vol., Payot, 1976.
Yves Bonnefoy (sous la dir. de), *Dictionnaire des mythologies et des religions des sociétés traditionnelles et du monde antique*, 2 vol., Flammarion, 1981.
Paul Poupard (sous la dir. de), *Dictionnaire des religions*, P.U.F., 1984.
André Akoun (sous la dir. de), *Mythes et croyances du monde entier*, 5 vol., Lidis-Brepols, 1985.
Roy Willis (sous la dir. de), *Mythologies du monde entier*, Bordas, 1994.
Félix Guirand, Joël Schmidt, *Mythes et mythologie*, coll. « In Extenso », Larousse, 1996.

Sur les différentes mythologies

Mythologie égyptienne

Georges Posener *et al.*, *Dictionnaire de la civilisation égyptienne*, Hazan, 1958.
Isabelle Franco, *Petit Dictionnaire de mythologie égyptienne*, Entente, 1993.
Claude Traunecker, *Les Dieux de l'ancienne Égypte*, P.U.F., 1993.

Mythologie assyro-babylonienne

René Labat (sous la dir. de), *Les Religions du Proche-Orient*, Fayard-Denoël, 1970.
Jean Bottéro, *Mythes et rites de Babylone*, Champion, 1985.
Jean Bottéro, *Lorsque les dieux faisaient l'homme : mythologie mésopotamienne*, Gallimard, 1985.

Mythologies grecque et romaine

Pierre Devambez *et al.*, *Dictionnaire de la civilisation grecque*, Hazan, 1966.
Robert Schilling, *Rites, cultes, dieux de Rome*, Klincksieck, 1979.
Pierre Grimal, *Dictionnaire de la mythologie grecque et romaine*, P.U.F., 1991.
Ariane Eissen, *Les Mythes grecs*, Belin, 1993.
Jean-Claude Belfiore, *Dictionnaire de mythologie grecque et romaine*, Larousse, 2003.

Mythologies de l'Europe du Nord

Régis Boyer et Eveline Lot-Falck, *Les Religions de l'Europe du Nord*, Fayard-Denoël, 1974.
Claude Leconte, *Petit Dictionnaire de mythologie allemande*, Entente, 1991.
Yann Brekilien, *La Mythologie celtique*, Picollec, 1993.
R. I. Page, *Mythes nordiques*, Le Seuil, 1993.
Patrick Guelba, *Dieux et mythes nordiques*, Presses Universitaires du Septentrion, 1998.
Jean Mabire, *Légendes de la mythologie nordique*, Éditions l'Ancre de Marine, 1999.

Mythologie de l'Inde

Jan Gonda, *Les Religions de l'Inde*, 3 vol., Payot, 1979.
Louis Renou, *L'Hindouisme*, coll. « Que sais-je ? », P.U.F., 1991.
Alain Danielou, *Mythes et dieux de l'Inde : le polythéisme hindou*, Flammarion, 1992.

Mythologie de l'Amérique du Sud

Michel Boccara, *La Religion populaire des Mayas : entre métamorphose et sacrifice*, L'Harmattan, 1990.
Marie-Agnès Combesque, *Mythologies américaines*, Le Félin, 1996.

Mythologie d'Extrême-Orient

Pierre Levêque, *Colère, sexe, rire : le Japon des mythes anciens*, Les Belles Lettres, 1988.
Chantal Zheng, *Mythes et croyances du monde chinois primitif*, Payot, 1989.

Mythologie de l'Afrique noire

Louis-Vincent Thomas (sous la dir. de), *Les Religions d'Afrique Noire*, Fayard-Denoël, 1974.
Louis-Vincent Thomas et René Luneau, *La Terre africaine et ses religions : traditions et changements*, L'Harmattan, 1992.

Index

Crédits photographiques

10 et 11 : Louvre, Paris / RMN, **12** : BNF / Archives Larbor, **13 bas** : Dagli Orti G., **13 ht** : DEA Picture Library, **15** : Musée national, Damas / AKG, **16** : Musée du Capitole, Rome / AKG, **17 bas** : Louvre / Paris / RMN, **17 ht** : Kunsthistorisches Museum, Vienne / AKG, **18** : Antiken Museum, Berlin / AKG, **19** : Louvre, Paris / RMN, **20** : Musée National d'archéologie, Athènes / AKG, **21 ht** : BNF, Paris / Coll. Archives Larbor, **21 bas** : Louvre, Paris, Ph. H. Lewandowski / RMN, **22** : Château de Versailles / Ph. H. Lewandowski / RMN, **23 bas** : Louvre, Paris / Ph. H. Lewandowski / RMN, **23 ht** : British Museum, Londres / Bridgeman - Giraudon, **24 bas** : Louvre, Paris / RMN, **24 ht** : Musée de Carthage / AKG, **25** : Louvre, Paris / Ph. Hubert Josse / Archives Larbor, **26** : Musée archéologique de Sicile, Palerme, / E. Lessing / AKG, **27** : Louvre, Paris / RMN, **28 bas** : Museum of Fine Arts, Boston / Archives Larbor, **28 g** : Museum of Fine Arts, Boston / Archives Larbor, **28 d** : DEA Picture Library, **29** : Louvre, Paris / J.G. Berizzi / RMN, **30** : Musée de Séville / DEA Picture Library, **31 bas** : Louvre, Paris / H. Lewandowski / RMN, **31 ht** : Louvre, Paris / RMN, **32 d** : Louvre, Paris / R.G. Ojeda / RMN, **32 g** : Musée Bonnat, Bayonne / R.G. Ojeda / RMN, **33** : Louvre, Paris / H. Lewandowski / RMN, **34 et 35 ht** : Louvre, Paris / H. Lewandowski / RMN, **34 bas** : Musée de l'Acropole, Athènes / AKG, **35 bas** : Kunstiistorisches Museum, Vienne / AKG, **36** : Musée du Louvre / H. Lewandowski / RMN, **37** : Musée de Tessé, Le Mans / Léonard de Selva / Archives Larbor, **38** : Louvre, Paris / H. Lewandowski / RMN, **39 d** : Louvre, Paris / P. Leroy / RMN, **39 g** : BNF, Paris / Archives Larbor, **40** : Kunsthistorisches Museum, Vienne / E. Lessing / AKG, **41** : Louvre, Paris / H. Lewandowski / RMN, **42** : Musée des Thermes, Rome / Coll. Archives Larbor, **43 bas** : Offentliche Kunstammlung, Bale / AKG, **43 ht** : Louvre, Paris / E. Lessing / AKG, **44** : Louvre, Paris / H. Lewandowski / RMN, **45 g** : Musée archéologique national, Naples / E. Lessing / AKG, **45 d** : Louvre, Paris / H. Lewandowski / RMN, **46 ht** : Louvre, Paris / E. Lessing / AKG, **46 bas** : Louvre, Paris / RMN, **47** : Louvre, Paris / H. Lewandowski / RMN, **48** : Louvre, Paris / H. Lewandowski / RMN, **49 ht** : Musée archéologique, Sofia / E. Lessing / AKG, **49 bas** : Louvre, Paris / AKG, **50** : Musée du Bardo, Tunis / Archives Larbor, **51 ht** : Galeries des Offices, Florence / Scala / Archives Larbor, **51 bas** : Musée du Bardo / Tunis / Archives Larbor, **52** : Louvre, Paris / H. Lewandowski / RMN, **53** : Kunstistorisches Museum, Vienne / E. Lessing / AKG, **54** : AKG, **55** : Musée archéologique, Istamboul / E. Lessing / AKG, **56** : Staat. Kunstammlung, Alte Mesiter, Dresde / E. Lessing / AKG, **57** : Musée archéologique national, Naples / AKG, **58 bas** : Louvre, Paris / J.G. Berizzi / RMN, **58 ht** : Louvre, Paris / J.G.Berizzi / RMN, **59** : Monastère de San Lorenzo, Escurial / AKG, **60** : DEA Picture Library, **61** : DEA Picture Library, **62** : Louvre, Paris / E. Lessing / AKG, **63** : Villa des Mystères, Pompéi / AKG, **64** : Louvre, Paris / E. Lessing / AKG, **65 ht** : Louvre, Paris / H. Lewandowski / RMN, **65 bas** : Louvre, Paris / J. Schormans / RMN, **66** : Museum kunst Palst., Dusseldörf / AKG, **67** : Louvre, Paris / G. Blot / RMN, **68** : Musée des Beaux-Arts, Lille / H. Lewandowski / RMN, **69** : Sotheby's / AKG, **70 ht** : Musée archéologique national, Naples / AKG, **70 bas** : Louvre, Paris / H. Lewandowski / RMN, **71** : Musée d'art antique, Rome / E. Lessing, **72 ht** : Antikensammlung, Munich / E. Lessing / AKG, **72 bas** : Louvre, Paris / H. Lewandowski / RMN, **73** : Louvre, Paris / R.G. Ojedai / RMN, **74** : Coll. Part / AKG, **75 ht** : Archives Nathan, **75 bas** : Musée archéologique, Florence / Archives Larbor, **76** : Musée Gustave Moreau, Paris / J. Schormans / RMN, **77 bas** : Corbis, **77 ht** : Louvre, Paris / H. Lewandowski / RMN, **78 ht** : Musée d'Olympie / AKG, **78 bas** : Ca'Rezzonico, Venise / AKG, **79** : Musées du Vatican / Archives Larbor, **80** : Loggia dei Lanzi, Florence / Gian Berto Vanni / Corbis, **81 ht** : Louvre, Paris / H. Lewandowski / RMN, **81 bas** : Louvre, Paris / E. Lessing / AKG, **82 ht** : E.T. Archive / Archives Larbor, **82 bas** : Ancient Art and Architecture Collection / Bridgeman - Giraudon, **83** : Musée de l'Ermitage, Saint Pétersbourg / Mimmo Jodice / Corbis, **84** : British Museum / Archives Larbor, **85 ht** : BNF, Paris / E. Lessing / AKG, **85 bas** : Louvre, Paris / H. Lewandowski / RMN, **86** : Musée archéologique national, Naples / E. Lessing / AKG, **87 bas** : Musée archéologique national, Naples / E. Lessing / AKG, **87 ht** : Louvre, Paris / H. Lewandowski / RMN, **88 d** : Musée du Vatican / E. Lessing / AKG, **88 g** : Musée du Vatican / E. Lessing / AKG, **89 bas** : Musée du Vatican / E. Lessing / AKG, **89 ht** : Musée de Montauban / Archives Larbor, **90 ht** : Musée du Vatican / E. Lessing / AKG, **90 bas** : Musée du Vatican / E. Lessing / AKG, **91** : Coll. Archiv für Kunst und Geschichte, Berlin / AKG, **92 ht** : Musée archéologique, Florence / AKG, **92 bas g** : Louvre, Paris / G. Blot / RMN, **92 bas d** : Kunsthistorisches Museum, Vienne / AKG, **93 ht** : Louvre, Paris / H. Lewandowski / RMN, **93 bas** : Louvre, Paris / Blot Lewandowski / RMN, **94** : Museo di Antichita, Turin / AKG, **95** : Oroñoz / Archives Larbor, **96** : Louvre, Paris / H. Lewandowski / RMN, **97** : AKG, **98 et 99** : Musée du Caire / AKG, **100** : Brooklyn Museum, New York / Werner Forman / AKG, **101** : Kunsthistorisches Museum, Vienne / E. Lessing / AKG, **103** : AKG, **104 ht** : DEA Picture Library, **104 et 105 bas** : Bridgeman - Giraudon, **104 ht** : DEA Picture Library, **104 et 105 bas** : Bridgeman - Giraudon, **105** : Bridgeman-Giraudon, **105 ht** : Vallée des rois, Thèbes / AKG, **106** : DEA Picture Library, **107 ht** : Louvre, Paris / AKG, **107 bas** : Temple de Thutmosis, Thèbes / AKG, **108** : basAKG, **108 ht** : DEA Picture Library, **109** : Louvre, Paris / Archives Larbor, **110** : Louvre, Paris / AKG, **111 ht** : Centre franco-égyptien, Karnak / E. Lessing / AKG, **111 bas** : F. Guénet / AKG, **112** : Collection Brancaccio, Rome / DEA Picture Library, **113** : DEA Picture Library, **114** : Musée d'Israel, Jerusalem / E. Lessing / AKG, **115 d** : Musée du Caire / A. Jemolo / AKG, **115 g** : Werner Forman / AKG, **116** : Musée égyptien, Turin / Nimatallah / AKG, **117** : Collection Schultz, New York / Werner Forman / AKG, **118** : F. Guénet / AKG, **119 ht** : S. Held / AKG, **119 bas** : Roemer-Pelizaeus Museum, Hildesheim / AKG, **120** : British Museum, Londres / AKG, **121 ht** : Louvre, Paris / Archives Larbor, **121 bas** : Louvre, Paris / F. Raux / RMN, **122** : Musée archéologique national, Naples / AKG, **123 bas d** : Louvre, Paris / H. Lewandowski / RMN, **123 ht** : E. Lessing / AKG, **124 ht** : DEA Picture Library, **124 bas** : Musée du Caire / Werner Forman / AKG, **125** : F. Guénet / AKG, **126** : Christie's Images / Werner Forman / AKG, **127** : Louvre, Paris / AKG, **128 et 129** : Musée national, Damas / E. Lessing / AKG, **130** : Musée de Bagdad, Irak / Bridgeman - Giraudon, **131** : Louvre, Paris / F. Raux / RMN, **132** : DEA Picture Library, **133 d** : DEA Picture Library, **133 g** : Louvre, Paris / E. Lessing / AKG, **134** : Louvre, Paris / RMN, **135 ht** : G. Degeorge / AKG, **135 bas** : DEA Picture Library, **136 bas** : Louvre, Paris / H / Lewandowski / RMN, **136 ht** : Louvre, Paris / RMN, **137** : G. Degeorge / AKG, **138 g** : Louvre, Paris / F. Raux / RMN, **138 d** : Louvre, Paris / RMN, **139 g** : Louvre, Paris / F. Raux / RMN, **139 d** : Louvre, Paris / Archives Larbor, **140** : Louvre, Paris / E. Lessing / KG, **141** : Musée National, Damas / E. Lessing / AKG, **142** : Louvre, Paris / Ch. Larrieu / RMN, **143** : Musée de Bagdad / Dagli Orti G, **144** : Louvre, Paris / Bridgeman - Giraudon, **145** : Musée archéologique / Istambul / E. Lessing / AKG, **146** : Musée National, Damas / E. Lessing / AKG, **147** : H. Lewandowski / RMN, **148** : Louvre, Paris / F. Raux / RMN, **149** : DEA Picture Library, **150** : Ashmolean Museum, Oxford / Bridgeman - Giraudon, **151** : Musée de Mossoul, Irak / AKG, **152** : Louvre, Paris / E. Lessing / KG, **153** : Louvre, Paris / H. Lewandowski / RMN, **154 et 157 bas** : British Museum, Londres / Bridgeman - Giraudon, **155 ht** : Louvre, Paris / F. Raux / RMN, **156** : Louvre, Paris / Chuzeville / RMN, **157 bas** : DEA Picture Library, **157 ht** : Louvre, Paris / E. Lessing / AKG, **158** : British Museum, Londres / Bridgeman-Giraudon, **159** : Coll. privée / Bridgeman - Giraudon, **160** : Musée de Bagdad / AKG, **161** : Musée de Bagdad / AKG, **162 ht** : Louvre, Paris / H. Lewandowski / RMN, **162 bas** : Louvre, Paris / Archives Larbor, **163** : Pergamon, Berlin / AKG, **164 ht d** : Louvre, Paris / E. Lessing / AKG, **164 bas g** : W. Forman / AKG, **165 ht** : Louvre, Paris / H. Lewandowski / RMN, **165 bas** : Louvre, Paris / E. Lessing / AKG, **166** : DEA Picture Library, **167** : Louvre, Paris / P. Bernard / RMN, **168 et 169** : Galerie Nationale, PragueArchives Larbor, **169** : Louvre, Paris / P. Bernard / RMN,

170 : S. et R. Michaud / Rapho, **171** : S. et R. Michaud / Rapho, **172** : Archives Charmet / Bridgeman - Giraudon, **173** : Musée de Bénarès / J.L. Nou / AKG, **174** : L. Hebberd / Corbis, **175 bas** : R. et S. Michaud / Rapho, **175 ht** : Musée Guimet, Paris / Arnaudet / RMN, **176 ht** : L. Hebberd / Corbis, **176 bas** : R. et S. MichaudRapho, **177** : Brooklyn Museum, New York / F.G. Mayer / Corbis, **178** : Département de la recherche, Srinagar / J.L. Nou / AKG, **179 ht** : S. et R. Michaud / Rapho, **179 bas** : J.L. Nou / AKG, **180 ht** : Coll. Sangaram Singh, Jaïpur / J.L.Nou / AKG, **180 bas** : G. Mermet / AKG, **181** : R. et S. Michaud / Rapho, **182** : Musée Guimet, Paris / RMN, **183 bas** : R. et S. Michaud / Rapho, **183 ht** : S. et R. Michaud / Rapho, **184 ht** : Burnstein Collection / Corbis, **184 bas** : Archives Charmet / Bridgeman - Giraudon, **186** : Mary Evans Picture Library / Keystone, **187** : Musée du gouvernement, Udaïpur / J.L. Nou / AKG, **188** : L. Wagner / AKG, **189 bas** : S. et R. Michaud / Rapho, **189 ht** : Musée Guimet, Paris / T. Ollivier / RMN, **190** : DEA Picture Library, **191 ht** : Musée Guimet, Paris / H. Lewandowski / RMN, **191 bas** : S. et R. Michaud / Rapho, **192** : R. et S. Michaud / Rapho, **193 bas** : Musée du Fort de Meheranghar, Jodhpur / J.L. Nou / AKG, **193 ht** : DEA Picture Library, **194** : Musée Guimet, Paris / T. Ollivier / RMN, **195 g** : J.L. Nou / AKG, **195 bas g** : R. et S. Michaud / Rapho, **196** : S. et R. Michaud / Rapho, **197 ht** : Musée de Jodhpur / J.L. Nou / AKG, **197 bas** : A. Hornak / Corbis, **198** : J.L. Nou / AKG, **199** : J.L. Nou / AKG, **200** : Musée Guimet, Paris / RMN, **201 bas** : S. et R. Michaud / Rapho, **201 ht** : S. et R. Michaud / Rapho, **202** : S. et R. Michaud / Rapho, **203** : Musée du gouvernement, Udaïpur / J.L. Nou / AKG, **204 ht** : Collection Sangaram Singh, Jaïpur / J.L. Nou / AKG, **204 bas** : Coll. Suresh Neotia, Calcutta / J.L. Nou / AKG, **205** : S. et R. Michaud / Rapho, **206** : Musée de Shandigar / J.L. Nou / AKG, **207** : Collection Sangaram Singh, Jaïpur / J.L. Nou / AKG, **208** : Musée national de l'Inde, New Delhi / Bridgeman - Giraudon, **209 ht d** : S. et R. Michaud / Rapho, **209 bas** : Musée national de l'Inde, New Delhi / Bridgeman - Giraudon, **210 et 211** : D. Conger / Corbis, **212** : British Museum, **213 bas** : R. et S. Michaud / Rapho, **213 ht** : S. et R. Michaud / Rapho, **214** : Musée national de Séoul / Caroly / Archives Larbor, **215 g** : Coll. Part. / F. Guénet / AKG, **215 d** : Société asiatique, Collège de France, Paris / Archives Charmet / Bridgeman - Giraudon, **216** : Musée Guimet, Paris / J. L'hoir / RMN, **217** : R. et S. Michaud / Rapho, **218** : F. Guénet / AKG, **219** : Asian Art & Archeology / Corbis, **220** : Galerie de Corée du nord, Pyongyang / Werner Forman / AKG, **221 g** : Art Archive / Picture Desk, **221 d** : Mary Evans Picture Library / Keystone, **222** : BNF / Archives Larbor, **223 d** : Mary Evans Picture Library / Keystone, **224** : BNF / Archives Larbor, **225 bas** : Cultural Relics Publishing House, Beijing, **225 ht** : BNF / Archives Larbor, **226** : Musée Guimet, Paris / T. OllivierRMN, **227** : Asian Art & Archeology / Corbis, **228** : Asian Art & Archeology / Corbis, **229** : K. Su / Corbis, **230 bas** : Dr Kaban, **230 ht** : Burstein Collection / Corbis, **231 bas** : K. Su / Corbis, **231 ht** : M. Setboun / Corbis, **232 et 233** : Philadelphia Art Museum / Corbis, **234** : Beck-Coppola / RMN, **235** : Christie's Images / Corbis, **236** : Leemage, **237 ht** : Asian Art & Archeology / Corbis, **237 bas** : Victoria and Albert Museum, **238** : Museum of Fine Arts, Boston / Bridgeman - Giraudon, **239 ht** : M.S. Yamashita / Corbis, **239 bas** : P. Harholdt / Corbis, **240** : Chester Beatty Library, Dublin, **241 ht** : Corbis, **241 bas** : SPRL / Corbis, **242** : SPRL / Corbis, **243 bas** : P.A. Berry / Corbis, **243 ht** : Burstein Collection / Corbis, **244 et 245** : D.G. Houser / Corbis, **246** : HOA-QUI, **247** : Werner Forman / AKG, **248** : Werner Forman / Corbis, **249 g** : Werner Forman / AKG, **249 d** : P.A. Souders / Corbis, **250 bas** : H. Lewandowski / RMN, **250 ht** : H. Lewandowski / RMN, **251 bas** : C. et J. Lenars / Corbis, **251 ht** : HOA-QUI, **252** : G. Blot / RMN, **253 ht** : H. Lewandowski / RMN, **253 bas** : H. Lewandowski / RMN, **254** : Museum für Volkerkunde, Hamburg, **255** : Y. Arthus-Bertrans / Corbis, **256 et 257** : W. Forman / Corbis, **258** : Bettmann / Corbis, **259** : Musée national d'anthropologie, Mexico / Dagli Orti G., **260 bas** : W. Forman / Corbis, **260 ht** : C. Et J. Lenars / Corbis, **261 ht** : BNF / AKG, **261 bas** : W. Forman / Museum für Volkerkunde, Bale / AKG, **262** : D. Lehman / Corbis, **263** : Bibliothèque nationale, Madrid / AKG, **264** : BNF / AKG, **265 g** : W. FormanBritish Museum, Londres / AKG, **265 d** : W. Forman / British Museum, Londres / AKG, **266 et 267** : HOA-QUI, **268** : MAAO, Paris / J.G. Berizzi / RMN, **269** : Musée Dapper, Paris / Archives CDA / Guillem / AKG, **270** : Burstein Collection / Corbis, **271 bas** : Renaudeau / HOA-QUI, **271 ht** : HOA-QUI, **272 bas** : G. Mendel / Corbis, **272 ht** : G. Mendel / Rapho, **273** : C. Pavard / HOAQUI, **274** : MAAO, Paris / RMN,

275 ht : Archives Larbor, **275 bas** : Musée de l'Homme, Paris / Bridgeman - Giraudon, **276** : MAAO, Paris / G. Vivien / RMN, **277** : MAAO, Paris / G. Blot / RMN, **278** : Seattle Art Museum / Corbis, **279 ht** : M. Ascani / HOA-QUI, **279 bas** : Musée du Quai Branly, Paris / J.G. Berizzi / RMN, **280** : Coll. Ch. Ratton / TOP, **281** : Bildarchiv Steffens / Bridgeman - Giraudon, **282 et 283** : J. Hawkes / Corbis, **284** : Musée de Cluny / Paris / J.G. Berizzi / RMN, **285 ht** : W. Forman / Musée de Rennes / Corbis, **285 bas** : Musée de Cluny, Paris / G. Blot / RMN, **286 bas** : Musée des Antiquités Nationales, St Germain en Laye / J.G. Berizzi / RMN, **286 ht** : P. Ward / Corbis, **287 ht** : Nationalmuseet, Copenhague / E. Lessing / AKG, **287 bas** : Nationalmuseet, Copenhague / W. Forman / AKG, **288** : National Museet / Copenhague / Archives Larbor, **289** : Musée des Antiquités Nationales, St Germain en Laye / J.G. Berizzi / RMN,

290 : W. Forman / AKG, **291** : Bridgeman - Giraudon, **292** : Christie's Images / Bridgeman - Giraudon, **293 ht** : G. Gerster / Rapho, **293 bas** : Mary Evans Picture Library / Keystone, **294 ht** : Musée de la batellerie, Oslo / Bridgeman - Giraudon, **294 bas** : Bonhams, London / Bridgeman - Giraudon, **295** : British Museum / Bridgeman - Giraudon, **296** : BNF / Archives Larbor, **297 ht** : BNF / Archives Larbor, **297 bas** : BNF / Archives Larbor, **298** : BNF / Archives Larbor, **299** : Archives Larbor, **300** : Musée national du Château de Rueil / L. Lecat / AKG, **301** : BNF / Archives Larbor, **302 et 304** : W. Forman / Statens Historika Museum, Stockholm / Corbis, **304** : Bridgeman - Giraudon, **305** : Statens Historika Museet, Stockholm / W. Forman / AKG, **306** : Westfälisches Schulmuseum, Dortmund / AKG, **307 bas** : Statens Historika Museum, Stockholm / AKG, **307 ht** : DEA Picture Library, **308** : W. Forman / Musée national de Reykjavik / Corbis, **309 ht** : Westfälisches Museum, Dortmund / AKG, **309 bas** : W. Forman / National Musset, Copenhague / AKG, **310** : W. Forman / Musée de la batellerie, Oslo / Corbis, **311 ht** : AKG, **311 bas** : W. Forman / Forhistorisk Museum, Moesgard / AKG, **312** : W. Forman / Statens Historika Museum, Stockholm / AKG, **313** : Musée natinal de Stockholm / Bridgeman-Giraudon, **314** : D.R.

Ouvertures des chapitres

Pages 10-11 Grèce : « Gigantomachie » ; détail : Athéna luttant contre un Géant
fin du Ve siècle av. J.-C.
Amphore à figures rouges ; céramique

Pages 98-99 Égypte : La déesse Nout
XIXe dynastie ; vers 1292-1186 av. J.-C.
détail d'un sarcophage ; basalte noir

Pages 128-129 Moyen Orient : Sacrifice d'un bélier
Vers 2645-2640 av.J.-C.
Temple de Shamash ; incrustation de nacre, ivoire, cornaline et ardoise

Pages 168-169 Inde : Vishnu se reposant entre deux périodes de l'évolution cosmique, entre la destruction d'un monde et la recréation d'un nouvel univers, étendu sur le serpent Ananda qui représente l'éternité
XVIIe siècle
Miniature hindoue du Râjasthân

Pages 210-211 Chine : Statue d'un bouddha dans un parc à Hangzhou, province de Zhejiang
XIVe siècle
Le « bouddha qui rit » dans une niche de la falaise derrière le temple de Linjin

Pages 232-233 Japon : Deux dragons dans un ciel nuageux
Hogai Kano I

Pages 244-245 Océanie : Ayers Rock
Uluru la montagne sacrée des Aborigènes dans le centre de l'Australie

Pages 256-257 Les pré-colombiens : Tlauixcalpantecuhtli, dieu de la planète Vénus envoie des lances contre les paysans, les guerriers, les femmes. Il a transpercé le cœur d'un « guerrier ocelot ».
Manuscrit du *Codex Cospi*, Mexique

Pages 266-267 Afrique et Madagascar : Le serpent Lebe qui ne meurt pas mais mue chaque année
Peinture de Songho au Mali.

Pages 282-283 Les Celtes : Vue aérienne du site de Stonehenge
Les pierres bleues du grand cercle de Stonehenge au sud-ouest du pays de Galles

Pages 302-303 Europe du nord et Germains : Le combat entre chrétiens et païens : les trois figures de droite sonnent des cloches pour éloigner les esprits du mal et les dieux païens
XIIe siècle
Tapisserie viking

Couverture

Hanuman, le roi des singes
Scène du *Ramâyana*
Fresque ; palais royal de Phnom Penh

La déesse Bastet
VIe-Ve siècle av. J.-C.
Statuette en bronze

Deux dragons dans un ciel nuageux
Hogai Kano I

Chac, le dieu de la pluie
Culture Maya ; 1200-1500 ap. J.-C.
Encensoir, argile peint ; Yucatán, Mexique

Ayers Rock
Uluru National Park, Australie

Achevé d'imprimer en août 2005
sur les presses de Mohn Media en Allemagne.